21 世纪高等学校
经济管理类规划教材 高校系列

固定收益证券

◎ 姚亚伟 主编
◎ 吴佩 邢学艳 副主编

FIXED INCOME SECURITIES

人民邮电出版社

北 京

图书在版编目（CIP）数据

固定收益证券 / 姚亚伟主编. -- 北京 ： 人民邮电
出版社，2015.9（2023.8重印）
21世纪高等学校经济管理类规划教材. 高校系列
ISBN 978-7-115-39506-1

Ⅰ. ①固… Ⅱ. ①姚… Ⅲ. ①证券交易－高等学校－
教材 Ⅳ. ①F830.91

中国版本图书馆CIP数据核字（2015）第144202号

内 容 提 要

本书以通晓固定收益证券基础知识体系为核心，以培养应用创新型金融投资人才为导向，以固定收益证券定价为主，固定收益证券产品创新和应用为辅，详细介绍了固定收益证券的定价思想、产品创新思路、产品应用等内容。

本书结合我国社会主义经济特点，注重理论与实践相结合，采用"案例引导+理论剖析+实验模拟+应用导向"的方式组织内容，涵盖固定收益证券概况、定价、创新及衍生品，同时为便于读者理解和掌握相关内容，本书除采最新的案例材料外，还配套编有部分章节的上机操作实验材料和计算机实现的 Excel 编程资料，以帮助读者系统化地理解固定收益证券的框架体系。

本书可作为高等院校金融学类专业高年级本科生及硕士研究生教材，也可作为金融从业人员入门的基础参考资料。

◆ 主　编　姚亚伟
　　副主编　吴　佩　邢学艳
　　责任编辑　张孟玮
　　执行编辑　李　召
　　责任印制　沈　蓉　彭志环
◆ 人民邮电出版社出版发行　　北京市丰台区成寿寺路 11 号
　　邮编　100164　　电子邮件　315@ptpress.com.cn
　　网址　http://www.ptpress.com.cn
　　固安县铭成印刷有限公司印刷
◆ 开本：787×1092　1/16
　　印张：19.75　　　　　　　　　　2015 年 9 月第 1 版
　　字数：468 千字　　　　　　　　2023 年 8 月河北第 10 次印刷

定价：45.00 元

读者服务热线： (010)81055256　印装质量热线： (010)81055316
反盗版热线： (010)81055315

前言 Preface

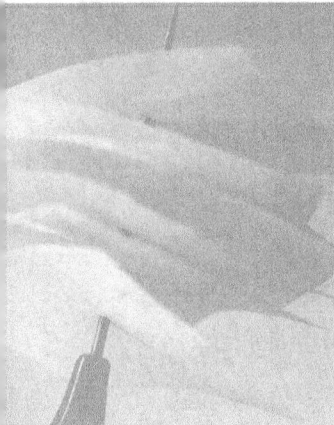

　　党的二十大报告强调"健全资本市场功能，提高直接融资比重"，这为资本市场在新时代的发展战略定位和历史使命担当提供了指引。作为直接融资的主要渠道之一，自党的十九大报告提出"提高直接融资比重，促进多层次资本市场健康发展"以来，我国固定收益证券市场迎来了高质量发展的良期，企业通过可转换债券、可交换债券等创新债券融资的偏好和规模增加，银行信托保险类资产管理产品发行进一步规范、资产证券化产品种类和规模齐升，固定收益证券市场不仅极大的满足了金融机构负债管理主动性经营的投融资需求和企业融资的多样化需求，还在一定程度上满足了不同类型的资产管理机构或投资者的多样化投资需求。本书在大量梳理国内外相关固定收益证券教材和资料的基础上，结合我国社会主义经济特点，采用案例引导、理论夯实、实验模拟及应用导向的编写模式，在优先股发行普遍化及债券市场和债券衍生产品市场不断发展壮大的行业大背景下，力求满足高校及业内实务部门从事基础固定收益证券的研究及固定收益工具创新设计及应用的需求。本书注重理论与实践相结合，以培养应用创新型金融投资人才为导向，通过合宜的案例分析、实验分析等教学设计，内容由浅入深，通俗易懂。

　　本书采用模块化的内容组织体系，全书共 4 个模块：模块一包括第 1 章至第 3 章，主要介绍固定收益证券概况，包括固定收益证券的基本概念、属性、分类、特征、价格内涵等及固定收益证券市场的概况；模块二为第 4 章至第 7 章，主要围绕固定收益证券的定价展开，包括影响固定收益证券价格波动的因素分析、利率期限结构概念、投资总收益的分解及债券的剥离与合成等内容，系统认识利率风险在债券定价中的核心作用，理解到期收益率作为投资决策指标的不科学性，结合利率期限结构对固定收益证券产品定价是否合理提供判断的依据；模块三为第 8 章和第 9 章，主要介绍固定收益证券产品的创新，包括固定收益产品的结构化创新及嵌入期权的设计创新两个层面，对固定收益产品的创新路径及模型定价进行了详细阐述；模块四为第10章，主要是针对固定收益衍生产品的介绍分析，详细阐述了利率期货、互换、国债期货、利率期权、信用违约互换等产品的概念、特征及应用。模块化的设计使得教材内容衔接性较好，内容体系清晰。

本书定位于金融学类专业本科高年级及硕士研究生教材。在内容设计方面，每章均有引导案例和案例分析，所采用的案例材料均为近几年的素材，时效性较强，有利于提高学生认识问题、分析问题和解决问题的能力。同时本书根据章节实际内容，配套设计有相关的上机实验材料，内容涵盖固定收益产品相关性质的计算机实现、到期收益曲线的绘制、不含权固定收益产品的定价、含权固定收益产品的定价等实验素材5个。一方面使学生通过上机过程了解相关金融数据库的使用和债券信息在交易平台中的提取方式；另一方面通过将具体的实验要求按步骤实现，强化了学生对基础理论知识的理解及在实务中应用的途径和方式。本书在每章编写中均结合相关内容设计了许多实例和图表展示，并配套有相关章节部分例题的EXCEL计算过程实现，以帮助读者理解抽象的概念。

本书的教学时数为54学时，各章的参考教学课时见以下课时分配表。

章节	课程内容	课时分配	
		讲授	实验操作
第1章	固定收益证券概述	2	
第2章	固定收益证券的价格与收益率概念	6	3
第3章	固定收益证券市场概述	2	
第4章	固定收益证券的利率风险分析	8	3
第5章	利率期限结构	8	3
第6章	到期收益率与总收益分析	6	3
第7章	债券的剥离与合成	6	
第8章	资产证券化	6	
第9章	嵌入期权的债券定价	6	3
第10章	固定收益证券衍生产品	4	
		54	15

本书由姚亚伟任主编，吴佩和邢学艳任副主编。具体写作分工是，姚亚伟编写第1章、第2章、第4章和第9章，吴佩编写第3章、第8章和第10章，邢学艳编写第5章和第6章，第7章由姚亚伟和邢学艳合编。全书由姚亚伟统一修改、定稿。同时感谢为本书编写

提供部分资料的上海证券交易所、证券公司、保险公司和银行界的朋友，正是他们的帮忙，使得本书内容更加丰富。

  虽然本书在编写中尽最大努力进行了修正及审阅，但书中难免还有错误、不足及遗漏之处，相关责任由编者承担。欢迎读者对书中存在的问题进行批评、指正，相关意见和建议可致函 ywyao@163.com，编者在此先表示谢意。

编者

目录 Contents

第1章　固定收益证券概述

【本章提要】

本章概括性地对固定收益证券的概念进行了介绍，从整体上分析了固定收益证券对经济金融体系发展的重要性；并以优先股和债券为例，相对详细地介绍了这两种典型固定收益证券的基本特征和条款设计；剖析了固定收益证券可能面临的风险，并从风险规避的角度，探讨了固定收益证券创新的动因及创新的方式。

【重点与难点】

重点： 理解固定收益证券的概念、种类、条款设计；掌握基于票面利率、偿还期和嵌入期权等方面进行创新的思想和应用；在理解固定收益证券利率风险、违约风险、流动性风险的基础上，了解固定收益证券创新的动因及方式。

难点： 固定收益证券的票面利率、偿还期和嵌入期权的创新设计对发行人和投资者的影响及应用。

【引导案例】

2013 年互联网金融抽刀出鞘，一举打破之前银行存款一统江山的格局。随着天弘基金宣布余额宝规模突破 2 500 亿元人民币，开户数突破 4 900 万户，传统的现金管理格局正被打破。余额宝的成功让多家机构纷纷追随，基金公司、互联网巨头甚至商业银行纷纷推出"××"宝，一时间市场上掀起一场"宝宝军团"热。余额宝是阿里巴巴集团在基于支付宝业务的基础上推向金融市场的一款类似货币型基金的资金管理模式，阿里巴巴通过将客户在支付宝账户的闲置资金进行汇集，然后依靠其资金优势，依托天弘基金平台，通过协议存款的方式要求商业银行给予较高的回报率。在市场资金相对紧张的时期，余额宝的 7 日年化收益率甚至高达 6%以上，目前的回报率水平也普遍高于一般的货币型基金，更远高于 1 年期定期和活期存款利率。余额宝被誉为是促进我国金融市场改革的鲇鱼和加速我国利率市场化的强有力推手，极大地改变了目前商业银行依靠低成本负债获取高回报率的现状，分割了本属于商业银行的独享利润，有利于我国金融市场效率的提高。

思考： 余额宝产品是否有助于推进我国基准利率的形成？其对你的投资理财理念有没有造成冲击，影响体现在哪些方面？余额宝的出现对我国固定收益证券市场有何影响和启发？

1.1　固定收益证券的概念

金融是经济的核心，资金供求构成了经济的脉络，而信用是连接金融投融资活动的纽带。习惯上，我们在分析金融活动时，往往离不开投融资的视角，证券的出现不仅极大地改变了传统以商业银行为主导的间接投资模式，而且极大地拓展了企业的融资渠道，丰富了金融产品的种类，促进了资本市场的健康发展。近年来，美国次贷危机，欧债危机，中国地方债危机、商业银行不良贷款上升、优先股推出等新闻报道中，以债券及债券结构化创新为代表的固定收益产品的身影频繁出现。认识和理解债券的属性、特征、分类及债券的创新是认识所有固定收益证券以及相关衍生品的基础。

目前固定收益证券相关教材的内容基本是围绕债券展开。而实际上，债券只是固定收益证券产品的一种，而固定收益证券又属于证券的一个重要分支。我们首先简单理解一下固定收益证券的概念。

假如存 10 000 元的 1 年期定期存款在银行，存款利率为 3.5%，那么 1 年后可以得到本息和 10 350 元。事实上，我们可以将定期存款视为商业银行发行的有价证券凭证，该凭证不仅锁定了我们和商业银行之间的债权和债务关系，而且确定了因我们让渡资金使用权而承担风险所要求的补偿。从购买产品本质看，假设商业银行不破产不违约，我们购买的是一款未来具有相对可预期的现金流收入的产品，也是一款固定收益产品。而我们所熟知的债券、优先股、抵押贷款证券化等实质上也是固定收益产品。要了解固定收益产品，就要先从债券的历史谈起。

债券的产生是社会化大分工和信贷活动发展到一定阶段的产物，与政府活动和企业活动密切相关。据考证，人类记载最早的私人债务契约产生于公元前 2029 年，地点是巴比伦王朝北部（今伊拉克南部），契约的内容用"楔形文字"刻制在陶片上。公元前 1800 年，巴比伦王朝的国王汉谟拉比制定了正式的法典来规范当时已经普遍存在的债权债务关系。现代意义上的证券正式出现于公元 11 世纪后的欧洲，票据和债券出现的时间远早于股票。汇票于 12 世纪出现在意大利，并且在中世纪后期形成了公开的货币市场。13 世纪地中海沿岸的威尼斯共和国发行了世界上最早的长期政府债券；15～16 世纪，部分西方国家开始进行大规模的海外扩张。为满足融资的需求，他们通过成立股份制形式的殖民公司并发行股票和债券，如 1602 年成立的荷兰东印度公司分别于 1609 年与 1622 年发行了世界上最早的股票和公司债券。特别是 1613 年随着阿姆斯特丹证券交易所的成立，证券的交易开始市场化运作，自 1672 年开始政府债券在该交易所上市交易。1696 年，英国政府设计了短期债务工具，称为国库券（Exchequer Bill）。1780 年美国马萨诸塞州发行了最早的通货膨胀指数债券。19 世纪末 20 世纪初，欧美国家的证券市场已经相对成熟。我国近代历史上最早的债券是 1894 年（光绪二十年），由清政府发行的第一批国债——"息借商款"，用于筹备甲午战争的军费开支。1898 年清政府又发行了第二批国债——"昭信股票"，用于《马关条约》第 4 期对日本的战争赔款。1914 年 12 月，北洋政府颁布了我国第一部有关证券方面的法律——《证券交易所法》。该法第 1 条规定："凡为便利买卖、平准市价而设之国债票、股份票、公司债票以及其他有价证券交易之市场，称为证券交易所"，表明这里的"国债票、股份票、公司债票"等属于有价证券的范畴。北洋政府同年 1 月颁布的《公司条例》中规定公司可以依照公司章程发行股票和债券，并区分了优先股票、记名股票、无记名股票，债券也分为记名式和无记名式。1918 年以后，上海和北京出现了证券交易所。此期间除了私人公司发行股票与债券以外，政府也开始发行公债。北洋政府共发行了 27 种国债，国民党政府当政期间共发行了 31 种国债，中国共产党的革命根据地人民政府也发行过几十种债券。在解放前，上海曾经是世界第三大金融中心，证券市场的发展达到空前规模。新中国成立后，取缔了旧中国留下的证券市场，也禁止了证券交易活动，只保留了政府债券的发行（但不允许交易）。1950—1960 年，我国共发行了 6 批国债和若干批地方政府公债。1960 年以后直到 1980 年，我国政府没有政府债券发行活动。自 1981 年开始，我国才恢复国债发行，并于 1984 年允许企业债券的发行活动。自 20 世纪 80 年代中期，我国开始出现证券交易活动和证券市场。

从经济学的视角来认识证券，证券是各类财产权和债权凭证的统称，是用来证明持有人有权取得相应权益的凭证。如股票、公债券、基金、票据、提单、保险单、存款单等都是证券。概括而言，凡根据一国法规发行的证券都具有法律效力。从金融产品的本质属性来认识，收益性、风险性和流动性（有时也称流通性）是一款金融产品应具备的三大基本属性。收益性是让渡了资金使用权而承担风险的补偿；风险性是指持有金融产品在未到期之前或随着市场环境变化而面临的价格不确定性；流动性是指金融产品在市场上交易时与现金之间相互转化的难易程度。一般的金融理论中注重风险与收益之间的均衡，即将"风险一定，要求收益最大化；或收益一定，要求承担风险最小化"作为投资决策的依据。而诸多金融危机的背后，流动性均发挥着关键核心的角色，若金融资产缺乏流动性，则该金融资产只能称为一种融资工具，其配置资源、调节经济的功能将会难以实现，缺乏市场化管理将会导致金融资产的发行规模和融资功能受到影响。因此认识金融产品，应从金融产品的三大基本属性着手。同样，债券也应当具备这三种基本属性，不过债券还具备了第四种属性——偿还性。

固定收益证券，可以理解为"有固定收益特点的有价证券"。现实中的金融市场上并不存在固定收益证券这个交易品种，固定收益证券是对金融市场上某类交易产品的理论概括。固定收益证券一般具有三个比较显著的特点：一是这类证券的持有人可以按照证券契约在未来某些时点获得相对确定的收益；二是投资者可以采用相关数学工具或技术方法来相对精确地估算该类证券的收益和价值；三是这类证券的市场价格波动相对较小。因此，固定收益证券的核心特征就是"未来收益的可预期性和可预测性"，债券、票据、银行定期存单、优先股等都具有该类特征。但随着金融创新的发展，固定收益证券的"固定"也变成相对的固定。目前对固定收益证券的分析基本还是围绕着债券展开的，图 1.1 对债券的条款规定及与金融创新的关系进行了归类和梳理。

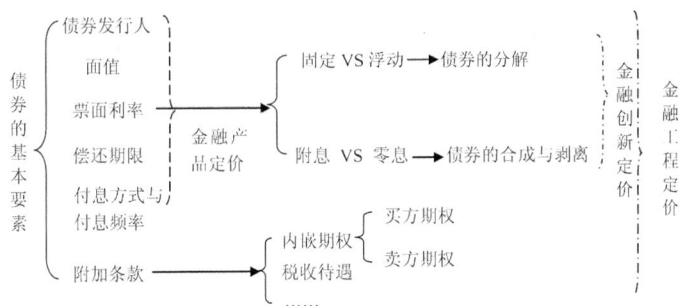

图 1.1　债券基本要素的创新路径分解

资产定价是金融产品投资、研究和设计的核心。对于金融市场上定价的分析，可以划分为三个层次（如图 1.1 所示）。第一层级为金融产品定价层级。若债券条款设计中包括债券发行人、面值、票面利率、偿还期限、付息方式与付息频率等基本要素，在不存在违约风险的前提下，由于未来现金流确定，在给定市场利率或债券市场价格的条件下，就可以计算出债券的内在价值或债券的到期收益率。第二层级为金融创新定价层级。即在第一层次的基础上，进行金融产品创新设计，比如债券的票面利率在固定利率和浮动利率之间的相互转换（债券的分解）和附息债券和零息债券之间的相互转换（债券的合成与剥离）。通过产品创新设计，尽管初始债券的现金流未发生变化，但通过构造不同类型的新债券产品，重构未来现金流的分布，满足了不同风险偏好和现金流需求特征的投资者需求。第三层级为金融工程定价层级。比如在债券的附加条款中嵌入期权，如转股权、赎回权、回售权等，在未来某一条件成立时触发行权条件，改变债券未来的现金流预期；又如对现金流进行重组，通过构建抵押过手债券、抵押债务凭证等，发行新的结构化证券产品；也可以假设债券违约条件下，通过信用违约互换等转移风险。这一层级构成了金融工程定价的体系。我们将在后面的章节中对相关知识进行较为详细的讲解。

在现实中，市场上交易的债券受到多方面因素的影响，价格波动也较大，投资者在不同的时点和不同价格持有债券产品所获得的投资收益率是有差异的。但对固定收益证券的理解，需要把握一点，即投资固定收益产品，与该固定收益产品过去的现金流支付状况无关，取决于未来不同时点上该固定收益产品提供的可预期的现金流水平、大小和方向。关于固定收益证券的概念理解，可以认为是三个要素的综合，即"固定"、"收益"和"证券"，如图 1.2 所示。

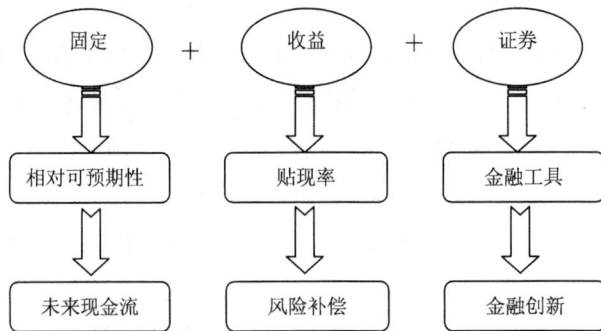

图 1.2　固定收益证券概念的分解

其中，"固定"体现的是未来现金流的可预期性；"收益"体现了该类产品所能提供给投资者的回报率，这取决于该固定收益产品自身的风险属性，即该类产品的收益率是投资者因承担风险而获得的补偿；"证券"的特征反映了该类产品的市场流通特征及交易特征，是金融创新的基础。因此，固定收益证券课程的开发设计实质上就是对具有未来相对可预期的现金流的金融产品的资产定价及金融创新的研究，这主要是相对于股票而言的。但随着金融创新的发展，兼具股权债权的金融产品、具备稳定收益性特征的金融产品等都可以视为固定收益产品，比如可转换债券及前面提到的优先股、银行理财产品、信托收益凭证等都可视为固定收益产品，但这些产品与纯粹的债券又有差异。本书对固定收益证券的分析主要也是基于债券展开，优先股、银行理财产品等相关方面的知识仅做简单的介绍。在金融创新应用方面，目前市场上基于权益类开发的衍生产品相对较少，且主要集中在以市场指数和个股展开的期货、期权产品等，但围绕固定收益类产品展开的金融创新却非常普遍，除了期货期权产品外，还包括互换、现金流重组后的结构化固定收益产品等。通常而言，固定收益证券市场是金融市场上最核心的主导力量。

1.2 | 固定收益证券市场的作用

固定收益证券市场在一个国家的经济与金融生活中，有着十分重要的地位，而这种重要的地位体现在多个方面。

（1）固定收益证券市场的设立与不断发展，满足了投融资双方各自的需求。

从投资者的角度看， 由于权益类证券的收益面临着较大的不确定性，很难满足风险厌恶水平适中的投资者的风险需求，而具有较高确定性收益同时风险也适中的固定收益类证券则可以满足这类投资者的风险偏好。以养老保险公司为例，由于未来保费的支出每年相对固定且可测算，若保险公司购买风险和期望收益都相对较高的股票，则未来的投资收益由于面临着较大的不确定性而很难匹配未来的现金流支出；但若保险公司持有未来现金流流入与其未来负债的现金流流出相匹配的固定收益证券，则可以较好地锁定未来收益不确定的风险。对于商业银行而言，也是类似的情况，短存长贷的特征使得商业银行的存贷利息差成为其盈利的主要来源，在作为金融媒介参与交易时，其负债也面临着较大的利率敏感性缺口，但通过持有相应期限的固定收益证券可以有效管理负债的利率风险。

从融资者的角度看， 固定收益证券的存在和发展，为市场上不同的资金需求者提供了融资渠道。例如，中央或地方政府可以依托自身信用，以未来的财政收入为偿付支撑在市场上发行政府来债券来筹集资金；企业可以在证券市场上发行不同规模的短期信用债、中期票据或企业债券来满足未来企业发展需要；银行等金融机构可以通过发行金融债券来主动调节自身的资产负债结构，有效改善负债管理型的被动管理策略；一些政府机构或企业也可以到海外市场发行不同的欧洲债券或外国债券来满足多样化的资金需求。同时，一些金融机构也可以通过对已持有资产的现金流重组来提前回收流动性，比如信用卡余额证券化、住房抵押贷款证券化、汽车贷款证券化等。图 1.3 概括描述了投资不同证券产品的脉络及要点。

（2）固定收益证券市场为宏观金融政策的市场调节功能发挥作用。

首先，固定收益证券的存在和发展为整个金融市场提供了基准利率——利率期限结构（或到期收益率曲线）。金融市场成熟与否，很大程度与市场定价效率相关，国债收益率往往被视为市场上的无风险收益率基准，而其他债券都可以在同期国债基准利率的基础上加上一定的风险溢价来进行定价。一个市场化的基准利率形成机制，需要整个金融体系中存在着可靠的基准利率体系，由不同期限零息国债的到期收益率构成的到期收益率曲线称为"利率期限结构"，它是衡量债券到期期限与到期收益率之间关系的一条曲线。该曲线为商业银行等金融机构确定自己的贷款利率提供了参考标准，金融机构在这一标准之上，再考虑违约风险溢价、流动性溢价等来确定自己的贷款利率。

其次，固定收益证券市场为一国利率政策的有效发挥提供了场所。在利率市场化条件下，中央银行只能通过调整短期基准利率（主要是再贴现率）来影响整个市场的利率水平，而对整个市场利率的影响程度则依赖于全社会利率机制的效率。固定收益证券市场的发展，提升了利率传导的效率，通过迅速影响到期收益率曲线，进而影响全社会的利率水平，从而实现中央银行利率政策的调整目标。

证券

- 股票（所有权关系）
  - 优先股
  - 普通股 —— 分析方法
    - 基本面分析 —— 宏观、行业、公司 → 内在价值 → 择股
    - 技术分析 —— K线、切线、波浪 → 价格趋势 → 择时
    - 心理分析 —— 行为金融 → 理性 → 资产配置
    - 学术分析 —— M-V、CAPM、APT → 资产定价 → 优化
- 债券（债权债务关系）
  - 政府债券 → 透支政府信用，易造成财政悬崖（美国）
  - 金融债券 → 提升金融机构资产负债管理的主动性 金融创新的滥用（次贷危机的教训）
  - 公司债券 → 反映企业信用，高收益债（垃圾债）
    - 特性：久期、凸度、免疫、……
    - 创新：债券剥离、债券合成、结构化、……
- （证券）投资基金（信用委托关系）
  - 封闭式基金
  - 开放式基金
    - 货币型基金
    - 股票型基金
    - 债券型基金
    - 平衡型基金
- 衍生证券（金融创新工具）
  - 远期
  - 期货
  - 期权
  - 互换
  - ……

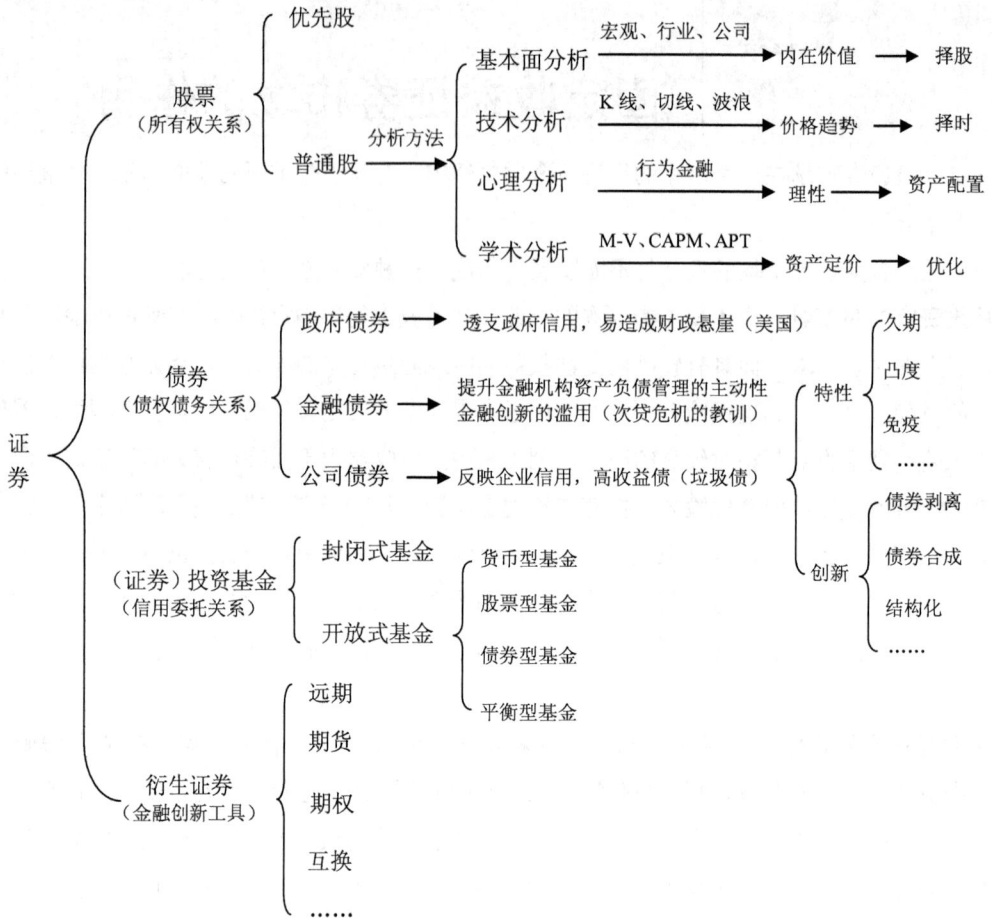

图 1.3　投资视角下证券产品的主要分类及脉络

最后，固定收益证券市场为一国货币政策中的公开市场业务机制的发挥提供了场所。通常情况下，考虑到调控的目标主要是调整基础货币，中央银行没有必要承担风险，因而在公开市场业务操作中买卖的票据都是高级别、利率风险较低的短期债券。读者可能会问，央行的加息或降息的调控效果不是比央行通过"三大法宝"的货币政策调控效果更直接吗？事实上，加息或降息所能调控的货币规模并不可控，而"三大法宝"由于调整目标事先可以相对确定而使得可控性较强。

以美国市场的基础利率——美国联邦基金利率（Federal Fund Rate）为例。该利率是美国同业拆借市场的利率，是各金融机构之间相互拆入和拆出隔夜贷款的利率，能够敏感地反映银行之间资金的余缺。美联储通过监测和调节同业拆借利率就能直接影响商业银行的资金成本，并将同业拆借市场的资金余缺传递给工商企业承担，进而影响消费、投资及国民经济的发展。其作用的基本原理是：当美联储希望降低市场利率时，通过降低自己的拆出利率，促使商业银行转向美联储拆借资金，从而使整个市场的拆借利率下降；反之亦然。如果再借助于国债的公开发行操作、存款准备金率和贴现率的调整，并经反复多次操作，就会形成合理的市场预期。只要美联储提高自己的拆借利率，整个市场就会迅速反应，进而美联储就可以直接宣布联邦基金利率的变动。

（3）固定收益证券市场有助于完善公司治理结构。

产权理论明确了股东对企业享有的所有权，不同的股东依据其持有上市公司股权的比例来享有经营决策权、投票权和盈利分配权，并将追逐企业利润的最大化作为企业股东的目标。固定收益证券市场的存在至少在两个方面可以帮助企业提升治理效率：一是固定收益证券的发行，使企业未来面临着可预期的现金流支出，从而促使管理层提高资金的使用效率，以赚得更多的盈利来偿付未来的现金流支出成本；二是固定收益证券的发行，替代了过度依赖银行贷款的融资模式，一旦企业经营不善，遭受市场化敌意收购的可能性大增。相对于银行贷款中较少的公开信息披露需求，企业发行固定收益证券后信息披露的要求大幅提高，这使企业被置于公众监督之下。一旦企业的财务状况出现危机，企业随时可能会被市场上的竞争对手作为并购的对象或引发连锁的负效应。上海超日太阳能科技有限公司发行的"11超日债"在2014年3月6日成为我国债券市场违约第一单。而前期山东海龙、华锐风电等发行的信用债也曾传出违约风险，后来由于地方政府介入而未违约，这也从另一个角度折射出债券违约在市场上可能引起的强烈反响，因为企业的信用和声誉在资本市场上尤为重要。同时企业发行固定收益证券替代银行贷款也是约束公司管理层的一个重要手段。主要原因在于，对于同样数额的资金而言，银行贷款和发行债券对管理者的约束力不同。一方面，从资金取得的约束限制分析。发行债券需要的约束一般是规范化的文件条款，企业只有达到一定财务标准或经营规模之后才能发行债券；而银行贷款虽受到银行风险管理的种种约束，但由于金融机构之间竞争的加剧使得商业银行往往将贷款约束条件放宽，一旦银行对某个企业发放贷款成功，由于信息的不对称，商业银行很可能面临贷款过于集中的风险。在业内流传的"若企业拖欠银行10万元不偿还，企业倒霉了；而若企业拖欠银行10亿元不还，银行倒霉了"还是很有道理的。因为若银行对某个企业的贷款过于集中，一旦该企业经营面临困境或经营困难而面临偿付压力时，商业银行为收回已投入的贷款，可能会不断地增加贷款，坏账可能像滚雪球一样越来越大，最后企业反向绑架银行。因此，负债带来的激励效应不强易造成企业管理者的惰性。但如果企业发行固定收益证券，由于是借助于市场发行，企业管理者面对着很多个分散的投资者，同时要定期披露信息，企业的经营不仅受到投资者的监管，还要受债券评级机构、投资银行、证券监管机构等第三方监管，一旦经营出现困境陷入偿付压力，就很可能进入违约处理的流程，使得管理层面临更大的经营压力。相对于银行贷款而言，固定收益证券资金供求双方的信息不对称程度大幅下降。这些监管有效地降低了代理成本，保障了债权人的利益，进而也保障了股东的利益。

（4）固定收益证券市场的发展提升了金融机构的运营效率。

投资和融资是金融活动的两个方面。当企业面临着资金压力时，就会产生融资需求，简单而言，企业的融资渠道如图1.4所示。证券出现后融资渠道从单一依托银行为媒介的间接债务融资转向多样化的股权和债权融资，特别是随着金融工程的出现，结构化固定收益产品更是进一步拓展了金融机构和企业的融资渠道。这对商业银行传统的盈利模式带来极大挑战。而混业经营的逐步放开也激励金融机构朝集团化方向发展。一方面通过多样化的金融业务来分散集团层面的经营风险，增强抗风险的能力；另一方面，从事类似性质业务的金融机构多样化，金融创新将成为金融机构之间竞争优劣的决定性因素之一。比如，在我国资本市场上，自余额宝产品出现后，商业银行利用低成本使用活期存款的格局被极大冲击，依靠借贷差作为主要盈利来源的经营模式受到严重挑战，这在一定程度上有利于我国市场化利率的形成。

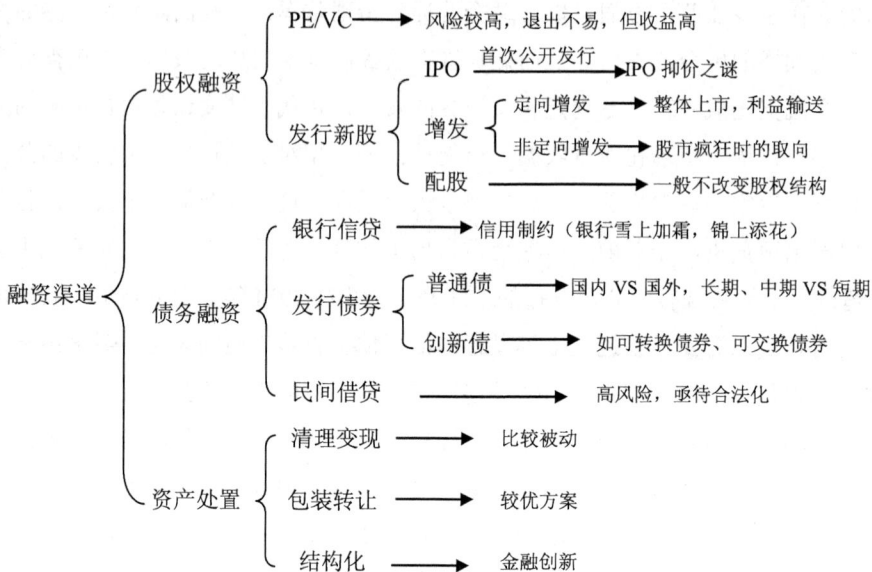

图 1.4　企业融资渠道的路径示意图

1.3 固定收益证券的基本特征

与所有金融产品一样，固定收益证券具有风险性、收益性和流动性三大基本属性，但同时固定收益证券还有自身的特色，比如对于债券，其还具有偿还性的特征。除了偿还期、票面利率、面值三个基本特征外，有很多证券条款设计中还含有内嵌期权。本节重点介绍优先股和债券这两类主要的固定收益证券工具，但由于优先股发行在我国自 2014 年年底刚刚重启，相关机制均还不健全，目前的优先股发行尚处于尝试阶段，因此本书仅做基本介绍，后面重点仍以债券为主。

1.3.1　优先股的基本特征及条款设计

优先股是公司股票的一种，是由股份有限公司发行的在盈利分配和剩余财产清偿方面优先于普通股的股票。它并不完全具备通常定义的股票的一般特征，是具有股票和债券某些共同特点的证券。一般而言，优先股股票除具有金融资产三大基本属性外，还具有以下几个方面的特征。

（1）优先和固定的股息率。优先股股票在发行时即已约定了固定的股息率，且股息率不受公司经营状况和盈利水平的影响。优先股股东可以先于普通股股东向公司领取股息，所以，优先股股票的风险要小于普通股股票。

（2）优先清偿剩余资产。当公司因解散、破产等进行清算时，优先股股东对公司剩余财产的清偿权在债权人之后、普通股股东之前。若优先股股东权益未得到满足，不能对普通股股东进行剩余资产的分配。

（3）有限的表决权。优先股股东一般不享有公司经营参与权，即优先股股票不包含表决权。然而，在涉及优先股股票所保障的股东权益时，如公司连续若干年不支付或无力支付优先股股票的股息，依据优先股发行条款设计在一定条件满足时，优先股股东可享有表决权。

（4）股票可由发行公司赎回。公司如有需要，可以依照优先股股票上所附的赎回条款，由公司予以赎回。大多数优先股股票都附有赎回条款。公司赎回优先股股票时，可以在优先股价格的基础上适当加价，从而使优先股股东从中得到一定的利益。

总之，对投资者来说，优先股股票收益固定，风险相对较低，投资收益率高于公司债券及其他债券的收益率。对股票发行公司来说，由于优先股股东一般没有表决权，可以避免公司经营决策权的分散。

除了上面一般意义上的优先股外，还有三种类型的优先股，分别是累积优先股、可转换优先股和参与优先股。累积优先股，指由于公司经营发生亏损，无力支付股息时，可以累积于次年，或以后等待有盈余时再行发放的优先股。可转换优先股，指在一定期限内，按一定比例，可由投资者自行决定是否把优先股换成普通股。参与优先股，指公司在盈利丰厚之时，规定优先股股东除了获得原有约定的固定股息外，还可以与普通股股东共同分享公司剩余利润。

发行优先股的主体不同，在优先股的条款设计方面也可能会有差异，特别是对于金融企业，对优先股的转换或赎回条款要求更为详细。例如，在 2008 年开始的美国次贷危机中，美国花旗银行一度陷入资本金严重不足的危机，美国政府除进行注资和对其风险投资提供担保外，还于 2009 年 2 月 27 日宣布以每股 3.25 美元的价格，将持有的花旗优先股转换为 36% 的普通股，涉及金额达 250 亿美元，相对于花旗银行 2 月 26 日的收盘价有约 32% 的溢价。美国财政部将优先股转为普通股，变相注资于花旗银行但同时又是市场化的操作，利于强化花旗银行的资本基础，且通过发行普通股交换优先股，能大量增加其有形普通股权益资本，淡化了行政干预的色彩。

我国在 20 世纪 90 年代初深圳发展银行（现改名为平安银行）曾发行过优先股，但由于相关法律法规不健全，最后在 90 年代中期转为普通股。在 2014 年优先股发行重启后，主要集中于金融企业、能源企业等公司，在新三板市场我国也积极地开展优先股发行的试点方案。我们以在上海证券交易所上市的中国农业银行（上市代码为 601288.SH）为例，简单介绍一下我国上市公司发行优先股的条款设计，如表 1.1 所示。

对于优先股的持有人而言，由于股息的发放与发行人的盈利能力和风险管理需求相关，并不能保证股息都能够如期正常发放，因此，在优先股的条款设计中，往往会设置股息发放的约束条件、转股安排及回购安排等，这可能会在一定程度上影响到优先股股东的利益。例如，发行人为满足一定监管要求而有权取消部分或全部优先股派息且不算违约；在满足特定强制转股触发条件时，发行人对仍然存续的优先股可以在监管部门批准的前提下全额或部分转换成 A 股普通股；若优先股发行时，设置了发行人有条件赎回条款，不设置投资者回售条款，则优先股股东无权要求发行人赎回优先股。由于涉及约束类的条款设计一般比较详细，对此本书仅做简单介绍，详细条款设计可参阅我国发行的优先股募集资金说明书等相关公开信息文件。

表 1.1 中国农业银行优先股发行方案及条款设计

优先股名称	中国农业银行股份有限公司非公开发行优先股
发行面值及价格	每股票面金额（面值）为壹佰元人民币，按票面金额平价发行
发行方式	全部采取境内非公开发行的方式。按照中国银监会和中国证监会等监管机构的审批情况，根据市场状况分次发行
发行对象	向符合中国证监会发布的《优先股试点管理办法》和其他法律法规规定的合格投资者发行，本次发行对象不超过 200 人，且相同条款优先股的发行对象累计不超过 200 人。本次发行不安排向原股东优先配售
发行种类和数量	在境内发行的符合中国银监会有关其他一级资本工具合格标准规定的优先股，拟发行的优先股数量不超过 8 亿股，募集金额不超过 800 亿元。其中，2014 年发行量不超过 4 亿股，募集资金不超过 400 亿元
是否累积	否
是否调息	是
是否参与	否
股息支付方式	股息以现金方式支付，每年支付一次。计息起始日为优先股投资者缴款截止日，即 2014 年 11 月 5 日。付息日为每年的 11 月 5 日。如遇中国法定节假日，则顺延至下一交易日，顺延期间应付股息不另计利息。 如遇约定付息日前需视情况核算并支付优先股股息的情形，股息按上一付息日起优先股实际持有天数计算，其中一年按 360 日计算
票面股票率的确定原则	本次发行的优先股以 5 年为一个股息率调整期，即股息率每 5 年调整一次，每个股息率调整期内每年以约定的相同票面股息率支付。首个股息率调整期的股息率通过询价方式确定为 6.00%。本次发行的优先股票面股息率不高于本行最近两个会计年度的年均加权平均净资产收益率。股息率包括基准利率和固定溢价两个部分。首个股息率调整期的基准利率为发行首日（即 2014 年 10 月 31 日）前 20 个交易日（不含当日）中国债券信息网（www.chinabond.com.cn）（或中央国债登记结算有限责任公司认可的其他网站）公布的中债银行间固定利率国债到期收益率曲线中，待偿期为 5 年的国债到期收益率算术平均值（即 3.71%，四舍五入计算到 0.01%）；固定溢价以发行时确定的股息率 6.00% 扣除发行时的基准利率 3.71% 后确定为 2.29%，固定溢价一经确定不再调整。 后续股息率调整期内的票面股息率为当期基准利率加上固定溢价，当期基准利率为重定价日（发行首日起每满 5 年的当日，即 10 月 31 日）前 20 个交易日（不含重定价日当日）中国债券信息网（www.chinabond.com.cn）（或中央国债登记结算有限责任公司认可的其他网站）公布的中债银行间固定利率国债到期收益率曲线中，待偿期为 5 年的国债到期收益率算术平均值（四舍五入计算到 0.01%）。如果未来待偿期为 5 年的国债到期收益率在重定价日不可得，届时将在监管部门要求下由发行人和投资者协商确定此后的基准利率或其确定原则
承销方式	本次发行由主承销商组织的承销团以代销的方式承销
承销期	本次发行的承销期为自 2014 年 10 月 28 日至 2014 年 11 月 10 日
评级安排	本行的主体信用等级为 AAA，评级展望为稳定，本次优先股的信用等级为 AA+。中诚信国际信用评级有限责任公司将在本次优先股的存续期内对本行和本次优先股每年进行定期跟踪评级或不定期跟踪评级
表决权恢复	在本次发行的优先股存续期间，当本行累计 3 个会计年度或连续 2 个会计年度未按约定支付优先股股息时，股东大会批准当年不按约定支付优先股股息的利润分配方案次日起，优先股股东有权出席股东大会与普通股东共同表决。表决权恢复直至本行全额支付当年优先股股息
担保安排	本次发行的优先股无担保安排
转让安排	本次发行的优先股不设限售期，发行后不能上市交易，将在上海证券交易所指定的交易平台进行转让

1.3.2 债券的特征及条款设计

债券是一种有价证券，是各类社会经济主体为了筹措资金而向投资者出具的并且承诺按一定利率定期支付利息和到期偿还本金的债权债务凭证。债券与其他金融工具相比，最显著的一个重要特征是其具有偿还期。债券的偿还期往往与债券的利息支付、到期收益率及债券的价格风险等密切相关。偿还期越长，债券未来利息支付、再投资收益率及宏观经济环境所面临的不确定性越高，风险就越高，能够给投资者提供的回报率也越高。在金融创新中，偿还期也可能随着债券条款中的相关规定而变得不确定，如可展期或提前赎回/回售缩减偿还期。在债券发行的募资说明书中，为了保障投资人和发行人的利益，往往会设置正面条款、负面条款等进行约束。对于债券的条款设计，我们结合金融创新，从票面利率、嵌入期权等角度展开。

1. 债券的契约条款

债券募集资金说明书中往往会对债券发行人的承诺或义务及债券持有人的权利做出较为全面的规定。为了保护债券投资者的利益，债券契约中通常含有正面条款和负面条款。正面条款是债务人承诺必须做的事项，比如正面条款会规定债务人应当按期偿付本金和利息，维护相关财产安全或保值，支付有关税负或其他费用，定期向受托人提交信守契约报告等；负面条款是禁止债务人某些行为的规定，比如负面条款会规定债务人的资产负债率、流动比率或速动比率等指标不得高于或低于某个值的限制，甚至对债务人的业务领域或业务形式加以规定等。

2. 票面利率的设计及创新

债券的票面利率，又称息票利率（Coupon Rate），是债券发行时承诺的按期支付利率。息票的支付金额与债券面值、支付频率和票面利率有关，即

$$息票利息额=面值×票面利率÷支付频率 \qquad (1.1)$$

举例而言，某债券面值为 100 元，票面利率为 5%，每年付息一次，则每年的息票金额为 100×5%=5 元；若每半年付息一次，则付息频率为每年 2 次，每次息票额为 100×5%÷2=2.5 元。

在美国，债券的息票支付一般是半年一次，在我国则一般是每年一次。而对于结构化的固定收益产品，如抵押担保债券、资产担保债券、抵押债务凭证等一般是每月支付一次。利息的支付频率不同，也会引起最终实际利率水平的差异。票面利率也是债券定价中一个重要的指标，除了直接影响投资者对债券现金流的预期外，还影响其对市场利率变化的敏感性。同时可根据债券的价格和面值之间的关系，结合债券的票面利率来判断债券的到期收益率。通常而言，若债券平价交易（债券的面值与债券的交易价格相等），则到期收益率等于票面利率；若债券溢价交易（债券面值小于债券交易价格），则到期收益率小于票面利率。这些内容将在后面章节中分别重点阐述。按照债券的票面利率在存续期内是否固定，债券可分为固定利率债券和浮动利率债券。浮动利率债券是金融创新中为满足不同客户需求进行新产品开发所选的一个主要切入点。下面介绍几种利率创新的固定收益产品。

（1）步高债券。

步高债券（Step-up Note），又称票面利率逐级递增的债券。其特点是票面利率经过一段时间后增加。若步高债券在整个偿还期内只升高一次，称为一次性步高债券（Single Step-up Note）或单级债券，如某债券期限为 5 年，前两年票面利率为 5%，后三年票面利率为 6%；若债券的票面利率在整个偿还期内会调高多次，称为多级步高债券（Multiple Step-up Note）或多级债券，如某 6 年期债券，前两年票面利率为 3%，第三年票面利率为 4%，后三年票面利率为 5%。

（2）延期支付利息的债券。

延期支付利息的债券（Deferred Coupon Bonds），又称递延债券，是指在债券发行后的一定时间内不支付利息，在一定事先规定的时点一次性支付累积的利息，然后在剩余的时间内和典型的息票债券一样定期支付票面利息。

（3）浮动利率债券和逆浮动利率债券。

浮动利率债券（Floating Coupon Bonds）是指债券票面利率定期以约定的基准利率进行调整的债券，由于息票利率可变，所以也称为可变利率债券（Variable-Rate Bonds），通常浮动利率债券的票面利率是在基准利率之上加上一定的利差（或贴水），即

$$票面利率＝基准利率＋利差 \tag{1.2}$$

常见的基准利率包括 1 个月期的伦敦同业拆借利率（1-Month LIBOR）、3 个月期的伦敦同业拆借利率（3-Month LIBOR）、1 年期美国国债到期收益率等。利差（Quoted Margin）是债券发行人承诺支付的、高于基准利率的风险溢价部分，其大小取决于该债券的违约风险和流动性风险的水平。风险越高，利差贴水越高。浮动利率债券的票面利率通常要确保其在债券利息确定日的价格等于其面值。

除了在基准利率的基础上直接加一定的利差外，有些债券的票面利率还可通过在基准利率前加一个倍数，以基准利率变动的一定比例界定债券的票面利率，这种浮动利率债券被称为杠杆化的浮动利率债券。其票面利率为

$$票面利率=\beta\times基准利率+利差 \tag{1.3}$$

式（1.3）中 β 系数起到对基准利率的放大或降低杠杆的作用。$\beta>1$ 表明基准利率对票面利率的影响会大于基准利率本身的变动，此时债券被称为杠杆浮动利率债券（Leveraged Floating Rate Notes）；$0<\beta<1$ 则有助于缩小基准利率杠杆的作用，此时债券被称为降杠杆浮动利率债券（Deleveraged Floating Rate Notes）。杠杆和降杠杆浮动利率债券为投资者提供了获得高于市场初始收益并按收益曲线调整未来收益的机会。

有些债券同时以两种或甚至汇率等指数之差来定义其票面利率，因此也被称为双指浮动利率债券（Dual-Index Notes）。常用的基准利率包括 Libor（London Interbank Offered Rate，伦敦同业拆借利率）、CMT（Constant Maturity Treasury，简称恒期国债收益率）。这类债券的投资者常常以对收益曲线的某种估计为决策基础，无论收益曲线是趋陡或趋缓，都可能给投资者带来机会。比如美国联邦住房贷款银行系统（Federal Home Loan Bank System）于 1993 年 7 月将发行的票面利率定义为

$$票面利率=10 年期国债券利率-3 个月期 Libor+160 个基点 \tag{1.4}$$

与确定浮动利率债券的票面利率相反，逆浮动利率债券票面利率的确定则是在一个最高固定利率的基础上减去参考基准利率，即

$$票面利率=固定值-1 个月期 Libor \tag{1.5}$$

由式（1.5）可知，逆浮动利率债券的票面利率与基准利率的变动方向相反。基准利率越高，逆浮动利率就越低；基准利率越低，则逆浮动利率就越高。与浮动利率债券类似，逆浮动利率的票面利率在确定时也可以用固定值减去基准利率的某一个倍数，即

$$票面利率=固定值-\beta\times1\text{ 个月期 Libor} \tag{1.6}$$

这类逆浮动利率债券也被称为杠杆化的逆浮动利率债券，在抵押担保债券中应用较为广泛。若 $\beta>1$，由于杠杆化的逆浮动利率债券的票面利率变动幅度大于基准利率的变动幅度，可能出现利率过高或过低甚至负数的情况，为了避免这种情况发生，逆浮动利率债券常常有利率上下限的规定。

浮动利率债券和逆浮动利率债券也是为了满足不同金融机构或投资者的需求而创新开发的。举例而言，商业银行的资产负债管理是典型的"存短贷长"，即商业银行吸收存款形成的负债基本上是短期的，为了降低利率风险，商业银行希望它的资产也是利率敏感性的或浮动利率的，而不是固定利率的，这样无论利率如何变化，商业银行通过持有浮动利率资产的收益就能与其负债成本相匹配，且能提供稳定的利差。从票面利率设计的原理分析，逆浮动利率债券的风险比浮动利率债券的风险要高。原因在于基准利率变动会放大逆浮动利率债券的价格变动。当基准利率下降时，债券的价格将上升，但由于浮动利率债券票面利率确定的时间间隔较短，使得浮动利率债券价格上升不太大；而当基准利率上升时，浮动利率债券价格下降的幅度也不会太大。但逆浮动利率债券价格的变化就不同了，当市场利率下降时，逆浮动利率债券价格上升的幅度更大。这一方面是由于逆浮动利率债券的票面利率与基准利率的波动方向相反，这使得逆浮动利率债券未来获得的票面利息的现金流入将增加；另一方面债券的价格与市场利率之间的变动方向是相反的，当基准利率下降时，意味着市场利率也下降。利用未来现金流现值法对逆浮动利率债券定价时，未来现金流增加与市场利率下降的共同作用将促使逆浮动利率债券价格上升的幅度更大。同理，当市场利率上升时，基准利率也将上升，逆浮动利率债券价格受未来票面利息现金流入下降和贴现率上升双重影响，债券价格下降的幅度更大。逆浮动利率债券对市场利率变化的特殊性，也使得逆浮动利率债券可以用来平衡债券组合的整体风险。如同在股票市场中，某些股票的 β 值是负的，这种股票可以用来降低整个股票组合的系统风险。在固定收益证券中，一个很重要的利率风险指标是久期，逆浮动利率债券可以用来调整债券组合的久期。

从操作的可行性分析，金融机构可以利用低风险的固定利率债券（比如国债产品）来创设浮动利率债券和逆浮动利率债券来满足不同客户的需求。借此我们也讨论一下浮动利率和逆浮动利率的顶（Cap）、底（Floor）和箍（Collar），分别表示浮动利率债券和逆浮动利率债券的票面利率所能实现的最高值、最低值及极值区间。

【例 1.1】某一债券的固定利率为 6%，面值为 1 000 万元，期限为 5 年。某金融机构拟将债券进行分割创设为本金 600 万元的浮动利率债券和本金 400 万元的逆浮动利率债券。其中浮动利率的票面利率为 1 个月期 Libor 加 100 个基点的贴水，即 $C_{fl}=1$ 个月期 Libor$+1\%$，试确定逆浮动利率债券的票面利率，并确定二者的顶和底。

解答：

由于固定利率债券的票面利率为 6%，因此，在不存在套利条件下，浮动利率债券与逆浮动利率债券每期票面利息的现金流之和应等于固定利率债券的票面利息，设 C_{ifl} 为逆浮动利率债券的票面利率，则满足

$$1\ 000\times6\%=600\times C_{fl}+400\times C_{ifl}$$

将 $C_{fl}=1$ 个月期 Libor$+1\%$ 代入，并化简

$6\%=0.6\times$（1 个月期 Libor+1%）$+0.4\times C_{ifl}$

可得

$C_{ifl}=13.5\%-1.5\times1$ 个月期 Libor

由于 1 个月期 Libor 的最低值为 0，不可能为负值，因此，逆浮动利率债券的最高票面利率就是 1 个月期 Libor 为 0 时的利率，即 13.5%，此时浮动利率债券的票面利率最低为 1%；同样由于逆浮动利率债券的票面利率最低值为 0，不可能为负值，即当 1 个月期 Libor 等于 9%时，逆浮动利率的票面利率最低为 0，此时浮动利率债券的票面利率最高为 10%。因此，我们可以得到浮动利率的顶（或底）与逆浮动利率的底（或顶）相对应。本例中浮动利率债券票面利率的顶和底分别是 10%和 1%，逆浮动利率债券票面利率的顶和底分别是 13.5%和 0%。这个顶和底形成的票面利率区间我们称为箍。

注意在本例中，逆浮动利率债券票面利率的基准利率前面的系数为 1.5，结合前面所学的知识，该逆浮动利率债券为杠杆浮动债券，表明逆浮动利率受基准利率 1 个月期 Libor 影响的程度较大。该杠杆系数的确定取决于分割成的浮动利率债券和逆浮动利率债券的面值规模。逆浮动利率本金占比越高，杠杆系数越低；逆浮动利率本金占比越低，杠杆系数越大。因此一些规模实力较强的金融机构可以通过调整杠杆系数来创设高风险高收益的逆浮动利率债券以吸引投资者的参与。通过上面的分析，易知浮动利率债券的顶和底、逆浮动利率债券的顶和底、利率杠杆这 5 个因素是相互关联的，只要给定其中 4 个因素，第 5 个因素很容易得到。

利用固定收益证券的分解也可以较好地解释当市场利率变化时为什么逆浮动利率债券的价格波动幅度更大。除上述的理论解释外，也可以用通俗逻辑来解释，即由于市场利率对被分解的固定利率证券的影响是相对确定的，而分解出的浮动利率债券价格受市场利率变化的幅度越小，那么市场利率变动对逆浮动利率债券价格变动的影响幅度就越大。

（4）其他典型的创新浮动利率债券。

区间债券（Range Notes）。这类债券参考利率通常设有较高和较低两个水平，较高的水平适用于当基准利率处于规定的区间时，而较低的利率水平适用于基准利率超出规定的区间时。在利率确定日，只要参考利率在这一上下限之内，浮动利率就采用较高的利率；一旦基准利率超出了上下限，那么浮动利率就采用较低的利率水平，最低可以为零。大部分区间债券每天都会调整利率，当然调整时间也可以是周、月、季、年等，但不论以多长的时间间隔为基础，基准利率只在调整当日与债券有关。一旦购买了这类债券，投资者相当于卖给了发行人一系列的期权，即发行人有权在一定范围内调整债券票面利率。

非市场浮动利率债券（Non-market Floating Rate Bonds）。这类债券的票面利率虽然是浮动利率，但浮动的时间、浮动的幅度与范围等不是由市场决定，而是取决于非市场的其他因素，如政府利率调整或各主体间的定期协商等。以财政部 2000 年 4 月 17 日采取招标方式在全国银行间债券市场发行的记账式（二期）国债为例。债券发行总额为 280 亿元，银行间债券市场的 53 家国债承销团成员参加投标，实际有效投标量为 806 亿元，30 家机构中标。中标利差为 0.55 个百分点，按当时 1 年期存款利率 2.25%计算，该期国债第 1 年付息利率为 2.80%，而未来的付息利率为每个未来付息日 1 年期银行存款利率加上中标利差 0.55%。假设第 2 年 1 年期存款利率调整为 2.50%，则债券第 2

年的票面利率将调整为 3.05%。

利差浮动债券（Stepped Spread Floater）。 利差浮动债券又称为分段贴水的浮动利率债券，这类债券的利率调整表现在相对于基准利率的利差调整上。在整个存续期间，按照统一的基准利率确定参考利率，但不同阶段有不同的利差，具体的利差调整方向可以向上，也可以向下。例如，某 10 年期债券的利率计算方法为，基准利率为美国 1 年期国债利率，前 3 年利差为 50 个基点，中间 4 年利差为 60 个基点，最后 3 年利差为 75 个基点。

指数摊还债券（Index-Amortizing Notes，IAN）。 指数摊还债券是指存量本金额按约定计划分期摊还的一种债券，分期摊还计划常与某一指数，如 Libro、CMT 等有关，其结果是债券未来的现金流、到期收益率及到期日等都不确定。这类债券一开始有一个最长期限规定，但一旦所有本金和利息支付完成，其寿命也就终止。投资者在获得高于市场的初始收益的同时，也卖给发行人提前结束债券的选择权。发行人有权根据市场利率的变化调整本金偿还计划。如果债券的利率是浮动的，这类债券还同时可能含有利率上限和利率下限。典型的指数摊还债券设计原理是，一旦市场利率高于某一触发点，债券的寿命就延长，或一旦市场利率低于某一触发点，则债券的还本时间将显著缩短。债券本金的存量会按约定的摊还计划在每个偿还日进行调整。

重新确定利差的浮动利率债券（Reset Margin Floater）。 这类债券的票面利率可以根据市场变化进行调整，使债券能够按事先制定的价格出售。其与典型的浮动利率债券的区别在于，浮动利率债券利率的调整通常是按既定的公式进行，而重新确定利差的浮动利率债券的利率则是根据在调整日的市场情况，由发行人或多家投资银行决定，利率的高低要保证债券能够按面值交易，这就意味着利差水平可能要调整。

非利率指数的基准利率（Non-interest Rate Indexes）。 这类债券的浮动利率参考指数不是某个典型的利率指数（如 Libor、CMT 等），而是以汇率、商品价格指数或股票指数为基础构建浮动利率的参照指标。如美国财政部 1997 年 1 月就发行过按通货膨胀率调整的防通胀债券（Treasury Inflation Protection Securities，TIPS），其调整的依据是城市消费指数（Consumer Price Index for All Urban Consumers，CPI-U）。

3. 债券条款中嵌入期权的设计

随着金融市场的发展和金融创新的不断进步，在债券的条款设计中，更多地引入了选择权。这些选择权有赋予发行人的，也有赋予投资者的。一般而言，赋予发行人的选择权包括赎回权、转股修正权等；而赋予持有人或投资者的包括转换权、回售权等。下面我们简单进行介绍。

（1）赋予发行人或债务人的选择权。与不含权债券相比，内嵌赋予发行人的选择权会降低债券的价值。

赎回权。 赎回权又称为回购权，是指债券发行时在债券条款中约定在未来特定条件发生时发行人可以按某一个约定的价格赎回已发行债券的权利。长期债券通常都设有可赎回的条款。一般而言，赎回价格可能不止一个，而是从某个时点开始至到期前的一段区间内，设置有不同的赎回日，不同的赎回日对应不同的赎回价格。赎回价格通常随着偿还期的临近而不断下降，最终的价格就是债券面值。从理论上讲，赎回权的存在相当于对债券价格变动设置了一个上限，原因在于，当市场利率下降时，债券价格将上涨，从理论上讲，市场利率越低债券价格越高，但由于赎回权的存在，当市场利率低至一定水平时，发行人可以从市场上以更低的成本募集到资金，他们已经不愿意继续支付较高的债券利息成本，此时他们倾向于按照约定的赎回价格赎回已发行的债券。因此，赎回权的存在对发行人是有利的，而对投资者是不利的，发行人在发行含有赎回权的债券时，应给予投资者一定的补偿，一般通过发行人提供更高的票面利率或以更低的发行价格来发行债券。与赎回权对应的一个概念叫"第一赎回日"，即债券第一次可以被赎回的日期，在后面章节衡量债券的投资回报率时，用"至第一回购日的收益率"比到期收益率更准确一些。通常，为保护债券持有人的利益，在债券发行的最初几年内，发行人通常不能赎回债券，这样的债券被称为"推迟赎回"（Deferred Call），推迟赎回的存在相当于对债券持有人进行了赎回保护。在第一赎回日之前，赎回权可视为一种欧式期权，而之后至到期之前，可以将赎回权视为一系列美式期权的构成。

偿债基金条款。偿债基金条款是暗含的买入期权，在一定程度上可以保护发行人的利益。简单举例，按照偿债基金条款，发行人在给定时期必须有规则地赎回一定数额的债券，但发行者拥有如何赎回的选择权。发行者既可以在市场上按交易价格买回债券，也可以与某些投资者进行协商并按双方认可的价格赎回。比如"双倍"（Double-up）选择权，赋予发行人在赎回日可以进行双倍赎回，由于发行人可以按固定的价格买回债券，因此双倍选择权具有更大的经济价值，不过若发行人赎回超过规定的数量，超过的部分只能按照市场价格赎回，这样双倍选择权的价值就趋于零。而且，偿债基金条款会赋予发行人再融资的选择权，即当市场利率下降时，发行人可能重新以较低的利率成本发行新的债券来偿还未到期的债务。不过，偿债基金条款对债券的持有人也会有所保护。特别是对于长期债券，由于未来存在违约的风险相对较高，为保护债券持有人的利益，在早期偿债基金条款中往往会要求发行人把募集资金的一部分存到一个专设的账户下，用这一账户所形成的资产来偿还到期债券。不过目前偿债基金仅仅意味着发行人从持有人手中买回债券，而不必把资金存入一个专设账户。

浮动利率的顶。浮动利率的顶相当于是赋予发行者的选择权，有助于减轻在市场利率上升时票面利息支出增加带来的压力。举例说明，若债券条款中规定浮动利率的顶是10%，当市场利率上升至12%时，发行人可以执行浮动利率的顶的选择权，按照10%的利率支付，而不需要按照12%的市场利率支付；而当市场利率是8%时，发行人直接按照8%的利率支付票面利息即可，而不需按照所规定的10%的利率进行支付。

转股价修正条款。在债务人发行的可转换债券中，二级市场的股票价格可能持续低于转股价格而使得投资者持有的转股权利行权的可能性很小，此时在满足特定条件时，发行人可以调整转股价格以提升转股权的价值。目前可转换债券条款中大多具有向下转股修正条款等约束，很少有向上转股修正条款。正是由于转股价修正条款的存在，使得投资者持有可转换债券的回售权利行使受到影响。

提前偿还权。提前偿还权一般不是针对债券的，而是从债务人的视角赋予的一种权利认识。以市场上比较常见的结构化固定收益产品住房抵押贷款的证券化为例，由于住房抵押贷款的资产池可能面临着贷款人提前偿还贷款本金的风险，这种提前偿还的权利对于借款人而言是有利的，因为借款人可以根据自己的财务状况决定是否需要提前结束贷款，但对于以住房贷款作为抵押发行的债券产品而言，将使得这些产品的未来现金流量面临着较大的不确定性。本书将在后面章节中进行详细讲解。

（2）赋予投资者的选择权。与不含权债券相比，内嵌赋予投资者的选择权会提升债券的价值。

可转换权利。可转换债券赋予投资者在未来某个特定的时期可以将持有的债券按照某一约定的价格转换为发行人公司股票的权利。可转换债券的价值由不含转换权债券的价值（纯粹债券价值）和转股权利的价值共同决定。可转换债券兼具股权和债权的双重属性，是固定收益证券中一个重要的产品。

可交换权利。可交换的债券是指债券投资者在未来某个特定的时期可以将持有的债券按照某一约定的价格转换为另一种债券或发行人之外的第三方公司的股票的权利。与可转换债券的概念相比，可交换债券是转换成发行人之外的第三方公司股票，而可转换债券则是转换成发行人公司股票。

可回售权利。这主要是相对于发行人具有的赎回权而言的。当市场利率上升时，债券的价格将出现下降，这将导致债券持有人遭受损失，回售权给予债券投资者在特定条件下可以按事先约定的价格将债券回售给发行人的权利。为保护发行人的利益，投资者持有的回售权一般会设置一定的回售保护期，通常回售的价格随着到期日的临近越来越高，在我国大部分可转换债券都设有回售条款。

可延期权利。可延期债券赋予投资者在债券到期时有权要求发行者偿还债券本息或按原利率继续持有一定时间的权利。比如，若债券到期时市场利率较低，投资者获得的本金和票面利息进行再投资只能获得相对较低的收益率，此时如果投资者有延期的权利，那么投资者就可以延迟本金的获取，而继续按比较高的票面利率获得收益。

浮动利率的底。与浮动利率的顶相反，浮动利率的底是浮动利率债券投资者的一项权利，即在市场利率低于一定水平时，投资者可以按照约定的利率的"底"来获得利息。假如浮动利率的底是3%，当市场利率超过3%时，投资者按照市场利率收取票面利息；但若市场利率为2%，此时市场利率低于约定的浮动利率的底，投资者将按3%的底来获取利息。因此，浮动利率的底相当于投资者购买了利率下降的保险。

货币选择权。有些在国际金融市场上发行的债券，为了吸引投资者，减少投资者对汇率变化的担心，在发行债券时，给予投资者货币选择权。具体而言，投资者在收取债券本息时，可以按两种货币中的任意一种计价，汇率则事先给定。

1.3.3 债券的分类

对债券可以从各种不同的角度进行分类，按目前国际国内的通行方法，主要有以下几种分类。

1. 按计息方式分类

（1）附息债券。附息债券是指债券上附有各种息票的债券。息票上标明票面利率、支付频率及支付期限等内容。票面利息的支付一般以6个月或1年为一期，息票到期时收回票面金额和最后一期票面利息。

（2）零息债券。零息债券亦称贴现债券、纯债券或贴水债券，是指债券上不附有息票或票面利率为零的债券。由于票面利率为零，债券价格一定低于面值，到期按面值兑现，债券价格与面值之间的差额（即资本利得）即为债券持有人的收益。通常 1 年以内到期的零息债券也称为贴现债券。实际上，若一种债券设置有票面利率，但规定投资者只能到期一次性获得这些利息，这类债券表面上是附息债券，但本质上仍是零息债券。例如，某 5 年期的国债，票面利率为 5%，每年付息一次，但规定到期一次性获得本金和利息，且单利计息，则该债券本质上就是零息债券。若在发行日该债券的价格为 100 元，那么该债券到期日的价值为 125（100×5%×5＋100＝125）元。若是以复利计算，但规定仍是到期一次性还本付息，也属于零息债券。零息债券在固定收益证券市场上非常重要，其不存在再投资风险，各种不同期限的零息国债的到期收益率曲线构成的利率期限结构是金融市场中重要的基准利率；零息债券也是固定收益证券市场上的基本单元，可以利用零息债券合成附息债券，提高债券市场的定价效率。在实际中，零息债券并不很多，为了满足投资者对无风险零息债券的偏好，具有较强综合实力的金融中介机构（通常投资银行）把附息国债分拆为零息债券来满足市场上的交易需求，称为债券的息票剥离（Separate Trading of Registered Interest and Principal Securities, STRIPS），在后面的章节中将详细讲解。

（3）单利债券。单利债券是指债券票面利息的计算采用单利计算方法，在到期之前，计提每期的应付利息，但所计提的利息不滋生利息，到期按本金和累计计提的利息一并支付。目前我国银行的定期存款和部分国债都按这种方式发行。

（4）累进利率债券。累进利率债券是指债券的利率按照债券的期限分为不同的等级，每一个时间段按相应利率计提应付利息，然后将几个分段的利息相加，便可得到该债券总的利息收入。

2. 按发行主体分类

（1）政府债券。政府债券又称国债或公债，是一国中央政府或地方政府，为弥补财政赤字、筹集建设资金、用于归还旧债本息等原因在证券市场上融资，凭其信誉按照一定程序向投资者出具的承诺在一定时期支付利息和到期偿还本金的一种格式化的债权债务凭证，可分为中央政府债券、地方政府债券和政府部门债券。政府债券一般具有以下显著特点。一是安全性最高。政府债券一般也称为金边债券，以政府信用为支持，信用级别最高，风险也最小。二是免税待遇。大多数国家政府发行的债券都无需交纳所得税，这是很多企业债券不能相比的。同时，由于国债具有较高的安全性和流动性，一般也被广泛地用于各种抵押和保证行为中，且国债还是中央银行的主要交易品种，中央银行通过对国债的公开市场交易，实现对货币供应量的调节，实现其货币政策的目标。

（2）公司债券。公司债券是由公司或企业发行并承诺在一定时期内还本付息的债权债务凭证。发行公司债券一般是为了弥补短期流动性不足或为公司未来发展筹集长期资金，期限少则几个月，多则 10～30 年。公司债券的显著特点在于：一是风险较高，公司债券的偿债能力取决于公司未来的经营状况，若公司经营不善，就会使投资者面临利息甚至本金损失的风险；二是收益率较高，投资于公司债券要承担较高的风险，其收益率也较高；三是债券持有者比股东有优先的收益分配权，并且在公司破产清理资产时，有比股东优先收回本金的权利。

（3）金融债券。金融债券是由银行或非银行金融机构发行的债券，利率通常高于同期存款的利率水平。金融债券的安全性较高，可以极大改进金融机构的资产负债管理，通过发行金融债券融资有助于金融机构将被动吸收存款的负债管理转向主动的资产负债管理，有利于提升金融机构的运营效率。

（4）国际债券。国际债券是由外国政府、外国法人或国际组织和机构发行的债券。它包括外国债券和欧洲债券两种形式。外国债券是一个国家在另一个国家以该国货币为面值发行、计价及结算的债券，比如扬基债券、武士债券、猛犬债券、熊猫债券等。欧洲债券是一个国家在另一个国家以第三国的货币为面值发行、计价及结算的债券，又称境外或欧洲货币债券。欧洲债券并非局限于地理概念上的欧洲范围，欧洲债券市场是一个开放度极高的国际市场，它不属于某一国家。举例说明，比如中国的企业在日本发行以日元为面值计价及结算货币的债券，就称为外国债券（或武士债券），而若中国的企业在日本发行以美元为面值计价及结算货币的债券，就称为欧洲债券。

3. 按偿还期限分类

依据发行时偿还期的长短，债券可以分为短期债券、中期债券、长期债券。但有些债券通过嵌入条款可以对偿还期进行提前结束或展期，而有些债券无到期日，被称为永久性债券（Consoles）。各国对短、中、长期债券的期限划分不完全相同，一般的标准是：期限在 1 年或 1 年以下的为短期债券；期限在 1 年以上、10 年以下的为中期债券；期限在 10 年以上的为长期债券。

4. 按债券的利率是否浮动分类

（1）固定利率债券。固定利率债券是指债券票面利率在偿还期内不发生变化的债券。这意味着投资者持有债券未来不同时间点上得到的票面利息是相对稳定的，若存在通货膨胀，则投资者收到的利息购买力将下降，从而导致投资者持有固定利率债券的实际收益率下降。

（2）浮动利率债券。浮动利率债券是指债券的票面利率会在某种预先规定基准上定期调整的债券。作为基准的多是一些金融指数，如伦敦银行同业拆借利率 Libor。浮动利率债券一般还规定利率浮动的下限，这样就减少了持有人的利率风险。

5. 按是否记名分类

（1）记名债券。记名债券是指在债券上注明债权人姓名，同时在发行公司的名册上进行登记。转让记名债券时，要在债券上背书和在公司名册上更换债权人姓名。债券投资者必须凭印鉴领取本息。它的优点是比较安全，但是转让时手续复杂，流动性差。

（2）不记名债券。不记名债券是指在债券上不须注明债权人姓名，也不在公司名册上登记。不记名债券在转让时无须背书和在发行公司的名册上更换债权人姓名，因此流动性强；但缺点是债券遗失或被毁损时，不能挂失和补发，安全性较差。

目前公开发行的债券，债券交易和托管结算已在交易所交易系统中完成，因此债券的交易基本实现了无纸化，通过交易系统能自动记名、登记交易及结算等。

6. 按有无抵押担保分类

（1）信用债券。信用债券亦称无担保债券，是指仅依靠发行人的信用为担保而发行的债券。信用债券一般包括政府债券和金融债券，少数信用良好的公司也可发行信用债券。

（2）担保债券。担保债券是指以抵押财产为担保而发行的债券，抵押物可以是土地、房屋、机器、设备等不动产，也可以是股票、国债等有价证券。如果债券到期，债务人无力支付债务，就用抵押物来抵偿债务。担保债券还可以由第三者担保还本付息，这种债券的担保人一般为银行或非银行金融机构或公司的主管部门，个别的是由政府担保。

7. 按债券形态分类

（1）实物债券。实物债券是一种具有标准格式实物券面的债券，这是债券最初的形态，采用钞票的印制技术和纸张，债券的发行与购买是通过债券的实体来实现的。

（2）凭证式债券。凭证式债券主要通过金融机构承销，金融机构签发类似于商业银行定期存单的收据凭证，到期后由签发部门负责兑付收回凭证，持有人可以到原购买网点办理提前兑付手续。

（3）记账式债券。记账式债券没有实物形态的券面，而是在债券认购者的电脑账户中进行记录。记账式债券主要利用证券交易所网络发行，并可直接在证券二级市场交易流通。投资者利用已有的股票账户，按其欲购价格和数量购买，买入之后，债券数量自动过户至投资者的账户内。

1.4 固定收益证券的风险

固定收益证券的风险包括利率风险、通货膨胀风险、违约风险、流动性风险、再投资风险、汇率风险等，这些因素有些是市场因素带来的（又称为市场风险或系统性风险），有些是固定收益证券自身的因素带来的（又称公司自身风险或非系统性风险）。本书仍以债券为例，简要介绍债券的主要风险。

1. 利率风险

利率风险是指由于市场利率变动而导致债券价格发生变动的风险，有时也称为价格风险。具体可从以下四个方面来理解利率风险。

（1）利率变化会导致固定收益证券价格发生变化。

第一，证券的价格与市场利率呈反方向变化。主要原因在于投资者持有债券未来可获得的现金流相对固定，因此市场利率越高，未来现金流的现值越小，即市场利率波动将会引致债券价格的反向变化。但也有例外，比如后面章节中提及的 IO 证券（即结构化固定收益产品中的利息证券），其价格与市场利率的变动方向是正相关的。

第二，债券的偿还期越长，债券价格波动幅度越大。主要原因在于偿还期越长，未来现金流及利率变化的不确定性越大，风险越高，债券价格的波动幅度就越大。

第三，票面利率越低，价格波动越大。由于投资者持有债券的现金流在未来不同时点上流入，票面利率越低，意味着较多的现金流（即本金）是在到期时收到的，因此期限越长，价格的波动越大。

第四，利率变化对债券价格影响呈非对称性。即相同幅度的利率上升或下降，引起债券价格下降与上升的幅度不同。正常情况下，利率下降引起债券价格上升的幅度要超过利率上升引起债券价格下降的幅度。

（2）利率变化会导致固定收益证券票面利息收入的再投资收益率发生变化。市场利率下降，意味着市场上缺乏较好的投资机会，投资者持有固定收益证券得到的息票收入的再投资收益率会受到较大影响。正常情况下，票面利率越高的债券，再投资的风险越高，换言之，溢价发行的债券再投资的风险要高于折价或平价发行的债券。现实中，对等额本息方式借入贷款的购房者，即使央行小幅调整基准利率，也会感觉到每个月偿付的金额会发生较大的变化。在固定收益市场上，有一种分期偿还的债券即年金证券，年金证券类似于等额本息的偿还贷款，再投资收益率的风险很高。

（3）利率变化会导致含权债券或结构化固定收益产品的本金流量发生变化，进而对投资者的收益产生影响。当市场利率发生变化时，含有期权的债券价格波动很容易触及行权价格，这使得债券未来的现金流变得不确定。比如市场利率下降时，债券价格上升，但含有赎回权的债券价格上升的上限可能就是赎回价格，且一旦行权，债券的期限缩短，就产生了收缩风险；同样利率下降也会使借入贷款方因缺少较好的投资机会而提前偿还贷款本金，这也将影响到以抵押贷款为基础的结构化证券产品的现金流分布。

（4）利率风险会引发违约风险和流动性风险。利率的变化虽然有时可以预期，但随着金融创新复杂多样化，有可能在特定的市场环境下引发大规模的违约风险和流动性风险。以 2008 年美国次贷危机为例，利率的上调导致次级住房抵押贷款的违约率增加，从而使得以住房抵押贷款为基础开发的住房抵押贷款证券化产品（Mortgage Backed Securitization，MBS）及二级证券化的债务抵押证券（Collateralized Debt Obligation，CDO）、抵押担保债券（Collateralized Mortgage Obligation，CMO）等产品出现大范围的违约，最终引发席卷美国并蔓延全球的金融危机。

2. 流动性风险

流动性是金融产品的基本属性，衡量的是金融产品与现金之间相互转化的能力。流动性风险是指债券持有人拟将持有的债券转化成现金时，由于其所持有债券不能按目前合理的市场价格在短期内出售而形成的风险，又称为变现能力风险。如果一种债券能够在较短时间内按市价大量出售，则说明这种债券的流动性较强，投资于这种债券所承担的流动性风险较小；反之，如果一种债券按市价卖出很困难，则说明其流动性较差，投资者会因此而遭受损失。一般来说，政府债券以及一些大公司债券的流动性较强。债券的流动性越强，投资者的需求就越大，供不应求使债券价格上升；债券的流动性越弱，需求越小，供过于求使债券价格下降。同时，流动性风险越高的债券，投资者所要求的风险补偿也较高，投资者所期望的到期收益率也比较高。

在做市商的市场上，通常可用做市商买入价（Bid Price）与卖出价（Ask Price）之间的差额来表示流动性的大小。如果做市商买卖差价小，说明证券的流动性好；买卖差价大，则说明证券的流动性不好。表 1.2 反映的是美国固定收益证券市场的流动性。

表 1.2　　　　　　　　　美国固定收益证券的流动性（Bid-Ask Spread）

证券	Bid-Ask Spread（价格的%）	
	一般情况	经济萧条
国库券	0.002	0.005
A 级金融公司债券	0.120	0.500
B 级产业公司债券	0.500	5.000
住房抵押贷款支持证券	0.060	0.250
长期 AA 级市政债券	0.250	0.750

资料来源：Frank J.Fabozzi(2000)，Fixed Income Analysis,Published by Frank J.Fabozzi Association, pp.48。

由表 1.2 可知，不同债券产品的流动性与债券的属性具有很大的关系，风险越高的债券，流动性往往越差；同时，在经济不景气时，金融资产整体的需求下降，金融产品的流动性往往也比较差。

3. 违约风险

违约风险也称为信用风险，是指债券发行人不能履行合约规定的义务，无法按期支付利息和偿还本金而产生的风险。企业发行债券后，其营运质量、财务状况都会直接通过债券的价格反映出来。一旦企业的营运状况不佳，企业就有可能丧失还本付息的能力，债券的市场价格就会下降。一般而言，政府债券被认为是无违约风险的"金边债券"，不过对于政府债券，也应区分政府级别及债券的类型及属性，要充分考虑政府债券的偿还资金来源。自 2013 年以来，我国地方政府持续面临着地方债危机，地方政府面临的最大威胁就是资金来源不足的问题。对企业债券违约风险的衡量，往往比较难以计量，通常可以利用信用评级机构给予的信用级别来评价违约风险的大小，表 1.3 列示了国际三大信用评级机构穆迪公司（Moody's）、标准普尔公司（S&P）、惠誉公司（Fitch）关于债券级别的标准。通常就信用风险的高低来说，政府债券最低，金融机构债券次之，企业债券最高。信用风险越高，意味着债券要想发行成功，就必须给予投资者更多的风险补偿，这将会极大地增加发行人的发行成本。因此，在实务中，为了吸引债券投资者，发行人往往会通过提高信用级别、降低违约风险的方式来最大限度地降低发行成本。需要注意的是，债券的信用级别不是一成不变的，与发行人的动态经营水平和盈利能力密切相关，信用评级机构也会通过实时监控，对发行人的信用级别进行调整。债券信用级别提升，违约风险将下降，债券的价格将上升；反之，如信用级别下调，则违约风险大增，债券的投资收益率将大幅提高，债券的价格将下降。如自 2010 年始的欧债危机期间，标普公司对希腊、意大利、葡萄牙等国家主权信用评级的多次意外下调，导致这些国家的国债到期收益率一度创下历史新高。

表 1.3　　　　　　　　　　国际著名信用评级公司设定的信用级别

Moody's	S&P	Fitch	说明
投资级别——高信用级别			
Aaa	AAA	AAA	金边债券，最安全
Aa1	AA+	AA+	高级别，信用好
Aa2	AA	AA	
Aa3	AA−	AA−	
A1	A+	A+	中高级别
A2	A	A	
A3	A−	A−	
Baa1	BBB+	BBB+	中下级别
Baa2	BBB	BBB	
Baa3	BBB−	BBB−	
投机级别——低信用级别			
Ba1	BB+	BB+	低级别，投机性
Ba2	BB	BB	
Ba3	BB−	BB−	
B1		B+	高投机性
B2	B	B	
B3		B−	

续表

Moody's	S&P	Fitch	说明
高度投机性级别——风险极高，或者处于违约当中			
Caa	CCC+	CCC+	风险很高，处境不妙
	CCC	CCC	
Ca	CC	CC	很容易违约，非常高的投机性
C	C	C	极度投机性
	CI		收益性债券——已经不支付利息
D		DDD	已经违约
		DD	
		D	

资料来源：姚长辉著，固定收益证券定价与利率风险管理（第二版），北京大学出版社，2013 年，p16 页。

4. 通货膨胀风险

通货膨胀风险又称为购买力风险，是指由于通货膨胀而使债券到期或出售时所获得的现金的购买力下降，从而使投资者的实际收益低于名义收益的风险。由于债券通常在条款中对未来的现金流有明确或比较明确的规定，一旦物价出现上涨，投资者在未来时点得到的固定现金流入的购买力将下降，若没有通货膨胀补贴（一般仅适用于国债）等相关条款，投资者的实际（真实）收益率将下降。因此，在通货膨胀背景下，利用实际收益率衡量投资收益率相对较为准确。

假定名义收益率为 y_n，真实收益率为 y_r，物价上涨水平为 P，则单期投资的实际到期收益率为

$$1+y_n=(1+y_r)(1+P) \Rightarrow y_r=\frac{1+y_n}{1+P}-1 \tag{1.7}$$

若投资周期不是单期，而是多期，假设为 N 期，则根据无套利原理，实际收益率与名义收益率应满足

$$(1+y_n)^N=(1+y_r)^N(1+P_1)\cdots(1+P_n) \Rightarrow y_r=\frac{1+y_n}{\left[(1+P_1)\cdots(1+P_n)\right]^{\frac{1}{N}}}-1 \tag{1.8}$$

【例 1.2】某面值为 100 元的 2 年期零息债券，2012 年 12 月 1 日发行时价格为 90 元，假设 2013 年、2014 年的通货膨胀率分别为 2%和 3%，试求投资该零息债券的实际收益率。

解答：若不考虑通货膨胀率，则投资者在该债券发行时购入该零息债券并持有至到期的投资收益率 y_2 应满足

$$100=90\times(1+y_2)^2 \Rightarrow y_2=5.41\%$$

若考虑持有期内的通货膨胀率，则应满足

$$100=90\times(1+y_2^r)^2(1+2\%)(1+3\%) \Rightarrow y_2^r=2.84\%$$

在实务中，为回避通货膨胀风险，一些能抵御通货膨胀的固定收益证券被开发出来，如指数债券、防通货膨胀债券、浮动利率债券、逆浮动利率债券等。

5. 到期收益率曲线风险

到期收益率曲线是对固定收益证券进行定价的基准，到期收益曲线会随着利率的变化而发生变化。最基本的利率期限结构是以不同期限的零息国债的到期收益率刻画的到期收益率随到期时间变化的情况。任何附息债券都可以视为一系列零息债券的构成，因此到期收益曲线的波动，直接决定了零息债券的价格变化，进而由零息债券合成的附息债券的价格也会发生变化。到期收益率曲线风

险不再是单一的利率变动的风险或单一期限的利率变化的风险，而是由于利率变动导致的到期收益曲线变动，进而对债券的价值产生影响。到期收益率曲线的变化，包括平行移动和非平行移动两种。通常情况下非平行移动比较普遍，原因在于在不同的期限时点上，期限长的债券的到期收益率对利率变动的敏感性更大。本书将在第 4 章中详细讲解。

6. 再投资风险

理论上讲，再投资风险也属于利率风险的一种。当债券持有人提前收回资金（本金或利息）时，市场可能缺少较好的投资机会而使得这些资金再投资的回报率低于到期收益率。特别是对于期限较长的金融工具，面临未来的利率波动风险更大，当面临债券的提前偿付、回售或赎回、市场利率下降时，都可能影响投资者的实际收益。零息债券虽然相对于附息债券而言不存在再投资的风险，因为其现金流是未来一次性得到的，但零息债券的久期与其期限是一致的，其利率风险对价格产生的影响更大。

7. 价格波动风险

价格波动风险指债券价值因为其价格波动性的改变而改变的可能性。价格风险是由于市场上某些事件发生而造成的风险。以嵌有赎回权的债券为例，该债券的价值应等于同类不含权债券的价值减去赎回权价值。不含权的债券价值受债券价格波动性的影响不大，原因在于持有不含权债券的未来现金流收入相对确定，债券价格的变化与投资收益率是反方向变动的，结合市场利率水平和债券自身的风险，投资者对不同债券的预期收益是相对稳定的，因此不含权债券价格的波动不是很大。但含有赎回权时，债券价格的波动就会对赎回权价值产生影响，因为债券价格波动越大，赎回权的价值越高。同样对于嵌有回售权的债券，债券价格波动越大，回售权的价值也越高。以我国市场上的可转换债券为例，可转换债券的价值等于不含权债券的价值与可转换权、回售权、赎回权等多种期权的价值之和（事实上，在可转换条款设计方面，转股权的行权往往优先于回售权和赎回权，在本书的可转债章节中会详细说明）。当股票市场上涨时，由于可转债的转股的标的股票的价格一般也会上涨，这使得转股权的价值上涨，尽管可转债条款中按照不同时期支付的票面利息事先确定可预期，但由于股票价格的波动，带动了转股权价值的增加，从而使得可转债的价格发生变动，呈现偏股性的特征。

8. 赎回与提前偿付风险

通常，可赎回债券往往规定有赎回保护期和一个确定的赎回价格。这是赋予债券发行人所拥有的一种选择权，它允许债券发行人在赎回保护期以后，按约定的赎回价格在债券到期前有权部分或全部偿还债务。同时，也给发行人一个限定，在保护期内不能行使赎回权。由于可赎回债券的发行人可以通过提前清偿而有效地改变债券到期期限，因此债券未来的现金流难以确切预测，增加了现金流的不确定性；同时债券的价格无论是涨还是跌，幅度都会低于无赎回权的债券，即期权对债券价格有压抑作用。特别是在市场利率下降时，发行人一旦赎回债券将迫使投资者不得不以较低的市场利率进行再投资，由此蒙受再投资风险。由于赎回价格的存在，可赎回债券的潜在资本增值有限，同时增加了投资者的交易成本，从而降低了投资收益。这种含有赎回权的债券特有的风险，被称为赎回权风险（Call Risk）。对抵押担保债券，由于可能会被提前偿付，也具有提前偿付风险（Prepayment Risk）。

9. 税收风险

一般而言，不同的固定收益证券有不同的税收待遇，在不同的宏观经济周期或环境下，固定收益证券的税收环境也可能会发生变化。税收环境变化的不确定性影响着固定收益证券的价格，这种影响就称为税收风险。下面我们简单比较不同国家的债券税收情况。

美国债券交易没有印花税和债券交易税。债券的利息作为一般收入纳入投资者所得并统一征收所得税，不单独计征。但对于不同发行主体发行的债券，在利息所得税规定方面有差别：投资于美国联邦政府债券的利息所得只需向美国联邦政府缴税，而不需向州政府和地方政府缴税；根据现行联邦所得税法，投资地方政府债券的利息收入通常不用缴纳联邦所得税，而且大多数州和地方政府也对本州和地方政府发行的债券免利息所得税；公司债的利息所得没有税收优惠，需要缴纳联邦和州政府所得税。同时美国税法对债券折价发行、平价发行或溢价发行也有不同的税收规定。对债券到期前出售而实现的资本利得需要纳税，但持有期长短不同，税收待遇不同。

日本目前也不征收印花税和债券交易税。对债券投资收益的税收规定主要体现在个人所得税法和公司所得税法中，债券利息所得税是代扣税。对于日本居民，代扣税率通常为 15%，对私募债券投资信托基金所得的征税与利息所得税相同。在对初始发行折扣债券税收方面，采取发行时征收 18%的税，并对特殊群体可以免税。日本仅对有认购新股权利的债券的资本利得征税，税率为 20%。对于企业而言债券利息所得税和债券赎回所得税是抵扣税，在获得收益时扣除，但在年底结算时已支付的抵扣税可以在企业应缴所得税中扣回。另外，日本对非居民和外国公司的债券交易税收也有一定的规定。

韩国目前不征收债券交易税。对债券投资收益的税收规定主要体现在个人所得税法和公司所得税法中，利息所得税是代扣税。对于居民，代扣税率一般为 15%，但赎回期为 10 年的债券代扣税率为 30%。对于本国公司，代扣税率为 15%。对于投资小于 2 000 万韩元的政府债券利息所得，抵扣税率减为 10%。对于非居民和外国公司的债券交易税收也有一定的规定。

我国目前对债券发行、债券交易等环节都没有征税，目前征税的环节只有债券投资收益。对于个人投资者，按照《中华人民共和国个人所得税法》规定，投资于企业债的利息收入按 20%的比例纳税，而投资于国债和金融债的利息收入免税，同时规定个人投资者投资于债券的资本利得不纳税。而对于企业投资者，又区分为非金融企业和金融企业。非金融的一般企业投资债券的收益按 25%的税率征收企业所得税，对符合条件的小型微利企业按 20%征收企业所得税，对重点扶持的高新技术企业按 15%征收企业所得税，对国债利息免征所得税，证券投资基金的差价收入及利息收入免征所得税；而对于金融企业，除对债券投资收益征收 25%的所得税外，还需对债券转让的资本利得征收 5%的营业税，金融机构购买其他金融机构发行的债券取得的利息收入，不征收营业税等。

10. 其他风险

除了上述影响固定收益证券的风险外，还有一些其他的风险，比如汇率风险、政策风险、特定事件风险等。汇率风险是指金融机构、企业和个人在持有以外币发行或需要以外币偿还的债券时，由于外汇汇率变动而蒙受损失的可能性；政策风险是指由于国家或地方政府的经济政策变化导致债券价格发生波动而产生的风险，比如对持有债券利息收入是否免税的调整；特定事件风险（Event Risk）指的是一些包括自然灾害、不可预料的事故、制度变迁、政治因素及企业并购等原因导致债务人无法按期足额清偿本息的可能性。

1.5 | 固定收益证券的创新

1.5.1 创新动因

固定收益证券创新的本质就是不断地改进产品设计来提高金融市场产品的定价效率，结合固定收益产品自身的属性，其创新的目的主要是规避或转移风险，诸如信用风险、价格风险、流动性风险、税收风险、通货膨胀风险等。通过风险配置和风险预算，对产品的风险进行分解，并针对不同的风险进行分类管理，是金融风险管理的主要内容之一。对固定收益证券的创新，可以从满足投资者需求和发行者需求两个层面展开，相对于发行人而言，投资者处于信息不对称的地位，因此基于对投资者保护和维护投资者利益角度进行创新的驱动因素较多，我们做一个简单介绍。

1. 满足多样化投资者的需求

固定收益证券市场的投资者可以分为机构投资者和个人投资者，两者在资金规模、信息获取及专业管理方面存在着较大的差异，且由于不同投资者的风险偏好和收益特征需求不同，导致对固定收益证券的需求也存在差异。

（1）为降低信用风险创新了抵押证券、质押证券及结构化固定收益产品。信用风险属于单个债券的特有风险，对于大型机构投资者，可以通过组合投资来有效地进行分散；但对于个人投资者而言，进行大规模的组合投资面临一定的困难，且个人投资者非理性成分较大，债券的发行人可以通过增加偿还保证来满足特别是个人投资者的需求因素。通常可以通过信用评级机构的评定级别来对债券的投资型、投机型及不适合投资型进行分类。

（2）为降低价格风险在票面利率和偿还期限方面进行了创新。前面分析过利率风险对债券价格波动的影响机制，通过对票面利率和偿还期的创新设计，最大限度地满足不同投资者的需求。

（3）为了规避税收风险，根据税收政策开发设计出了不同类型的债券。比如，市场上有适合高税率投资者购买的低收益免税债券，根据对债券的资本利得和利息的税收待遇不同，开发出了溢价证券、折价证券、平价证券及零息债券等。更有一些金融机构，依据附息债券和零息债券、结构化债券税收待遇上的不同，利用金融工具在不同债券品种之间进行产品相互转化。

（4）为了规避通货膨胀风险，发行人创新债券的浮动利率。比如，发行人可以发行指数债券、抵御通货膨胀债券等，这些债券的票面利率与某一物价指数挂钩，能够有效地降低通货膨胀的风险。

2. 满足发行人的需求

金融市场上资金供求双方达到均衡才能健康发展，当条款设计中利于投资者时，条款也会设计出利于融资者即发行人的条款。嵌入期权的设计可以有效地满足发行人的风险控制的需求和维护发行人的利益，比如赎回权的设计满足了发行人在市场利率较低时能够以较低的融资成本进行再融资的需求，利率的顶的设计可以保证当市场利率上升时将发行人的成本进行有效的锁定。当然，在债券发行条款中，也会设计出保护投资者利益的条款，比如回售权的嵌入，可以保护投资者在市场利率大幅上升时能够以一个较高的约定价格将债券回售给发行人。

1.5.2 创新方式

固定收益证券的创新在整个金融产品领域中是比较普遍的，这主要得益于固定收益产品未来现金流的相对"固定"特征，目前的创新方式主要有以下几个方面。

1. 期限创新

这主要是从债券的偿还期视角展开的。我们熟悉的普通债券一般具有明确的偿还期，比如5年、10年等，而期限创新在契约条款上对偿还期有一定的约定，比如到期后投资者可以选择是否对债券进行展期等。若债券属于可展期债券，则意味着债券到期时如果市场利率较低，投资者觉得再投资收益率太低，他可以选择继续按较高的票面利率来继续持有该债券，本金的支付也同时进行延期。这在一定程度上可以保护投资者的利益。

2. 利息支付方式创新

利息的支付方式与投资者所承受的风险以及发行人现金流出量的大小都直接相关。根据利息支付方式的不同，可以分为固定利率债券、浮动利率债券、逆浮动利率债券、指数化债券，零息债券、低利率高收益债券等。

3. 附加权利创新

在普通债券条款中加入利于发行人或投资者的期权，这些期权赋予发行人或投资者在未来某一特定的时期内一定的选择权利，从而使得债券未来的现金流变得更加具有不确定性。期权的引入，在一定程度上满足了双方各自的需求，原因在于未来是不确定的，期权是零和博弈，无论期权赋予投资者或发行人，只要持有一定的期权，就相当于锁定了未来可能的损失。

总之，固定收益证券的创新，是以回避风险为主线的。金融创新大大丰富了固定收益证券的品种，投资者的选择机会增加，发行人更容易在资本市场上获得资金。我们将在第2章中结合现金流来对固定收益证券的创新进行较为详细的讲解。

本章小结

本章主要对固定收益证券的概念进行了梳理，理解固定收益证券的本质是未来现金流的相对可预期性，探讨了固定收益证券市场发展在整个经济金融领域中的重要性，并分别以优先股和债券为例，比较了这两种固定收益证券的基本特征、条款设计，并对债券的分类进行了梳理。最后探讨了固定收益证券可能面临的风险，并从投资者角度和发行人角度探讨了固定收益证券创新的动因及创新的方式。

关键术语

固定收益证券、优先股、嵌入期权、回售权、赎回权、可转换债券、可交换债券、利率风险、流动性风险、违约风险、通货膨胀风险、偿债基金条款、税收风险、浮动利率债券、逆浮动利率债券、区间债券、利率上限、利率下限、利率的顶、利率的底

思考练习

1. 固定收益证券与债券之间是什么关系？

2. 举例说明，当一只附息债券进入最后一个票息周期后，会不会演变成一个零息债券？

3. 为什么说一个正常的附息债券可以分拆为若干个零息债券？并给出论证的理由。

4. 为什么说国债收益率是一国重要的基础利率之一？

5. 假如面值为 100 元的债券票面利息的计算公式为 1 年期银行定期存款利率×2+50 个基点－1 年期国债利率，且利率上限为 5%，利率下限为 4%，利率每年重订一次。假定以后 5 年每年利率重订日的 1 年期银行存款利率和国债利率如表 1.4 所示，计算各期债券的票面利息额。

表 1.4   1 年期定期存款利率和国债利率

重订日	1 年期银行存款利率（%）	1 年期国债利率（%）	债券的息票利率
第 1 次	1.5	2.5	
第 2 次	2.8	3.0	
第 3 次	4.1	4.5	
第 4 次	5.4	5.8	
第 5 次	6.7	7.0	

6. 某公司拟发行固定利率 8%的债券，面值为 1 000 万元，但由于市场的变化，改成发行浮动利率和逆浮动利率两种债券，其中浮动利率债券的面值为 400 万元，逆浮动利率债券的面值为 600 万元。浮动利率债券的利率按照下面的公式确定：

$$1 个月期 \ Libor＋3\%$$

假定债券都是按照面值发行，请根据以上信息确定逆浮动利率债券的利率确定方法，并给出浮动利率债券与逆浮动利率债券的顶和底。

7. 假定一张浮动利率债券（半年支付 1 次利息）的利率确定日是每年的 1 月 1 日，利率的计算标准是 Libor+1.25%，如果 Libor 是 6.5%，计算该债券半年支付的利息。

案例讨论

以资产管理创新缓释银行体系经营风险

虽然我国商业银行眼下是全球最赚钱的银行，并且目前盈利仍在上升，但这种盈利能力主要依靠利率的非市场化定价所带来的高存贷差、特许经营权价值及名目繁多的收费项目，核心竞争力相对薄弱。越来越多的迹象表明，我国商业银行背后隐含的风险在不断积聚，这种经营风险可能会通过金融体系不断扩散到其他金融机构从而引发系统性的金融风险。因此，商业银行迫切需要采取主动的管理来应对未来的潜在风险。对银行而言，负债管理具有一定被动性，而加强银行资产管理是缓解银行业潜在经营风险的突破口。

2008 年秋，为应对美国次贷危机所带来的全球经济下滑风险，我国采取了相对激进的货币和财政政策，银行体系信贷规模大幅度增长。从商业银行披露的近一两年定期报告中可知，虽然不良贷款比率呈下降趋势，但关注类贷款余额却有较大幅度增长，而关注类贷款能否转为正常贷款，很大程度上取决于未来中国宏观经济走势。而未来宏观经济前景不容乐观，外围经济环境的不确定性还在持续升温，这意味着我国宏观经济基本面向好仍然需要一定时间，在此期间企业盈利能力和盈利水平均会有一定程度的下降，企业信用风险增加，银行已有的贷款风险也将大幅提高。

由于历史的原因，一方面银行业在我国经济稳定中的重要战略地位意味着其很难市场化；另一方面国有企业特有的行政级别使得银行信贷业务的独立性相对较差，容易受到国有企业、地方政府的施压而使得资产的配置缺乏有效性，进而降低了资金的使用效率。随着国内银行业对海外开放程度的逐步加深，相对于海外银行注重表外业务通过收取佣金和管理费来获得相对较高附加值的盈利模式，我国银行业竞争优势急需提升，"去行政化"压力大增。

权益类资产的比例上升变相提高了商业银行的资本充足率，但实际使用效率偏低。在国外的融资优先顺序中，股权融资经常被认为是成本很高的方式，然而我国的银行却偏好股权融资，这也导致了盈利分配与股权融资存在较大的非对称性。对融资的过度需求，说明了银行经营的低效率，经营风险相对较高。

银行当然不能被动地等到资产出现问题时才开始流动性管理，而应积极建立流动性管理体系。笔者认为，商业银行未来可采取对银行现有资产推行主动型的资产证券化、创设新业务的信贷模式两个相对可行的方案来进行资产管理。银行可将适合于资产证券化的资产分类、打包，委托第三方或银行自身开展资产证券化来提前回收流动性。

我国银行的资产管理业务相对比较单一，银行理财产品可被认为是银行加强自身流动性管理的有效方式，但目前银行最主要的资产还是贷款，银行资产业务竞争优势和多样性较差。鉴于银行的资产业务中，对个人业务的资产质量相对较高，可以适当展开业务创新。笔者以为，在目前等额本金和等额本息按揭贷款的相对僵化的信贷方式下，可创新传统抵押贷款，改变贷款现金流的结构，满足多样化的购房者需求。比如，发放可调利率的抵押贷款，银行允许借款人在一定期限内保持较低的贷款利率，而后再提高贷款利率；或在初期支付较少的还款额，而将当期未还的利息和本金累积成新的本金在以后偿还。这可为那些资信较好，但目前有购房压力的年轻人提供贷款缓冲期。又比如，发放逆向年金抵押贷款，借款人以逐步减少自身在房屋中的权益为代价，不断从银行得到现金支付，而银行在房屋中的权益不断增加。这可部分解决独生子女基本国策下老人养老难的问题，也能满足银行多样化资产的目的，分散银行的风险。

无疑，鼓励银行业积极开展业务创新，是增强银行未来国际竞争力的关键，但宏观经济下滑的现状对银行业风险管理是个严峻考验。近些年来，我国的银行业不乏创新，但创新模式过于单一。比如，目前我国银行的各类理财产品近千种，但规模一直不大，对银行的盈利贡献有限。而相对于国际上商业银行普通采取的资产证券化和贷款发放的创新，在一定程度上受到监管部门和相关法律法规的制约，建行和国开行曾在 2005 年开展过小规模的抵押贷款的证券化并获得成功，相关经验当可在商业银行间推广。因此，要缓解未来商业银行经营风险的压力，还需监管部门在相关政策和法规上提供一定支持。

除之此外，商业银行的创新业务管理，还离不开其他金融中介的发展，其中最主要的就是要培育真正意义上的投资银行；另外，要给我国的银行业注入新的活力，就需要建立真正的政企分开的现代企业制度和市场化运营体系，政府可以作为大股东主要持有优先股，当政府为救助银行需注资时，只需对持有的优先股支付流通权转为普通股即可。这不仅提供了与其他商业银行公平竞争的环境，同时也变相降低了国有股在股权结构中的投票权比例，其他参与股东就有了更多参与银行日常运营的权利，运作将更趋市场化。

根据上述材料，回答下面问题：

（1）发行优先股对商业银行的资本充足率会产生何种影响？会对商业银行长期运营产生何种影响？有什么风险？

（2）发行优先股对现有普通股股东和债权人的利益会产生何种影响？请进行分析。

（3）资产证券化会对商业银行的资产负债管理产生何种影响？你如何看待这个问题？

（4）商业银行在我国长期经营中一直处于行政审批下的限入制，自2014年开始允许民营企业开设商业银行。你认为民营银行的设立会面临哪些风险和挑战？民营银行的定位如何？与目前的商业银行如何开展错位竞争？结合所学的金融知识，请进行分析。

第2章 | 固定收益证券的价格与收益率概念

【本章提要】

本章内容主要涵盖金融产品价格内涵的理解及相关金融产品定价时的收益率指标基本要素，区分单利和复利等基本的收益率计算规则，熟悉无风险套利下即期利率和远期利率的切换运算，并能够利用现金流贴现原理理解债券的定价和创新路径。

【重点与难点】

重点：对金融产品价格是金融产品提供给投资者的收益率的理解和认识，理解单利和复利、即期利率和远期利率的概念，区分债券的不同收益率指标内涵，理解债券定价中现金流和贴现率的作用及创新应用。

难点：复利的概念、无套利原理在即期利率和远期利率换算中的应用。

【引导案例】

某日一个朋友 A 打电话给我说，他们楼下的银行推出了一款银行理财产品，该产品的期限为 41 天，预期收益率为 6.2%，问我能不能购买。我问他购买该产品的理由，他给出的理由是，如果该产品 41 天预期收益率为 6.2%，那么一年有九个 41 天，一年的回报率将达到 55.8%，当然有很强的吸引力了。我说你搞错了一个概念，这个 6.2% 是年化的收益率，而不是持有 41 天的实际收益率，41 天的实际收益率是 0.7% 左右。

该案例中朋友 A 忽略了金融产品所标示的收益率是年化收益率的概念。本章内容将梳理和揭开收益率的相关概念。

2.1 | 金融产品价格的本质内涵

金融产品的价格究竟是什么？是这种金融产品的市场价格吗？还是这个金融产品所能够给投资者带来的回报率？无论是对于股票，还是债券，或者其他的一些金融产品，投资者所关心不是这个产品的市场价格是多少，而是期望从购买这项金融产品中获得的回报率。对于股票而言，股票的价格是由其内在价值决定的，且其内在价值取决于公司未来的经营业绩和发展前景，虽然未知但是客观存在的，换言之，投资者在市场上购买股票的价格越高，意味着投资者从该股票获得的期望收益率越低。而对于普通债券而言，若债券未来不存在违约风险，则投资者购买该债券所获得的现金流的时间点和金额都是可以预期的，投资者在市场上购入该债券的价格越高，则意味着投资者获得的期望回报率越低。即金融产品的交易价格与金融产品提供给投资者的期望收益率是呈负相关关系的。

在金融市场上，习惯上将金融产品的价格称为金融产品提供给投资者的期望收益率。

现实生活中我们会注意到，在各大商业银行营业部的大厅里，基本上都有一个存、贷款利率的显示屏，列示出同期的存款利率要低于同期的贷款利率，长期的存款利率或贷款利率又要高于短期的存款和贷款利率，是什么原因导致了这种结果呢？普遍的理解认为银行也是企业，也要以盈利为目的，存贷差是其利润的主要来源；也有人认为银行在我们国家是拥有特许经营权的，银行可以利用这种特许经营权来获得市场的相对垄断利润；但如果从金融风险的不对称角度认识或许更加科学。当投资者把钱存入银行时，实质上相当于购买了商业银行提供的一年期储蓄存款这样一种金融产品，银行是负债方，到期有偿还本金和因投资者让渡使用权而支付利息的义务，对于投资者而言，银行未来不支付本金和利息的风险相对较小，所以银行仅支付较低的资金成本回报投资者；而当银行将资金贷给借款人时，由于借款人的违约风险相对较高，所以银行要求较高的风险补偿，即银行的贷款利率普通高于同期的存款利率。当然，无论存款或贷款，期限越长，面临的不确定性越高，所要求提供的存款利率或贷款利率都相对较高。简言之，若两名投资者分别存1万元和10万元至银行，均为一年期定期存款，则到期后两位投资者获得的利息仅仅存在金额大小的差别，而获得的利息率是一样的。因此，金融产品的价格实质上是由这种金融产品自身的风险属性来决定的，即金融产品的风险越高，投资者所要求的回报率就越高，即金融资产的价格可从风险补偿的角度来认识。

2.2 单利、复利和现值与终值

单利、复利都是计算利息的方式。

首先了解一下利率的定义。简单地讲，假设投资期限为1年，如果期初投入1元本金，能够在期末得到r元的净收益，那么就称利息率为r。事实上，投资期限可能是1个月、半年、2年或其他的投资周期，那么此时我们就需要将收益率从区间收益率转化为年收益率，这就涉及了单利和复利的问题。

1. 单利计息

单利计息是指利息不计入本金的计算方式。其计算公式为

$$FV=P+P\times t\times r=P\times(1+t\times r)$$ (2.1)

其中，P是初始投资额（本金）；FV是期末价值；t为计息次数；r为利息率。

需要指出的是，在计算利息时，除非特别指明，给出的利息率均指年利率。以债券为例，若债券的存续期不足一年，在计算该债券的利息时应按照一定的规则进行折算。

2. 复利计息

某银行借贷表注明年利率为10%，这句话听起来虽然非常直接并且含义清楚，但事实上这句话的精确含义依赖于利息的计算方式。

如果利息计算方式是一年复利一次，银行借贷表中的10%利率是指100元在年终会增长为

$$100\times(1+10\%)=100\times1.1=110（元）$$

如果利息的计算方式为每半年复利一次，这表示每 6 个月会赚取 5% 的利息，而且利息也用于再投资。这时，100 元在一年后将会增长为

$$100\times(1+5\%)\times(1+5\%)=100\times1.05\times1.05=110.25（元）$$

若利息计算方式为每季度复利一次，银行借贷表说明每 3 个月会赚取 2.5% 的利息收入，而且所得利息均用于再投资。这样 100 元在一年后将会增长为

$$100\times(1+2.5\%)^4=110.38（元）$$

表 2.1 显示了复利频率对投资回报的影响。

表 2.1　　　　　　　　　年利 10% 不同付息频率下 100 元 1 年后的期末净值

复利频率	100 元投资 1 年后的价值（元）
每年复利 1 次（$m=1$）	110.000 0
每年复利 2 次（$m=2$）	110.250 0
每年复利 4 次（$m=4$）	110.381 3
每年复利 12 次（$m=12$）	110.471 3
每年复利 52 次（$m=52$）	110.506 5
每年复利 365 次（$m=365$）	110.515 6
连续复利（$m=\infty$）	110.517 1

复利频率定义了利息的计量方式。一个一年复利一次的利率可以转换成一个以不同频率复利的等价利率。例如，由表 2.1 我们可以看到一年复利一次利率 10.25% 与一年复利 2 次利率 10% 等价。为了推广以上结果，我们假设将数量为 A 的资金投资 n 年，如果按年复利，那么投资的终值为

$$A\times(1+r)^n \tag{2.2}$$

如果一年复利 m 次，则投资终值为

$$A\times\left(1+\frac{r}{m}\right)^{m\times n} \tag{2.3}$$

$m=1$ 时所对应的利率有时被称为等值年利率（Equivalent Annual Interest Rate）。

若 $m\to\infty$，此时所对应的利率称为连续复利（Continuous Compounding）利率。在连续复利情况下，基于洛必达法则，可以证明数量为 A 的资金投资 n 年时，投资的终值为 $\lim\limits_{m\to\infty}A\times\left(1+\dfrac{r}{m}\right)^{m\times n}=Ae^{rn}$。

在金融学的相关教材中，不同的教材中采取的利率计算方式存在细微的差别。在货币市场和证券市场的产品定价中，采用单利或按次复利的较多，而在衍生品定价中，利用连续复利定价则比较普遍，最主要的原因就是在远期利率和即期利率套算时比较方便。

假设 r_c 为连续复利利率，r_m 是与之等价的每年 m 次复利利率，则有

$$Ae^{r_c n}=A\left(1+\frac{r_m}{m}\right)^{mn}\Rightarrow e^{r_c n}=\left(1+\frac{r_m}{m}\right)^{mn}\Rightarrow r_c=m\ln\left(1+\frac{r_m}{m}\right) \tag{2.4}$$

进一步地，$r_m=m(e^{r_c/m}-1)$ $\tag{2.5}$

这些方程可以将每年 m 次复利的利率转换为连续复利的利率，反之亦然。当然，不同复利频率

的利率之间也可以相互转换，转换公式为

$$A\left(1+\frac{r_{m_1}}{m_1}\right)^{m_1 n} = A\left(1+\frac{r_{m_2}}{m_2}\right)^{m_2 n} \Rightarrow r_{m_2} = m_2\left(\left(1+\frac{r_{m_1}}{m_1}\right)^{\frac{m_1}{m_2}}-1\right) \tag{2.6}$$

【例 2.1】利率报价为每年 10%，按半年复利，因此 $m=2$，$r_m=0.1$，由式（2.4）可得出，与之等价的连续复利利率为 $r_c = 2\ln\left(1+\frac{0.1}{2}\right) = 0.097\,58$

而与之对应的按年复利 1 次的利率则为

$$r_{m_2} = \left(1+\frac{0.1}{2}\right)^2 - 1 = 0.102\,5$$

3. 现值与终值

首先，思考一个问题：现在的 1 元值钱，还是未来的 1 元值钱？为什么？

有很多的理由支持现在的 1 元更值钱。比如现在的 1 元可以进行投资而在未来获得更高的期望回报，且由于未来存在不确定性，所以投资者期望未来获得正的回报率来进行风险补偿。假设在 $t=0$ 时存入银行 10 000 元，存款利率为 2.5%，则到 $t=1$ 年可得到 10 000×(1+2.5%)=10 250（元），在这里 10 250 元即为现在 10 000 元在 $t=1$ 期的终值（未来的价值）；而假若你想在未来 $t=1$ 年得到 10 000 元，那么这 10 000 元相当于 $t=0$ 时期的 10 000/(1+2.5%)=9 756（元），9 756 元即为未来 $t=1$ 时期得到的 10 000 元的现值（现在的价值）。2.5% 一般称为贴现率，1/(1+2.5%)则称为贴现因子或折现因子。图 2.1 演示了现值与终值之间的转换计算。

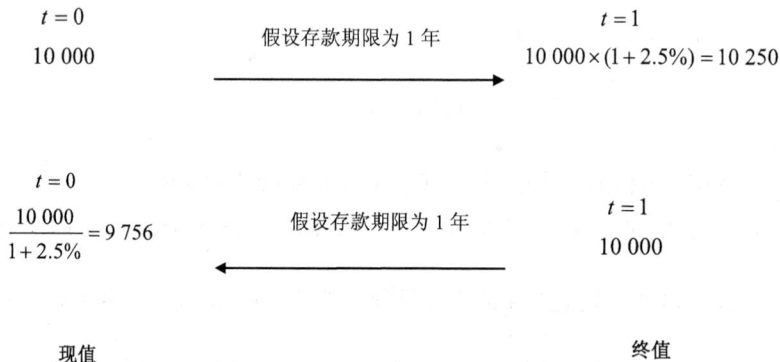

图 2.1　现值与终值之间的转换计算

通俗地讲，若投资者进行的投资是多期而不是单期，假设投资者要求的必要回报率为 r，投资期间为 T，在 $t=0$ 时刻投资 1 元，那么在复利计息下 $t=T$ 期的终值即为 $(1+r)^T$，在连续复利计算下的终值为 e^{rT}；同样，投资者在 $t=T$ 时期得到的 1 元现值在复利计算下为 $(1+r)^{-T}$，在连续复利下为 e^{-rT}。任何证券产品的定价原理归根结底都离不开未来现金流的大小和投资者所要求的期望收益率。有时我们也习惯将投资者所要求的期望收益率称为市场收益率、市场利率或市场提供的必要收益率，这都是有道理的。因为所有的市场参与者，基本上都是市场价格的接受者，而市场的价格发现功能会使得投资者所期望的回报率是市场参与各方的均衡，最终反映为该金融产品自身的风险属性特征。

2.3

现金流的界定、贴现及应用

2.3.1 现金流的理解和认识

1. 现金流的界定

现金流即现金的流入或流出。不同于会计学基本原理中对企业经营活动和投融资活动的现金流量表的认识和分析，在金融市场上，现金的流出意味着成本支出，而现金的流入则构成了未来投资者的收益来源。

要准确地描述一笔现金流，需要包含以下要素，即现金流的大小、方向、发行时点及持续时间。现金流的大小即现金流的规模，比如 1 万元的现金流和 10 万元的现金流在规模上是有差异的；现金流的方向即对于投资主体而言，是流入或流出，比如在购买债券时，现金的流出即购买债券的价格或成本，而持有债券未来得到的利息收入和到期本金的收回（或未持有到期转让价格所得）之和就是现金流入；现金流的发生时点是指在哪一个时点上发生现金的流入或流出，这一般取决于债券条款中的约定，现金流的流入流出时点不同，价值是有差异的（货币的时间价值）；现金流的持续时间指特定规模和方向的现金流持续时间，比如投资者购买一张 5 年期每年付息 1 次的附息债券，其将在未来 5 年约定的时点得到利息的支付和第 5 年年末本金的支付。而对于发行一笔按揭贷款的银行而言，其贷款支出时为一次性现金流出，之后按照按揭贷款的还款计划在定期时点收取一定数量的现金流入。

2. 现金流的估算

要估算一笔现金流，除需要对上述 4 个要素进行考虑外，还受制于现金流来源、金融产品类型等相关因素的影响。以债券为例，若债券是不含任何嵌入期权的普通债券，在发行人不违约的情况下，持有该类债券未来的现金流相对比较确定，比较容易估计；但若债券中嵌有期权，如回售权、赎回权、转股权、提前偿付权等权利时，受市场利率敏感性等因素的作用很容易导致债券价格发生变化而触及期权的行使，这使得投资者持有该类债券的现金流往往较难准确估计。

2.3.2 贴现时点及贴现率的选择

1. 贴现时点的选择

在对现金流进行贴现时，首先要确定产生现金流的具体时点。在同一年度的年初、年中和年末产生相同金额的现金流，由于具体时点不同，它们在时间价值上相差很大。除确定现金流产生或获得的时点外，还必须要对计算“现值”所选择的“现在”时点进行界定。一般而言，在利用现金流估计净现值时，“现在”时点的选择一般以初次投资资金流出的支出时点作为“现在”时点，但也可能与所购买的金融产品自身的条款约定有关。需要注意的是，不论如何，只有在同一时点上的现金流才有可比性。

2. 贴现的利率选择

现金流贴现时的另一个关键变量是贴现率的选取。贴现率的选择与分析的目的和进行比较的对象有关。例如，基于公司自由现金流和基于股权自由现金流的模型对公司股票估值时所采用的贴现率就是不同的，前者选公司的加权平均资本成本，而后者选权益资本成本。对于债券而言，所选取的贴现率一般是该债券能够给投资者所提供的回报率。有时我们习惯上将债券的贴现利率称为市场利率、到期收益率、投资者要求的最低回报率等，它们是一样的概念。可能有读者会问，为什么债券的贴现率称为市场利率？其实原因很简单。我们知道金融产品有三大基本属性，即收益性、风险性和流动性，债券能够给投资者提供多高的回报率，实际上由该债券的风险来决定的，在一个相对有效的证券市场上，通过债券的交易价格和未来的现金流分布，投资者就可以倒推出债券能够给投资者提供多高的回报率。在债券投资中，普通的投资者只是价格的接受者，是不可能决定债券提供的回报率的，所以债券的回报率也可以称为市场利率。

2.3.3 年金的现值和终值

年金（Annuity），是定期或不定期的一系列的现金流入或流出。通俗地讲，凡属于按相同的时间频率支付的金额均称为年金。年金额是指每次发生收支的金额。年金期间是指相邻两次年金额间隔时间，年金时期是指整个年金收支的持续期，一般有若干个期间。从第一次支付期间开始到最后一次支付期间终了，称为年金时期。参与年金计划目前在国内外都是一种很好的投资安排，而提供年金合同的金融机构一般为保险公司等，比如购买的养老保险，其实就是参与年金合同。按支付时点划分，年金可以分为期末支付的普通年金和期初支付的期初年金；按每期年金金额是否相等可以分为等额年金和变额年金；按年金的期数划分，可以分为有限年金和永久年金等。在固定收益证券市场，对于不含权和无违约风险的附息债券而言，未来约定不同时点上的流入的票面利息就可视为一种年金产品。

1. 年金的现值

假设市场上有某一普通年金产品，该产品每年向投资者支付的年金额为 A，持续时间为 T 年，该产品提供的收益率为 r，那么该年金产品定价多少比较合理呢？

该年金产品未来的现金流分布可以用图 2.2 表示。

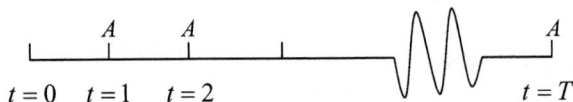

图 2.2　年金产品的现金流分布

该年金现值的计算公式为

$$PV = \frac{A}{1+r} + \frac{A}{(1+r)^2} + \cdots + \frac{A}{(1+r)^T} = A \times \sum_{t=1}^{T} \frac{1}{(1+r)^t} = A \times \frac{1-(1+r)^{-T}}{r} \tag{2.7}$$

其中，PV 表示年金的现值，即投资者购买该年金产品需要支付的价格。

【例 2.2】假设某金融机构于 2012 年年底发行一款新的年金理财产品，该产品将于 2014 年停售，且该产品约定自 2016 年开始，每年年底该年金的持有人可以收入 2 万元，连续 5 年，若该年金的投资收益率为 10%，则该理财产品在 2014 年年底的价格是多少？

解答:

$$PV = 2 \times \frac{1-(1+10\%)^{-5}}{10\%} \times \frac{1}{1+10\%} = 6.892 \ (万元)$$

值得注意的是,在上式中,计算该理财产品在 2014 年年底的价值时分为了两步,其中 $2 \times \frac{1-(1+10\%)^{-5}}{10\%}$ 表示该理财产品在 2015 年年底的现值价格,再乘以 $\frac{1}{1+10\%}$ 是将 2015 年的价值贴现到 2014 年年底。故该理财产品在 2014 年年底的价格应为 6.892 万元。

但同时,在实际中,年金的金额也可以是变化的。比如抵抗通货膨胀的年金理财产品,其每年支付的年金额可以按某一个约定的比例 g 增长,那么对于未来支付 T 期年金的理财产品,其现值如式(2.8)所示

$$PV = \frac{A}{1+r} + \frac{A(1+g)}{(1+r)^2} + \cdots + \frac{A(1+g)^{T-1}}{(1+r)^T} = \frac{A}{1+g} \times \sum_{t=1}^{T} \left(\frac{1+g}{1+r}\right)^t = \frac{A}{r-g} \times \left[1-\left(\frac{1+g}{1+r}\right)^T\right] \quad (2.8)$$

当然每年支付的年金额也可以按某一个约定的比例减少。记住一条原则,在分析任何金融产品的现值时,不论条款如何复杂,只要寻找出现金流在不同时间点上的流入流出方向和现金流的大小,就为计算理财产品的现值或潜在收益率提供了基础。

2. 年金的终值

年金终值是与年金的现值对应的一个概念,指年金现金流在未来某一时点的将来值。只要计算出年金的现值,那么终值就比较容易计算了。一般有两种方法可以计算终值。一是直接使用计算出来的现值,按规定的利率和时期,将现值转化为终值。比如例 2.2 中该金融机构发行的理财产品,在 2020 年年底的终值为 12.21 万元,即 6.892×(1+10%)=12.210(万元)。另一种方法,是直接用各年的年金额分别计算终值后加总。假设投资者每年年初支付的年金额为 A,持续时间为 T 年,该产品提供的收益率为 r,则第 T 年末该投资者可获得的终值为

$$FV = A(1+r)^T + A(1+r)^{T-1} + \cdots + A(1+r) = A \times \sum_{t=1}^{T} (1+r)^t = A \times \frac{(1+r)^T - 1}{r} \quad (2.9)$$

年金现值和终值在生活中的一个较普遍应用就是银行贷款的等额本息还款,即在还款期限内,借款人每月向银行还款的本金和支付的利息和都是相等的;与等额本息对应的另一种方式是等额本金还款,即在还款期限内,借款人每月向银行还款的本金是相同的,但支付的利息依据剩余的本金余额计算。我们仅以等额本息为例进行说明。

【例 2.3】张三以 12%的贷款利息向银行借入 10 万元汽车贷款,贷款期限为 5 年,按月向银行偿还贷款。假如张三采取等额本息的方式还款,试求张三每月的还款金额及贷款的终值。

解答:

设张三每月还款的本金和利息和为 A。12%的贷款利率是张三购买汽车贷款这种金融产品的资金成本,换言之,也是银行的投资收益率。

对于银行而言,10 万元的贷款,5 年期限,相当于贷款期限为 60 期,每期利率为 1%(12%/12),

那么第 60 期末，10 万元贷款的终值为 $10 \times (1+1\%)^{60} = 18.17$（万元）。

由于银行每月都能够收到相同额度的等额本息还款，这些不同时间点上的等额本息还款额计算到 60 期末的终值之和，应当等于银行 10 万元贷款的终值，即

$$A(1+1\%)^{59} + A(1+1\%)^{58} + \cdots + A = 100\ 00 \times (1+1\%)^{60}$$

即

$$A \times \frac{1-(1+1\%)^{60}}{-1\%} = 100\ 000 \times (1+1\%)^{60}$$

解得 $A = 2\ 224.45$（元）

即张三每月还款的金额为 2 224.45 元，而贷款的终值为 18.17 万元。

需要注意的是，对于市场上交易的固定利率的附息债券，持有该类债券的现金流可以视为一个年金证券和零息债券的合成，利用年金的概念可以有效地识别和发现市场是否存在套利机会和定价非有效的问题。

2.3.4 现金流与固定收益证券创新

1. 现金流在金融条款合约中的重要性

由于金融投资面向的是未来，所以持有金融产品未来所得到的现金流都是不可能预知的，但信用的存在使得某些金融产品未来提供给投资者的现金流是相对可以预期的，这就形成了固定收益证券的子市场。随着金融创新的发展，"固定"的概念已经发生了变化，只能言之为"相对确定"。从现金流的角度来对资产定价，是金融领域的一大创新认识。

由于固定收益产品现金流分布的相对固定性，在对固定收益产品进行分析时，往往围绕着"一个中心，两个基本点"展开。其中，一个中心是指以收益率为中心，两个基本点分别代表现金流和交易价格。以债券为例，作为投资者，最为关心的是不同时间点需要支出多少现金流，而在未来的不同时间点又能获得多少现金流，同时还需要考虑基于这些现金流衡量的收益率，三者分别构成了债券的市场交易价格（成本，即现金流的支出）、价值（未来现金流的流入）及债券提供给投资者的回报率。在金融合约条款中，面值、票面利率、期限、付息周期、嵌入期权等因素对未来现金流大小、现金流支付时间和现金流支付方向的影响是不同的，如图 2.3 所示。

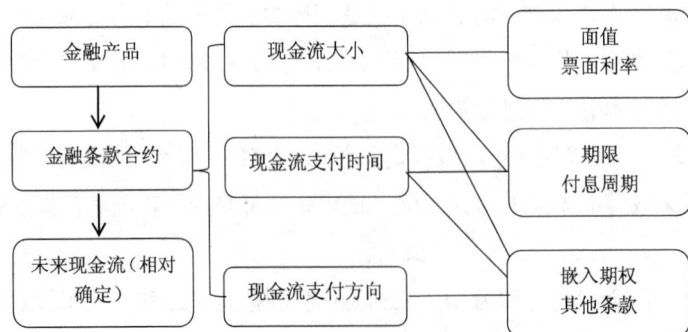

图 2.3 固定收益产品创新的模式

2. 现金流与票面利率在债券创新中的路径

在固定收益证券领域，现金流的设计是金融创新的基础，贴现率反映了到期收益率和期限结构的问题，而通过债券的定价、合成和套利，为债券的定价和寻求套利提供了空间。债券的利率风险和度量及资产负债管理为风险管理提供了途径，利率衍生产品的出现为利率风险的规避和转移提供了方法，资产证券化的设计为债券产品的开发创新提供了平台。为了规避各种风险和满足不同投资者的需求，关于固定收益产品的创新开展得十分普遍。图 2.4 揭示了较为普遍的从现金流支付和票面利率角度进行债券创新的路径。

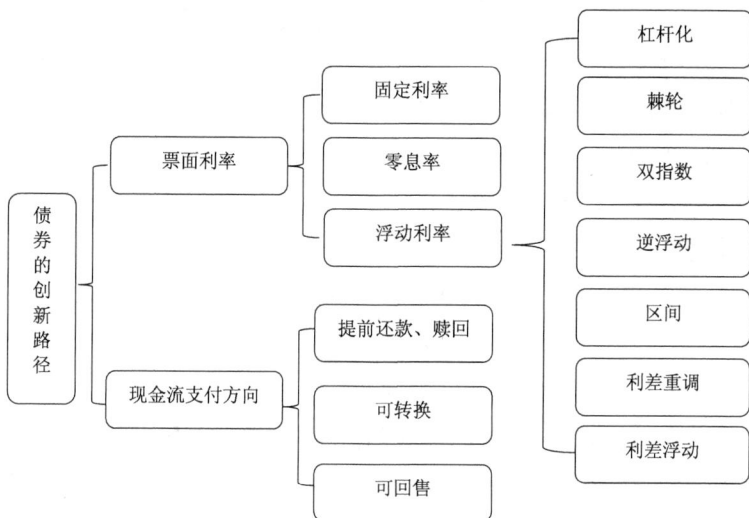

图 2.4 债券的创新路径演示

由于债券投资的收益相对比较稳定，投资风险较低，流动性也比较强，但债券的投资者无经营管理权，同时由于未来现金流相对固定又面临着较大的购买力风险。因此，债券的投资可以作为投资者整个组合中的一个构成部分，但在资产配置中占多大权重，还取决于投资者的风险偏好。

2.4

债券的定价

2.4.1 债券定价的基本原理——现金流贴现法

债券未来现金流入的现值，称为债券的价值或债券的内在价值。债券作为一种投资产品，现金流出是其购买价格，现金流入是利息和归还的本金，或者出售时得到的现金。债券价值是债券投资决策时使用的主要指标之一。只有债券的价值大于购买价格，才值得购买。

1. 分期付息债券价值计算模型（基本模型）

一般情况下，债券是固定利率，每年计算并支付利息，到期归还本金。按照这种模式，债券价值计算的基本模型是

$$P = \sum_{t=1}^{T} \frac{C_t}{(1+i)^t} + \frac{F}{(1+i)^T} \qquad (2.10)$$

式（2.10）中，P 为债券价值（现值）；C_t 为每年的利息；F 为到期时的本金（面值）；i 为市场利率或投资人要求的最低报酬率；T 为债券到期前的年数。

【例 2.4】投资者 A 拟购买甲公司的企业债券作为投资，该债券面值为 1 000 元，票面利率为 5%，期限为 3 年，每年付息一次，到期一次还本，当前市场利率为 6%。计算该债券发行价格为多少时才适合投资者购买。

解答：

未来现金流状况分布为

第 1 年末，1 000×5%=50（元）

第 2 年末，1 000×5%=50（元）

第 3 年末，1 000×5%+1 000=1 050（元）

该债券的市场价格为

$$P = \frac{50}{1+6\%} + \frac{50}{(1+6\%)^2} + \frac{1\ 050}{(1+6\%)^2} = 973.27 \quad (\text{元})$$

2. 一次还本付息且不计复利的债券价值计算模型

我国很多债券属于一次还本付息且不计复利的债券，债券也是固定利率，每年计算并计提，但到期连同本金一起支付，其价值计算模型为

$$P = \frac{F + C \times T}{(1+i)^T} \qquad (2.11)$$

式中，P 为债券价值（现值）；C 为每年的固定利息；F 为到期时的本金（面值）；i 为市场利率或投资人要求的最低报酬率；T 为债券到期前的年数。

3. 零息债券的价值计算模型

所谓零息债券，又称纯债券，是指债券在发行时，以折现方式发行，没有票面利率，到期按面值偿还。这类债券的价值计算模型为

$$P = \frac{F}{(1+i)^T} \qquad (2.12)$$

式中，P 为债券价值（现值）；F 为到期时的本金（面值）；i 为市场利率或投资人要求的最低报酬率；T 为债券到期前的年数。

【例 2.5】投资者 A 拟购买甲公司的企业债券作为投资，该债券面值为 1 000 元，票面利率为 5%，单利计息，期限为 3 年，到期一次还本付息。若当前市场利率为 6%，计算该债券发行价格为多少时才适合投资者购买。

解答：

未来现金流分布状况为

第 3 年末，1 000×5%×3=150（元）

即该企业债券的价格为

$$P = \frac{1150}{(1+6\%)^3} = 965.56 \text{（元）}$$

值得注意的是，有些债券的票面利率为浮动利率，这类债券每期的利息会随浮动利率的变化而变化，由于未来浮动利率未知，所以估值难度较大。一般采用估计的浮动利率，利用现金流贴现的方法为这类浮动利率债券进行定价。

2.4.2 债券定价的基本定理

马尔基尔（Malkiel）于 1962 年最早系统地提出了债券定价的五个基本原理，奠定了投资者进行非含权债券分析的基础。

定理一，债券的价格与债券的收益率成反比例关系。

定理一相对比较容易理解，根据债券定价公式

$$P = \sum_{t=1}^{T} \frac{C_t}{(1+r)^t}$$

市场预期收益率处于分母位置，在预期现金流及到期期限不变的情形下，债券的价格随着市场利率的上涨而下跌。

定理二，当市场预期收益率变动时，债券的到期时间与债券价格的波动幅度成正比关系。换言之，当其他条件不变时，给定市场预期利率的变化，到期日长的债券价格变化要比到期日短的债券价格变化幅度大。

【例 2.6】考虑 A、B、C 三种面值为 100 元的债券，票面利率均为 10%且每年付息一次，债券 A、B、C 的到期期限分别为 3 年、6 年和无限期。当三种债券的市场利率均为 10%时，债券 A、B、C 的价格均为 100 元。当市场利率从 10%变化为 11%时，三种债券的价格变化程度如表 2.2 所示。

表 2.2　　　　　市场利率变化时不同到期期限债券价格变化情况比较

债券	债券 A	债券 B	债券 C
到期期限（年）	**3**	**6**	**无限**
当前价格（元）	100	100	100
每年发放利息（元）	10	10	10
当前市场利率（%）	10	10	10
新的市场利率（%）	11	11	11
新的债券价格（元）	97.56	95.77	90.91
价格变化率（%）	**-2.44[1]**	**-4.23**	**-9.10**

注：表中[1]的计算过程为（97.56-100）/100 × 100%=-2.44%

产生上述结果的原因主要涉及久期的概念，将在后面的章节中进行学习。结合定理一和定理二，如果预期市场利率上升，则未来债券价格预期将下降，此时投资者应持有短期债券，而当预期市场利率下降时，应持有期限较长的债券。

定理三，随着债券到期时间的临近，债券价格的波动幅度减少，并且是以递增的速度减少；反之，到期时间越长，债券价格波动幅度越大，并且是以递减的速度增加。**换言之，债券的价格对利率变化的敏感程度随着距到期日时间长度的增加而增加，但增加的程度随距到期日时间长度的增加而递减。**

【例 2.7】考虑 A、B、C、D 四种面值为 100 元的债券，票面利率均为 10%且每年付息一次，债券 A、B、C、D 的到期期限分别为 3 年、6 年、9 年和 12 年。当市场利率从 10%变化为 11%时，四种债券的价格变化程度如表 2.3 所示。

表 2.3　　　　　　　市场利率变化时不同到期期限债券价格变化率及变化率的变差计算

债券	债券 A	债券 B	债券 C	债券 D
到期期限（年）	**3**	**6**	**9**	**12**
当前价格（元）	100	100	100	100
每年发放利息（元）	10	10	10	10
当前市场利率（%）	10	10	10	10
新的市场利率（%）	11	11	11	11
新的债券价格（元）	97.56	95.77	94.46	93.51
价格变化率（%）	**-2.44**	**-4.23**	**-5.54**	**-6.49**
价格变化率变差	—	73.36 [1]	30.97	17.15

注：表中[1]的计算过程为[-4.23-（-2.44）]/（-2.44）×100%=73.36%

由表 2.3 可知，随着到期期限的增加，利率变化所导致债券价格变化的幅度呈下降趋势，即期限越长，债券价格变化对利率的敏感性越弱。

定理四，对于期限既定的债券，由利率下降导致的债券价格上升的幅度大于同等幅度的利率上升导致的债券价格下降的幅度。换言之，利率上涨一个百分点所导致的债券价格下跌幅度，要比利率下跌一个百分点所导致的债券价格上涨幅度小。

【例 2.8】考虑 A、B、C、D 四种面值为 100 元的债券，票面利率均为 10%且每年付息一次，债券 A、B、C、D 的到期期限分别为 3 年、6 年、9 年和 12 年。当市场利率从 10%变化为 11%时，四种债券的价格变化程度如表 2.4 所示。

表 2.4　　　　　　　利率变化引致的债券价格非对称效应

债券	债券 A	债券 B	债券 C	债券 D
到期期限（年）	**3**	**6**	**9**	**12**
每年发放利息（元）	10	10	10	10
9%利率下的价格（元）	102.53	104.49	106.00	107.16
10%利率下的价格（元）	100	100	100	100
11%利率下的价格（元）	97.56	95.77	94.46	93.51
10%→11%价格变化率	**-2.44**	**-4.23**	**-5.54**	**-6.49**
10%→9%价格变化率	2.53	4.49	6.00	7.16

由表 2.4 可知，利率上升和下降相同的幅度，导致债券价格下降的幅度要低于上涨的幅度，主

要原因在于债券的凸性存在，当然债券的凸性有正有负，对于投资者而言选择具有正凸性的债券较好。定理二和定理四结合可以有效地测算利率变化带来的债券价格变化，这将在后面的章节中详细阐述。

定理五，对于给定的收益率变动幅度，债券的票面利率与债券价格的波动幅度成反比关系。换言之，票面利率高的债券，对于利率变化所引起的债券价格变化程度要小于票面利率低的债券。

【**例2.9**】考虑 A、B、C 三种面值为 100 元的债券，债券 A、B、C 的到期期限均为 3 年，3 种债券每年年末发生的现金流如表 2.5 所示，当年的市场利率为 10%。当市场利率从 10% 变化为 11% 时，三种债券价格的变化如表 2.5 所示。

表 2.5　　　　　　　　　不同票面利率债券价格相对市场利率变化的敏感性比较

债券	债券 A	债券 B	债券 C
第一年现金流（元）	**5**	**10**	**20**
第二年现金流（元）	5	10	20
第三年现金流（元）	105	110	120
利率为 10% 时的价格（元）	87.57	100	124.87
利率为 11% 时的价格（元）	85.34	97.56	121.99
10%→11% 价格变化率（%）	-2.54	-2.44	-2.30

由表 2.5 可知，相同到期期限的债券，票面利率越高，利率变化导致债券价格变化的幅度越小。这主要与现金流的未来分布有关，票面利率越高，回收债券现金流的平均时间越短，债券价格变化幅度越小。

2.5 不同的债券收益率指标

收益率指标是一个相对宽泛的概念，特别是对于债券而言，衡量指标较多，但归根结底，收益率就是衡量投资者在一定时期内所得收益与投入本金的比率。首先，需要先了解一下债券的投资收益构成。债券的投资收益主要包括两部分：一是持有债券的利息收入；二是资本损益，即债券买入价与卖出价或偿还额之间的差额（又称资本利得或资本损益）。决定债券收益率的因素主要有债券票面利率、期限、面值、持有时间、购买价格、出售价格和付息方式等。一般而言，债券收益率的衡量指标主要有票面收益率、本期收益率、持有期收益率、到期收益率、债券相当收益率、年度百分比利率、年有效收益率、至第一回购日收益率等。下面简要介绍一下不同的收益率指标。

1. 票面收益率

票面收益率又称名义收益率或票面利率，是印制在债券票面上的固定利率，即年利息收入与债券面值的比率。计算公式为

$$票面收益率 = 债券年利息 / 债券面值 \qquad (2.13)$$

若投资者按面值购入债券并持有至期满，则投资者所获得的投资收益率与票面收益率一致。但

若债券为溢价发行或折价发行，或投资者未持有债券至到期，该指标就不太适用于衡量投资者的真实收益。

2. 本期收益率

本期收益率又称直接收益率或当前收益率，指债券的年利息收入与买入债券的实际价格的比率，反映了投资者的投资成本所带来的收益。计算公式为

$$本期收益率 = 债券年利息 / 债券买入价 \tag{2.14}$$

该指标对每年从债券投资中获得一定利息现金收入的投资者而言较有意义，但由于其忽略了资本损益的因素，不能全面地反映投资者的实际收益。

3. 持有期收益率

持有期收益率是指债券持有人在持有期间得到的收益率，能综合反映债券持有期间的利息收入情况和资本损益水平。

（1）短期债券持有期收益率。

若不考虑资金时间价值，则持有期收益率为

$$持有期收益率 = \frac{债券持有期间的利息收入 + (卖出价 - 买入价)}{债券买入价} \times 100\% \tag{2.15}$$

$$持有期年收益率 = \frac{持有期收益率}{持有年限} \times 100\% \tag{2.16}$$

式中，持有年限等于实际持有天数除以 360，也可以用持有月数除以 12 表示。若考虑资金时间价值，则持有期收益率可通过以下公式计算：

$$(1+y)^{持有期} = \frac{债券持有期间的利息收入 + (卖出价 - 买入价)}{债券买入价} \times 100\% \tag{2.17}$$

式中，y 为持有期收益率。

（2）长期债券持有期收益率。

若债券的持有时间超过一年，应按每年复利一次计算持有期年均收益率，即计算债券的内部收益率。又可分为以下两种情形。

到期一次还本付息债券。 到期一次还本付息债券的持有期年均收益率是使债券到期兑付的金额或提前出售时的卖出价的现值等于债券买入价的折现率，即

$$P \times (1+y)^T = F + C \times T \Rightarrow y = \sqrt[T]{\frac{F + C \times T}{P}} - 1 \tag{2.18}$$

式中，P 为债券的买入价；$F + C \times T$ 为债券到期兑付的金额或提前出售时的卖出价；y 为债券的持有期年均收益率；T 为债券实际持有期限（年）。

按期支付利息的债券。 每年年末支付利息债券的持有期年均收益率是使持有期现金流入现值等于债券买入价的贴现率。其计算方法是求解以下含有贴现率的方程：

$$P = \frac{F}{(1+y)^T} + \sum_{t=1}^{T} \frac{C_t}{(1+y)^t} \tag{2.19}$$

式中，P 为债券的买入价；F 为债券到期兑付的金额或提前出售时的卖出价；y 为债券的持有期年均收益率；T 为债券实际持有期限（年）。

4. 到期收益率

到期收益率（Yield to Maturity，YTM）即投资者持有债券至到期所能得到的年复合收益率。若投资者在债券发行时即购买并持有债券至到期，则投资者获得的到期收益率为

$$P = \sum_{t=1}^{n} \frac{F \times r_t}{(1+y_{YTM})^t} + \frac{F}{(1+y_{YTM})^n} = \sum_{t=1}^{n} \frac{C_t}{(1+y_{YTM})^t} + \frac{F}{(1+y_{YTM})^n} \tag{2.20}$$

式中，P 为债券的买入价；F 为债券的面值；r_t 为债券的票面利率（若是固定票利率，则 r_t 不变）；y_{YTM} 为债券的持有期年均收益率；T 为债券的持续期限（年）。

若为零息债券①（又称纯债券，Pure Bond），即投资者在持有债券期间没有任何利息收入，到期按照面值赎回债券，则其到期收益率的计算公式为

$$P = \frac{F}{(1+y_{YTM})^T} \tag{2.21}$$

【例 2.10】某投资者于 2013 年 12 月 17 日在深交所交易平台以 98.50 元的价格买入 09 宜化债（交易代码为 112019），该债券由湖北宜化公司于 2009 年 12 月 17 日发行计息，每年付息 1 次，期限为 10 年，于 2019 年 12 月 17 日到期，票面利率为 7%。试求若投资者持有至到期，其到期收益率是多少？

解答：

由于投资者刚好在除息日买入，所以债券中不含应计未付利息，假设投资者持有至到期，则其在 2014—2019 年每年 12 月 17 日可得到的现金流分别为 7 元、7 元、7 元、7 元、7 元、107 元，则需满足：

$$98.50 = \frac{7}{1+y_{YTM}} + \frac{7}{(1+y_{YTM})^2} + \frac{7}{(1+y_{YTM})^3} + \frac{7}{(1+y_{YTM})^4} + \frac{7}{(1+y_{YTM})^5} + \frac{107}{(1+y_{YTM})^6}$$

解得

$$y_{YTM} = 7.32\%$$

即若投资者持有至到期，其到期收益率为 7.32%。

5. 债券相当收益率

在美国，由于财政或公司发行的付息债券通常是每年付息两次，因此债券相当收益率是债券价格最普通的表示方式。即利用债券半年度的付息信息来计算债券的到期收益率，然后将计算的到期收益率乘以 2，就得到债券相当收益率，其计算公式为

$$P = \sum_{t=1}^{n} \frac{C_t}{(1+y/2)^t} + \frac{F}{(1+y/2)^n} \tag{2.22}$$

6. 年度百分比利率（Annual Percentage Rate，APR）

年度百分比利率是由美国的信贷公平法规定的一种计息方法。其特点是以两次支付的最短时间

---

① 在金融市场学的一些教材中，有时也将零息债券和贴现债券加以区分，一般认为贴现债券是期限在一年以内到期的零息债券。同时，对于一次还本付息的债券有时也视为零息债券的一种。

间隔为复利时段，确定时段到期收益率，再将时段到期收益率乘以一年中的复利时段数（在不同的计算方式之间建立一种标准程序，当支付时段为 2 时，即为债券相当收益率）。

举例：某债券每季度付息一次，票面利率为 5%，票面金额为 100 元，两年后到期，平价交易，试计算年度百分比利率。

第一步，由于债券为平价交易，可先计算出季度时段的到期收益率为 5%/4=1.25%。

第二步，可计算得到年度百分比利率为 1.25%×4=5%。

7. 年有效收益率

年有效收益率是指考虑到各种复利情况下，债券年化的实际收益率，即

$$y^* = (1+y)^n - 1 \tag{2.23}$$

其中：y 表示周期的到期收益率；y^* 表示年有效收益率；n 表示付息频率或 1 年内的付息次数。

【例 2.11】假设某债券按季支付利息，当前市场价格为 980 元，两年后到期，息票利率为 6%。则其相关的收益率指标计算如下。

当前债券的季到期复利收益率为

$$980 = \sum_{t=1}^{8} \frac{15}{(1+y)^t} + \frac{1000}{(1+y)^8} \Rightarrow y = 1.7703\%$$

年度百分比收益率为

$$1.7703\% \times 4 = 7.0812\%$$

债券相当收益率为

$$\left[(1+1.7703\%)^2 - 1\right] \times 2 = 7.1439\%$$

年有效收益率为

$$(1+1.7703\%)^4 - 1 = 7.2714\%$$

【例 2.12】某零息债券，2 年后到期，票面金额为 1000 元，市场价格为 900 元，求债券相当收益率、债券年有效收益率及按月复利情况下的到期收益率？

解答：

首先计算债券相当收益率，由

$$900 = \frac{1000}{(1+y/2)^4}$$

计算可得，零息债券半年频率的到期收益率为 $y/2$=2.669%，则债券相当收益率为 y=5.338%。

转化为债券的年有效收益率，即 $(1+2.669\%)^2 - 1 = 5.409\%$

若按月复利，则计算得到的到期收益率为

$$(1+y_m/12)^{12} - 1 = 5.409\% \Rightarrow y_m = 5.2796\%$$

8. 至第一回购日的收益率

在投资者持有债券的过程中，有些债券因嵌有期权而使得债券在到期之前即被投资者回售或被发行人赎回，因此对于嵌有期权的债券，在定价时考虑价格触发条件下的收益率更具有意义，特别

是当至第一回购日的收益率小于到期收益率时，该指标可能在估计未来收益率时更加保守和有效。比如，若某 20 年期债券，票面利率为 6%，价格为 105 元，债券条款约定 5 年后随时可以按面值回购。若持有至到期，则可以计算出债券的到期收益率为 5.58%，但若 5 年后到期收益率低于 6%，那么债券价格会超过面值，因此更可能被回购，此时利用到期收益率来衡量投资回报率就不太合适，进一步计算，可得到至第一回购日的收益率为 4.86%。

2.6 即期利率、远期利率

2.6.1 即期利率（Spot Rate）

针对不同的金融子市场，对即期利率、远期利率的认识也略有差异。在债券市场上，我们习惯上以不同期限的零息国债的到期收益率作为即期利率。

以 $r_{0,t}$ 表示 t 期的即期利率，设 P_t 是 t 期的零息国债的市场交易价格，F_t 表示 t 期的零息国债的到期面值，则有

$$P_t = \frac{F_t}{(1+r_{0,t})^t} \tag{2.24}$$

习惯上，我们常记 $r_{0,t}$ 为 r_t 用来表示 t 期的即期利率。

若市场上不同的零息国债期限分布比较丰富，那么我们就很容易算出各个期限的即期利率，然后将这些不同期限的即期利益用平滑的曲线连接起来，这条曲线就称为即期利率曲线，又称为收益率曲线或利率期限结构（这部分的应用将在后面利率期限结构章节中具体阐述）。然而，现实问题在于，市场上的零息国债一方面期限种类不全，另一方面普遍期限较短，仅用零息债券只能计算出收益率曲线期限较短的一段，要绘制出较长期限的收益率曲线，必须借助于各种期限较长的附息国债和相对较为复杂的数学模型和算法。完整收益率曲线的绘制思想也将在后面利率期限结构章节中详讲。

2.6.2 远期利率（Forward Rate）

远期利率则是指隐含在给定的即期利率之中，从未来的某一时点到另一时点的利率。远期利率与即期利率的区别在于计息日的起点不同，即期利率的起点在当前时刻，而远期利率的起点在未来的某一时刻。若我们已经确定了收益率曲线，那么所有的远期利率就可以根据收益率曲线上的即期利率求得。所以远期利率并不是一组独立的利率，而是和收益率曲线紧密相连的。在成熟市场中，一些远期利率也可以直接从市场上观察到，即根据利率远期或期货合约的市场价格推算出来。

我们不妨以银行定期存款为例。现行我国商业银行 1 年期和两年期的定期存款利率分别为 3% 和 3.75%，如果投资者的本金为 10 000 元，先进行 1 年期定期存款投资，则 1 年后的本息和为

固定收益证券

10 300×[10 000×(1+3%)]元，然后投资者再进行一个 1 年期的投资，则第 2 年末的本息和为 10 609×[10 000×(1+3%)²]元。而若投资者直接存为两年期，则两年的本息和为 10 764×[10 000×(1+3.75%)²]元[①]。同样两年的投资，两者相差 155 元。产生这种结果的原因在于投资者直接进行一个两年期的投资，放弃了第一年期末时对第 1 年本息和 10 300 元的自由处置权。换言之，较大的投资回报率产生于第 2 年，如果说第 1 年应取 3%的利率，那么第二年的利率则是（10 764-10 300）/10 300×100%=4.50%，4.50%即是第 2 年的远期利率。我们不妨推广到一般情况。

假设从将来某个时间 t_{T_1} 开始，到 $t_{T_1+T_2}$ 为止共 T_2 个区间，T_1 期对 T_1+T_2 期的远期利率，一般用 ${}_{T_1}f_{T_1+T_2}$ 来表示，如图 2.5 所示。

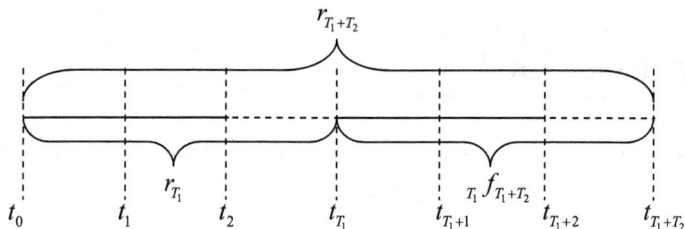

图 2.5　即期利率与远期利率示意图

要推导远期利率的计算公式，可以选择以下两种策略。

- 策略 1，一开始就按 $r_{T_1+T_2}$ 投资 T_1+T_2 年，其期末价值为 $(1+r_{T_1+T_2})^{T_1+T_2}$；
- 策略 2，先按 r_{T_1} 的即期利率投资 T_1 年，再按远期利率 ${}_{T_1}f_{T_1+T_2}$ 投资 T_2 年。按照无套利定价原理，这两种策略的期末总值应当是一样的，从而可以得到第 T_1 期对 T_2 期的远期利率公式。

$$(1+r_{T_1+T_2})^{T_1+T_2} = (1+r_{T_1})^{T_1} \times (1+{}_{T_1}f_{T_1+T_2})^{T_2}$$
$$\Rightarrow (1+{}_{T_1}f_{T_1+T_2})^{T_2} = \frac{(1+r_{T_1+T_2})^{T_1+T_2}}{(1+r_{T_1})^{T_1}}$$
$$\Rightarrow {}_{T_1}f_{T_1+T_2} = \left(\frac{(1+r_{T_1+T_2})^{T_1+T_2}}{(1+r_{T_1})^{T_1}}\right)^{\frac{1}{T_2}} - 1 \tag{2.25}$$

而如果采用连续复利，则计算远期利率的公式会更加简单，特别在债券市场分析中，远期利率可以认为是现在利率期限结构中所隐含的未来零息利率。

我们假设 T_1 期和 T_2 期的即期利率分别为 r_{T_1} 和 r_{T_2}，假设是连续复利计息，则未来 T_1 至 T_2 时期的远期利率 ${}_{T_1}f_{T_1+T_2}$[②]可以表示为

$$_{T_1}f_{T_1+T_2} = \frac{r_{T_2}T_2 - r_{T_1}T_1}{T_2 - T_1} \tag{2.26}$$

---

① 事实上，在我国商业银行的定期存款利率为单利计息，而贷款利率为复利计息。这里只是假设采用复利计算，以比较简明地区分即期利率和远期利率。两年期的实际即期利率应为 3.68%（$r_{0,2}=\sqrt{1+2\times3.75\%}-1$）。这里隐含的远期利率实际为 4.37%，即 ${}_1f_2-10\,000\times(1+3.75\%\times2)/[10\,000\times(1+3\%)]-1=4.37\%$。

② 根据无套利原理，$e^{r_1T_1}\times e^{(T_2-T_1)_{T_1}f_2}=e^{r_2T_2}$，两边同时取对数，即可推算出来。

需要注意的是，如果不是连续利率，那么这个结果只能是近似相等。对于到期期限为 T 的远期利率，我们可以从时间 T 开始一段较小的时间来估算瞬间远期利率，可得结果如下：

$$_{T_1}f_{T_1+T_2} = \frac{r_{T_2}T_2 - r_{T_1}T_1}{T_2 - T_1} = r_{T_2} + T_1\frac{r_{T_2} - r_{T_1}}{T_2 - T_1} \tag{2.27}$$

当 $T_2 \to T_1$ 时，$_{T_1}f_{T_1+T_2} \to r + T\frac{\partial r}{\partial T}$，在这里 $r = r_T$，即 T 期的零息债券到期收益率（即期利率）。

本章小结

本章首先对金融产品的价格本质内涵进行了剖析，即金融产品提供给投资者的收益率，也是投资者持有该金融产品的风险补偿。从对基本的单利和复利收益率的认识，延伸至现值和终值的概念。在此基础上，结合本书固定收益产品中最基本的债券产品，对债券定价的基本原理和基本定理进行了诠释，并对债券的不同收益率指标进行了区分，强化了投资者对现金流和贴现率的理解、认识和应用。结合无套利定价原理，对即期利率和远期利率之间的关系进行了界定和梳理。

关键术语

现值、终值、现金流、贴现、单利、复利、即期利率、远期利率、到期收益率、持有期收益率、债券相当收益率、年度百分比利率、年有效收益率

思考练习

1. 去学校周边银行营业部、保险公司营业部等，了解一下其理财产品，思考这些产品是单利还是复利，并对其背后的经济含义进行阐述。

2. 债券定价的基本原理是什么？该原理是否能用于其他金融产品的定价？

3. 思考有哪些因素会影响到债券的投资回报？影响债券回报率的因素有哪些？

4. 查阅相关资料，了解我国债券市场上债券交易价格的现状。挑选几只溢价、折价或平价发行的债券样本，比较它们交易价格走势的差异，并进行解释。

5. 某银行贷款报价利率为年百分比利率（APR）6%，请计算：

（1）若按年、月和日分别计复利，则年实际利率应为多少？

（2）若本金总额为 1 万元，且计息方式如（1）所述，则半年、1 年及 2 年应支付的利息总额分别应是多少？

6. 假设某投资者 A 以 90 元的价格购买了一份将于 2 年后到期的零息国债，该国债面值为 100 元，试计算投资者购买该债券的到期收益率是多少？若是 1 年半后到期，到期收益率又是多少？

7. 李四花 1 000 元买入面值为 1 000 元的某 3 年期债券，债券票面利率为 10%，半年付息 1 次，试计算：

（1）债券的当期收益率是多少？

（2）债券的到期收益率是多少？

（3）若李四买入的不是面值为 1 000 元的债券，而是如表 2.6 所示现金流分布的金融产品，试计算李四若持有这个金融产品到期，其到期收益率是多少？

表 2.6 李四购买的金融产品在不同时点的现金流分布

时间点（半年）	李四在该金融产品上的现金流变化（元）
0	-1000
1	25
2	40
3	-50
4	-200
5	250
6	1 050

8. 设当前 1 年期、2 年期及 3 年期即期利率分别为 5%，5.5% 和 6.5%，试计算第 2 年对第 3 年远期利率的理论值是多少？

9. 当其他条件不变时，随着债券到期日的临近，债券价格受利率波动的影响将发生怎样的变化？

A. 债券受利率波动的影响变小。

B. 债券受利率波动的影响变大。

C. 债券受利率波动的影响不变。

D. 债券受利率波动的影响不能确定。

10. 假定市场上有一只债券，还有两年到期，该债券面值为 100 元，票面利率为 10%，每年付息一次。如果该债券的到期收益率为 6%，试计算当前该债券交易价格多少比较合理？若 1 年内债券的到期收益率保持不变，则 1 年后的今天，不用计算，分析判断该债券的价格如何变化？并阐明理由。

A. 1 年后的今天债券价格不变，因为债券的到期收益率没有变化。

B. 1 年后的今天债券价格上涨，因为债券在 1 年内产生了利息。

C. 1 年后的今天债券价格下降，因为溢价债券的价格随着到期日的临近收敛于面值。

D. 无法判断。

案例讨论

中国人寿美满一生年金保险（分红型）是中国人寿广东省分公司 2008 年力推的一款保险理财产

品。该产品具有稳健理财、缴费时间灵活、终身享受分红、资产可保本等特点，可满足资产保值增值的理财需求，同时还可附加健康医疗险，在理财的同时拥有多种疾病保障，达到健康理财的新境界。国寿美满一生年金保险（分红型）已于 2010 年 8 月 31 日完美退市。

- **产品名称**：国寿美满一生年金保险（分红型）
- **险种类别**：养老保险
- **所属公司**：中国人寿保险股份有限公司
- **投保范围**：出生三十日以上、六十周岁以下
- **缴费方式**：年交，交费期间分为三年、五年、八年和十二年
- **保险期间**：至被保险人年满七十五周岁的年生效对应日止
- **保险责任**：在保险合同保险期间内，保险公司负下列保险责任

一、自保险合同生效之日起至被保险人年满七十四周岁的年生效对应日止，若被保险人生存，保险公司每年在保险合同的年生效对应日，按下列规定给付关爱年金：

关爱年金=基本保险金额×交费期间（年数）×1%

二、被保险人生存至年满七十五周岁的年生效对应日，保险公司按下列规定给付满期保险金，保险合同终止。

满期保险金=基本保险金额×交费期间（年数）

三、被保险人于保险合同生效（或复效）之日起两年内因疾病身故，保险公司按所交保险费（不计利息）给付身故保险金，保险合同终止；被保险人因意外伤害身故或于保险合同生效（或复效）之日起两年后因疾病身故，保险公司按下列规定给付身故保险金，保险合同终止。

身故保险金=基本保险金额×身故时的交费年度数×110%

- **综合事项**：红利事项

在保险合同保险期间内，在符合保险监管部门规定的前提下，保险公司每年根据上一会计年度分红保险业务的实际经营状况确定红利分配方案。如果保险公司确定本合同有红利分配，则该红利将分配给投保人。

投保人在投保时可选择以下任何一种红利处理方式。

一、现金领取；

二、累积生息：红利保留在保险公司以复利方式累积生息，红利累积利率每年由保险公司公布。

若投保人在投保时没有选定红利处理方式，保险公司按累积生息方式办理。

保险合同在效力中止期间不享有保险公司红利的分配。

有关该产品详细信息可登录中国人寿网站

http://www.e-chinalife.com/product/gerenbaoxian/licaibaoxian/meimanyisheng.html 查阅。

结合以上案例，请思考并回答以下问题：

（1）该款年金保险是否属于固定收益产品，请说明理由。

（2）假设某投资者 A 今年 56 岁，保险公司人员向其推销了 12 年期的保险，保险费为每年 5 000 元，返还的年金为保险费的 10%。投资者连续交 12 年，若其生存到 75 周岁且不考虑期间保险公司

的分红，试计算投资者的真实到期收益率是多少？（提示，可画出不同时间点上的现金流入和流出，根据现金流入的现值=现金流出的现值的原则，来测算和衡量到期收益率。）

（3）假设投资者 A 今年 30 岁，其购买了 5 年期的该理财产品，保险费为每年 10 000 元，返还的年金仍为保险费的 10%。若投资者 A 在 32 岁之前去世了，依据该理财产品条款，其投资收益率是多少？若其活到 34 岁，其投资收益率是多少？若其活到 75 周岁，则其投资收益率又是多少？

（4）影响该款理财产品分红能力和分红金额的要素可能有哪些？若有分红，测算（2）和（3）中不同情景下对投资者收益率的影响。

（5）综合评价该理财产品，你觉得适合投资者选择吗？或者适合哪些类型的投资者选择？请给出你的理由和见解。

第3章 固定收益证券市场概述

【本章提要】

本章主要对美国债券市场和中国债券市场进行介绍。首先以美国国债市场为例，介绍了国债的发行、拍卖机制、二级市场的流通及产品的种类，然后对美国债券市场上的联邦机构债券、市政债券、企业债券和资产担保证券进行介绍。其次，以中国债券市场为例，介绍了国债的发行及企业债券市场的现状。

【重点与难点】

重点：荷兰式拍卖和美国式拍卖的区别、净价交易、全价交易的概念及净价交易全价结算的内涵及计算过程。

难点：美国国债的发行及主要品种、中国债券的发行市场及主要品种。

【引导案例】

高收益债券，即由低信用级别的公司或市政机构发行的债券，在美国指的是评级在BBB以下的投机级债券，实际在发行中以BB及B级为主。其信用等级差，发行利率高，具有高风险、高收益的特征。

2012年3月5日原证监会主席郭树清表示,证监会正在进一步推进高收益债券和退市制度改革,争取上半年推出。郭树清表示，高收益债券的发行办法、投资者准入条件、交易制度安排正在研究中，证监会努力在上半年推出高收益债券。高收益债券会设置一定的投资者门槛，有一些产品只适合私募发行，不适合卖给广大投资者。不是所有的投资者都适合参与高收益债券投资，"没有几百万就不可以"，具体的适当性制度还在研究中。然而两年半过去了，高收益债券仍然止步不前，还尚未破冰。从风险的角度考虑，高收益债与垃圾债的本质是一样的，媒体宣传时只注重收益的提示而忽视对风险的关注，这对风险意识较为薄弱的投资者而言有一定的误导。

思考：中小企业通过高收益债与银行贷款融资有什么差别？你认为影响我国高收益债券推行的障碍有哪些？

3.1 美国的固定收益证券市场

美国的固定收益证券市场是全球最大的固定收益证券市场，无论是交易规模、发行数量还是交易品种，都在全球处于领先主导地位。特别借助于美元的国际货币地位，美国国债的发行规模一度引致财政悬崖，在2012年联邦政府因财政赤字关门一个多星期。中国和日本是美国国债的两大债权人，这也引起很多国内学者的激烈讨论，认为持有大量美国国债是主动将钱借给美国。但不可否认的是，美国的债券之所以能够吸引全球的投资者共同参与，与美国固定收益证券市场完善的信用体系、相对高效的定价效率、健全的发行机制及良好的投资环境有关，这或许正是值得中国或其他资本市场相对不发达的国家需要借鉴的。美国的固定收益证券涵盖美国国债、政府机构债券、市政债券、公司债券、资产支持证券、国际债券及各式各样的固定收益衍生证券等，其中规模最大的是国债市场，其次是住房抵押贷款支持证券。国债市场一般代表着基础债券市场，衍生证券市场代表着金融创新发展的方向，在这两个方面美国都比较领先。

3.1.1 美国国债市场

1. 美国国债

美国国债是由美国财政部发行的，以美国政府的全部信用为担保，普遍认为没有违约风险。美国国债从利息支付方式来划分，包括无息票的贴现债券和附息票的中、长期债券等。

所有美国国债都是以拍卖方式发行的，拍卖规定主要包括两个方面，即拍卖周期及竞价方式。具体的国债发行的时间（如表 3.1 所示）、过程、拍卖办法等均由美国财政部决定。财政部一般会在拍卖日前数天宣布拍卖有关事项，包括发行国债金额、拍卖时间及债券的期限等。有时一些已上市或拍卖过的品种会做增量拍卖（Re-open），即已经拍卖过的品种，追加了新的发行额。增量拍卖是对已经拍过的品种增加数量，而不是新品种发行。

表 3.1   美国国债的拍卖周期

国债类型	拍卖周期
3 个月期短期国债	每周
6 个月期短期国债	每周
1 年期国债	每 3 周
2～5 年期中期国债	每月
10 年期和 30 年期国债	每季

拍卖出价的具体方式有两种，分别是非竞争性出价（Noncompetitive Bid）和竞争性出价（Competitive Bid）。前者是由那些愿意以拍卖程序决定的价格购买债券的一种参与形式，个人投资者、小机构投资者等常采用这种形式。由于不涉及具体价格，所以这种形式出价只表明自己愿意承购的金额。目前美国财政部对非竞争性出价拍卖有最高承购额的限制，其中短期国债不得超过 100 万美元，附息债券不得超过 500 万美元。对附息债券的出价既包括对价格的要求，也包括对承购资金来源的说明。参与附息债券竞标的主要是经纪商、存款机构和一些大型的基金公司。

拍卖结果的决定过程为，首先从参拍的总额中剔除非竞争性出价金额和非公开认购额，剩下的是供竞争性拍卖的总额。在剩下的金额中，按收益率从低到高的顺序分配，直到全部剩余金额分配完为止。财政部所接受的最高收益率称为终止收益（Stop Yield）。如果剩余金额刚好与全部竞拍这一收益率的所有竞拍者的金额一致，则全部的竞标金额将被接受，否则，将以竞拍金额按比例分配。

所有的国债拍卖均为一价式拍卖（Single Price Auction）。在这种拍卖形式中，所有的竞拍者均按财政部所接受的最高收益率定价，即按竞争性拍卖中财政部最后接受的最高收益率确定为债券的收益率，也称荷兰式拍卖（Dutch Auction）。与之对应的是多价式拍卖（Multiple Price Auction），也称为美国式拍卖（American Auction）。在这种拍卖形式中，所有的竞拍者按照自身的定价和认购额进行出价，财政部依据收益率由低至高排列，直到全部债券被认购为止，各竞拍者按各自报出的价格进行认购，若最高收益率价位有多位竞拍者，则通常该价位的竞拍者将按比例分配。相比较而言，一价式拍卖中，竞拍者会更加积极，申购价格倾向于更高，到期收益率更低，这样有利于降低政府的融资成本。历史上，美国国债也曾用过多价式拍卖，自 1992 年 9 月美国财政部开始在 2～5 年期的中期债券中使用一价式拍卖，并最后于 1998 年 11 月将全部的国债拍卖改成了一价式拍卖。

2. 美国国债二级市场

二级市场是以在一级市场上发行的债券为基础进行交易的市场。美国国债二级市场是由一些主要的证券经纪人通过不断地对现有证券进行要价和出价构成的一个柜外市场（Over the Counter Market）。通过纽约、伦敦和东京三大主要市场之间的相互补充，实际在全球已经形成了一个可以每天 24 小时连续交易的虚拟二级市场。二级市场上的交易一般是在交易的次日结算。

在一级市场上刚拍卖发行的债券，称为当期新发（On the Run）或当期发行债券（Current Issue），如 2003 年 12 月 5 日，当期新发 10 年期债券就是 11 月 17 日发行的利率为 4.25%的债券，而被新发品种替代的 2003 年 8 月 15 日发行的利率也是 4.25%的"当期新发债券"则成了前期发行债券（Off-the-Run Issues）。那些曾经被新发债券多次替代的品种则称为多期前发行债券（Well Off-the-Run Issues）。如 2002 年 8 月 15 日发行的 10 年期国债，截至 2003 年 12 月 5 日就已经被 6 次替代了。在某一时点上，前期发行债券可能会有多个，因为构成当期新发行债券和前期发行债券关系的基础是剩余到期时间接近，并不一定是同一品种，即若 20 年期债券在发行 10 年后也可以作为新发行 10 年期债券的前期发行债券。之所以区分为当期新发和前期新发，主要原因在于相同期限的债券，当期新发交易更为活跃，流动性更好，价格也更高一些，因此到期收益率一般会比前期新发略低。一般用当期新发国债衍生出来的零息债券的到期收益率曲线可以作为基准到期收益率曲线。

值得注意的是，在美国国债二级市场上，国债尚未发行前可能已经开始在二级市场进行该品种的交易了。这一市场被称为假定已发行市场（When-Issued Market），这一市场从某品种拍卖宣布日开始，到正式发行结束。

美国政府的国债经纪商也参与二级市场的交易，他们既可以直接与公共投资机构和私人投资者交易，也可以相互之间进行交易。在政府国债经纪商之间进行交易时，一般都要通过特定的中介经纪商（Interdealer Brokers）完成。这样一方面提高了效率，另一方面也让经纪商的信息在内部保密，所以也将这类交易称为"经纪商市场"。

美国国债二级市场上的报价方式，传统上是按 1 美元的百分比报价，小数点部分则以 1/32 表示，也有进一步将小数点部分精细到 1/128 甚至 1/256 的。报价采用的精细程度与债券的面值有关，面值越大，则报价越精细。例如，具体报价时，用 98-13 表示债券价格为面值的（98+13/32）%，即 98.406 25%。如果债券的面值为 1 000 美元，则其价格是 984.062 5 美元；如果面值是 10 000 美元，则其价格是 9 840.625 美元。另外，如果债券的报价后面有"+"号，则表示在 1/32 报价后，再加上"1/64"，如 98-13+，表示其价格为面值的 98.421 875%[即（98+13/32+1/64）%]。

3.1.2 美国国债的主要品种

美国国债在品种上，主要包括以时间划分的短期和中长期国债，以及按息票利率规定方式划分的无息票债券、附息票债券和通货膨胀补偿债券等。

1. 无息票短期美国国债

无息票短期美国国债（Treasury Bills）没有息票，以折扣的方式发行，期限为 1 年或 1 年以下，到期时按票面面值清偿。美国的短期国债按一定的时间顺序定期发行，如 91 天、182 天和 364 天。由于节假日的影响，偿还期会少 1 天或者多 1 天。通常将上述期限的国债称为 3 个月、6 个月和 1 年期国债。由于这些债券没有息票，投资者的收益隐含在债券的折价金额中，其真实的收益率，需要根据折价金额进行推算。例如，投资者对一张 1 年期面值为 100 美元的债券出价 93.458 美元，一旦这个出价被接受后，投资者只要付 93.458 元，就可以买到面值为 100 美元的债券。这样一年后，投资者能实现的货币收益为 6.542 美元，那么投资者持有该债券的年收益为 7%（6.542/93.458）。美国财政部有时根据财政收支情况，不定期地发行一些余缺调整性的债券，即现金管理短期债券（Cash Management Bills）。这些债券通常在每个季度末，当一些大额税收尚未征收时发行，期限从几日到 6 个月不等。在美国，个人可以参与国债的购买和交易，且呈现多样化的购买方式，如个人可直接到联邦储备银行及其分行购买新发行的短期国债，也可以通过银行或经纪人间接购买新发国债，也还可以通过政府债券交易商，到二级市场交易旧国债。

2. 中长期美国国债

中期国债（Treasury Notes）是指 1 年以上 10 年以内到期的债券，票面金额大多为 1 000 美元。这类国债附有息票，规定利息额，通常每半年付一次利息。期限超过 10 年的称为长期国债（Treasury Bonds）。中长期国债合称为财政附息债券（Treasury Coupon Securities）。中长期国债也采用定期拍卖方式发行。中长期债券的期限分别为 2 年、5 年、10 年和 30 年不等，其中中期国债附有 "n" 字母以区别于没有标注的长期国债。

1983 年以前发行的中期国债都是不记名的。债券持有人可以在指定的日期内，用息票兑换利息。从 1983 年起，美国财政部停止发售不记名中期债券，采用登记形式，即中期债券的购买者要在美国财政部登记，然后美国财政部按时给他们邮寄利息，本金到期时，再寄还本金。由于债券是记名的，所以当这些记名债券在二级市场上交易后，新的债券持有人必须重新到美国财政部进行登记，取代原来的债券持有人，否则可能无法按期收到利息和本金。

1984 年以前发行的 30 年期国债有可赎回形式，最常见的是距到期 5 年时的赎回权，且赎回价值一般等于面值，但此后发行的所有附息美国国债均不再含有赎回条款。

3. 通货膨胀补偿债券

通货膨胀补偿债券（Treasury Inflation Protection Securities，TIPS）最初于 1997 年 1 月 29 日发行，该债券的票面利率是高于通货膨胀率的 "真实" 利率，所以该债券的票面利率又被称为 "真实收益率"（Real Yield）。其特点是债券的票面利率通过特定的拍卖程序固定，票面利率的调整基础是美国非季节性调整的城市平均综合消费指数（Non-seasonally Adjusted U.S. City Average All Items

Consumer Price Index for All Urban Consumers，CPI-U）。由于票面利率是真实利率，因此必须根据物价变动情况调整名义票面利率。

通货膨胀补偿债券的调整方式是，财政部会根据债券的息票金额及到期值每半年调整一次债券的本金要求，这种本金被称为通货膨胀本金（Inflation-Adjusted Principal）。举例来说，假设债券真实的票面利率为 6%，CPI-U 为 4%，如果投资者在 7 月 1 日按面值买进了 10 000 美元通货膨胀补偿财政债券，则半年的通货膨胀率为 2%，这样在计算债券后半年的利息时，其本金会调整至 10 200×[10 000×（1+2%）]美元，实际所得的利息额为 10 200×3%=306 美元。假定第二年上半年所报出的年通货膨胀率为 6%，则第二年上半年的利息额应为 10 200×1.03×0.03=315.18 美元。在该例中，通货膨胀率都为正，但在现实经济中，通货膨胀率也可能为负，比如出现通货紧缩，按上述方法调整后，债券到期支付给投资者的调整后的本金可能低于债券面值。如果出现连续通货紧缩，按美国财政部的规定，债券到期时，按面值或调整本金中较高的一项清偿，即清偿不会出现低于面值偿还本金的情况，但有按高于面值支付本金的可能。

由于债券所参考的物价指数通常会有 3 个月的时滞，所以规定在调整本金时，是以清算日（Settlement date）的参考物价指数与债券起息日物价指数之间的比率做调整，美国财政部每天均会公布这一指数比率。

3.1.3 政府机构债券

政府机构债券可以划分为政府资助企业债券和联邦政府机构债券。政府资助企业债券，是为降低某些行业在资本市场上的融资成本而由美国国会创立的企业所发行的债券。这些企业尽管是私人所有的，但受到政府政策的优待。

在美国共有八家公司发行的债券可以得到联邦政府的信用支持，这些公司主要是为了给农业、居民住房和学生学习等提供贷款支持，大致分为两类。一类是联邦关联机构（Federally Related Institutions），其发行的债券得到联邦政府的全额保证。联邦关联机构包括政府国民住房抵押贷款协会（Government National Mortgage Association，Ginnie Mae，又称吉利美）、田纳西水利机构（Tennessee Valley Authority，TVA）、民营出口融资公司（Private Export Funding Corporation）。另一类是政府资助的企业（Government Sponsored Enterprises），包括联邦全国抵押协会（Federal National Mortgage Association，Fannie Mae，又称房利美）、联邦住房贷款银行公司（Federal Home Loan Bank Corporation，Freddie Mac，又称房地美）、学生贷款营销协会（Student Loan Marketing Association，Sallie Mae，又称萨利美）、联邦住房贷款银行系统（Federal Home Loan Bank System）、联邦农场信贷银行系统（Federal Farm Credit Bank System）。政府资助的企业发行的债券得到政府信用的某种支持，其中仅有联邦农场信贷银行系统发行的债券得到的是联邦政府全额保证，因此其他机构发行的债券存在着一定的信用风险。

政府机构债券主要有两类，一类是包括各种期限的机构信用债券（Debentures），另一类是联邦机构抵押担保证券。

1. 机构信用债券

机构信用债券（Agency Debentures）是指由上述机构发行的无担保债券，其清偿可能完全取决于发行机构是否能产生足够的现金流用于偿付债券，主要可以分为短期基准债券、中长期基准债券、短期参照债券、欧元中长期参照债券、次级债券等。

（1）短期基准债券。

美国联邦全国抵押协会成立于 1968 年，其宗旨是向中低收入家庭提供住房融资。其所发行的短期基准债券（Fannie Mae's Benchmark Bills）可以有效帮助投资者将公司的短期债券转换成流动性更强、更容易组织和管理的货币市场工具。基准债券严格且程序化的发行、灵活的期限、较好的流动性和在信用方面极高的透明度等，很好地满足了众多投资者的需求。短期基准债券的市场价差一般仅在半个或一个基点之间，因此该债券的流动性非常好。

联邦全国抵押协会发行的期限为 3～6 个月的债券，每周发行一次；期限为 1 年的短期债券每两周发行一次。发行全部采用单一价格的荷兰式拍卖。协会通过电子拍卖系统，每周对不同期限的短期债券举行一次拍卖，竞拍方式既包括竞争性竞价，也包括非竞争性竞价。协会的短期基准债券只有 3 个月、6 个月和 1 年 3 种期限。同时，协会也发行一些每次公布利率的折扣债券，并且还在短期基准债券之外做一些特殊期限的融资，期限从隔夜到 360 天不等。在某些短期基准债券拍卖的同时，协会还设计有"锁定期"，即在拍卖该种债券的那一周，协会不会发行期限为该类债券前一周或后一周的折扣债券。在以两周为周期的基础拍卖中，除了新发行外，协会还可能重发或再次发行已经通过拍卖发行过的债券的品种。联邦全国抵押协会的短期基准债券是通过联邦储蓄银行体系发行的无担保普通债券，且均为无息票折扣债券。

联邦全国抵押协会每周举行一次荷兰式一价式拍卖，每周一协会公开宣布发行规模、到期时间。具体的宣布时间为华盛顿哥伦比亚特区时间的午夜。星期三协会在美国东部时间 9 点到 10 点之间，开始接受出价。最后，协会将公布拍卖结果，因此所有 3～6 个月的短期基准债券的到期日都在星期三。任何经授权的经纪商都可以参与竞拍，经销商既可以为自己竞拍，也可以代客户竞拍。竞价方式是以折扣利率为基础，最低竞拍金额为 50 000 美元，在此金额基础上以最低 1 000 美元的额度增加。协会可以限定给任何一个经纪商的最高额度不得超过总拍卖额的 35%，这一限制的原因是为了保证债券在二级市场上具有充分的流动性。另外，协会还规定对分配给非竞争性竞拍者的最高份额不得超过 20%，非竞争性竞拍者之间则是按出价的先后次序分配。协会还规定 3 个月期限的短期基准债券的最低拍卖额为 40 亿美元，6 个月的为 15 亿美元，1 年期的则为 10 亿美元，具体数额则在每周一的拍卖公告日宣布。

基准债券的最低面值为 1 000 美元，且按 1 000 美元的整数倍递增。目前几乎所有的证券公司和清算机构都接受基准债券作为保证金存款，且从 2003 年 1 月 1 日开始，所有新发行的 3 个月、6 个月及 1 年期的短期基准债券都已经列入基准回购贷款计划（Benchmark Repo Lending Facility）。这意味着基准债券可以作为回购融资的工具。需要注意的是，联邦全国抵押协会的债券及利息，并不直接由美国政府或协会之外的任何其他机构提供担保，唯一的债务人是联邦全国抵押协会本身。

（2）中长期基准债券。

联邦全国抵押协会发行的中长期基准债券（Benchmark Notes&Bonds），期限为 2～10 年不等。这类债券具有非常好的流动性，其常规性的发行使其已经成为投资者进行套期保值和资产组合常用的交易工具。中长期债券是按事先宣布的日期发行，2 年、3 年、5 年及 10 年期的债券是按季发行。每次发行的最低额度是 40 亿美元，并可根据投资者及市场流动性的需要再次发行。这种大额度的发行极大地便利了隔夜和回购市场。

协会每个月会通过交易商或新闻机构宣布下一期的中长期基准债券发行信息，包括新发行的或重新发行信息。债券的息票利率通常是在宣布发行几天后确定，具体时间一般是早上，在价格宣布 10 分钟后可以开始交易。中长期债券的付息日和到期日通常是每个月的第 15 天。与短期基准债券一样，中长期基准债券的最低票面值和最低增幅也是 1000 美元。至 2000 年 4 月 1 日之前，新发行的中长期基准债券都是在卢森堡交易所（Luxembourg Exchange）上市，其交易清算则是通过联邦储备银行体系完成，其中包括间接通过欧洲清算系统（Euroclear）或称清算流系统（Clearstream）进行。该债券计算的时间标准为每年按 360 天计算，每个月按 30 天计算，简记为 30/360。

可赎回中长期基准债券（Callable Benchmark Notes），按发行日历每月发行一次，并根据市场反馈信息调整其到期时间和赎回锁定时间。这类债券是一次性赎回或称欧式赎回（European Call），主要的期限结构为 3 年期限 1 年内不得赎回、5 年期限 2 年内不得赎回和 10 年期限 3 年内不得赎回型。中长期赎回基准债券的最低发行额度为 20 亿美元，最低重发规模为 5 亿美元。

这类债券是通过银团承销发行，包括参与联邦全国抵押协会非赎回基准债券业务的 12 家机构。通过与彭博（Bloomberg L.P.）网页交易的合作，协会研发出一套基于期权调整价差定价法（Option Adjusted Spread Pricing Model，OASP）计算此类债券的价值。

（3）短期参照债券。

短期参照债券（Reference Bills）是由联邦住宅贷款银行体系发行的。该机构成立于 1970 年，其目的是为住宅抵押贷款及住宅租赁机构服务。联邦住宅银行系统通过购买住宅抵押贷款和抵押证券，然后在资本市场发行一次性偿付抵押证券的方式为住宅抵押贷款机构融资。

（4）欧元中长期参照债券。

欧元中长期参照债券（€ Reference Notes&Securities）是联邦住房贷款银行体系 2000 年 9 月 19 日推出的，专门针对欧洲投资者的一种新工具。当时以欧元融资的债券较少，联邦住房贷款银行趁机扩大其欧元融资，不仅吸引了非美元区的投资者，而且分散了其债务的货币或汇率风险。同时，这一债券也是第一只在欧元政府交易系统（Euro MTS）交易的非政府证券，借助欧元政府交易系统极大地增加了该类债券的市场透明度，并提升了该类债券的流动性。

（5）次级债券。

在 2001—2003 年间，联邦住房贷款银行系统每年发行两次次级债券（Subordinated Debt, Freddie SUBS），并认为次级债券的发行有助于提高其资本充足性、增强自律和增加市场透明度。债券的发行额度为，核心资本＋贷款损失准备＋次级债券存量>资产负债表中资产数额的 4%＋表外业务中与抵押相关债券总额的 0.45%。联邦住房贷款银行系统推出这一债券的重要动机之一是为了满足国际银行业对银行资本充足率的要求及对表外业务管理的需要。相对于美国债券市场上其他次级债券的较低评级，联邦住房贷款银行推出的这一品种为次级债券市场强加了一个重要的高质量次级债券投资工具。这种次级债券的一个重要特征是设有利息递延条款。该条款规定，在债券付息日前 5 日，如果出现核心资本低于"临界资本"（Critical Capital）的125%的情况，则将递延债券的利息，利息的递延可能会长达5年，但不会超过债券的到期日。如果出现利息递延，债券的应计利息仍然会继续计算并按半年一次计算复利。一旦不再受上述条件的约束，或已经付清了其他债务时，联邦住房贷款银行将及时付清所递延的利息及利息的利息。在联邦住房贷款银行递延次级债券利息时，不得向普通股和优先股发放股息，也不能赎回或买进普通股和优先股。由于这一特征，次级债券被认为是市场对联邦住房贷款银行资本充足性与其风险的综合反映，而不仅仅是反映了债务本身。相对于没有利息递延特征的次级债券，这种债券也更能综合反映联邦住房贷款银行的风险。

2. 联邦机构抵押担保债券

联邦机构抵押担保债券（Agency Mortgage-backed Securities）是由联邦支持的机构，如联邦全国抵押协会及学生贷款营销协会（Student Loan Marketing Association, Sallie Mae）等发行的，以其所购买的贷款为担保的债券。由于这些债券都是以某种资产作为担保的，所以又被称为资产担保证券（Asset-backed Securities）。其中以固定资产抵押借款担保的债券被称为抵押担保债券，包括抵押过手证券（Mortgage-backed Passthrough Securities）、抵押担保证券（Collateralized Mortgage Obligations，CMOs），以及抵押担保债券的剥离等，后两种是以抵押过手证券为基础的衍生形式。

抵押过手证券或称简单传递证券（Simply Passthrough Securities），其特点是以一只或多只抵押借款资产集合为基础发行的证券。集合中的抵押借款资产可以由少数几只，也可以由成千上万只借款资产组成。但这些能够被用作担保资产证券化的借款通常具有很高的信用级别或很低的风险，且必须符合有关标准。抵押过手证券不同于一般的附息债券，主要表现在：一是本金的偿还方式不同，附息债券在到期前并不偿还本金，只付利息，但过手证券在到期前会按期支付本金；二是付息和本金的时间不同，附息债券一般是每半年或1年付息一次，过手证券则是每月支付一次；三是附息债券一般不会提前清偿，但过手证券有可能被提前赎回。当贷款被提前偿还时，债券发行人也可能会提前赎回债券，所以过手证券相当于内嵌含有赎回期权。

抵押担保债券是以一定数额抵押担保债券为担保发行的债券，有时也直接以抵押贷款为担保发行。通过将抵押贷款的现金流分成不同的部分，并使债券的期限尽可能与现金流相吻合，就可以显著降低类似于过手证券所面临的提前清偿风险，因此抵押担保债券的利率通常比抵押过手证券要低很多，但流动性更好。抵押担保债券中分成不同期限的债券分别被称为不同的组分（Tranches），常用字母A~Z来表示不同的组分，所以也常称为"A~Z债券"。不同的债券组分，利率不同，且还款方式也可能会有差异。比如还本方式可以摊还，也可能是到期时一次性偿还，还可能是先还本后还息。有些组分可能有最高的优先级，从而最先被清偿。常见的组分形式包括仅含利息现金流、仅含本金现金流、浮动利率、逆浮动利率、计划摊还、顺序偿还、目标摊还、零利息与累计利息等。即使是担保资产相同的CMO在提前偿还方面也可能存在较大差异，这是因为虽然这些债券有"既定的"到期时间，但如果贷款人出售其住宅、进行了再贷款或再融资、违约或提前清偿其贷款等，都会使CMO被提前清偿。由联邦住房贷款银行和联邦全国抵押协会等发行的这些债券，因为有美国财政的"道义支持"（Moral Obligation），加之其担保资产的质量较高，所以其信用级别往往较高并具有很强的流动性，但必须注意，美国财政只是提供道义支持，并没有对这些债券直接担保。

3.1.4 市政债券

市政债券（Municipal Securities）是由美国的州政府和地方政府及其设立机构为了筹措资金而发行的债券。市政债券通常以地方政府的税收或特定收入为基础发行，但由于税收和收入面临着不确定性，因此市政债券仍存在着较大的信用风险，不同的市政债券信用风险不同。如 2013 年 7 月 18 日，素有"汽车之城"的美国底特律正式申请破产保护，从而成为美国历史上最大的破产城市，该事件就是典型的地方政府财政破产的案例。市政债券通常享受税收优惠，这类债券可以免缴联邦所得税，也叫"免税（Tax-exempt）债券"。需要注意的是免税债券只是对利息税进行豁免，而不是资本利得税，但在美国也有少量的市政债券没有税收优惠。同时美国不同州的法律不同，州所得税和地方所得税是否免缴也存在一定的差异。市政债券的交易是通过柜台交易市场来完成的。

美国市政债券包括四类，即税收支持债券、收益债券、特殊债券、市政衍生证券。

1. 税收支持债券

税收支持债券（Tax-backed Debt）是美国的各州、县、市、镇等地方政府和校区等发行的，用发行者的某种税收和其他收入作为偿还保证的债券。这类债券包括以下三类。

（1）普通市政债券。

普通市政债券（General Obligation Debt）是税收支持债券中最主要的种类，又可以划分为无限和有限税收支持债券两类。无限税收支持债券是由发行者的全部收入来源和发行人的全部信用做保证的，即任何税收（比如企业所得税、个人所得税、财产税）及其他市政收入（如证照费、许可费、赠予甚至罚款）等都可能作为清偿债务的收入来源。有限税收支持债券是以特定的税收来源为本息偿还提供保证的，即这类债券的还款税源存在某种限制，比如限制税收来源仅限于某些税种或限制税率不得高于某个水平等。由于普通市政债券还款来源的多样性，或至少是包括普通税收和特别费用等作为来源，因此有时也将普通市政债券称为双管证券（Double-barreled Security）。

（2）拨款支持债券。

拨款支持债券（Appropriation-backed Obligations）是指以发行人的道义和拨款程序为支持的一类市政债券，这些债券不一定与政府的税收直接联系，但有关这些债务款项的使用和拨款必须已经得到法定机构的认可和批准。如在债券发行时，规定在本息偿还来源不足时，可以动用政府的拨款，但是否拨款取决于立法机构能否批准。"可以"动用政府的拨款并不意味着"一定"拨款，因此，拨款本身只是道义上的，而不是法定义务。之所以设置这一条款，目的是提升发行者的信用水平，但能否实现拨款却依赖于政府的尽力而为。尽管政府虽并不保证债务的清偿，但若政府违约，政府的信用将受到不利影响，因此这类债券也被称为道义债券（Moral Obligation Bonds）。

（3）政府担保的市政债券。

政府担保的市政债券（Debt Obligations Supported by Public Credit Enhancement Programs），又称为公共信用强化机构支持债券。这是相对于前面拨款支持债券而言的。由于拨款支持债券的信用仅仅是依赖政府的努力，因此该类债券有一定风险。为了增强市政债券的信用，可以由某些公共信用强化机构，如州或联邦机构保证还款为条件发行债券，这种保证是可以强制执行且具有法律约束力的。由州政府来担保可以采取多种形式，其中一种是授予州长在债券偿还发生困难时可以动用援助基金的权力。在美国，市政债券中有一些属于学校发行的债券，为了提升这些债券的资信水平，有必要设置政府担保条款。若学校无力偿还债务，法律要求州长或者州财政长官动用援助基金。如南卡罗莱纳州就规定其州财政必须预留部分款项以支付某些无法还款的学区债券。

2. 收益债券

收益债券（Revenue Bonds）是以某些特定项目的收益为支持发行的债券，这些项目可能是由该笔债券资金资助的，也可能不是由该债券资助却被指定其收入将用于偿还债券持有人的。收益债券可以根据融资类型的来源划分为公用设施收益债券、交通收益债券、住房收益债券、高等教育收益债券、医疗收益债券、体育设施收益债券、会议中心收益债券、港口收益债券等。收益债券的信用等级主要依赖于项目本身的现金收入状况。值得注意的是，如果指定项目的收益来源不足以清偿债务，这类债券将面临无法收回本息的风险。

3. 特殊债券

特殊债券主要包括被保险债券和被保障债券。

被保险债券（Insured Bonds）是一类以商业保险公司保证到期时支付债权人未清偿债务部分的债券。即该类债券的偿还保障，除了来自发行者的收入能力之外，还有来自保险公司的保险，保险公司的偿还保险保证提升了市政债券的信用水平。如果发行者的收入不足以满足债券本息偿还，保险公司就要履行职责，替发行者补足。债券一经保险公司保险，保险公司就必须承担可能的义务，保险期就要自动延长至债券整个期限，保险公司中途不能要求发行人退保。因此被保险债券是将保险和债券有机相结合的一种混合型债券（Hybrid Bonds），其最大的特征就是债券的最后清偿是以商业保险公司的理赔为保证。

被保障债券（Prefunded Bonds）又称为事先再融资债券。其含义是将已发行的以税收或项目收益作为保证的市政债券，转化为以美国国债的现金流作为还款保证的债券，这就相当于为市政债券提前找到了还款来源，从而转化为被保障债券。例如，某市政府发行了面值为100万美元的收益债券，发行期限为10年，息票利率为5%，每半年付息一次，这样该市财政每半年需要支付2.5万美元的利息，且在第10年末需要支付100万美元的本金。而若该市政府在5年后买入并持有美国国债的组合，并使得该组合未来的现金流刚好与支付该收益债券未来5年的现金流相吻合，发行者把这些国债交由投资者信任的机构保管，此时原来的收益债券就转化成了以国债的现金流作为偿还保证的债券。不过，受保障的市政债券的风险极低，由美国国债来保障，基本就可以认为是无风险的。

4. 市政衍生证券

市政衍生证券（Municipal Derivative Securities）是以市政债券为基础，通过对市政债券的现金流量进行分割而形成的。被分割的市政债券可以是新发行的，也可以是过去发行的。现金流量分割后会形成多种层次的债券，这些债券的到期收益率会有很大的差别，而价格风险状况也存在很大的不同。

市政衍生证券的一个例子是市政剥离证券（Municipal Strip），这种证券类似于国债的剥离证券。

剥离市政债券的本金和利息等现金流分离成不同的组分销售，不同的组分在期限、利率等方面与基础市政债券完全不同，可以上市交易。因此通过对市政债券的剥离，可以产生不同期限的零息债券，这就满足了不同投资者对零息债券的需求。

3.1.5 公司债券

公司债券是在清偿顺序上先于优先股和普通股的一种资金融通形式，有广义和狭义之分。广义公司债券包括各类公司发行的债务工具，而狭义的公司债券则单指上市公司发行的债券。公司债券的特征就是保证按规定的时间和条件向债券持有人支付利息和偿还本金，债券上载有发行单位、面额、利率、利息支付方式、偿还期等内容。如果债券的发行者到期不能支付利息或偿还本金，那么就会构成法律上的违约，投资者可以依据法律的裁决获得利益的补偿。

发行公司债券对发行者而言，至少具备三个方面的优势。一是债务成本相对稳定。因为债务资本成本事先约定，一般到期之前不会变动，因此对企业的影响是固定的。只要企业能有效经营，使资产回报率超过债务资本成本，就可获得较多的财务杠杆利益。若考虑税收抵冲作用，对企业更为有利。二是不分散投票权。债务资本的使用，使股东对企业保持更大的资本控制权，不必担心因资本增加导致表决权被稀释。三是资本结构较灵活。借款的期限可长可短，一般中长期债务除可根据每期发行时的市场收益率相应调整外，还可附加提前收回条款。不过发行公司债券对企业也有一定的不足之处，主要表现在两个方面：一是债务超过一定规模后，使资本成本整体上升，加大了经营风险和财务风险，导致企业破产和最后清理；二是企业发行债券通常需要资产担保，且债权人须提出限制性条款，约束企业的经营和融资的灵活性，这可能降低企业获取每股利益最大化的能力。同时，由于企业面临的未来经营环境存在着不确定性，在企业未来债券的付息和还款期间内，预期投资项目的收益率可能下降，或者企业可以从市场上以更低的成本获得融资，或者通货膨胀率低于预期，都可能影响企业的债务成本和企业的价值。

公司债券根据其发行者的不同可以划分为四个类别，即公用事业债、交通通信债、产业公司债、金融机构债；按照债券期限可分为中长期债券和商业票据；按照债券的种类可分为普通债券、由非联邦机构发行的抵押担保债券和资产担保债券等。本书以债券期限的划分类别对公司债券进行简单介绍。

1. 商业票据

商业票据（Commercial Papers）属于无保证的期票，通常的期限是 270 天以下，最普通的商业票据期限在 50 天以下，一般不带息票。根据 1933 年美国的证券法，证券应该在美国证券交易委员会注册，而发行的证券偿还期只要小于 270 天，就可以免于注册，这也是为什么商业票据的期限通常在 270 天以下的原因。正是由于商业票据的偿还期较短，企业为了偿还未到期的商业票据通常会通过再次发行新的商业票据来偿还，这一过程即所谓滚动负债（Rolling Over）。若企业无法成功再发行，则可能会面临偿债违约的风险，因此为了保护投资者不受滚动负债的影响，企业在发行商业票据时常常会通过取得银行的授信额度等作为担保。商业票据的流动性比较差，投资者通常是持有商业票据至到期，投资者也可以在商业票据到期之前到银行贴现，而贴现银行也可以向其他金融机构转让商业票据（称为转贴现）或向中央银行申请再贴现。由公司自己来发行的商业票据称为直接票据（Direct Paper），这类发行者大多是银行等大的金融公司，本身就有很完善的市场网络和很强的销售能力，直接发行商业票据可以节省销售费用；商业票据也可以通过中介机构代理发行，这类商业票据称为做市商票据（Dealer Paper），该发行方式可以利用做市商的网络扩大销售能力。商业票据与其他债券一样，也需要进行评级，美国著名的资信评定机构对商业票据进行级别评定标准的具体情况如表 3.2 所示。

表 3.2   商业票据的信用级别

类别	穆迪	标准普尔
投资级别	P1	A-1+
		A-1
	P2	A-2
	P3	A-3
非投资级别	NP（Not Prime）	B
		C
违约		D

资料来源：Mitchell A.Post, The evolution of the U.S. commercial paper market since 1980,Federal Reserve Bulletin,Dec,1992,p.882。

2．中长期债券

中期债券（Medium-term Notes，MTN）最初发行的目的是为了填补商业票据与长期债券之间的空当。发展至今，中期债券的主要特征已经不是期限，而是通过美国证券与交易委员会第 415 规则注册，并以上架注册（Shelf Registration）方式连续发行。这种发行方式一方面使融资方在发行期限上有一定的灵活性，为投资者带来更多选择，中期债券的期限可以覆盖 9 个月、1 年、1 年半、2 年直到 30 年甚至更长，比如 1993 年 7 月迪士尼公司发行的中期债券的期限长达 100 年；另一方面中期债券的发行者可以相对灵活地设计债券以满足自身的需求，比如利率可以固定或浮动，支付的利息货币可以是美元、欧元或其他国家货币。

长期债券是我们通常认为的普通债券，比如前面的债券分类中对在期限、利率、回购条款等方面的划分的标准，实际都是针对长期债券的，这里不再具体表述。

3．中期结构债券

传统的中期债券是不含赎回权且无保护的固定利率债券，但中期债券通过与其他金融工具相结合，就可以创新形成越来越复杂的结构和形式，比如在利率上，已经不再完全是固定利率，可以是浮动利率、利率上限和利率下限等票面利率的创新品种。中期结构债券（Structured Medium-termed Notes）是指债券的发行人在发行债券的同时，参与金融衍生工具市场的交易，通过互换等将债券变得更加符合某些投资者的要求，特别是满足那些被禁止从事衍生交易的投资者，如养老基金公司等。比如将债券利率与股票指数相结合，就能使债券投资者将其收益与股票市场结合起来，从而绕过某些投资者不能投资于股票的限制。同样，将国外的股票指数、商品指数、货币汇率等与债券利率相结合，也能达到类似的效果。

对于公司债券而言，能否按期还本付息是债券能否顺利发行的关键，而债券是否有保证则是影响债券信用高低的一个重要因素。通常公司债券可以分为信用债券、抵押债券、质押债券和担保债券等。其中信用债券又称为无保证债券，即不需要提供任何形式的保证，仅凭发行者的信用而发行的债券，发行人一般是质信比较高、信誉比较好的大公司；抵押债券通常是由发行人使用土地、房屋、设备等不动产作为抵押保证物而发行的债券，若债券发行人到期不能偿还债券本息，则债券投资者要求抵押品的受托人处置抵押品以补偿损失；质押债券是发行人以其持有的其他公司的股权或债权作为质押来作为本息偿还的保证发行的债券，质押债券同样需要第三方托管；担保债券是由第三方对发行人发行的债券进行担保而发行的债券，通常担保人的信用级别会高于发行人，当发行人不能按期偿还本息时，担保人需要承担连带责任，因此担保债券的信用风险不仅依赖于发行人自身的财务状况，也取决于担保人的财务状况，在中国证券市场上，上市公司霞客环保（002015.SZ）曾因担保人财务危机而被冠以 ST。

3.1.6 资产支持证券

资产支持证券在狭义上是指，以不包括住房贷款的其他资产为依托而发行的证券。这些资产包括消费贷款、商业贷款、各类应收账款、信用卡余额等。资产证券化是固定收益证券市场中非常重要的创新。

企业选择资产证券化的原因是多方面的，主要表现在以下两个方面：一是低信用级别的公司往往财务状况不佳，申请银行贷款或在市场上直接发行债券成功的可能性比较低，或者即使成功也会面临着较高的财务成本。但如果公司把一块优质的资产单独进行出售并与公司其他资产隔离，则该资产由于能获得较高的现金流预期，风险相对较小，就能以比较低的成本获得融资。举例而言，一家财务状况不佳的公司，整体信用评级结果为 BB 级，若以整个公司作为主体发行债券的成本会比较高，但公司全资持有的一个子公司的发展前景很好，产品即将投入市场且未来盈利能力可观，此时该公司可以以该子公司资产为依托，把资产生成的现金流证券化，由于该子公司的现金流比较充裕，以这一现金流支撑的证券的信用级别就比较高，融资成本会比较低。相对于以整个公司作为融资主体的低信用融资，资产证券化极大降低了融资成本。二是证券的流动性优于一般资产的流动性，证券交易市场的存在降低了证券的流动性风险，也使得投资者对持有证券的到期收益率预期下降，这就进一步降低了融资成本。通常在进行资产证券化之前，发行人会对资产池进行信用增级，主要有内部增级和外部增级两种，这部分内容将在资产证券化章节中详细介绍。

3.2 我国的固定收益证券市场

债券市场是债券交易者接触形式和连接渠道的总称，是包含了各类债券品种和交易方式，并由交易者、投资者、融资者、各类中介服务机构和市场监管者共同参与的金融市场。债券市场可分为发行市场和交易市场。

3.2.1 债券发行市场

我国债券一级市场始于 1981 年的国债恢复发行，二级市场始于 1988 年国债流通转让试点。经过三十多年的发展，我国债券市场已初具规模，到目前为止，大致经历了 3 个发展阶段，如表 3.3 所示。

表 3.3　　　　　　　　　　　　我国债券市场的发展历程

阶段	时期	特征	简述
第一阶段	1981—1991 年	场外交易	1981 年国库券恢复发行，主要采用行政摊派的方式，且不允许流通，投资者必须持有国库券到期，滋生了黑市交易。1985 年，允许单位购买的国库券在银行抵押贷款，个人持有的国库券可以在银行贴现。1988 年 4 月，国债流通试点放开，2 个月后试点城市扩大到 60 个，场外流通市场正式形成
第二阶段	1991—2000 年	场内交易为主	1990—1991 年上海和深圳证券交易所的成立促成场外交易向场内交易转移，同时 1992 年起全国兴起多个场外交易机构，由于监管不力违规频发，在 327 国债风波后陆续关闭，此后国债和企业债均在交易所发行流通
第三阶段	2000 年至今	场外交易为主	1997 年，商业银行从交易所市场分离，组成"银行间债券市场"。到 2000 年，随着市场准入条件的放宽，非银行金融机构、非金融机构允许进入该市场，打破了以商业银行单一交易主体的格局，债券交易量放大。2001 年，银行间债券市场超越交易所债券市场。目前，银行间债券市场的交易规模约为交易所的 9 倍。在 2002 年，开办了商业银行柜台交易市场，吸引个人投资者投资国债；2007 年 7 月，上交所成立了固定收益证券电子交易平台，市场得以进一步完善

1. 发行市场

债券发行是指各类发行人按照一定的发行程序向投资者出售新债券的活动。债券发行市场是涉及债券发行活动中形成的交易市场，是新债券首次上市的市场，也被称为初级市场或一级市场。发行市场是交易市场的源头，适当的发行规模也是维持市场存量的重要前提。此外，发行市场价格对交易市场价格有很大影响。三十多年来，我国债券一级市场从无到有，无论是发行规模还是发行品种，都有了长足发展，发行管理制度也趋于完善。

发行市场由发行人、投资者、承销商、各类服务商和监管者构成。发行人作为融资方，通过发行债券完成筹资活动，其目标是尽量以较低的成本，在合适的时机尽快完成融资计划。发行人包括中央政府、地方政府、中央银行、政策性银行、商业银行、各类公司等。投资者则根据债券风险收益特征，结合自身的风险偏好，进行债券投资决策。不过需要注意的是，债券发行市场对投资者准入设置有一定的限制，依据券种的不同有所区别。承销商通过承销债券协助发行人完成融资计划，并收取承销费，同时在交易所市场上从事经纪业务。各类服务机构在发行中通过提供一些必要的辅助服务（如会计、法律、信用评级、资产评估等），使债券发行合法合规，并获取相应报酬。监管者审核、管理债券发行活动，使之符合法律法规的要求。目前市场上的监管者主要有两类，即政府机构与自律性组织，前者包括中国人民银行、财政部、证监会、发改委等，后者主要包括上交所、深交所、中央国债登记结算公司、交易商协会、中国证券业协会等。

国债是一国债券市场中的主要产品，从推出国债的周期和时间安排看，各国国债发行主要有三种模式，分别是定期、不定期和常日模式，这三种模式的发行时间和优缺点如表 3.4 所示。另外，我国国债发行规模实行的是年度额度管理制度，即下一年度国债发行计划，通常是在上一年第 4 季度编制。相关计划将作为国家预算的一部分上报国务院，由国务院在下一年 3 月的全国人大会议上提请审议。

表 3.4　　　　　　　　　　　　　国债发行的周期和时间安排

模式	发行时间	优点	缺点
定期	有固定可循的规律	有助于投资者准确地预期国债的销售情况，形成承受政府债的习惯性心理	政府缺乏时间选择的灵活性
不定期	政府根据市场行情和政府财政状况的变化而定，没有具体的时间表	有利于政府灵活把握国债的发行时间和发行时机	投资者缺乏准确的预期
常日	每日都在金融市场上供应，随时发售，不受其他条件的改变	发行灵活，交易相对方便	适用范围非常狭窄，只有储蓄债券采用该形式

2. 债券发行方式

债券发行方式是指新债券通过什么样的渠道销售到投资者手中。新债券的发行有"直接发行"方式（发行人直接向投资者销售新债券）、"代销"方式（发行人委托代销者销售债券，未销售余额可退回发行人）、"承购包销"方式（发行人通过与一组承销商签订债券销售合同，再由后者转卖给其他投资者。未销售部分不能退还发行人，只能由承销商认购）、"招标发行"方式和"簿记建档"方式。第二和第三种发行方式的债券价格由发行人与承销商协商而定，最后两种发行方式的债券价格通过一定程度的公开竞价过程来确定。最后两种发行方式在价格形成的市场化程度和信息透明度方面较高，也是我国目前债券发行的主流方式，这里主要介绍这两种方式。

（1）招标发行。

招标发行是通过公开竞标，以拍卖的形式发行债券的方式。取得一定资格的投标人在竞标中报出投标债券的价格和数量，招标人按照价格高低排序，最终确定各个投标人中标债券的价格和数量。

投标人必须在竞标中报出数量与价格。报出的价格被称为"投标标的"，可以采取"数量"形式、"价格"形式、"利率"形式、"收益率"形式和"利差"形式。这些报价的方式对应着"数量招标"（价格已经事先确定，投标人只能报出投标的数量）、"价格招标"（招标人已经规定了债券票面利率，投标人只能投标债券价格）、"利率招标"（投标人报出债券的票面利率）、"收益率招标"（投标人对零息债券的年收益率进行投标）、"利差招标"（投标人对浮动利率债券的利差进行报价）等不同投标方式。

招标人接到投标信息后，按照"价格优先"的原则确立债券分配顺序，具体表现为：如报价标的是价格，则报价比较高的投标人优先分配债券，报价比较低的投标人后分配债券；如报价标的是利率、收益率和利差，则报价低的投标人优先分配债券，报价比较高的投标人后分配债券。就中标的价格而言，有 3 种不同的招标方式，分别是多价式招标（美国式招标）、一价式招标（荷兰式招标）和混合式招标。

我国于 1996 年和 1998 年分别在记账式国债和政策性金融债券的发行中引入招标发行方式，目前记账式国债、政策性金融债券和央行票据全面实行招标发行。在国债发行中，采取发行人向国债一级承销商招标发行，然后由一级承销商向市场其他参与者分销其所中标债券的模式。只有国债一级承销商才有权参加记账式国债的招标活动，其他投资者要想购买记账式国债，只能从中标的一级国债承销商那里分销一部分记账式国债。

在我国，国债招标通过财政部"国债发行招投标系统"进行。金融债券和央行票据的招标发行通过人民银行的"债券发行系统"进行。两个系统都由"中央结算公司"进行维护，有"中心端"和"客户端"。投标人一般通过客户端远程投标。各投标人投标时需要报出欲购买债券的价格（利率或者利差）和数量。

以记账式国债为例，招标发行的大致流程是公布国债发行计划→招标投标，公布投标结果→发行期分销→二级市场交易。

目前的招标方式主要有 3 种，分别是多价式招标、一价式招标和混合式招标。在 3.1.1 节中曾简单描述前两种招标方式的相关概念，这里进行详细分析。

多价式招标，即招标人根据不同的竞标价格确定各个投标人的中标价格的方法，也称为美国式招标。当招标标的为利率或者利差时，全场加权平均利率（利差）为当前招标债券的票面利率（利差），各中标人按照各自中标的标位利率（利差）与票面利率（利差）折算的价格成交；当招标标的为价格时，全场加权平均中标价格为当前招标债券的发行价格，中标人按照各自的中标价格承销。

一价式招标，即所有投标人按照统一的中标价格确定中标的方法，也称为荷兰式招标。当招标标的为利率或者利差时，最高投标利率或者利差为当期债券的票面利率或利差，中标人按照债券面值承销；当招标标的为价格时，最低中标价格为当期债券的发行价格，中标人则按照这个发行价格承销。

混合式招标，即在不同的投标价格区间分别采用一价式招标和多价式招标的招标方式。当招标标的为利率或者利差时，全场加权平均利率（利差）为当前招标债券的票面利率（利差），等于或者低于票面利率的标位按照面值承销，高于票面利率一定范围内的标位按照各自中标的标位利率（利差）与票面利率（利差）折算的价格成交，高于票面利率一定范围外的标位落标；当招标标的为价格时，全场加权平均中标价格为当前招标债券的发行价格，高于或者等于这个发行价格的价位按照发行价格承销，低于发行价格一定范围内的价位按照各自中标价格承销，低于发行价格一定范围以外的标位落标。

三个招标方式各有优缺点。多价式招标的优势是每个投标人独自对自己的投标价格负责，不能转移风险，促使其严格参照二级市场价格审慎投标，有利于发行市场与二级市场的价格联动；不足是由于害怕"赢者诅咒"现象，投标人有可能消极投标（尽量压低价格，减少数量），从而使得结果不利于发行人。一价式招标的规则使得投标者不对自己的价格负责，鼓励了高价投标行为，从而抬高了整体中标价格，不利于全体投标者的整体利益，但有利于发行人。混合招标在不同的价格区域，兼有两种招标方式的优缺点。

【例 3.1】某国债采取招标竞价的方式发行，招标方式为多价式招标，招标标的为价格，发行的期限为 3 个月，发行量为 200 亿元，付息方式为贴现发行。假设共有 8 家机构参与投标，它们的投标情况如表 3.5 所示。

由表 3.5 可知，在投标机构 F 的 99.1 的价位上，200 亿元的招标国债已经全部分配完毕，投标机构 A、B、C、D、E 以其投标量全部中标，投标机构 F 部分中标（投标量 60，中标 25），投标机构 G 和 H 落标。中标的投标人分别按照各自的中标价格购买国债。因此，在多重价格招标情况下，本次国债的发行价格为中标机构以中标量为权重的加权平均中标价格，即

表 3.5   8 家投标机构的投票情况

投标人	投标价格（元/百元面值）	投标量（亿元）	多重价格招标		单一价格招标	
			中标量（亿元）	中标价格	中标量（亿元）	中标价格
A	99.6	25	25	99.6	25	99.1
B	99.5	30	30	99.5	30	99.1
C	99.4	35	35	99.4	35	99.1
D	99.3	45	45	99.3	45	99.1
E	99.2	40	40	99.2	40	99.1
F	99.1	60	25	99.1	25	99.1
G	99.0	20				
H	89.9	50				
发行价格			99.337		99.1	

$$发行价格 = \frac{25}{200} \times 99.6 + \frac{30}{200} \times 99.5 + \frac{35}{200} \times 99.4 + \frac{45}{200} \times 99.3 + \frac{40}{200} \times 99.2 + \frac{25}{200} \times 99.1 = 99.34 \ （元）$$

以 99.34 元为基准，凡是投标价格低于这个价格的机构（D、E、F 三家机构），由于按照其原来投标价格交款，因此均获得利益，而高于该价格的投标者（A、B、C 三家机构）均会遭受亏损。而若其他条件均不变，该国债采用一价式招标，8 家投标机构的报价情况与多价式招标下一致，则中标情况仍然与多价式招标下的结果一致，但不同的是，按照一价式招标的规则，以最低中标价格作为当前债券的发行价格，本次国债的发行价格为 99.1 元，中标的 6 个机构均按该价格购买国债。

（2）簿记建档。

簿记建档是指发行人和主承销商协商确定利率（价格）区间后，承销团成员/投资人发出申购订单，由簿记管理人记录承销团成员/投资人认购债券融资工具利率（价格）及数量意愿，按约定的定价和配售方式确定最终发行利率（价格）并进行配售的债券发行方式。

簿记建档的参与方包括发行人、簿记管理人、主承销商、承销团成员及其投资人。

发行人为采用簿记建档方式发行债券的企业。

簿记管理人是受发行人委托，负责簿记建档具体运作的主承销商。其职责是：确定簿记建档发行流程；选定簿记场所并维护簿记现场秩序；记录承销团成员申购的利率（价格）及数量意愿；进行债务融资工具定价和配售；完整记录簿记建档过程，并对簿记建档过程中做出各重要事项的决策进行说明；组织开展簿记建档信息披露。

主承销商是组建承销团，向承销团成员及意向投资人进行询价，并参与簿记建档利率（价格）区间的确定、申购、配售/分销、缴款工作的金融机构。

承销团成员是按照簿记建档发行安排和相关协议约定，参与簿记建档发行的参团、询价、申购、分销、缴款工作的金融机构。

投资人主要包括个人或机构投资者。

根据中国银行间市场交易商协会"非金融企业债务融资工具簿记建档发行规范指引" 14 号文件

规定，簿记建档的大致流程由 5 个部分构成。首先是有关企业通过主承销商向有关管理层提出融资申请，经簿记管理人向意向投资者询价以后，由簿记管理人与主承销商确定发行利率区间，接受投资者发送的申购订单，然后根据申购订单确定发行利率。即发行人和主承销商向交易商协会提交"发行方案"→簿记管理人向承销团成员/意向投资人询价→簿记管理人与主承销商协商确定簿记建档利率（价格）区间，并向市场公布→投资人/承销团成员发送申购订单，簿记管理人接受订单，并录入簿记计算程序→簿记管理人按照"发行方案"的要求确定发行利率，组织配售。

　　3. 发行市场的变革

　　在欧美发达国家债券市场上，"预发行交易制度""国债滚动发行制度""私募发行"等发行制度得到普遍运用，我国也进行了积极的尝试，近年来这 3 项改革对于提高债券发行效率、促进债券市场功能的完善起到了积极作用。

　　（1）预发行交易。

　　预发行交易（When-Issued Trading，WI）是指债券在发行公告后、正式招标发行前，市场对该债券进行买卖，并在未来某一天进行资金与债券交割的行为。预发行交易在开标日前一两周就向市场公开招标公告，并在债券上市日结束。美国、英国、法国等发达债券市场以及我国台湾地区均存在债券预发行交易制度。

　　预发行交易的优势：发行人根据预发行交易市场所揭示的价格信息预测发行利率，减少招标过程中的不确定性，使预计利率水平更贴近市场；同时投资者可以在参考预发行价格的基础上进行理性投标。

　　预发行交易的风险：预发行交易是一种期限较短的远期交易，具有远期交易固有的风险。由于交纳了保证金就可以开展预售交易，所以放大了财务杠杆。一旦行情预测有偏差，投资者将遭受损失。

　　引入预发行交易制度，在招标之前通过预发行交易产生的价格，能更加准确地预示其招标结果，有助于新债发行的定价；同时有助于提高承销商和投资者认购债券的积极性和理性，还有助于提高一级市场和二级市场的流动性。

　　2013 年 9 月 27 日，《上海证券交易所、中国证券登记结算有限责任公司国债预发行（试点）交易及登记结算业务办法》正式对外公布，标志着我国开始实施国债预发行制度。此次推出的国债预发行在交易规则设计上，采用集中竞价、净额结算制度；在风险控制措施上，采用投资者适当性管理、引入价格区间控制、限定市场规模上限、实行保证金制度和充分的信息披露等多种举措，强化对国债预发行业务的风险控制。2013 年 10 月 10 日，国债预发行交易在上海证券交易所正式推出。2014 年 7 月 18 日，根据财政部、中国人民银行和中国证券监督管理委员会《关于关键期限国债开展预发行试点的通知》（财库〔2014〕72 号），国债预发行券种由 7 年期记账式国债扩大至全部关键期限记账式国债（1 年期、3 年期、5 年期、7 年期、10 年期），规定自 2014 年 7 月 31 日起开展这些全部关键期限国债的预发行交易，并对这些关键期限国债的预发行交易采用利率招标和价格招标的证券代码，同时规定了各关键期限国债预发行交易的履约保证金比例，1 年期、3 年期、5 年期、7 年期、10 年期关键期限国债的履约保证金比例分别为 1%、2%、3%、4%、5%。我国国债预发行的制度逐步完善。

（2）国债滚动发行。

国债滚动发行制度是在 1 年中的固定时间段发行关键期限国债的制度。滚动发行制度的好处是降低发行成本，稳定投资预期，减少债券碎片（没有发行规律的债券品种，如某年发行过一次某个期限的债券，但随后很长时间不再发行此类债券），增大关键期限国债券种存量，提高国债市场流动性。欧美发达国家普遍采用滚动发行制度，如根据美国国债的固定发行表，2 年期和 5 年期的国债为每个月发行一次，3 年期国债于 2 月、5 月、8 月发行，10 年期和 30 年期国债于 2 月、5 月、8 月和 11 月发行。

我国于 1996 年开始实际国债滚动发行制度，目前我国滚动发行的关键期限国债为 1 年期、3 年期、5 年期、7 年期、10 年期的国债，1 年以下的国债和 10 年以上的国债还未实行滚动发行，滚动发行的国债品种仍有待扩展。另外，与美国等发达国家相比，我国的滚动发行制度"固定性"还不强，有时存在中途调整发行计划的现象。

（3）私募发行。

2012 年 5 月，我国部分中小企业开始私募发行债券，主要依据《上海证券交易所中小企业私募债券业务试点办法》和《深圳证券交易所中小企业私募债券业务试点办法》的要求，而此前我国债券一直是公募发行。目前我国债券私募发行的主要特点可以概括为"三个限定，两个宽松"。

发行人限定：发行人必须符合有关部门规定的"中小企业"标准。

投资人限定：注册资本不低于 1 000 万元的机构投资者和资产在 500 万元以上、有两年以上证券投资经历的个人投资者。

转让渠道限定：只能在特定的渠道和范围内转让。私募债券的转让渠道有两个。一是在上海证券交易所的"固定收益平台"和深圳证券交易所的"协议转让系统"转让，二是在证券公司的柜台转让。每个私募债券的持有者数量不超过 200 个。

发行利率宽松：票面利率不得高于与债券同期限的银行贷款利率的 3 倍。如发行 1 年期的私募债券时，假如银行 1 年期的贷款利率为 4%，则该债券票面利率最高不得超过 12%。相对于其他债券，这个规定相对宽松。

发债条件宽松：发行管理实行备案制度，即私募债券发行前，由承销商将发行材料报送交易所备案，后者在 10 个工作日内完成备案并出具"备案通知书"后，发行人就可以发行债券。

3.2.2　交易市场

债券交易市场是指已经发行的债券的流通交易场所，也称为二级市场。交易市场为债券卖方提供变现的机会，为债券买方提供投资的渠道。如果没有交易市场，债券发行活动就会受到制约，发行市场就会萎缩甚至停顿。交易市场由各类交易者、中介服务机构以及市场监管者构成。

传统上，交易市场按照不同的市场组织方式分为场内市场和场外市场。但在电子债券时代，场内市场与场外市场的界限变得模糊。场内市场是指存在一个物理场所，即证券交易所，为交易者提供交易指令撮合服务以及交易后的结算服务。场外市场是由分散在各地的交易者以直接议价的方式进行债券交易的市场，交易后的结算由交易者自己独立完成。场内市场采用标准化的集中交易的方式，场外市场采用比较灵活的分散交易的方式，两者的区别如表 3.6 所示。

在我国，交易所市场属于场内交易市场，银行间市场（以及作为其延伸的银行柜台市场）属于场外市场，上海证券交易所的"固定收益平台"属于具备部分场内市场性质的场外市场。

表 3.6 场内交易与场外交易的区别

	交易场所	交易对象	交易方式	交易制度
场内交易	交易所内	交易对象必须是交易所上市的证券	客户必须委托经纪人才能进行证券交易	实行竞价制度。当双方价格匹配后自动成交
场外交易	在交易所以外，通过信息网络进行	交易对象不确定	客户可以委托经纪人或自己直接进行交易	价格由交易者自行协商确定

目前，我国债券执行现货交易，且采取先托管、后交易的原则，债券卖出前必须先将债券托管在中央国债登记结算公司沪深证券交易所的名下后才能交易。我国债券交易市场的结构是"两个类型，四个场所"。"两个类型"是指交易市场分为名义上的场内市场和场外市场。场内市场包括上海证券交易所和深圳证券交易所，市场参与者既有机构也有个人，属于批发和零售混合的场内市场。场外市场包括银行间债券市场和商业银行国债柜台市场。前者的参与者限定为机构，属于场外债券批发市场；后者的参与者限定为个人，属于场外债券零售市场，是场内批发市场的延伸。从市场规模看，绝大多数交易发生在场外市场，场内市场占比很小。从场内市场交易量来看，上海证券交易所占有绝对优势。交易市场上各类投资者参与的市场类型以及不同的结算方式如表 3.7 所示。

表 3.7 交易市场的交易者、交易场所与清算机构

交易者		交易场所	清算结算机构
特殊机构	中央银行	银行间市场	中央结算公司
	政策性银行	银行间市场	中央结算公司
商业银行	全国性商业银行	交易所市场和银行间市场	中央结算公司
	外资银行	银行间市场	中央结算公司
	城市商业银行		
	农村商业银行		
	农村合作银行		
	村镇银行		
	其他		
	信用社		
	邮储银行	交易所市场和银行间市场	中央结算公司和中国结算公司
	非银行金融机构	交易所市场和银行间市场	中央结算公司和中国结算公司
	非金融机构	交易所市场、银行间市场、银行柜台市场	中央结算公司、中国结算公司和商业银行
	个人投资者	交易所市场和银行柜台市场	中央结算公司、中国结算公司、商业银行柜台和证券公司柜台

（1）银行间市场。银行间市场是由各类机构投资者参与的，依托电子交易系统和托管结算系统，遵循一定管理规则的场外债券交易市场。机构投资者在备案制下，履行必要手续后可作为市场成员进行债券交易。在银行间市场上，交易者借助计算机技术与通信网络完成交易活动，主要依靠交易

系统（分为交易前台操作和中后台操作系统）、托管系统和资金清算系统三个系统来实现交易。目前三个系统已经实现了相互连接，银行间债券市场的交易、结算实现了自动化的直通式处理，提高了业务处理效率。

（2）交易所市场。交易所市场是指上海证券交易所和深圳证券交易所。市场交易者是除了商业银行以外的机构和个人。交易所市场买卖的债券品种是国债、企业债券、公司债券、可转换债券、资产证券化产品等。投资者（经过必要手续与审核后）通过证券公司在中国证券登记结算公司开立证券账户与资金账户后，即可参与债券交易。上海证券交易所债券交易量与托管量远远大于深圳证券交易所。以上海证券交易所为例，上海证券交易所提供 3 个债券交易系统，分别是"集中竞价交易系统""大宗交易系统"和"固定收益平台"，投资者可以利用 3 个系统中的任何一个开展债券交易。目前，交易所债券市场交易的电子化程度比较高，交易结算机制多样化，支持净额结算，也支持逐笔结算，并有询价机制，交易价格比较连续，有利于形成比较完整的国债收益率曲线，同时形成的市场价格也比较客观。相对于银行间债券市场，交易费率相对较低，这有利于提升交易所市场未来的地位。

交易所的债券现货交易，主要有以下规定：一是实行净价交易，当日买入的债券当日可以卖出，即执行的是 T+0 的交易制度；交易单位为手，人民币 1 000 元面值债券为 1 手；计价单位为每百元面值债券的价格；申报价格最小变动单位为 0.01 元；申报数量为 1 手或整数倍，单笔申报最大数量不超过 1 万手；申报价格限制按照交易规则的规定执行。交易的开盘价是由当日该债券集合竞价产生的价格；集合竞价不能产生开盘价，连续竞价中的第一笔成交价为开盘价。而交易的收盘价为当日该债券最后一笔成交前一分钟所有成交价的加权平均价（如同一主体间的交易，只计最后一笔成交）。当日无成交的，以前一交易日的收盘价为当日收盘价。

（3）银行柜台市场。该市场是面向个人投资者的债券零售交易市场。在银行柜台市场上，银行营业网点对债券（记账式国债）报出买卖价格，个人投资者以此价格从报价银行处买进或者卖出债券，银行柜台市场是银行间市场的延伸。2002 年 6 月我国推出国债柜台市场交易，这一方面扩大了我国债券市场的投资者队伍，为社会公众投资者提供了投资理财的新渠道，另一方面延伸了银行间市场的交易深度。但在现实中，由于承办机构的数量少、交易品种单一、配套措施不完善等原因，柜台市场交易不活跃，成交量不大。

银行柜台市场上，国债分为可交易的国债和不可交易的国债两大类。前者为"记账式国债"，后者为"储蓄国债"。储蓄国债进一步分为"凭证式国债"和"电子式储蓄国债"。投资者在承办柜台业务的商业银行开立资金账户与债券账户后，可以该银行为交易对手买卖记账式国债；储蓄国债（包括凭证式与电子式）只在银行网点发行，不能进行二级市场交易（可提前兑付）。在柜台市场上，投资者购买的国债反映在银行内部的电子化记账系统中，该系统与中央结算公司的簿记系统联网，投资者可随时进行账务核对与查询。

目前，柜台市场上储蓄国债与记账式国债发行时的定价方式有所不同，前者的票面利率参照银行储蓄存款利率制定，后者的票面利率依据国债一级市场上的招标结果确定。这样容易出现同样剩余期限国债定价不一致的情况。储蓄国债尽管不能流通转让，但其发行时票面利率高于银行同期存款利率，并且利息收入免税，吸引了大量以长期持有为目的的散户投资者（以中老年人为主）；记账式国债尽管可以在市场上随时交易，但在多数时候的票面利率低于同期国债利率。

商业银行记账式国债柜台市场的报价采用做市商制度，即在开市交易时间内，不间断地向市场报出某些特定债券的买入、卖出价格及数量。针对同一国债，客户必须按照较高的价格买入，按照较低的价格卖出，其中的差额就是报价银行的收入。

我国承办记账式国债柜台交易业务的银行包括中国工商银行、中国农业银行、中国银行、中国建设银行、招商银行、北京银行、中国民生银行和南京银行。承办行在每个工作日上午 10 点之前报出各自国债的买入价和卖出价的交易信息。由于买卖价格是各家银行自主确定的，因此通常各家银行报出的价格会有所差异。

银行间市场、交易所市场、银行柜台市场是我国债券市场的有机组成部分，表 3.8 对三个子市场进行了比较分析。

表 3.8　　　　　　　　　　　　　　我国债券三个子交易市场的特点

交易场所	银行间市场	交易所市场	银行柜台市场
交易方式	询价	询价、竞价	做市商报价
清算方式	实时双边全额	日终多边净额	实时双边全额
交易平台	交易中心、OTC（双方自行询价）	上交所、深交所	银行柜台
结算体制	逐笔全额结算	日终净额结算	逐笔全额结算
清算平台	上海清算所	中国结算公司	银行柜台
结算平台	中央结算公司	中国结算公司	银行柜台
市场准入	所有机构投资者	个人、非银行机构投资者	个人、企业
清算速度	T+0，T+1	T+1	T+0
交易券种	国债、央票、金融债、企业债、公司债、中期票据、短期融资券、资产支持证券、美元债券	国债、企业债、公司债、资产受益凭证	国债（凭证式国债和记账式国债）
交易工具	现券买卖、回购、债券远期、债券借贷、远期利率协议、利率互换	现券买卖、质押式回购交易	现券买卖
发行主体	主要是财政部、政策性银行和普通企业	财政部和企业发行债券，政策性银行和金融机构不在交易所市场发行债券	财政部、政策性银行等
债券托管人	中央结算公司	直接在交易所托管	
交易方式	询价方式、自主完成债券结算和资金清算	撮合交易、自动完成债券交割和资金清算	银行柜台双边报价
交易主体	主要包括各类银行、非银行金融机构、个人（柜台）、企业、事业（委托代理行进入市场等）	非银行金融机构、非金融机构、个人等	在商业银行开户的个人和企业投资者

3.2.3　做市商制度与债券回购

1. 做市商制度

做市商制度是场外交易的核心制度之一。在以场外交易为主、交易不活跃、流动性比较差的债券市场上，健全的做市商制度对于提升市场流动性、促进市场公平合理价格的形成具有关键性的作用。

做市是指交易者对特定债券连续报出买价和卖价以及能够满足买卖价格的相应的债券交易数量，并对接受报价的其他交易者保证履行交易的行为。能够履行做市义务，并享受相应权利的特许交易商就是做市商。

债券市场是以场外交易为主的市场。债券交易主要集中在场外市场进行的主要原因有以下两个：一是以大宗交易为主的债券交易对流动性的要求很高，大额交易在交易所竞价交易模式下很难迅速找到对手方，且容易对价格造成冲击；二是债券市场的主要投资主体是机构投资者，具有更强烈的降低交易成本、保持一定匿名性的需求，而场内市场的信息披露和各种交易限制不能满足这种需求。

场外债券市场交易与做市商制度存在必然联系，做市商制度是场外市场的核心制度，对于维护场外市场有效运行具有非常重要的意义。

第一，做市商制度提升了市场流动性。做市商的存在可以迅速满足投资者的即时交易需求，而不用等待交易对手的出现，尤其在满足场外债券市场大额批发交易需求的能力方面，做市商制度表现出了很大的优势。另外，在满足价格连续性方面，做市商通过成为不同交易者的对手方，不断提供双边报价，进行债券买与卖，维持了市场上价格的连续性。

第二，做市商制度有助于债券合理价格的形成。对于同一只债券而言，在市场自由选择的前提下，如果通过做市商达到的交易占据主导地位，并且存在多家做市商互相竞争做市的局面，则市场上容易形成比较公平合理的价格水平。

2001 年 7 月，9 家金融机构成为银行间市场双边报价商，我国开始实施做市商制度。2004 年 7 月，人民银行将双边报价商更名为做市商，15 家金融机构成为首批做市商。2007 年人民银行公布《全国银行间债券市场做市商管理规定》，在银行间市场正式建立做市商制度。自 2004 年以来，银行间市场上部分活跃债券的流动性有了一定的提高。

2. 做市商的成本与收益

做市商的做市活动在获取收益的同时，也需要承担相应的成本与风险。当收益大于成本与风险时，做市商会积极做市，反之，则会消极做市。

做市成本主要由 3 部分组成，即指令处理成本、存货成本和信息不对称成本。

指令处理成本主要是指做市商在处理交易指令时所发生的成本，主要包括在填单、报单、清算、交割等环节所发生的费用。伴随着信息技术在金融领域的广泛运用，特别是在电子化和自动化的交易方式下，指令处理成本在整个做市成本中所占比重呈下降趋势。

存货成本主要指为满足做市需要而必须保持一定的证券和现金头寸所发生的成本，主要表现为库存证券价值变动引发的损失和持有现金头寸的机会成本。存货成本取决于未来证券价格和交易量的不确定性。

信息不对称成本主要是指在信息不对称的情况下，做市商与知情交易者进行交易时发生的成本。由于知情交易者拥有关于证券资产真实价值的私人信息，且具有是否与做市商交易的自主选择权，因此做市商在与知情交易者进行交易中处于不利地位，由此产生信息不对称成本。

做市的收益可以分为显性收益和隐性收益两类。

显性收益主要指通过债券的低买高卖来获取价差收入。在存在竞争的条件下，出于维护客户、扩大交易量的考虑，单位交易量的价差收入受到限制。

隐性收益是指做市商制度设计中享有的权利所带来的好处，如信息获取上的便利、业务的优先权或独享权、声誉的提升。在竞争非常充分，发展十分成熟的债券市场，隐性收益表现出更大的吸引力。

与发达国家相比，我国银行间市场做市商制度推出的时间比较晚，尽管在改善部分债券流动性方面取得了较大成绩，但还存在做市规模相对有限、做市商权利与义务不对等及做市商退出机制不通畅等问题，因此我国做市商制度还有待进一步完善。

3. 债券回购

回购即"出售/重新购回"的交易模式，自1918年美联储发起世界上最早的债券回购交易之后，回购已成为世界各国中央银行公开市场业务的主要工具，目前已演变为债券市场运用最为广泛的交易方式。回购交易在提高融资效率和资产流动性、增加投资收益、促进价格发现、提升市场信息透明度等方面具有不可替代的作用。当然，债券回购也会招致风险，同时回购交易由于涉及法律界定、会计与税收处理等问题也面临着一定的不确定性。

（1）债券回购的分类。

债券回购主要可以分为经典回购、买入返售、普通回购与特别回购、三方回购、固定托管回购、一揽子回购等。

经典回购。经典回购是指卖方将证券出售给买方，同时约定在未来卖方按照同样的价格从买方购回。合约签订后，卖方向买方支付证券并获取现金，合约到期后，卖方向买方支付现金加上回购利息，买方向卖方归还证券。计算利息的回购利率在回购合约中事先确定。先卖后买的一方被称为融资方、正回购方，先买后卖的一方被称为贷款方，逆回购方。

买入返售。买入返售是指卖方将证券出售给买方，同时约定在未来卖方按照较高的价格从买方购回。合约没有明确规定回购利率，它隐含在售回价格之中。

普通回购与特别回购。普通回购是不特别指定回购债券的回购，特别回购是特别指定回购债券的回购。由于特别回购指定的回购债券一般是热门的高质量债券，所以特别回购的利率比普通回购要低一些。我国目前尚未有此方面的划分。

三方回购。传统的回购由两方构成，而新兴的回购多为三方回购，即在正回购方和逆回购方之间有一个第三方机构。首先由正回购方和逆回购方经过谈判达成回购协议，然后通过第三方来进行债券和现金的交换。第三方机构通常设置独立账户保管回购的债券，并对回购的债券进行价值变动的评估及盯市。

固定托管回购。固定托管回购是指回购交易达成后，回购方不支付债券，而是将回购的债券放在回购方自身的隔离账户中。该账户的受益人是逆回购方，但持有人（管理人）是回购方。这类回购多见于交易商和客户之间的回购。该回购方式不需要托管机构变更托管记录，优点是降低操作成本和方便担保替换，缺陷是逆回购方需要承担风险。

一揽子回购。一揽子回购基本原理与经典回购相同。回购交易当事人将若干债券构成的组合作为回购对象，将资产组合通过一次性回购交易整体出售与购回。与各个资产分别进行回购交易相比，一揽子回购的操作、结算与管理更为方便。

（2）债券回购的用途和风险。

债券回购的用途集中体现在以下四个方面。

① 管理债券头寸与资金头寸。回购交易既可以融资，也可以融券，债券交易者可以结合债券行情的变动以及相关市场利率的走向，合理调配现金与债券的头寸，以获取收益或者避免风险。这主要有两个方法。一是融资方利用回购可以非常方便地实施低利率融资。尽管融资方可以通过资金拆借的办法融资，但资金拆借属于无抵押贷款，只有信誉较好的大银行之间发生的拆借活动，才能形成较低的拆借利率，中小机构难以按照这个利率拆入资金。而债券回购属于有抵押的融资，融资比较容易，利率也相应低一些。二是如果交易者希望融券，则可以通过逆回购进行。融券方（即逆回购方或者贷款方）通过接受低于市场利率水平的回购利率来弥补融资方，相当于支付了一笔融券费用给对方。

② 弥补交易头寸。当交易者需要做空某个债券时，可以通过逆回购实现这个目的。这时，交易者相当于以现金做担保借入特定的债券。交易者签订回购协议后抛售债券，等到回购到期再低价买回，向对方支付债券，结束回购交易，交易者通过"高卖低买"获取利润。

③ 增加投资收益。当预计债券行情上涨时，回购方可以通过一笔债券多次反复回购的办式增加债券头寸，放大财务杠杆，增大投资收益；相反，当预计债券行情下降时，逆回购方也可以采用反复逆回购的办式增大投资收益。另外，在某些特定时期回购利率常常比较高，也为逆回购方带来高收益投资的机会。

④ 实施交易策略。交易者可以单独运用回购，或者将回购与其他交易品种结合，构造某些交易策略，以达到避险或者套利的目的。

回购的风险主要包括以下四种。

① 交易对手风险。这是信用风险的一种特殊形式，如违约方回购到期后没有如约交付现金或者债券。

② 发行人风险。在以非政府债券为标的的回购交易中，回购期间发行人出现违约，导致回购债券事实上已经贬值，逆回购方可能面临损失。

③ 盯市风险。由于债券价格下降，抵押的债券价值不足，逆回购方将面临着风险敞口。当债券价格上涨时由于出现超额抵押的情况，逆回购方有违约的动机。

④ 操作风险。操作风险主要指由于人为因素导致另类损失的可能性。

4. 我国的债券回购

我国的银行间市场和交易所市场都有债券回购交易活动，但两者交易规则有所不同。前者属于场外交易的性质，由双方协商谈判确定回购的交易要素；后者是场内交易模式，通过集中竞价的办式达成交易。

（1）银行间市场的回购。

银行间市场上回购交易有两种形式，分别是质押式回购与买断式回购。中国人民银行颁布的《关于债券回购交易有关问题的通知》《全国银行间债券市场债券交易管理办法》和《全国银行间债券市场债券买断式回购业务管理规定》3个文件给出了这两种形式回购的定义。

质押式回购，也被称为"封闭式回购"，是交易双方进行的以债券为权利质押的一种短期融资交易。资金融入方（正回购方）将债券出质给资金融出方（逆回购方）的同时，双方约定在未来某一日期由正回购方按约定回购利率计算的资金额向逆回购方返还资金，逆回购方向正回购方返还原出质债券。逆回购方不具有质押债券所有权，在回购期限内双方不能动用质押债券。质押式回购的交易期限为1天、7天、14天、21天、1个月、2个月、3个月、4个月、6个月、9个月、1年共11个交易品种，其中1天回购和7天回购是交易量最大的两个品种，回购交易的最小数额为债券面值10万元。回购利率的计算公式是

$$回购利息＝成交金额×回购利率×回购天数÷365 \tag{3.1}$$

其中，成交金额＝债券面值×折扣率

银行间市场的质押式回购是以债券为质押的融资交易。其报价方式与国外的经典回购一样，但由于没有发生回购债券的所有权转移，又与国外的经典回购不同。

买断式回购，也被称为"开放式回购"，是指债券持有人（正回购方）将债券卖给债券购买方（逆回购方）的同时，双方约定在未来的某个日期，正回购方再以约定的价格从逆回购方买回相等数量同种债券的行为。买断式回购的逆回购方在回购期间拥有质押债券的所有权，可以处理质押债券，等于释放了债券流动性，这是其与质押式回购的主要不同。这一区别，使得买断式回购成为一种债券做空的工具。买断式回购中交易的目的既可以是融资，也可以是融券。我国银行间市场的买断式回购与国外市场的"买入返售"同属于一个类型。

买断式回购的结算按照"净价交易，全价结算"的方式进行，报价时必须申报首次交易价格与到期交易价格。如果回购债券是附息债券，可能会在回购期间发生票面利息的支付。考虑到上述因素后，回购利率由式（3.2）给出：

$$P_0 + I_0 = \frac{P_1 + I_1}{1 + i \times w} + \frac{C}{1 + i \times v} \tag{3.2}$$

其中，P_0为首期净价，I_0为首期累计利息，$P_0 + I_0$即首期全价；P_1为到期净价，I_1为到期累计利息，$P_1 + I_1$就是到期全价；w为回购天数/365；C为回购期间发生的利息支付，v是回购首期交割日到回购期间债券票息支付日之间的天数/365。

买断式回购的交易过程与质押式回购基本相同，回购利息的计算公式也与质押式回购相同。不过，交易员在报价时必须申报上面公式中的首期净价与到期净价。

债券回购是银行间市场交易量最大的品种，回购市场成为重要的资金融通平台，回购利率也成为基准利率之一。但由于我国债券市场发展历史相对不长，银行间回购市场也面临一些有待解决的问题，如回购交易中信用债券使用率低、买断式回购交易规模小，没有三方回购、没有回购做市商制度等。

（2）交易所市场的回购。

以 2006 年为界，交易所回购制度分为"旧回购制度"与"新回购制度"。2006 年以来交易所实行的是新回购制度，该制度主要包括 5 个方面的内容。

第一，"中国结算公司"担任中央对手方，参与到回购结算中，并实行净额结算。所有的回购交易都通过交易所的"集中竞价系统"撮合成交。回购交易达成后，"中国结算公司"介入已经成交的交易中，成为回购合约的当事人。对于正回购方而言，"中国结算公司"是逆回购方；对于逆回购方来说，"中国结算公司"是正回购方。不论是正回购方还是逆回购方，只要有一方违约，"中国结算公司"必须承担对另一方的履约责任。

第二，债券回购的标的物是"标准券"。标准券是将不同的票面利率、不同期限的债券按照一定折算率抽象为同一种可供集中撮合的回购交易标的。它可以被理解为"中国结算公司"根据证券经营机构的债券库存量而授予后者的融资额度。债券被用来做回购时必须打折扣，比如国债的折扣率为 95%，企业债券的折扣率为 90%。折扣率越大，表示单位债券回购融资的能力越强，折扣率根据情况可以调整。标准券的折算比率（单位债券换算成标准券的数量折算比率越大，表示换算成标准券的数量越多，债券的融资能力越强）也要事先明确，并且要定期调整，其公式为

债券标准券折算率＝债券上期平均价格×（1－波动率）×折扣比率÷（1+到期平均回购利率÷2）÷100   (3.3)

第三，债券回购按照账户进行申报与核算，以便"中国结算公司"区分哪些是证券公司的回购，哪些是证券公司代理的客户的回购。另外还建立独立于证券公司的查询系统，债券持有人可以通过该系统查询自己的债券回购情况。

第四，设立回购交易质押库，回购实行前端控制。回购方在交易前必须指明哪些债券作为质押债券，这些债券在回购前要被过户到质押库中，作为质押债券不能被卖出。在回购发生时，系统对质押债券进行检查，只有质押债券足额的情况下，回购的申报才有效。

第五，标准券核算。"中国结算公司"每日日终以证券账户为单位核算标准券。如果某回购方账户提交质押债券折算成的标准券数量少于融资未到期余额，则为"欠库"，"中国结算公司"将对"欠库"方扣款处理。

交易所债券回购制度的优势：一是标准化程度高，交易成功的机会增大；二是属于场内交易，采用竞价的方式，系统自动配置交易申报，撮合成交，减少了交易者寻找交易对手的成本与时间；三是中央对手方履行担保交收责任，减少了交易双方的对手方风险；四是净额结算制度提高了清算效率，"中国结算公司"每天可将多笔回购通过轧差转化为一笔交易，减少了清算成本和清算风险。

交易所债券回购制度不足也恰恰来源于上述的这些优势，"中国结算公司"存在风险隐患。一是标准券的折算比率可能不能及时反映债券的真实价值变动，造成抵押品不足，存在结算风险。比如遇到极端行情时，若某个回购债券的价格下降了 6%，但交易所依然按照 95% 的折扣率估算其抵押价值，就会造成实际抵押品不足的情况。二是"净额结算制度"和"回转交易"模式使得交易者可以通过"一笔债券，反复回购"的方式放大财务杠杆，使得回购脱离了货币市场工具的属

性，演变成投机融资或者长期融资的工具。三是"中国结算公司"因为担保交收责任，要承担结算风险。

为防止上述风险发生，上交所于2011年发布了《上海证券交易所债券质押式回购交易风险控制指引》（简称《指引》）。《指引》要求券商严格控制回购标准券使用率和回购放大倍数。"回购标准券使用率"是指客户融资未到期余额占客户质押券所折成的全部回购标准券的比率。回购标准券使用率越高，表明客户应对标准券折算率下调的能力越弱，债市下跌时客户标准券欠库风险越大。《指引》明确回购标准券使用率不得超过90%。"回购放大倍数"是指客户债券资产市值与投资者账户净资产的比值。回购放大倍数越高，融资方的损益放大越大，风险也越大，《指引》明确券商客户回购放大倍数不得超过5倍。

3.2.4 我国债券市场产品及监管

经过三十多年的改革，我国债券市场有了长足的进步。从债券品种上讲，我国的债券有国债、地方政府债券、央行票据、金融债券、公司债券、资产支持债券等。

（1）国债。在我国债券市场中，国债是最早发行的，也是2004年以前发行规模最大的品种。从2005年开始，政策性银行的债券发行规模超过了国债。按照债券的形式、记账方式、流动性和能否挂失等，我国国债可以分为实物国债、凭证式国债、记账式国债和储蓄国债4种；按利息计算方式不同，又可分为零息国债、固定利率国债、浮动利率国债等。

实物国债又称为无记名国债，是一种票面上不记载债权人姓名和单位名称的债券，通常以实物券形式出现。我国自建国起至1981年前发行的国债主要是无记名式国债。

凭证式国债是指国家采取不印刷实物券，而是以填制"国库券收款凭证"的方式发行的国债。我国从1994年开始发行凭证式国债。凭证式国债的票面形式类似于银行定期存单，利率通常比同期银行存款利率高，具有类似储蓄，又优于储蓄的特点，通常被称为"储蓄式国债"，是以储蓄为目的的个人投资者理想的投资方式。

记账式国债又称无纸化国债，它是指将投资者持有的国债登记于证券账户中，投资者仅取得收据或对账单以证实其所有权的一种国债，也是自1994年开始发行的。记账式国债主要利用交易所的电脑网络发行，按年计单利，利率采取承销团成员混合招标的方式确定，也有取折价贴现方式发行的。

储蓄国债主要是面向个人投资者发行的不可流通的记账式国债，是以吸收个人储蓄资金为目的，满足长期储蓄性投资需求，较多偏重储蓄性投资功能而设计发行的一种债务品种。储蓄国债采用电子记账方式，于2009年7月1日发行第1期，期限主要为2年、3年、5年、7年，最短不短于2年，最长为15年。储蓄国债主要通过7家商业银行柜台，直接向个人投资者发行。

（2）央行票据。央行票据始于1993年的融资券，是由中国人民银行发行的用于调控基础货币的政策工具。发行央行票据，意味着回笼基础货币；央行回购央行票据，则意味着扩张基础货币。央行票据的期限包括91天、182天、364天和3年期多种。央行票据的交易也包括现券交易和回购交易两种，其中回购交易的比重要稍大于现券交易。

（3）金融债券。我国的金融债券包括政策性银行债券、银行次级债和非银行金融机构债。

政策性银行在我国包括国家开发银行（已于 2008 年 12 月 16 日正式转型为商业银行）、中国农业发展银行和中国进出口银行。发行债券是政策性银行筹集资金的主要方式，而且从 2005 年开始，政策性银行债券的发行规模超过国债，成为我国债券市场中的最大发行主体。特别是国家开发银行在我国债券市场创新中发挥着关键作用。

我国于 2004 年开始允许商业银行发行次级债。发行次级债对于商业银行筹集次级资本、减轻权益资本融资依赖及降低资本成本等方面都有一定的好处。

非银行金融机构债券，主要是指证券公司发行的债券，这一品种的市场规模目前相对比较小。

（4）公司债券。我国的公司债由企业债和上市公司债构成。虽然公司与企业这两个专业术语有时没有差别，但公司债券和企业债券在我国仍存在着一定的差异。这主要表现为以下几个方面。

第一，法律依据不同。公司债券在《公司法》第七章公司债券中有专门规定，同时也受《证券法》的约束，其发行、交易适用这两部法律的相关规定；而企业债券的发行、交易主要适用国务院《企业债券管理条例》的规定。

第二，发行主体不同。公司债券的发行主体为依照《公司法》设立的有限公司和股份公司；企业债券的发行主体为我国境内具有法人资格的非公司制企业。

第三，发行条件不同。按《证券法》第 16 条，公开发行公司债券的条件包括：股份有限公司的净资产不低于人民币 3 000 万元，有限责任公司的净资产不低于人民币 6 000 万元；累计债券余额不超过公司净资产的 40%；最近 3 年平均可分配利润足以支付公司债券一年的利息；筹集的资金投向符合国家产业政策；债券的利率不超过国务院限定的利率水平；国务院规定的其他条件。

而依照《企业债券管理条例》，企业发行企业债券必须符合下列条件：遵守国务院批准的全国企业债券发行的年度规模和规模内的各项指标要求；企业规模达到国家规定的要求；企业财务会计制度符合国家规定；具有偿债能力；企业经济效益良好，发行企业债券前连续 3 年盈利；所筹资金用途符合国家产业政策；企业债券的总面额不得大于该企业的自有资产净值；债券利率不得高于银行相同期限居民储蓄定期存款利率的 40%；企业发行企业债券用于固定资产投资的，依照国家有关固定资产投资的规定办理。

第四，发行程序不同。按《证券法》第 17 条，申请公开发行公司债券应当经中国证监会或国务院授权的部门核准；而发行企业债券目前需要发改委核准。

另外，我国企业类债券中还有短期融资券和中期票据，二者在我国企业类债券中也有重要位置。

（5）资产支持债券。国内的资产证券化产品始于 2005 年的建设银行的住房抵押贷款证券化和国家开发银行的信贷资产证券化。国家开发银行于 2005 年 12 月推出了资产证券化产品（资产支持证券，ABS）——05 开元，中国建设银行推出了住房抵押贷款支持证券——05 建元。2009 年，为了拓宽地方政府融资平台的渠道，我国创新了资产支持票据（Asset-backed Note，ABN）。

经过多年的发展，我国债券市场取得了长足的发展，债券发行主体不断多元化，债券的期限品种不断丰富，票面利率也不断地被创新改进，债券的内含选择权不断丰富，债券衍生品等不断涌现，这极大地推动了我国债券市场的发展。市场上不同的债券品种，由于发行的主体不同，交易的场所不同，监管的主体也有一定的差异，表 3.9 列示了我国债券市场上的监督主体。

表 3.9　　　　　　　　　　　　我国债券市场的监管主体

监管类别			监管机构
发行监管	国债、地方政府债券		财政部
	金融债	中央银行债：央行票据	人民银行
		政策性银行债	
		特种金融债	
		非银行金融机构债	
		商业银行债、信贷资产支持证券	人民银行、银监会
		证券公司短期融资券	人民银行、证监会
		证券公司债券	
	保险公司债券		保监会
	非金融机构债	企业债	发改委
		中期票据	人民银行(非金融机构债券通过交易商协会完成注册，并实行自律管理)
		短期融资券	
		超短期融资券	
		风险缓释工具	
		资产支持票据	
		中小企业集合债券	
		中小企业集合票据	
		资产支持证券	证监会
		可转换债券	证监会
		分离型可转化债券	
		中小企业私募债	证监会（通过交易所注册）
	国际机构债券		人民银行、发改委、证监会、财政部
交易场所监管	交易所市场（沪深两市）		证监会
	银行间市场		人民银行
	银行柜台市场		人民银行和银监会
清算、结算和托管机构监管	中国结算公司		证监会
	中央结算公司		人民银行、财政部、银监会

本章小结

本章主要介绍美国和中国的固定收益证券市场。详细介绍了美国国债市场、国债品种、国债的发行定价及政府机构债券、市政债券、公司债券等债券种类和产品特点。针对我国固定收益证券市场，主要对债券的发行市场的演变和定价、交易市场的分类及特点、做市商制度及债券回购等相关知识进行介绍和剖析。

关键术语

债券发行市场、债券交易市场、荷兰式招标（一价式招标）、美国式招标（多价式招标）、做市商制度、银行间债券市场、交易所债券市场、银行柜台市场、质押式回购、当期发行、前期发行、竞争性出价、非竞争性出价、市政债券、正回购、逆回购

思考练习

1. 试说明以下债券的主要特征：道义债券、保险市政债券、次级债券、中期企业债券、结构债券。

2. 试说明当期发行、前期发行及多期前发行债券间的关系。

3. 试讨论国债招标拍卖过程中几种招标方式的异同，并分析其各自的利弊。

4. 试比较和分析银行间债券市场、交易所债券市场和银行柜台市场之间的异同及其关系。

5. 假设某基金公司从美国债券市场上买入面值为 100 万美元的美国通胀补偿国债（半年付息一次），真实利率为 2.5%。如果随后半年的 CPI-U 指数为 4%（年通胀率），试计算：

（1）6 个月末时，本金调整额为多少？

（2）调整后的本金额为多少？

（3）6 个月末债券组合应得的利息额是多少？

（4）如果半年后，下一个半年的年通货膨胀率为 5%，请问 1 年后该债券调整后的本金额为多少？1 年期期末时，该债券的应得利息是多少？

（5）再假如在第 3 个半年里，年通货膨胀率为-3%，请问在第 3 个半年期满时，债券调整后的本金是多少？当期应得的利息是多少？

6. 根据美国国债的报价规则，请计算以下债券的价值，如表 3.10 所示。

表 3.10   美国国债报价

报价	100 美元面值的价格	面值	债券价格
93-31		5 000	
105-7		1 000 000	
95-7+		100 000	
116-5+		300 000	

7. 假设我国发行了 5 年期零息票债券，面值为 100 元，发行价为 70 元，请计算：

（1）该债券的折扣率是多少？

（2）如果按单利计算，债券的年收益率是多少？

（3）如果按年计复利，债券的年收益率为多少？

（4）如果按债券相当收益率（半年实际利率×2）计算，则债券的年收益率是多少？

8. 某国债拟发行规模为 200 亿元人民币，八名投标人的投标及招标结果如表 3.11 所示，请计算在一价式招标、多价式招标下国债的发行价格分别是多少？

表 3.11　　　　　　　　某国债招标过程中不同投标的报价及中标量情况

投标人	投标价格（元/百元面值）	中标量（亿元）	投标量（亿元）
A	100	35	35
B	99.9	25	25
C	99.8	46	46
D	99.7	55	55
E	99.6	30	30
F	99.5	9	20
G	99.4		39
H	99.3		23

9. 2013 年 10 月 22 日，某投资者以面值为 200 万元的企业债券为质押做回购，该债券折扣率为 80%，回购期限为 7 天，回购利率为 4%，问应计利息是多少？到期结算金额为多少？

案例讨论

材料 1　"11 超日债"无法付息债市刚性兑付被打破，中国债市现首例违约案例

*ST 超日（002506.SZ）2014 年 3 月 4 日晚间公告称，"11 超日债"第二期利息 8 980 万元将无法于原定付息日 2014 年 3 月 7 日按期全额支付，仅能够按期支付 400 万元。据此，"11 超日债"正式宣告违约，而这也成为债券市场的首例实质性违约，宣告了中国债市零违约神话的破灭，被业内称为打破刚性兑付的历史性一刻。

*ST 超日公告称，于 2012 年 3 月 7 日发行的上海超日太阳能科技股份有限公司 2011 年公司债券（下称"11 超日债"）至 2014 年 3 月 6 日将期满 2 年，第二期利息原定付息日为 2014 年 3 月 7 日，利息金额共计 8 980 万元。

*ST 超日表示，由于公司流动性危机尚未化解，通过公司自身生产经营未能获得足够的付息资金；同时，公司亦通过各种外部渠道筹集付息资金，但由于各种不可控的因素，截至目前公司付息资金仅落实 400 万元。公司拟于 3 月 5 日将付息资金划入中国证券登记结算有限责任公司深圳分公司指定的银行账户用于本次债券付息，剩余付息资金尚未落实。

据了解，*ST 超日此前预告称，2013 年归属上市公司股东净利润为亏损 10.5 亿元至 14.5 亿元。亏损的主要原因是受到光伏行业整体低迷、产能过剩、供需失衡等不利因素影响，公司于 2012 年年底出现了严重的流动性困难。

业内：违约对很多表外产品有警示

据悉，超日债券违约是近年来首例债券实质性违约事件。近年来，我国债券市场也曾发生了多

起信用风险事件，但风险事件最终无一不如期兑付，而此次超日债券违约则是近年来首例实质性债券违约事件。

银河证券首席经济学家潘向东博士表示，它是一家民企，不是国企或者是地方债、地方债融资平台。但这一违约会对很多表外产品都是一个警示作用。

（资料来源：http://news.ifeng.com/gundong/detail_2014_03/06/34463789_0.shtml）

材料2 江苏股权交易中心成功发行首只私募债券

2014 年 3 月 1 日 02:11 来源：证券日报 作者：曹卫新

本报讯 2 月 28 日，由南京证券和江苏银行联合推荐的"14 中山园林债"在江苏股权交易中心成功挂牌发行。据悉，这只私募债券是江苏地区首只在区域股权交易中心挂牌发行的债券产品。

记者从现场了解到，江苏股权交易中心成立于去年 9 月，是经江苏省政府唯一授权批准设立的区域性股权交易市场。此前股权交易中心挂牌交易均采取的是股权融资模式，"14 中山园林债"的成功挂牌发行丰富了股权交易市场品类品种，是对缓解中小企业融资难局面的一种创新。

南京证券副总裁秦雁介绍，"14 中山园林债"的募资规模为 6 000 万元，票面利率为 7.9%，低于市场同期利率水平。这是南京证券自 2012 年 6 月获得业内首批中小企业私募债承销资格以来，又一次帮助中小企业获得私募债备案，开启了银证企合作的新空间。

（资料来源：http://irm.cnstock.com/company/scp_tzzgx/tgx_yqjj/201402/2928774.htm）

根据上述材料，请回答下列问题：

（1）公司业绩与债券之间的关联如何？传导机制如何？

（2）违约一定有损失吗？谈谈你对违约的理解！

（3）存在潜在违约的债券有没有投资价值，谈谈你的认识。

（4）谈谈你对私募债券的看法。

（5）如果你是超日债的发行人，讨论一下你如何来度过这场违约危机。

固定收益证券的利率风险分析

第4章

【本章提要】

本章主要对固定收益证券的风险展开系统的分析，重点围绕利率风险展开，对债券价格相对于利率风险变化的两个重要测度指标久期和凸率进行了全面的分析，最后基于久期和凸率的应用，探讨了债券的免疫和债券投资策略。

【重点与难点】

重点：理解利率与债券价格之间的关系，掌握债券的不同久期和不同凸率测度指标的内涵、计算及不同指标之间的差异。

难点：债券的免疫思想及应用。

【引导案例】

20世纪80年代中期，美国明尼阿波利斯第一系统银行（First Bank System, Inc. of Minneapolis）预测未来的利率水平将会下跌，于是便购买了大量政府债券。1986年，利率水平如期下跌，从而为该行带来不少的账面收益。但不幸的是，1987年和1988年利率水平却不断上扬，债券价格下跌，导致该行的损失高达5亿美元，最终不得不卖掉其总部大楼。

结合上述事件，你认为债券的价格与利率之间的关系如何？对于债券持有人，有哪些方法可以帮助规避利率波动的风险？

4.1 债券投资的风险

风险是金融活动的基本要素，目前关于风险的认识主要可以归为7种观点：一是损失的可能；二是可预测的不确定性；三是对发生某一经济损失的不确定性；四是损失出现的机会或概率；五是一种无法预料的、实际后果可能与预测后果存在差异的倾向；六是潜在损失的变化范围与变动幅度；七是在特定情况下对未来结果的客观疑虑。

金融风险是指在资金的融通和金融业务与活动中，由于各种事先无法预料的不确定因素而使资金经营者的实际收益与预期收益发生偏差的可能性。金融风险以货币信用经营为特征，具有客观性、社会性、可控性、隐蔽性、周期性、扩散性及扩散的加速性等特征。从广义上讲，它既包括居民家庭个体、非金融企业部门和金融企业部门从事金融活动所产生的风险，也包括以国家部门为主体所从事金融活动产生的风险。从狭义上讲，金融风险一般指金融企业部门（金融机构）从事金融活动所产生的风险。

狭义的金融风险一般可分为三个层次。第一个层次是指某个金融机构所面临的金融风险；第二个层次是指金融的行业风险，即商业银行业、信托业、证券业和保险业的风险；第三个层次指由前两个层次的金融风险所导致的严重经济、社会乃至政治危机的可能性。通常，金融风险的背后往往隐含的是流动性风险，流动性客观存在于金融体系的宏观、市场和微观三个层面，并通过金融市场和产品价格两个主要渠道进行相互作用和循环传导，最终通过微观金融资产的价格得以体现，并在自我循环中陷入流动性风险旋涡，最终引致全球性的金融危机，图 4.1 列示了金融风险的传导机理。

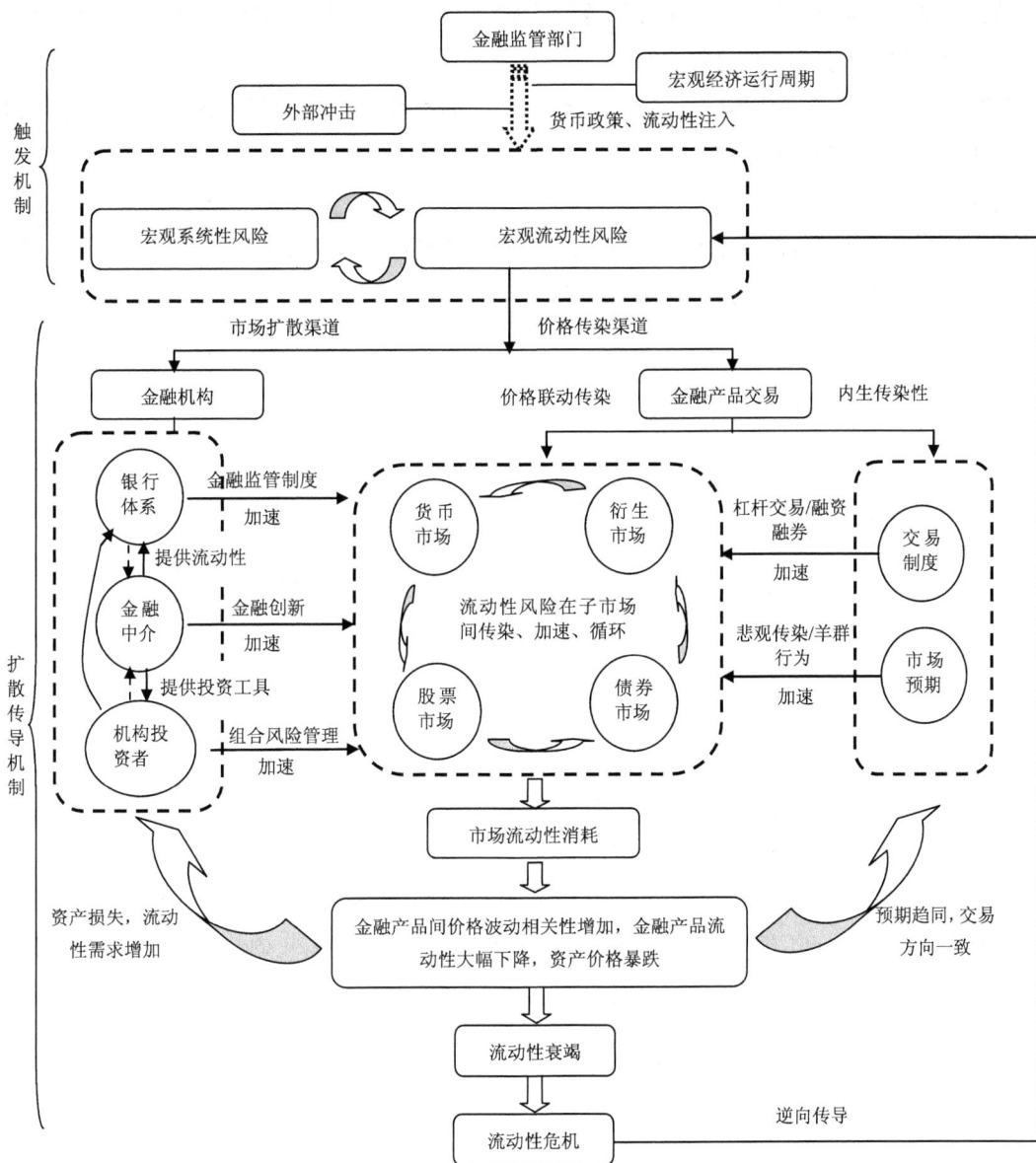

图 4.1　金融风险在宏观、市场和微观层面传导机理分析

4.2 债券价格的波动特征及测算

在第 1 章债券风险的概述中，我们已经对债券的风险进行了分类和介绍。在这些风险中，利率风险是债券面临的最大风险，利率的变动会影响到债券价格的变化。在考虑影响债券价格波动的因

素中，我们假设短期内其他因素不发生变化，重点考察利率风险对债券价格波动的影响。

4.2.1 利率与债券价格的关系

债券价格的波动方向与市场利率变化是相反关系。市场利率越高，债券价格越低；市场利率越低，债券价格越高。我们举例进行说明。

【例 4.1】有一只 20 年期债券，面值为 100 元，票面利率为 6%，每年付息一次，试分析债券价格与市场利率之间的变化关系。

解答：

利用债券定价的现金流贴现原理，假设市场利率分别为 1%，2%，…，16%，计算出债券在不同市场利率下的价格，并绘制成市场利率—债券价格关系图，如图 4.2 所示。

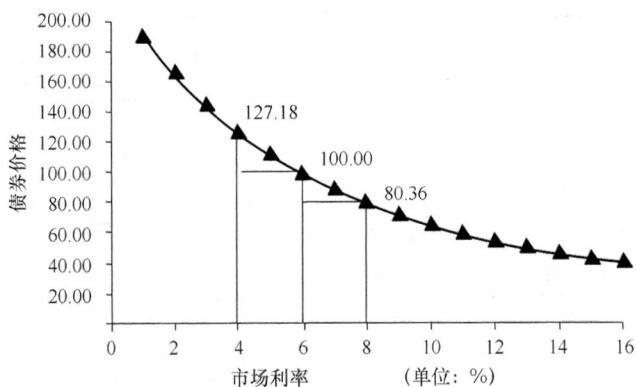

图 4.2 债券价格与市场利率之间的关系

由图 4.2 可知，市场利率与债券价格之间的确是负向变化关系。以 6% 的市场利率为例，在该市场利率水平下，债券的价格为 100 元，若市场利率上升至 8%，则债券价格下降至 80.36 元，而若市场利率下降至 4%，则债券价格为 127.18 元。这意味着对幅度相同、方向相反的收益率变化，债券价格上升的幅度大于价格下跌的幅度。不过，这种规律只适用于具有正的凸率的债券。如果债券具有负的凸率，则债券价格与市场利率之间的关系如图 4.3 所示。

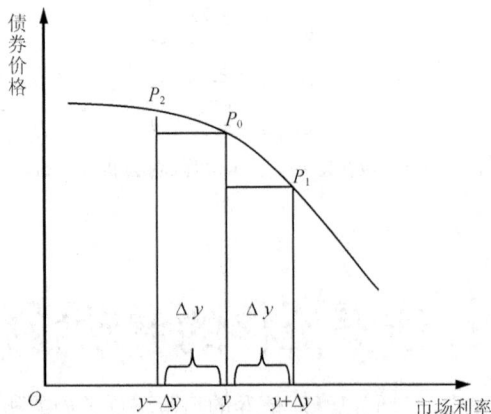

图 4.3 债券价格与市场利率在凸率为负时两者之间的关系

由图 4.3 可知，若债券具有负的凸率，则意味着对幅度相同、方向相反的收益率变化，债券价格上升的幅度小于价格下跌的幅度。为了深入考虑市场利率与债券价格之间的关系，我们再举个例子进行说明。

【例 4.2】有一只 10 年期债券，面值 100 元，票面利率为 7%，每年付息 1 次。

（1）若市场利率为 6% 且不随时间变化，请计算：

    a．该债券当前的价格；

    b．计算市场利率上升和下降各为 0.5%、1% 时债券价格的变化。

（2）若市场利率如表 4.1 所示，请计算：

    a．该债券当前的价格；

    b．当到期收益率曲线分别平行下降 0.5%、1% 时，债券的当前价格；

    c．当到期收益率曲线分别平行上升 0.5%、1% 时，债券的当前价格。

表 4.1　　　　　　　　　　　　市场利率水平随时间变化关系

期限（年）	到期收益率（%）	期限（年）	到期收益率（%）
1	4.505 6	6	5.280 7
2	4.675 3	7	5.413 6
3	4.837 7	8	5.539 1
4	4.992 7	9	5.657 0
5	5.140 4	10	5.767 5

解答：

（1）若市场利率为 6% 且不随时间变化，则债券的价格与利率之间的关系如表 4.2 所示。

表 4.2　　　　　　　　　市场利率变化对债券价格的影响　　　　　　　　　（单位：元）

期限	现金流	初始利率 6%	变化幅度			
		现金流现值	0.50%	1%	-0.50%	-1%
1	7	6.60	6.57	6.54	6.64	6.67
2	7	6.23	6.17	6.11	6.29	6.35
3	7	5.88	5.79	5.71	5.96	6.05
4	7	5.54	5.44	5.34	5.65	5.76
5	7	5.23	5.11	4.99	5.36	5.48
6	7	4.93	4.80	4.66	5.08	5.22
7	7	4.66	4.50	4.36	4.81	4.97
8	7	4.39	4.23	4.07	4.56	4.74
9	7	4.14	3.97	3.81	4.32	4.51
10	107	59.75	57.00	54.39	62.64	65.69
债券价值		107.36	103.59	100.00	111.31	115.44
债券价格变化幅度			-3.51	-6.86	3.68	7.53

即：当市场利率为 6% 时，债券的市场价格为 107.36 元；当市场利率上升 0.5% 和 1% 时，债券的价格下降至 103.59 元和 100 元，下降幅度分别为 -3.51% 和 -6.86%；当市场利率下降 0.5% 和 1% 时，债券的价格上涨至 111.31 元和 115.44 元，上涨幅度分别为 3.68% 和 7.53%。由表 4.2 可知，相同幅

度的利率变动，利率上涨引致的债券价格下跌幅度小于利率下降引致的债券价格上涨幅度，同时利率变动越大，债券价格的波动就越高。

（2）若市场利率随期限变化而非水平，则债券价格的变动幅度计算如表 4.3 所示。

表 4.3　　　　　　市场利率非水平下利率变化对债券价格的波动影响　　　　（单位：元）

期限	现金流	初始水平		变化幅度			
		市场利率（%）	现金流现值	0.50%	1%	−0.50%	−1%
1	7	4.51	6.70	6.67	6.63	6.73	6.76
2	7	4.68	6.39	6.33	6.27	6.45	6.51
3	7	4.84	6.07	5.99	5.90	6.16	6.25
4	7	4.99	5.76	5.65	5.55	5.87	5.99
5	7	5.14	5.45	5.32	5.20	5.58	5.71
6	7	5.28	5.14	5.00	4.86	5.29	5.44
7	7	5.41	4.84	4.68	4.53	5.00	5.17
8	7	5.54	4.55	4.38	4.22	4.72	4.91
9	7	5.66	4.27	4.09	3.92	4.45	4.65
10	107	5.77	61.07	58.26	55.59	64.04	67.16
债券价值			110.24	106.36	102.66	114.30	118.56
债券价格变化幅度				−3.52	−6.87	3.69	7.55

由表 4.3 可知，当市场利率非水平时，市场利率的水平变动（不同期限时间点的利率变化都是相同幅度）对债券价格影响的结果仍然显示出非对称性和债券价格波动与利率变化之间负相关的关系。

4.2.2　利率风险与其他因素的关系

若不存在违约风险，债券未来的现金流是相对可以预期的，债券的价格取决于未来现金流的现值之和。根据债券的定价原理，债券的价格与市场利率[①]之间是负相关的，若市场利率上升，则债券价格会下降，反之亦然。债券的票面利率是发行人提供给投资者的收益率，市场利率是投资者要求的回报率。若债券市场有效，票面利率高于市场利率意味着发行人支付的成本高于投资者要求的收益，发行人会以高于债券面值的价格溢价将债券出售给投资者；而若票面利率低于市场利率，则意味着发行人对投资者的支出不足以弥补投资者的需求，必须以低于面值的价格将债券出售给投资者，此时债券折价交易。因此，根据票面利率和市场利率的高低比较，可以直观判断出债券是否溢价、折价或平价交易。不过随着金融创新的不断引入，利率虽然是影响所有债券价格变动的重要因素，但债券的到期时间、票面利率、是否嵌入期权等因素，在相同的利率变化条件下，对债券价格产生的影响程度也存在差异。下面对这些因素进行简单讨论，直观了解利率变化与不同因素交互影响下对债券价格的影响。

---

① 市场利率与到期收益率不做太详细区分。

1. 债券期限与利率风险

假设所有其他因素相同，债券价格对利率的敏感性将与债券的期限呈正比。例如，票面利率为 5%，面值为 100 元且每年付息一次的平价债券，假设期限分别为 2 年、5 年、10 年、20 年，当市场利率由 5% 上升 10% 至 5.5%，或下降 10% 至 4.5% 时，债券价格变化的幅度是不同的。期限越长，相同利率变化幅度带来的债券价格的变动幅度越大。计算过程及结果如表 4.4 所示。

表 4.4　　　　　　　　　具有相同票面利率、付息频率但期限不同的债券价格随市场利率变化

到期期限（年）	票面利率（%）	市场利率由 5% 升至 5.5%			市场利率由 5% 降至 4.5%		
		原价格（元）	变化后价格（元）	变化率（%）	原价格（元）	变化后价格（元）	变化率（%）
2	5	100	99.077	−0.923	100	100.936	0.936
5	5	100	97.865	−2.135	100	102.195	2.195
10	5	100	96.231	−3.769	100	103.956	3.956
20	5	100	94.025	−5.975	100	106.504	6.504

2. 票面利率与利率风险

债券价格对利率的敏感性不仅与期限有关，还与债券的票面利率呈反比关系。即票面利率越高，价格对利率的敏感性越小；票面利率越低，价格对利率的敏感性越大。原因在于债券的价格取决于未来不同时期现金流的现值之和，票面利率越高，每期收到的票面利息额相对于总成本而言更早收到，即收回现金流的加权平均时间越短，市场利率变化导致的债券价格变化越小。举例而言，有三只面值为 100 元的债券 A、B、C，到期期限为 10 年且每年付息一次，票面利率分别为 6%、8% 和 10%，假设当前的市场利率为 10%，若市场利率由 10% 上升到 11% 或下降到 9%，则三只债券的价格变化如表 4.5 所示。

表 4.5　　　　　　　　　不同票面利率的债券价格相对于市场利率的变化　　　　　　　（单位：元）

时点	债券 A——票面利率 6%			债券 B——票面利率 8%			债券 C——票面利率 10%		
	市场利率								
	10%	11%	9%	10%	11%	9%	10%	11%	9%
1	5.45	5.41	5.50	7.27	7.21	7.34	9.09	9.01	9.17
2	4.96	4.87	5.05	6.61	6.49	6.73	8.26	8.12	8.42
3	4.51	4.39	4.63	6.01	5.85	6.18	7.51	7.31	7.72
4	4.10	3.95	4.25	5.46	5.27	5.67	6.83	6.59	7.08
5	3.73	3.56	3.90	4.97	4.75	5.20	6.21	5.93	6.50
6	3.39	3.21	3.58	4.52	4.28	4.77	5.64	5.35	5.96
7	3.08	2.89	3.28	4.11	3.85	4.38	5.13	4.82	5.47
8	2.80	2.60	3.01	3.73	3.47	4.01	4.67	4.34	5.02
9	2.54	2.35	2.76	3.39	3.13	3.68	4.24	3.91	4.60
10	40.87	37.33	44.78	41.64	38.04	45.62	42.41	38.74	46.47
债券价格	75.42	70.55	80.75	87.71	82.33	93.58	100.00	94.11	106.42
价格变化率		−6.45	7.06		−6.13	6.69		−5.89	6.42

由表 4.5 可知，在其他条件相同情况下，票面利率越高，债券价格受市场利率上升或下降带来的波动幅度越小。需要注意的是，与前面一致，相同幅度的利率下降导致债券价格上升的幅度大于相同幅度的利率上升导致债券价格下降的幅度，其中的原因主要与债券价值的凸率有关。由于零息债券的票面利率为零，所以其价格对利率的敏感性大于任何非零票面利率、其他条件相同的债券。

3. 嵌入期权与利率风险

债券中可能内嵌有各式各样的期权，这些期权本身对发行人或债券持有人是有价值的。期权的价值在债券的价格中也会得以体现。不同的期权对利率的敏感性不同，通常赎回权的价值随利率下降而升值，随利率的上涨而贬值。如图 4.4 所示，BB'' 为不含赎回权债券变化曲线，BB' 为含赎回权债券变化曲线。依据债券的定价原理，市场利率越低，债券价格越高，但如果债券中嵌有赎回权，则当市场利率低于某一水平时，发行人将会按照约定的赎回价格执行赎回权，这样就相当于抑制了债券价格的上涨空间。而若债券中含有回售权，如图 4.5 所示，BB'' 为不含回售权债券变化曲线，BB' 为含回售权债券变化曲线，则意味当市场利率高于某一水平时，由于回售权的存在，债券的持有人可以按约定的价格将债券回售给发行人，因此债券的价格下跌空间有限。因此相对于同条件的不含期权债券，有赎回权的债券在利率下降时，其价格的涨幅比较小，有回售权的债券在利率上涨时其价格的跌幅比较小。当然，债券中可能还嵌有其他期权，如转换权或交换权，这些期权虽然对利率的敏感性可能小于赎回权或回售权，但利率变化对债券价格的影响由于期权的存在仍然会发生改变。

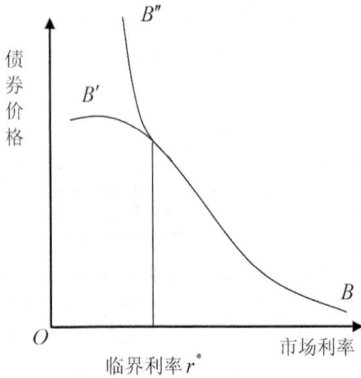

图 4.4 嵌有赎回权债券价格与市场利率变化关系　　图 4.5 嵌有回售权债券价格与市场利率变化关系

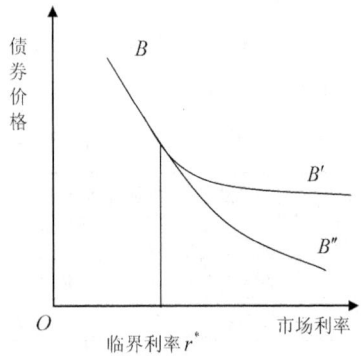

4. 收益曲线与利率风险

收益曲线是指在某一时点上不同期限的无违约风险债券（如国债）的收益率。由于其他债券都以无风险债券收益率为基础进行交易，所以不同时点上的收益曲线可以用来估计不同时点的市场利率。在其他条件相同时，债券发行时收益曲线的水平会影响到债券价格的敏感性。当收益曲线较高时，债券的价格敏感性较小；而收益曲线较低的债券价格敏感性较大。例如 10 年期面值为 100 元，每年付息一次，票面利率为 6% 的债券，当收益率为 10% 时，其市场价格为 75.42 元。如果市场收益率下跌至 9%，其新的价格为 80.75 元，相对升幅为 7.06%；如果市场收益率再降为 8%，则新的价格为 86.58 元，同样 1 个百分点的利率下跌，价格的相对升幅变为 7.22%。

5. 浮动利率债券的利率风险

虽然浮动利率债券的票面利率会定期重订，但由于重订周期的长短不同、风险贴水变化及利率上、下限规定等，仍然会导致债券收益率与市场利率之间的差异，这种差异也必然导致债券价格的波动。通常债券票面利率的重订周期越长，导致债券的收益率与市场利率出现差异的不确定性会越大，因此其价格的波动性越大。例如，其他条件完全相同的两只债券，一只是每天调整利息，另一只是 1 年调整一次利息，显然前一只出现利率差的可能性及出现较大幅度的利率差的可能性都要小于后者，其价格对利率的敏感性也会小于后者。

6. 利率风险的价值

通常可以用基点价值（Price Value of a Basis Point）和价格波动的收益率价值（Yield Value of a Price Change）来衡量利率风险。

（1）基点价值。

基点价值指市场利率变动一个基点，导致债券价格的变化额。

【例 4.3】 某债券面值为 100 元，期限 5 年，票面利率为 9%，半年付息一次，目前市价为 100 元。求该债券的基点价值。

解答：

由于目前债券价格与面值相等，因此债券的到期收益率为 9%。若债券的到期收益率增加 1 个基点至 9.01%，则债券新的价格为

$$P = \sum_{t=1}^{10} \frac{4.5}{(1+4.505\%)^t} + \frac{100}{1.045\,05^{10}} = 99.960\,4 \text{（元）}$$

基点价值＝100－99.960 4＝0.039 6（元）

若债券的到期收益率下降 1 个基点至 8.99%，则债券新的价格为

$$P = \sum_{t=1}^{10} \frac{4.5}{(1+4.495\%)^t} + \frac{100}{1.044\,95^{10}} = 100.039\,6 \text{（元）}$$

基点价值＝100.039 6－100＝0.039 6（元）

即无论债券的到期收益率增加或下降 1 个基点，计算的基点价值的误差不大，都是 0.039 6 元，事实上两者之间计算的结果还是存在一定差异的。

（2）价格波动的收益率价值。

价格波动的收益率价值是指债券价格发生一定金额变化所对应的到期收益率变化的幅度，其也是间接衡量债券流动性的一个指标。在美国一般以 1/32 美元作为债券价格的变化幅度，在我国交易所债券市场上，通常以 0.01 元作为最小价格变动单位。以我国债券市场举例说明。

【例 4.4】 某债券面值为 100 元，期限 5 年，票面为利率 9%，半年付息一次，目前市价为 100 元。求该债券价格波动的收益率价值。

解答：

由于目前债券价格与面值相等，因此债券的到期收益率为 9%。若债券的价格变化至 100.01 元，则债券新的到期收益率为

$$100.01 = \sum_{t=1}^{10} \frac{4.5}{(1+y/2)^t} + \frac{104.5}{(1+y/2)^{10}}$$ ，利用规划求解，可得 $y = 8.9975\%$

价格波动的收益率价值 $= 9\% - 8.9975\% = 0.0025\%$

若债券的价格变化至 99.99 元，则债券新的到期收益率为

$$99.99 = \sum_{t=1}^{10} \frac{4.5}{(1+y/2)^t} + \frac{104.5}{(1+y/2)^{10}}$$ ，利用规划求解，可得 $y = 9.0025\%$

价格波动的收益率价值 $= 9.0025\% - 9\% = 0.0025\%$

上述对债券价格的分析相对简单和直观，下面我们从久期（Duration）和凸率（Convexity）的角度来对债券利率风险进行更进一步的深入分析。久期与凸率是衡量债券价格风险的两个主要指标。久期，也有译为持续期，包括金额久期、比率久期、修正久期、有效久期、关键利率久期等。久期指标可以分析在到期收益率曲线水平移动和非水平移动情况下，利率变化对债券价格的影响。同样，凸率有金额凸率、比率凸率、修正凸率和有效凸率等指标。凸率的引入有效地弥补了久期指标的不足，可以更精确地衡量债券价格风险。同时久期和凸率这两个指标还广泛地应用在组合免疫和避险上。其中组合免疫是让资产的价格风险与负债的价格风险相同，从而使得组合自身的权益价值不受市场利率变化的影响；组合避险是指为了避免组合中某种流动性较差的资产的价格风险，而出售另外一种流动性较好的债券，间接回避组合中流动性较差的那种资产的价格风险。

4.3

债券的久期

4.3.1　金额久期

1. 金额久期的定义及推导

金额久期是指市场利率发生 1 个百分点的变化，债券价格变化的金额。根据债券的定价原理易知债券的价格为

$$P = \sum_{t=1}^{n} \frac{C_t}{(1+y_t)^t}$$

式中，P 表示债券的价格；C_t 表示债券 t 时点的现金流；y_t 表示 t 时点的即期利率；n 表示债券的偿还期。

若即期利率发生一个微小的变化，则债券的价格变化为债券价格的全导数，即

$$\mathrm{d}P = \sum_{t=1}^{n} \frac{-t \times C_t}{(1+y_t)^{t+1}} \mathrm{d}y_t$$

如果假设到期收益曲线是平行移动的，即每一个时点的利率都变动 $\mathrm{d}y$，则债券价格的变化可表示为

$$\mathrm{d}P = \sum_{t=1}^{n} \frac{-t \times C_t}{(1+y_t)^{t+1}} \mathrm{d}y$$

为简化分析，假设利率期限结构呈水平状，即不同时点的即期利率均相等（$y_1 = y_2 = \cdots = y_n = y$），这等价于利用到期收益率的概念来对债券进行定价，到期收益率发生一个微小的变化，债券的价格变化可表示为

$$\mathrm{d}P = \sum_{t=1}^{n} \frac{-t \times C_t}{(1+y)^{t+1}} \mathrm{d}y = -\frac{1}{1+y} \sum_{t=1}^{n} \frac{t \times C_t}{(1+y)^{t}} \mathrm{d}y \approx \frac{1}{1+y} \sum_{t=1}^{n} \frac{-t \times C_t}{(1+y_t)^{t}} \mathrm{d}y \tag{4.1}$$

为解释金额久期的概念，我们把 $\dfrac{1}{1+y}$ 作为共同因子提出来，以此简化求取债券价格变化的近似等式。这样在到期收益率曲线非水平时，估计市场利率发生微小变化引起债券价格变化的等式，与到期收益率曲线为水平情况下估计债券价格变化的等式近似相同，即

$$\mathrm{d}P = \sum_{t=1}^{n} \frac{-t \times C_t}{(1+y_t)^{t+1}} \mathrm{d}y_t \approx \frac{1}{1+y} \sum_{t=1}^{n} \frac{-t \times C_t}{(1+y_t)^{t}} \mathrm{d}y$$

定义不同时点的现金流现值为 $V(C_t)$，即 $V(C_t) = C_t / (1+y_t)^t$，则有

$$\mathrm{d}P = -\frac{1}{1+y} \sum_{t=1}^{n} t \times V(C_t) \mathrm{d}y$$

定义 $\Delta_{\text{金额}}$ 为金额久期，该指标反映市场利率变化 1 个标准单位而引起的债券价格变化的金额，即

$$\Delta_{\text{金额}} = \sum t \frac{C_t}{(1+y)^t} = \sum t V(C_t) \tag{4.2}$$

若市场利率变化 1 个百分点，则引起的债券价格变化 $\mathrm{d}P \approx -\Delta_{\text{金额}} \times \mathrm{d}y = -\Delta_{\text{金额}}/100$

【例 4.5】有一只 20 年期的附息债券，面值 100 元，票面利率为 10%，每年支付 1 次利息。到期收益率选取市场利率期限结构数据，如表 4.6 第 2 列所示，经过计算可得该债券的金额久期为 1 550.11，其经济含义是，如果到期收益率曲线水平移动 1 个百分点，那么债券价格将波动 15.5 元，计算过程如表 4.6 所示。

表 4.6　　　　　　　　　　金额久期和金额凸率的计算

期限（年）	到期收益率(%)	折现因子	现金流	现值	$t \times$ 现值	$t \times (t+1) \times$ 现值
1	4.505 6	0.956 9	10	9.569	9.569	19.138
2	4.675 3	0.912 7	10	9.127	18.254	54.762
3	4.837 7	0.867 9	10	8.679	26.037	104.148
4	4.992 7	0.822 9	10	8.229	32.916	164.58
5	5.140 4	0.778 3	10	7.783	38.915	233.49
6	5.280 7	0.734 4	10	7.344	44.064	308.448
7	5.413 6	0.691 4	10	6.914	48.398	387.184
8	5.539 1	0.649 7	10	6.497	51.976	467.784
9	5.657 0	0.609 4	10	6.094	54.846	548.46
10	5.767 5	0.570 8	10	5.708	57.08	627.88
11	5.870 5	0.533 9	10	5.339	58.729	704.748
12	5.965 9	0.498 9	10	4.989	59.868	778.284
13	6.053 7	0.465 8	10	4.658	60.554	847.756
14	6.134 0	0.434 5	10	4.345	60.83	912.45
15	6.206 7	0.405 2	10	4.052	60.78	972.48
16	6.271 8	0.377 8	10	3.778	60.448	1 027.616
17	6.329 2	0.352 3	10	3.523	59.891	1 078.038

期限（年）	到期收益率(%)	折现因子	现金流	现值	$t \times$现值	$t \times (t+1) \times$现值
18	6.379 0	0.328 5	10	3.285	59.13	1 123.47
19	6.421 2	0.306 5	10	3.065	58.235	1 164.7
20	6.455 7	0.286 2	110	31.482	629.64	13 222.44
债券价格				144.46		
金额久期					1550.11	
金额凸率						24 747.86
若 $\Delta y = 1\%$，债券价格变化					15.501 1	1.237 4

若债券 1 年付息 2 次，根据债券的定价原理，则有

$$P = \sum_{t=1}^{n} \frac{C_t}{(1 + y_t / 2)^t}$$

$$dP = \sum_{t=1}^{n} \frac{-t \times C_t}{2 \times (1 + y_t / 2)^{t+1}} dy_t \approx -\frac{1}{1 + y / 2} \sum_{t=1}^{n} \frac{t \times C_t}{2 \times (1 + y_t / 2)^t} dy$$

金额久期的计算公式仍为 $\varDelta_{金额} = \sum t \frac{C_t}{(1 + y)^t} = \sum t V(C_t)$，但市场利率每变动 1 个百分点所引起

的债券价格的变化为 $dP = \sum_{t=1}^{n} t \times V(C_t) \frac{\Delta y}{2} = \varDelta_{金额} / 200$。

以此类推，若一年付息 N 次，则市场利率每变动 1 个百分点所引起的债券价格的变化为

$$dP = \sum_{t=1}^{n} t \times V(C_t) \left(\frac{\Delta y}{N} \right) = \varDelta_{金额} / (100 \times N) \tag{4.3}$$

需要注意的是，由于付息的频率增加，因此付息的时间点也会成倍增加。在不同付息频率下，计算的金额久期的值是不同的。

2. 金额久期的几何解释

根据前面对金额久期的推导和定义，将金额久期理解为债券价格—到期收益率的一阶导数可能更直观一些，金额久期的几何解释如图 4.6 所示。

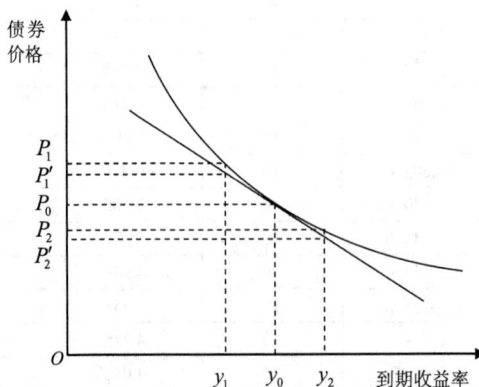

图 4.6 金额久期的几何解释

如果 y 表示到期收益率曲线，当前的短期市场利率为 y_0，对应的债券价格为 P_0。当市场利率下降到 y_1 时，债券的价格应上升至 P_1，但通过金额久期计算的债券价格上升至 P_1'。债券实际价格与估计价格之间的差距为 $P_1 - P_1'$。当市场利率上升到 y_2 时，债券的价格应下降至 P_2，但通过金额久期计算的债券价格下降至 P_2'，债券实际价格与估计价格之间的差距为 $P_2 - P_2'$。不过很显然，当市场利率变化较小时，债券实际价格与利用金额久期估计的债券价格之间的误差不大。但当市场利率波动较大时，二者之间的误差就会很明显，这也说明了单一利用久期指标在估计债券价格风险时的局限性。由图 4.6 可知，无论利率上升或下降，债券实际价格均大于基于金额久期的估计价格，这说明有某种因素在影响着债券的实际价格，而使得实际价格比单一利用久期来估计的价格高，这一因素即是凸率。不过需要注意的是，图 4.6 的结果仅局限于假设债券在不同时间点上到期收益率不变的情景。若利用利率期限结构为债券定价，并假设到期收益率曲线水平上升或下降，则此时利用全价法计算的价格不一定大于利用金额久期估计的价格，下面举例说明。

【例 4.6】某 10 年期附息债券，面值为 100 元，票面利率为 6%，1 年付息一次，到期收益率如表 4.7 所示，试分别计算收益率波动基点 ±10、±50、±100、±200 时债券实际价格与基于金额久期的估计价格之间的偏差。

表 4.7　　　　　　　　　　　　　　不同期限的到期收益率

期限（年）	到期收益率（%）	期限（年）	到期收益率（%）
1	4.505 6	6	5.280 7
2	4.675 3	7	5.413 6
3	4.837 7	8	5.539 1
4	4.992 7	9	5.657 0
5	5.140 4	10	5.767 5

解答：

首先根据债券的票面利率和到期收益率曲线，计算债券目前的市场价格为 102.644 8 元，金额久期为 800.021 5 元，显然若到期收益率水平上升或下降，基于金额久期估计的债券价格为

$$100.644\ 8 - 800.021\ 5 \times \Delta y$$

其中，Δy 为到期收益率的波动基点。

表 4.8 所示在不同的变动基点下全价法与金额久期估计价格之间的差值情况。

表 4.8　　　　　　　　　　全价法与金额久期法预测的债券价格的差异

收益率变化（%）	0.01	−0.01	0.10	−0.10	0.50	−0.50	1	−1
全价法债券价格（元）	102.569	102.721	101.89	103.41	98.95	106.52	95.42	110.59
久期法债券价格（元）	102.565	102.725	101.84	103.44	98.64	106.64	94.64	110.65
两者差额（元）	0.004	−0.004	0.05	−0.04	0.30	−0.12	0.77	−0.05

由表 4.8 可知，若到期收益率曲线水平上升 1 个基点，债券价格将下降到 102.569 元，下降幅度为 0.076 元。若到期收益率曲线水平下降 1 个基点，债券价格将上升 0.076 元，达到 102.721 元。若利用金额久期，也可以计算债券价格的波动[（不考虑 $1/(1+y)$ 的影响）]，由于金额久期为 800.021 5，到期收益率水平上升或下降 1 个基点，债券价格变化数额为 0.08 元。因此，在市场利率波动很小的

时候，通过金额久期来估计债券价格的变化，有很高的精度。

当市场利率波动较大时，使用金额久期估计债券价格会产生一定的误差。例如，假定到期收益率曲线水平上升 100 个基点，债券价格将下降到 95.419 元，下降幅度为 7.226 元；若到期收益率曲线水平下降 100 个基点，债券价格将上升至 110.59 元，上升幅度达到 7.945 元。而通过金额久期估计债券价格波动为 8.00 元，与债券实际价格波动相比产生了较大的偏差。

4.3.2　比率久期

比率久期又称为麦考利久期（Macaulay Duration），主要考察 1 个百分点的市场利率波动对债券价格波动幅度的影响，通常用 D 来表示债券的比率久期。比率久期是金额久期的拓展，在金额久期的基础上除以债券的价格，即得到债券的比率久期。具体的推导过程如下。

由金额久期的推导公式：$\mathrm{d}P = -\dfrac{1}{1+y}\sum_{t=1}^{n} t \times V(C_t)\mathrm{d}y$

两边同时除以债券的价格 P 可得

$$\frac{\mathrm{d}P}{P} = -\frac{\dfrac{1}{1+y}\sum_{t=1}^{n} t \times V(C_t)\mathrm{d}y}{P} = -\frac{\sum_{t=1}^{n} t \times V(C_t)}{P} \times \frac{1}{1+y} \times \mathrm{d}y = -\frac{\Delta_{金额}}{P} \times \frac{1}{1+y} \times \mathrm{d}y$$

定义 $D = \dfrac{\Delta_{金额}}{P}$

则 $\dfrac{\Delta P}{P} = -D \times \dfrac{1}{1+y} \times \mathrm{d}y = -D \times \dfrac{1}{1+y} \times \Delta(1+y)$

通常我们习惯上用比率久期衡量从现金流角度收回投资需要的加权平均时间，其权重为不同时点的现金流现值占成本（即债券价值）的比例，即

$$D = \frac{\Delta_{金额}}{P} = \frac{\sum_{t=1}^{n} t \times V(C_t)}{\sum_{t=1}^{n} V(C_t)} = t \times \sum_{t=1}^{n} \frac{V(C_t)}{\sum_{t=1}^{n} V(C_t)} \tag{4.4}$$

依据比率久期的计算原理，在假设到期收益率 y 水平的情景下，可得到关于比率久期的以下性质。

性质 1：零息债券的比率久期等于期限本身，附息债券的比率久期一定小于期限本身。这表明零息债券的价格风险相对于附息债券会略高一些。

假设某零息债券的期限为 T，面值为 C_T，则其现值为

$$P_0 = \frac{C_T}{(1+y)^T}$$

两边求微分，

$$\mathrm{d}P_0 = -\frac{C_T}{(1+y)^T} \times T \times \frac{\mathrm{d}(1+y)}{(1+y)} = -T \times P_0 \times \frac{\mathrm{d}(1+y)}{(1+y)}$$

则有

$$\frac{\mathrm{d}P_0}{P_0} = -T \times \frac{\mathrm{d}(1+y)}{(1+y)}$$

即零息债券的比率久期 $D = T$。

而对于附息债券，假设期限为 T，每年付息一次，则有

$$D = \frac{\sum_{t=1}^{T} t \times V(C_t)}{\sum_{t=1}^{T} V(C_t)} = \sum_{t=1}^{T} \frac{V(C_t)}{\sum_{t=1}^{T} V(C_t)} \times t \leqslant \sum_{t=1}^{T} \frac{V(C_t)}{\sum_{t=1}^{T} V(C_t)} \times T \leqslant T$$

即附息票债券的比率久期一般不会高于同期的零息债券，但这仅限于未来具有稳定正现金流流入的债券产品，如果未来持有期间有现金流的流出，则计算的比率久期有可能长于债券的期限。

【例 4.7】假设市场上存在一系列不同期限和不同票面利率的附息债券，市场利率为 10%，债券每年付息一次，并假设这些债券都不存在违约风险，则不同票面利率债券的比率久期如表 4.9 所示。

表 4.9　　　　　　　　　　不同期限、不同票面利率债券的 D 系数

票面利率（%）	到期期限 T（年）		
	3	5	10
0	3	5	10
4	2.88	4.57	7.95
6	2.82	4.41	7.62
8	2.78	4.28	7.04
10	2.74	4.17	6.76
12	2.70	4.07	6.54
14	2.66	3.99	6.36

由表 4.9 可知，零息债券的 D 系数等于到期期限，其期限越长，则其 D 系数越大，那么收益曲线的变动所导致的风险就越大。所以零息债券的期限一般较短，以降低风险。而对于附息票债券，由于其 D 系数小于其到期期限，尽管期限较长，但 D 系数相对较小，收益曲线的变动所导致的风险也较小。

性质 2：比率久期与票面利率呈负相关。

即票面利率越高，D 系数越小。主要原因在于，若票面利率较高，则每一期支付的利息的现值占总价值的比例就较高，这使得总的现金流的大部分以利息的形式在较短的期限收回。如表 4.9 中所示，同为 3 年期的债券，票面利率为 10% 的债券的比率久期为 2.74 年，但票面利率为 4% 的债券的比率久期为 2.88 年。

性质 3：比率久期与市场利率呈负相关。

主要原因在于，若市场利率较低，则债券后期的现金流的现值占总价值的比例较高，使得后期年数的加权系数变大，从而导致 D 系数变大。

性质 4：永久性债券的比率久期为 $\frac{1+y}{y}$（其中 y 为永久性债券每年支付的票面利率）。

4.3.3　修正久期

修正久期是在比率久期的基础上考虑短期利率的影响，定义修正久期为

$$D_M = \frac{D}{1+y} \tag{4.5}$$

若债券为半年付息 1 次，则

$$D_M = \frac{D}{1+y/2}$$

【例 4.8】某债券的金额久期为 1 550.11，若债券价格为 144.46 元，每年付息 1 次，假设市场利率水平且为 4.505 6%，请计算该债券的修正久期。

解答：

首先计算比率久期，即

$$D = \frac{1\,550.11 \times 1\%}{144.46} = 10.73\%$$

再计算修正久期，即

$$D_M = \frac{D}{1+y} = \frac{10.73\%}{1+4.505\,6\%} = 10.27\%$$

4.3.4　有效久期

一些结构化固定收益产品的现金流量是不确定的，当市场利率发生变化后，可能同时导致贴现率及未来现金流量发生变化。现金流量不确定，将导致该类证券的价格变化比较复杂，很难利用价格对市场利率的简单求导来估计。为了估计这类证券价格受利率波动的影响程度，可以使用有效久期的概念。有效久期的定义如下：

$$D_{effective} = \frac{P_- - P_+}{y_+ - y_-}\bigg/ P = \frac{P_- - P_+}{2 \cdot \Delta y \cdot P} \tag{4.6}$$

其中，P_- 为市场利率下降 Δy 时债券的价格；P_+ 为市场利率上升 Δy 时债券的价格；P 为债券当前的价格；Δy 为市场利率波动的基点。

从有效久期的公式内涵可知，有效久期测算的是在市场利率发生微小变化后，债券价格发生了多大幅度的变化。有效久期可以用几何图形进行解释，如图 4.7 所示。

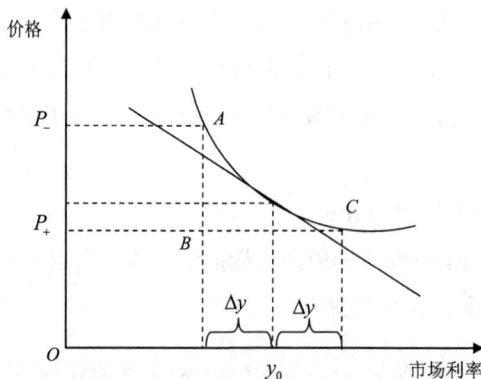

图 4.7　有效久期的几何解释

在图 4.7 中，AB 相当于 $P_- - P_+$，而 BC 相当于 $2 \cdot \Delta y$，AB/BC 相当于市场利率的一个微小变化引起债券价格多大金额的变化，而这一金额变化再除以债券价格 P_0，就相当于比率久期的概念。

【例 4.9】某只债券当前的价格为 105 元。如果利率上升 0.5 个百分点，则价格降到 102.5 元；如果利率下降 0.5 个百分点，则价格上升到 107.75 元。请计算该债券的有效久期，并计算该债券在利率下降 1 个百分点时的价格。

解答：

根据有效久期的计算公式，有

$$D_{\text{effective}} = \frac{P_- - P_+}{y_- - y_+} \Big/ P = \frac{107.75 - 102.5}{0.01} \Big/ 105 = 5.00$$

若市场利率下降 1 个百分点，则价格变化为

$$\Delta P = P \times D_{\text{effective}} \times 1\% = 105 \times 5.00\% = 5.25 \text{（元）}$$

即新的债券价格为 105+5.25=110.25（元）

4.3.5 关键利率久期

金额久期、比率久期及修正久期，都是基于到期收益率曲线水平移动的假设，且是针对非含权债券而言的，但实际到期收益率曲线可能不是水平移动的，且若债券含权，则含权债券的现金流量也与市场利率的变动有很大关系。有效久期虽然能较好地应用于测算结构化固定收益产品的价格相对利率的变动，但关键利率久期在解决含权债券或到期收益率非水平移动时更加有效。

利率久期（Rate Duration）是指即期利率一定幅度的变化导致债券价格变化的金额。对应即期利率曲线上的每一点都存在一个即期利率久期。如果全部即期利率都变化相同的基点，那么债券价格变化的总金额就是金额久期。

关键利率久期（Key Rate Duration）是指关键即期利率的一定幅度的变化所产生的债券价格的变化。一般而言，关键利率包括 3 个月、1 年、2 年、3 年、5 年、7 年、10 年、15 年、20 年、25 年、30 年。得到关键利率久期后，其他利率久期可以用线性回归估计得到。

【例 4.10】有三个关键利率，期限分别为 2 年、16 年、30 年。由于关键利率久期就是零息债券的久期，而零息债券的期限就是关键利率的久期，考虑 A 和 B 两个组合，组合构成如表 4.10 所示。分别考虑即期利率水平变动与非水平变动情形下债券组合价格的变化。

表 4.10　　　　　　　　　　　组合 A 和组合 B 中三种零息债券的构成

组合	2 年债券	16 年债券	30 年债券
A	50%	0	50%
B	0	100%	0

解答：

由于三只债券均为零息债券，所有这三只债券的久期就是其期限，即 $D_2=2$，$D_{16}=16$，$D_{30}=30$。则组合 A 的关键利率久期为 $D_A=50\%\times2+0\%\times16+50\%\times30=16$
而组合 B 的关键利率久期为 $D_B=0\%\times2+100\%\times16+0\%\times30=16$

（1）若市场利率水平移动，组合A和组合B无差别。举例而言，假设不同时点的即期利率均下降10个基点，则

对于组合A：2年关键利率下降10个基点，组合价值上升0.1%（50%×0.1%×2），30年关键利率下降10个基点，组合价值上升1.5%（50%×0.1%×30），共上升1.6%，这与使用组合久期（D_A=16）计算的结果一致。

对于组合B：16年关键利率下降10个基点，组合价值上升1.6%（100%×0.1%×16），共上升1.6%，这与使用有效久期（D_B=16）来计算的结果相同。

（2）若市场利率非水平移动，组合A和组合B的价值可能会产生很大差异。假设2年即期利率上升10个基点，16年即期利率没有变化，30年即期利率下降10个基点。此时，两个组合价值变化情况如下所示。

对于组合A：2年即期利率上升10个基点，组合价值下降0.1%，30年即期利率下降10个基点，组合价值上升1.5%，共上升1.4%，若使用有效久期，则组合A的价值变动应为0，两者不一致。

对于组合B：由于16年即期利率没有变化，所以债券价值并没有变化！

4.3.6　久期指标的比较

通过上述对久期的分析，我们可以比较出不同久期指标的适用性和测度内涵差异，如表4.11所示。

表4.11　　　　　　　　　　　　　　不同久期指标的适用性和测度内涵比较

久期指标	适用性	测度内涵
金额久期	市场收益曲线非水平时（水平是其特例）	市场利率变化1个百分点，导致债券价格金额的变化（金额久期/100）
比率久期	市场收益曲线水平时	市场利率变化1个百分点，债券价格变化的百分比
有效久期	现金流不确定时	市场利率变化1个百分点，债券价格变化的金额值
关键利率久期	含权债券或到期收益率非水平移动时	
共性	在市场利率变化较小时，久期可以相对准确地估计债券价格的变化	

4.3.7　债券组合的久期

1. 组合的金额久期

对债券资产组合P，设 $\Delta_{i金额}$ 为组合中第 i 种债券的金额久期，x_i 为第 i 种债券的价值在组合P中所占的比例，组合P中的债券数为N种，则债券资产组合的金额久期为

$$\Delta_{组合金额} = \sum_{i=1}^{N} x_i \Delta_{i金额} \tag{4.7}$$

这里，x_i 可以是负数。当 x_i 为负数时，表明这种债券不是投资者的资产，而是负债，投资者可以通过发行这种债券筹措资金，并投资于其他债券。

2. 组合的比率久期

与组合的金额久期类似，对于债券资产组合 P，设 D_i 组合中第 i 种债券的 D 系数（比率久期），x_i 为第 i 种债券在组合 P 中所占的比例，组合 P 中的债券数为 N 种，则债券资产组合的 D 系数为

$$D_P = \sum_{i=1}^{N} x_i D_i \tag{4.8}$$

【例 4.11】某组合由三种债券构成。A 债券期限为 5 年，票面利率为 10%；B 债券期限为 15 年，票面利率为 8%；C 债券期限为 10 年，票面利率为 14%。三种债券都是每年付息 1 次，请求解该债券组合的久期。这三只债券的其他信息如表 4.12 所示。

表 4.12 组合中不同债券的信息

债券	价格（万元）	到期收益率（%）	面值（万元）	市场价值（万元）	比率久期
A	100.00	10	100	100.00	3.86
B	84.63	10	200	169.20	8.05
C	137.86	10	300	413.58	9.17

解答：

首先应求解出该债券组合中不同债券的权重，设 x_A、x_B、x_C 为该组合中不同债券的的投资比例，则有

$$x_A = \frac{100}{100 + 169.2 + 413.58} \times 100\% = \frac{100}{682.78} \times 100\% = 14.65\%$$

$$x_B = \frac{169.2}{100 + 169.2 + 413.58} \times 100\% = \frac{169.2}{682.78} \times 100\% = 24.78\%$$

$$x_C = \frac{413.58}{100 + 169.2 + 413.58} \times 100\% = \frac{413.58}{682.78} \times 100\% = 60.57\%$$

则该组合的比率久期为

$$D_{\text{组合}} = \sum_{i=1}^{3} x_i D_i = 14.65\% \times 3.86 + 24.78\% \times 8.05 + 60.57\% \times 9.17 = 8.12$$

其经济含义是，如果市场利率上升 1 个百分点，则该债券组合的价值将下降 8.12%。

4.4
债券的凸率

凸率衡量的是收益率—价格曲线弯曲的程度，即利率一个微小的变化而引起的债券久期的变化比率。通常，非含权债券都有正的凸率，投资者也比较倾向于选择具有正的凸率的债券进行投资，因为这会给他们带来额外的收益。一般而言，凸率会随着到期收益率的增加而降低。与债券的久期类似，凸率也有金额凸率、比率凸率及有效凸率的概念，我们简要进行说明。

4.4.1 金额凸率

1. 金额凸率的定义及推导

金额凸率是指利率一个微小的变化而引起的债券价格的额外变化金额，这一额外变化是基于久

期引起债券价格变化之上的。凸率直接来源于泰勒公式的展开，根据泰勒扩展序列公式，债券价格的变化可以用下式来表示：

$$\Delta P = \frac{\partial P}{\partial y} \cdot \Delta y + \frac{1}{2!} \cdot \frac{\partial^2 P}{\partial y^2} \cdot (\Delta y)^2 + \frac{1}{3!} \cdot \frac{\partial^3 P}{\partial y^3} \cdot (\Delta y)^3 + \cdots \tag{4.9}$$

由 $P = \sum_{t=1}^{n} \frac{C_t}{(1+y_t)^t}$，两边同时求微分

$$\frac{\partial P}{\partial y} \approx -\frac{1}{(1+y)} \cdot D_{\text{dollar}}$$

$$\frac{\partial^2 P}{\partial y^2} = \sum_{t=1}^{n} \frac{t(t+1)C_t}{(1+y_t)^{t+2}} \approx \frac{1}{(1+y)^2} \cdot \sum_{t=1}^{n} t(t+1) \cdot V(C_t)$$

记金额凸率为 Ω_{dollar}，定义 $\Omega_{\text{dollar}} = \sum_{t=1}^{n} t(t+1) \cdot V(C_t)$，则有

$$\partial P = -\frac{1}{(1+y)} \cdot D_{\text{dollar}} \cdot \mathrm{d}y + \frac{1}{2} \cdot \frac{1}{(1+y)^2} \cdot \sum_{t=1}^{n} \frac{t(t+1)C_t}{(1+y)^t} \cdot (\mathrm{d}y)^2$$

$$\partial P = -\frac{1}{(1+y)} \cdot D_{\text{dollar}} \cdot \mathrm{d}y + \frac{1}{2} \cdot \frac{1}{(1+y)^2} \cdot \Omega_{\text{dollar}} \cdot (\mathrm{d}y)^2$$

如果只取 $\Delta P = \frac{\partial P}{\partial y} \cdot \Delta y + \frac{1}{2!} \cdot \frac{\partial^2 P}{\partial y^2} \cdot (\Delta y)^2 + \frac{1}{3!} \cdot \frac{\partial^3 P}{\partial y^3} \cdot (\Delta y)^3 + \cdots$ 的前两项，那么债券价格的变化可以近似地表示为

$$\Delta P \approx \frac{\partial P}{\partial y} \cdot \Delta y + \frac{1}{2!} \cdot \frac{\partial^2 P}{\partial y^2} \cdot (\Delta y)^2$$

即

$$\Delta P = -\frac{1}{(1+y)} \cdot \Delta_{\text{dollar}} \cdot \Delta y + \frac{1}{2} \cdot \frac{1}{(1+y)^2} \cdot \Omega_{\text{dollar}} \cdot (\Delta y)^2 \tag{4.10}$$

有了凸率，投资者就可以相对准确地分析市场利率变化引起债券价格变化的幅度。由式（4.10）可知，若未来的现金流为正值，则计算的凸率 $\Omega_{\text{dollar}} > 0$，无论 Δy 是上涨或下跌，引起债券价格变化的第二项始终为正值。即若市场利率下降，债券价格实际上涨的幅度要大于仅考虑久期估计的涨幅；若市场利率上升，债券价格实际下降的幅度要小于仅考虑久期估计的跌幅。这也是为什么投资者要选择正凸率债券投资的原因所在。

以例 4.5 中表 4.6 金额久期和金额凸率的计算为例，通过计算可得债券的金额久期为 1 550.11，意味着到期收益率曲线水平移动 1 个百分点，债券的价格将变动 15.50 元。同时通过计算得出，该债券的金额凸率为 24 747.86，即若到期收益率曲线水平移动 1 个百分点，除金额久期导致的 15.50 元的价格变动外，还由于金额凸率的存在，价格再变动 1.237 元。即若利率水平下降 1 个百分点，债券价格上涨的总和为 16.737（15.50+1.237）元。

2. 不同付息频率下金额凸率计算

若债券每年付息 2 次，则根据定义，金额凸率的计算为

$$P = \sum_{t=1}^{n} \frac{C_t}{(1+y/2)^t}$$

$$\frac{\partial^2 P}{\partial y^2} = \frac{1}{4} \sum_{t=1}^{n} \frac{t(t+1)C_t}{(1+y/2)^{t+2}} = \frac{1}{4} \times \frac{1}{(1+y/2)^2} \cdot \sum_{t=1}^{n} t(t+1) \cdot V(C_t)$$

即金额凸率 $\Omega_{\text{dollar}} = \frac{1}{4} \times \sum_{t=1}^{n} t(t+1) \cdot V(C_t)$

相应地，若债券每年付息 m 次，则金额凸率的计算是

$$P = \sum_{t=1}^{n} \frac{C_t}{(1+y/m)^t}$$

$$\frac{\partial^2 P}{\partial y^2} = \frac{1}{m^2} \sum_{t=1}^{n} \frac{t(t+1)C_t}{(1+y/m)^{t+2}} = \frac{1}{m^2} \times \frac{1}{(1+y/m)^2} \cdot \sum_{t=1}^{n} t(t+1) \cdot V(C_t)$$

即金额凸率为

$$\Omega_{\text{dollar}} = \frac{1}{m^2} \times \sum_{t=1}^{n} t(t+1) \cdot V(C_t) \tag{4.11}$$

3. 凸率的几何解释

考虑到凸率的作用后，债券价格的估计值更加接近债券的实际价格。在正的凸率的情形下，市场利率下降时债券价格上升的幅度会比仅通过久期估计的价格上升幅度大；而市场利率上升时债券价格下降的幅度却比仅通过久期估计的价格下降的幅度小（变化关系可用图 4.8 表示）。

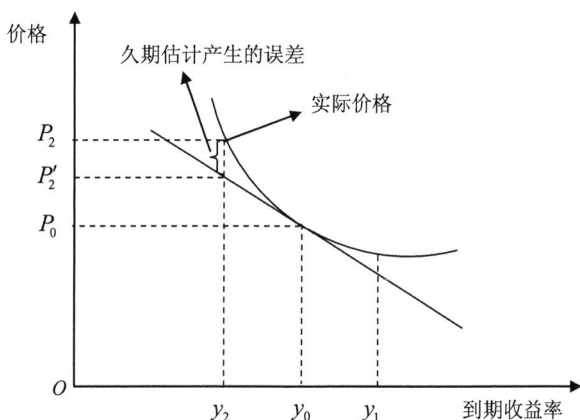

图 4.8　金额凸率的几何解释

我们通过举例来说明引入金额凸率对债券价格变动的影响。仍以例 4.5 为例，债券是 20 年期的附息债券，面值为 100 元，票面利率为 10%，每年支付 1 次利息。可得到债券的价格是 144.46 元，金额久期为 1 550.11，金额凸率为 24 747.86。我们检验一下引入金额凸率后对提升债券价格估计精确性的作用。

若到期收益率曲线平行上升 100 个基点，债券的实际价格为 130.88 元，下降 13.58 元。若到期收益率曲线平行下降 100 个基点，则债券的实际价格为 160.23 元，上升 15.77 元。而通过金额久期

估计债券价格波动为 15.50（1 550.11×1%=15.50）元，与债券实际价格有一定偏差。引入金额凸率后，当到期收益率曲线上升或下降 100 个基点时，金额凸率所带来的价格幅度增加均为 1.24（24 747.86×1%²/2）元。利用久期和凸率两个指标估计债券价格的双重作用，利率上升 100 个基点时，债券价格下降 14.26 元，利率下降 100 个基点时，债券价格上升 16.74 元，整体偏差有所改进。计算步骤如下。

利率上升 100 个基点时，

$$\Delta P = -\frac{1}{(1+y)} \cdot \Delta_{\text{dollar}} \cdot \Delta y + \frac{1}{2} \cdot \frac{1}{(1+y)^2} \cdot \Omega_{\text{dollar}} \cdot (\Delta y)^2 \approx -1\,550.11 \times 1\% + \frac{1}{2} \times 24\,747.86 \times 1\%^2$$
$$= -14.26（元）$$

利率下降 100 个基点时，

$$\Delta P = -\frac{1}{(1+y)} \cdot \Delta_{\text{dollar}} \cdot \Delta y + \frac{1}{2} \cdot \frac{1}{(1+y)^2} \cdot \Omega_{\text{dollar}} \cdot (\Delta y)^2 \approx 1\,550.11 \times 1\% + \frac{1}{2} \times 24\,747.86 \times 1\%^2 = 16.74（元）$$

但一些含权债券，比如可赎回债券，其凸率可能是负值。因为对于可赎回债券而言，若市场利率下降，一方面由于折现因子增加，债券的价值将提高，另一方面，由于当市场利率下降到某一程度时，发行人的赎回权执行的可能性增大，债券价格有可能下降。因此，当市场利率降到一定幅度时，债券的凸率变成了负数，即可赎回债券价格曲线的某一段可能呈现凹向原点，而不再是凸向原点，如图 4.9 所示。

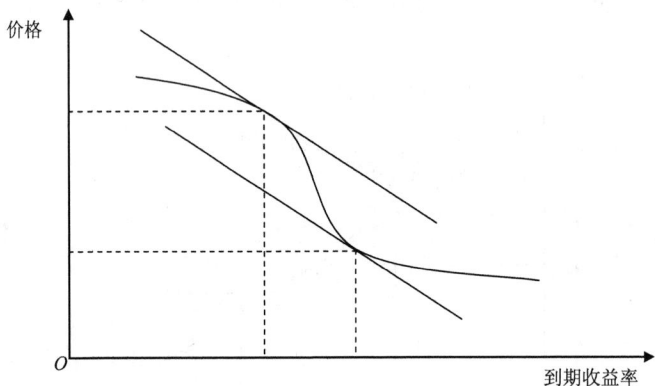

图 4.9 含权债券的凸率特征

4.4.2 比率凸率

比率凸率与比率久期类似，指考虑由于凸率的作用，当市场利率变动 1 个百分点时债券价格波动的百分比幅度，其为金额凸率与债券价值的比值，具体如下：

若债券每年付息 1 次，则比率凸率为 $\Omega_{\text{Ratio}} = \frac{1}{P} \cdot \sum_{t=1}^{n} t \cdot (t+1) \cdot V(C_t)$

若债券每年付息 N 次，则比率凸率为：$\Omega_{\text{Ratio}} = \frac{1}{N^2 P} \cdot \sum_{t=1}^{n \times N} t \cdot (t+1) \cdot V(C_t)$

4.4.3 修正凸率

修正凸率是在比率凸率的基础上，考虑短期利率大小对比率凸率的影响而进行的修正，即修正凸率为比率凸率与短期利率$(1+y)^2$的比值，具体而言：

若债券每年付息 1 次，则修正凸率为$\Omega_m = \dfrac{1}{(1+y)^2} \cdot \dfrac{1}{P} \cdot \sum_{t=1}^{n} t \cdot (t+1) \cdot V(C_t)$

若债券每年付息 N 次，则修正凸率为$\Omega_m = \dfrac{1}{(1+y/N)^2} \cdot \dfrac{1}{N^2 P} \cdot \sum_{t=1}^{n} t \cdot (t+1) \cdot V(C_t)$

当得到修正久期和修正凸率后，债券价格波动幅度近似等价于

$$\frac{\Delta P}{P} \approx -D_m \cdot \Delta y + \frac{1}{2} \cdot \Omega_m \cdot (\Delta y)^2 \tag{4.12}$$

4.4.4 有效凸率

对于一些含权证券和结构化利率产品，用数学上的二阶导数来估计凸率的影响程度比较困难，这类产品的现金流量受利率影响的程度较大，很难用一个简单的数学等式来进行估计。类似于有效久期指标，有效凸率的定义如下：

$$\Omega_{\text{effective}} = \frac{P_+ + P_- - 2P_0}{2P_0 (\Delta y)^2} \tag{4.13}$$

有效凸率的几何含义如下。P_+ 为利率上升 Δy 时的价格，P_- 为利率下降 Δy 时的价格，$P_+ + P_- - 2P_0$ 为弯度，不过是由 $2\Delta y$ 引起的，利率发生一个单位 Δy 的变化，引起的弯曲程度为 $\frac{1}{2}(P_+ + P_- - 2P_0)$。实际上，根据泰勒扩展公式，由凸率引起的债券价格波动为 $\frac{1}{2}\frac{\mathrm{d}^2 P}{\mathrm{d}y^2}$，而 $\frac{\mathrm{d}^2 P}{\mathrm{d}y^2}$ 可以理解为利率变化对久期变化的影响。在利率分别为 $y_0 - \frac{1}{2}\Delta y$ 和 $y_0 + \frac{1}{2}\Delta y$ 时，$D_1 = \dfrac{P_- - P_0}{\Delta y}$，

$D_2 = \dfrac{P_0 - P_+}{\Delta y}$，在 y_0 点，凸率 $\Omega = \dfrac{D_1 - D_2}{\Delta y} = \dfrac{\frac{P_- - P_0}{\Delta y} - \frac{P_0 - P_+}{\Delta y}}{\Delta y} = \dfrac{P_+ + P_- - 2P_0}{(\Delta y)^2}$。有效凸率的几何解释如图 4.10 所示。

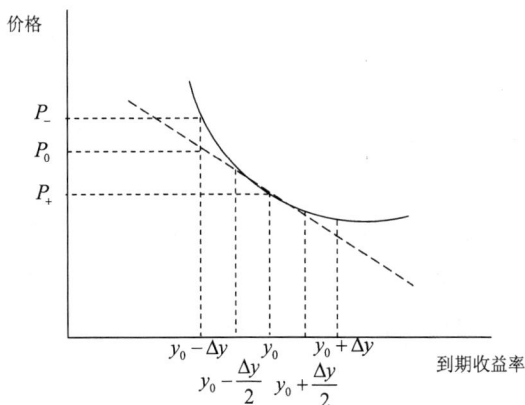

图 4.10　有效凸率的几何解释

利用有效凸率指标可以近似地求解一个债券的凸率的大小，而不管该债券是否为含权债券。此时债券价格波动可以通过下面公式来估计：

$$\frac{\Delta P}{P} = -D_{\text{effective}} \bullet \Delta y + \Omega_{\text{effective}} \bullet (\Delta y)^2 \tag{4.14}$$

值得注意的是，不同于利用修正凸率计算的债券价格波动幅度，利用有效凸率计算的价格波动幅度系数前面无 1/2，这主要与修正凸率和有效凸率指标自身的定义有关，因为有效凸率是根据凸率的本质意义估计出来的，而修正凸率则是通过债券价格对市场利率的二阶导数推导出来的。同时，还需要注意的是，在计算有效凸率时，即使对同一种债券，计算方法不同或计算时所选择的基点不同，以及所设定的收益率变动范围不同，都可能得到不同的凸率。从理论上讲，除非债券价格—收益率曲线为一个圆或对称曲线，否则任意一点上的凸率都可能不同。

4.4.5 债券组合的凸率

1. 组合的金额凸率

对债券资产组合 P，设 $\Omega_{i\text{金额}}$ 为组合中第 i 种债券的金额凸率，x_i 为第 i 种债券的价值在组合 P 中所占的比例，组合 P 中的债券数为 N 种，则债券组合的金额凸率是组合中不同债券金额凸率的加权总和，权重是组合中不同债券价值所占的占例，即

$$\Omega_{\text{组合金额}} = \sum_{i=1}^{N} x_i \bullet \Omega_{i\text{金额}} \tag{4.15}$$

这里，x_i 可以是负数。当 x_i 为负数时，表明这种债券是投资者的负债，投资者可以通过发行这种债券筹措资金，并投资于其他债券。

2. 组合的比率凸率

与组合的金额凸率类似，对于债券资产组合 P，设 $\Omega_{i,\text{ratio}}$ 为组合中第 i 种债券的比率凸率，x_i 为第 i 种债券价值在组合 P 中所占的比例，组合 P 中的债券数目为 N 种，则债券资产组合的比率凸率为

$$\Omega_{P,\text{ration}} = \sum_{i=1}^{N} x_i \Omega_{i,\text{ratio}} \tag{4.16}$$

4.4.6 凸率的特征

凸率衡量的是价格—收益率曲线弯曲的程度。凸率一般具有以下特征。

一是非含权债券的凸率都是正数。凸率的存在改善了债券价格的风险状况。在利率下降时债券价格上涨高于基于久期估计的结果；而当市场利率上升时债券价格下跌的幅度低于基于久期估计的结果。因此，若将久期作为衡量债券价格相对于市场利率变动的系统性风险敏感系数，正的凸率是债券价格下降时的风险缓冲。但对于嵌有期权的债券，其凸率也可能为负值，不过凸率有正有负，对投资者利用凸率进行风险管理提供了基础。

二是凸率与到期收益率之间负相关。主要原因在于，若到期收益率上升，则折现因子下降，现

金流现值与 $t(t+1)$ 的乘积下降，因此金额凸率降低。

三是在给定到期收益率和修正久期的情况下，票面利率越低，债券的凸率越小。

四是债券的凸率与时间效应相悖。当债券的凸率效应好时，时间效应就比较差；而当凸率效应较差时，时间效应就比较好。

4.5

债券的管理策略

债券投资的免疫，其目标就是让来自投资组合的收益满足负债的支付，而在投资之后不必再增加额外资本。简单地讲，债券投资免疫就是使资产和负债的现金流量相匹配（Cash Matching）。在金融市场上，对于一些未来负债支出有预期的主体而言，更需要对其组合采取免疫策略，如养老保险公司、商业银行等。免疫是为了预防未来利率发生变化导致不利情况的出现。若能够预测未来利率的变化趋势，那就采取主动的投资策略，不需要进行免疫，从而实现更大的收益；若能够判断利率将发生变化，但无法确定利率变化的方向，那就需要进行免疫；若对利率变化没有任何判断，最好采取被动的投资策略，持有债券至偿还期。

4.5.1 被动管理策略

被动管理策略认为债券市场有效，投资者不可能通过积极的债券投资来获取超额收益，唯一能做的是寻找使债券资产组合能避免利率期限结构变动影响的方法与技术。因为利率期限结构的变动是债券资产组合的主要风险来源，它将会影响一切债券价格的变化。

下面我们介绍三种最普遍的被动管理策略，即现金流匹配法、免疫法和指数化方法。

1. 现金流匹配法

所谓现金流匹配法（Cash-Flow Matching），是指选择具有最低成本的资产组合，并且该组合的现金流收入结构和投资者所将要面临的现金流支出结构刚好相同，也即现金收入流和支出流相匹配。

例如，某养老基金公司预计未来 3 年的支出计划是，第一年支出 1 000 万元，第二年支出 2 000 万元，第三年支出 3 000 万元。养老基金管理人在进行投资时，应当构建这样一个债券组合，使得债券组合的期限结构及本息和在今后 3 年分别有 1 000 万元、2 000 万元、3 000 万元的现金流入，正好匹配其所需支出。

从投资策略看，匹配法是一种被动的投资策略，因为一旦债券资产组合确定后，组合没有任何再投资现金流，也就没有再投资利率风险。而且由于债券仅在到期时出售，所以也没有利率风险。因此，任何变化因素，甚至是收益率曲线较大的变化也不会影响组合结构，仅仅在债券存在违约风险时，才会改变匹配法所决定的组合构成。

尽管由匹配法所决定的债券组合不存在不能偿还债务的风险（违约风险除外），但研究结果表明，现金流量匹配的债券组合一般成本较高。其主要原因是通常很难做到现金收入流和支出流的完全匹配，这就要求投资主体为匹配必须准备更多的资金，但超额资金通常只能以某种保守的、较低的再投资利率进行再投资。

2. 免疫法

在债券资产组合的管理过程中，选择 D 系数（即比率久期）与投资期限相等的债券资产组合，如果市场利率发生变化，那么在投资期结束时，利息再投资的变化和债券价格的变化会恰好相互抵消，从而使得债券资产组合的总价值保持不变，这种方法称为免疫法(Immunization)。简单地讲，免疫法是一种使资产和负债相匹配从而消除利率期限结构变动对组合价值产生影响的方法。通常，免疫有以下 4 个步骤：一是找到负债的久期；二是选择一个组合，使该组合的久期等于负债的久期；三是选择每个债券投资的数量，使得组合的现值等于负债的现值；四是当市场利率发生变化，或者负债偿还，组合中短期债券到期等情况发生后，要调整投资组合。当然投资者也可以利用修正久期、金额久期等来寻找免疫的策略，但无论利用哪种久期，资产与负债久期的定义要保持一致。这里主要采用 D 指数为例来阐述免疫法技术的应用。

假定，投资者有一项 5 年期的负债，需进行一项 5 年期附息债券的投资来匹配其支出，若不存在违约风险，他只能确认 5 年后债券到期时的价值（即面值和最后 1 期票面利息），但由于未来每期收到的利息的再投资利率无法确定，所以 5 年后债券的总价值并不能确定。倘若投资者不是投资 5 年期债券，而是购买期限大于 5 年的债券，则他不但不能确切知道利息收入再投资的利率，甚至连该债券 5 年后的价值也不能确知。研究结果表明，当债券持有期限和该债券的 D 系数相等时，利息再投资收益的变化恰好和债券价值的变化相抵消，从而使得持有期结束时，该债券的总价值不变。

【例 4.12】假设投资者四年以后要支付 163.68 元，投资者必须采取有效的管理策略来满足这个要求。假设目前市场利率为 11%，且利率期限结构水平，试分析投资者可采取的策略。

解答：

理想状态下，根据债券定价原理，如果市场上刚好有一只 4 年期债券，且不存在再投资利率风险，我们可以假设该债券的票面利率为 r，则根据债券 4 年后到期终值 163.68 元，可推导出该债券的票面利率 $r=13.52\%$。

即

$$163.68 = 100 \times r \times \left[(1+11\%)^3 + (1+11\%)^2 + (1+11\%) + 1 \right] + 100$$

可求解：$r=13.52\%$

即如果市场上刚好有一只面值为 100 元，票面利率为 13.52%，期限为 4 年且每年付息 1 次的债券，就能与未来投资者的支出相匹配。

此时进一步讨论，如果市场利率由 11%上升至 12%，此时再投资收益率高于市场利率，投资者能够保证现金流的支出；但如果市场利率下降，意味着再投资收益率下降，此时投资者将不能保证未来现金流的支出。因此，这种理想的投资策略不太可取，不能有效地回避利率风险。

如果投资者投资于票面利率为 13.52%，面值为 100 元，每年付息一次，但期限为 5 年期的债券。当市场利率为 11%时，可计算该债券的 D 系数为 4 年，正好为投资者支出的到期时间。我们可以考察一下当市场利率发生变化时债券价值的变化情况。计算结果如表 4.13 所示。

表 4.13　　　　　　　　　　　　　利率的期限结构对债券价值的影响　　　　　　　　　　（单位：元）

时间（年）	现金流	债券在第 4 年末的利息的利息、利息收入、资本利得		
		10%	11%	12%
1	13.52	$13.52×1.1^3$	$13.52×1.11^3$	$13.52×1.12^3$
2	13.52	$13.52×1.1^2$	$13.52×1.11^2$	$13.52×1.12^2$
3	13.52	$13.52×1.1$	$13.52×1.11$	$13.52×1.12$
4	13.52	13.52	13.52	13.52
5	113.52	$\dfrac{113.52}{1.1}$	$\dfrac{113.52}{1.11}$	$\dfrac{113.52}{1.12}$
债券在第 4 年末的价值		165.95	165.95	165.97

由表 4.13 可知，当市场收益为 11% 时，债券在第 4 年末的价值为 165.95 元，投资者能够支付第 4 年末到期的支出。

若利率突然下降到 10%，则债券的价格会上升，利息再投资收入会下降，但债券价格的增加和利息再投资收入的减少恰好能完全相互抵消，债券在第 4 年末的价值仍为 165.95 元。若利率突然上升到 12%，计算的结果基本相等。之所以会产生这样的结果，主要原因在于所选择的债券 D 系数为 4，恰好等于投资期限。由于该附息债券的 D 系数等于 4，相当于是一个 4 年期的零息债券，零息债券的价值不受市场利率变化的影响，所以基于 D 系数的复制，可知该附息债券的价值不变，这也说明投资者运用免疫法消除了利率变动对债券组合价值的影响。

【例 4.13】某投资者 3 年后需要 200 万元资金，目前市场利率为 8%。他有两个方案可用于解决这个问题。

方案 1，若市场上有一个 3 年期零息债券，其到期收益率是 8%，则现在投入 $200/1.08^3=158.77$（万元）即可。

方案 2，若市场利率仍为 8%，市场上只有面额均为 100 万元的 2 年期债券 A 和 5 年期债券 B，票面利率分别为 6% 和 8%，每年付息一次，到期还本，可以通过构建组合的方式来达到免疫的效果。那么如何来构建免疫如何呢？通过分析，判断组合免疫时可能存在哪些问题。

解答：

（1）构建组合方法如下。

步骤 1，先计算 2 年期债券 A 和 5 年期债券 B 的比率久期及修正比率久期。

$$D_A = \frac{\sum_{t=1}^{2}\dfrac{100\times6\%}{(1+8\%)^t}\times t+\dfrac{100}{(1+8\%)^2}\times 2}{\sum_{t=1}^{2}\dfrac{100\times6\%}{(1+8\%)^t}+\dfrac{100}{(1+8\%)^2}}=1.9424，\quad D_A'=\frac{1.9424}{1+8\%}=1.7985$$

$$D_B = \frac{\sum_{t=1}^{5}\dfrac{100\times8\%}{(1+8\%)^t}\times t+\dfrac{100}{(1+8\%)^5}\times 5}{\sum_{t=1}^{5}\dfrac{100\times8\%}{(1+8\%)^t}+\dfrac{100}{(1+8\%)^5}}=4.3121，\quad D_B'=\frac{4.3121}{1+8\%}=3.9927$$

步骤 2，计算投资于 2 年期和 5 年期债券的权重，分别为 w_A 和 w_B，利用久期和修正久期解得的

结果分别为

$$\begin{cases} 1.942\ 4w_A + 4.312\ 1w_B = 3 \\ w_A + w_B = 1 \end{cases} \Rightarrow \begin{cases} w_A = 0.553\ 7 \\ w_B = 0.446\ 3 \end{cases}$$

或

$$\begin{cases} 1.798\ 5w_A + 3.992\ 7w_B = 3 \\ w_A + w_B = 1 \end{cases} \Rightarrow \begin{cases} w_A = 0.452\ 4 \\ w_B = 0.547\ 6 \end{cases}$$

步骤 3，将 158.77 万元分别按照该比例投资即可。

首先计算 2 年期债券的价格为 96.43 元（即 $6/(1+8\%)+106/(1+8\%)^2$)，而 5 年期的债券由于票面利率等于到期收益率，所以价格等于面值，即为 100 元。

若使用比率久期，则得出的比例为

买 2 年期债券 158.77×0.553 7=87.92（万元），即 87.92/96.43=0.912 张面额为 100 万元的债券

买 5 年期债券 158.77×0.446 3=70.86（万元），即 70.86/100=0.709 张面额为 100 万元的债券

若使用修正比率久期则得出的比例为

买 2 年期债券 158.77×0.452 4=71.83（万元），即 71.83/96.43=0.745 张面额为 100 万元的债券

买 5 年期债券 158.77×0.547 6=86.94（万元），即 86.94/100=0.869 张面额为 100 万元的债券

（2）这样，无论市场利率从现在的 8%上升或下降，都会因为债券价格和再投资收益率的相反变动而抵消，不影响 3 年后 200 万元本息和目标的实现。假设市场利率 1 年后上升到 9%。

① 投资两年期债券 A，第 3 年末本息和的计算如下。

两年期债券在前 2 年每年的利息为 6 万元×0.745=4.47 万元

第 2 年的本息和=74.48+4.47=78.95（万元）

到第三年末，第 1 年的利息再投资 2 年和第 2 年的本息和再投资 1 年的本息和为

$$4.47×1.09^2+78.95×1.09=91.37（万元）$$

② 投资五年期债券 B 在第 3 年末的本息和的计算如下。

5 年期债券，前 3 年每年利息为 8 万元×0.869=6.95 万元

前 2 年利息再投资的本息和加上第 3 年的利息为 $6.95×（1.09^2+1.09+1）=22.796$（万元）

第 3 年底该 5 年期债券的卖价为 $6.95×（1/1.09+1/1.09^2）+86.94/1.09^2=85.40$（万元）

到第 3 年底投资该 5 年期债券的所获收入为 22.796+85.40=108.196（万元）

投资这两种证券到第 3 年底获得 91.37 万元+108.196 万元=199.566 万元，接近 200 万元，基本实现债券的免疫。

在债券组合的管理过程中，投资者同样大量使用免疫的债券组合来减少利率风险。在构造免疫的债券组合时，要先确定组合的 D 系数（即组合中不同债券 D 系数的加权平均和），通过对组合中不同债券权重的调整或选择不同 D 系数的债券来构建不同的债券资产组合。主要有两种特殊的战略。

（1）集中战略。即在构建债券组合时，选取那些 D 系数与组合 D 系数比较接近的债券。比如组合的 D 系数为 10，那么在选择组合样本时就选择那些 D 系数为 9~11 的债券。

（2）随机战略。与集中战略不同，随机战略所选取债券的 D 系数一般比较分散，与组合的 D 系

数相比偏离较多。

实践经验表明，集中战略较优，这也许是因为债券的 D 系数是一个近似值，所以债券组合中各债券 D 系数的数值较集中有利于测度，偏差较小。

使用免疫法构造免疫债券资产组合总是假定收益率曲线是水平的，曲线是平行移动的，并且变动只发生在所购买的债券产生任何现金流之前。然而在实际中，收益率曲线在开始时不会是水平的，而且变动既不可能是平行的也不可能在时间上有任何限制。另外，收益率曲线的变动会使得债券和债券组合的 D 系数发生变化，从而使得债券组合失去免疫能力。因此，需要频繁地对债券组合进行调整，重新构造免疫的债券组合，从这个意义上说，免疫法是一个积极的战略。

3. 指数化方法

指数法作为一种被动管理策略，它的理论依据是假设债券市场有效，在这样一个市场上，市场价格充分反映了债券价值的全部信息，投资者很难战胜市场。于是投资者希望通过一种方法来构造债券组合，并使得该债券组合的收益达到某种债券指数的收益，这样的一种方法称为指数化方法。

如果投资者采用指数化方法构造债券组合，那么投资者首先要选择一种债券指数作为追求的目标。在美国，有一系列指数可供选择。较为流行的综合债券指数有谢尔逊·莱曼政府/公司指数和所罗门兄弟公司债券投资等级指数等。目标指数选定以后，下一步就是按照这一指数成分债券的构成同权复制一个债券组合。这种指数化的债券组合与目标指数的收益差别称为追踪误差。追踪误差的产生有三个原因：一是构造这种指数化债券组合的交易成本；二是指数化债券组合的构成与目标指数本身的差异；三是编制指数机构所使用的价格与采用指数化策略的投资者所支付的交易价格之间的差别。在构造债券组合的过程中，要综合考虑这三种因素对追踪误差的影响，使其最小化。

按照目标指数构造债券组合常用的方法有以下三种。

（1）方格方法。

方格方法就是将指数分解为一些方格，每个方格代表指数的不同特征。指数最常见的特征包括期限、票面利率、到期时间、市场部门（包括国库券、公司债券和抵押担保债券）、信用等级、提前赎回因素、偿债基金性质等。假设债券指数成分股按三个特征分类，特征一包含 4 个类别、特征二包含 3 个类别、特征三包含 4 个类别，那么由这三个特征组合的方格总数为 48（4×3×4）个。

（2）最优化方法。

最优化方法是在上面描述的方格方法的基础上构造这样一个指数化债券组合，使它不仅能满足其他一些约束条件，而且还使某些目标实现最优化，比如使指数化债券组合的到期收益率最大化或实现其他收益目标。

为了解决指数化债券组合的最优化问题，通常采用数学规划法。如果最优的目标函数是线性函数，则使用线性规划法。如果最优的目标函数是二次函数，则使用二次规划法。

（3）方差最小化方法。

方差最小化方法首先要求估计目标债券指数中的每一种债券的价格函数。价格函数可以根据两组因素进行估计：一组是按不同的即期利率贴现的现金流量；另一组是其他特征，如部门、票面利率、信用等级等。利用历史数据估计出价格函数后就可以建立追踪误差的方差方程，然后采用数学规划法找出最小化追踪误差方差的指数化债券组合。方差最小化方法的最大不足是很难利用历史数据估计指数中债券的价格函数，而且价格函数可能很不稳定。

在构造指数化的债券组合的过程中，虽然方格方法简单易用，但是当目标指数中的债券数目很大时，这种方法存在很大的问题。这是因为使用较多的方格就会使购买每个方格中债券的费用增加，从而提高追踪误差；减少方格数目也会增加指数不匹配造成的追踪误差；而且从每个方格中选择债券是主观的，这也会造成追踪误差。相反，利用严格的约束条件，使用最优化方法对大量的数据进行分析可以降低问题的复杂性。所以在实践中，投资者一般使用最优化方法或方差最小化方法构造指数化的债券组合。

4.5.2 主动管理策略

主动管理策略的理论依据是债券市场不是充分有效的。实施主动管理策略的投资者可以通过识别错误定价的债券和对市场利率进行预测而获得超过市场平均的收益。主动管理策略很多，这里我们主要介绍三种，即时限分析、债券互换和有条件免疫。

1. 时限分析（Horizon Analysis）

投资者在债券持有期内的收益包括三部分，即资本利得、息票收入和利息的利息。时限是投资者预定的投资期限，该投资期限可能先于或后于债券到期日，投资者依据对未来利率期限结构的预测，对债券的现值及债券持有期结束的价值进行估值，计算出持有期的总收益，并推算出持有期收益率。

【例4.14】投资者考虑投资票面利率为10%，每年付息一次，面值为1 000元的20年期债券。目前该债券的到期收益率是9%，投资者预测未来两年后的到期收益率为8%。在未来两年内，利息以7%的利率进行再投资，试计算债券在两年持有期内的预期收益率。

解：首先计算债券的市价。

$$P = 100 \times \sum_{n=1}^{20} \frac{1}{(1+9\%)^n} + 1\,000 \times \frac{1}{(1+9\%)^{20}} = 1\,091.29 \text{（元）}$$

然后计算两年后债券的预期价格。

$$P' = 100 \times \sum_{t=1}^{18} \frac{1}{(1+8\%)^t} + 1\,000 \times \frac{1}{(1+8\%)^{18}} = 1\,187.44 \text{（元）}$$

则两年后转让债券时的收益包括以下三部分。

资本利得=1187.44-1091.29=96.15（元）

两年的利息=1 000×10%×2=200（元）

利息的利息=100×7%=7（元）

假设债券两年持有期内的预期收益率为 y，则有

$(1+y)^2 = \dfrac{96.15+200+7}{1\,091.29} = 0.278$，进一步，推导出 $y=13\%$

对未来收益率的预测不同，计算出来的预期收益率也不相同，因此在市场有效性不充分时，投资者应注重对债券未来利率期限结构的预测，以获得相对较高的回报。

2. 债券互换（Bond Swaping）

债券互换是指投资者通过对错误定价的债券进行识别和对未来市场利率进行预测，而将持有的债券组合中的一些债券调换成同等数量的另一些债券以提高债券组合收益的主动投资策略。债券互换通常包括纯收益获利互换、利率预测互换、替代互换和市场间差额互换。

（1）纯收益获利互换（Pure Yield Pickup Swap）。

纯收益获利互换是指投资者将较低票面利率或较低到期收益率或二者都较低的债券换为相应较高的债券，以获得较高收益。这种债券互换不需要投资者对利率、收益差额和信用质量这些方面的变化进行预测。

（2）利率预测互换（Rate Anticipation Swap）。

利率预测互换是指投资者通过对未来市场利率进行预测，根据期限调换债券组合中的某些债券，以获得由于预期利率波动而产生的收益。如果预期利率下降，债券价格将会上升，而且长期债券价格上升的幅度较大，因此将短期债券换成长期债券将会获得较高的收益。如果预期利率下降，长期债券会比短期债券价格下降的幅度更大，因此将长期债券换成短期债券将会避免较高资本损失。

（3）替代互换（Substitution Swap）。

替代互换是指投资者将债券组合中的一些债券换成票面利率、到期期限、信用等级或其他方面与之相似，但是能够提供较高收益的另一些债券。这种互换的产生是由于市场的暂时不均衡，使得两种债券的价格不同从而到期收益不同。如果将低收益债券换成高收益债券，当两种债券的收益趋于相同时，投资者就会获得较高收益。投资者在进行替代互换时所面临的风险是所购买的债券可能实际上并不等同于被出售的债券。例如，所购买的债券能提供较高收益不是由于债券市场不均衡，而是因为信用质量不同、风险增加造成的，这时进行债券互换，风险很大。

【例 4.15】债券 A 是票面利率为 12%，按面值 1 000 元出售，30 年期的 AA 级公司债券，到期收益率为 12%。债券 B 是票面利率为 12%，面值为 1 000 元，30 年期的 AA 级公司债券，到期收益率为 12.2%，出售的价格为 984.08 元。投资者预期 1 年后，债券 B 的价格为 1 000.00 元，到期收益率下降到 12.0%。两种债券的再投资利率都为 12.0%。由于债券 B 比债券 A 的到期收益率高，投资者准备出售债券 A，购买债券 B，相关的计算过程如表 4.14 所示。

表 4.14　　　　　　　　　　两种债券之间的替代互换

	出售债券 A	购买债券 B
初始投资（元）	1000.00	984.08
1 年的利息（元）	120.00	120.00
利息上的利息，半年付息（元）	3.60	3.60
1 年后的债券价格（元）	1000.00	1000.00
1 年后的债券总价值（元）	1123.60	1123.60

续表

	出售债券 A	购买债券 B
1 年后的总盈利（元）	123.60	139.52
1 元投资盈利（元）	0.1236	0.1418
1 年的实现复利收益（%）	12.00	13.71

由表 4.14 的分析可知,期初债券 B 的到期收益率只比债券 A 多 0.2 个百分点,即 0.2%×100 = 20 个基点。但 1 年后,债券 B 实现的复利收益率比债券 A 高 1.71 个百分点（171 个基点）。所以投资者出售债券 A 购买债券 B 可获得套利。

（4）市场间差额互换（Intermarket Spread Swap）。

市场间差额互换是债券市场中两种不同部门债券之间的互换。当投资者认为两种不同部门债券之间的收益差额暂时不一致时,通过进行这种互换可以获得额外收益。

当两种不同部门债券之间的收益差额暂时较小时,若预期会变大,且待出售债券的到期收益率比待购买债券的到期收益率高,进行差额互换就能获得较好收益。这是因为互换后购买的债券与出售的债券相比,到期收益率会更低,价格会更高,从而产生更高的资本利得。相反,当两种不同部门债券之间的收益差额暂时较大时,若预期会变小,且待出售债券的到期收益率比待购买债券的到期收益率低,则进行差额互换同样有较好收益。

但要注意的是,若收益差额发生变化是由于违约风险或市场因素造成的,那么此时公司债券的价格与财政债券相比并不具有吸引力,只是由于信用风险增加而进行的调整。

3. 有条件免疫（Contingent Immunization）

有条件免疫是指投资者通过实施主动的债券管理策略使得债券组合的收益大于或等于使其能得到最低满意程度的一种较低的安全净收益（Safety Net Return）。当债券组合的收益等于安全净收益时,投资者就应该免疫这个债券组合以确保获得安全净收益。

举例来说明这一策略。假定在可能的免疫收益率为 12%时,一位投资 5 000 万元的投资者愿意接受的收益率水平是 4 年投资计划期限内获得 10%的收益率。该 10%的收益率称为安全净收益率。免疫收益率与安全净收益率的差额称为安全缓冲（Safety Cushion）。在这个例子中,安全缓冲为 200 个基点（12%～10%）。

由于初始债券组合价值为 5 000 万元,所以,以半年复利为基础,4 年期期末时投资者持有债券组合的最低目标值为

$$5\ 000\times1.05^8 = 7\ 387.28（万元）$$

若市场提供的收益率为 12%,此时要实现最低目标值 7 387.28 万元所需要的期初投资额为

$$7\ 387.28/1.06^8 = 4\ 334.87（万元）$$

因此,200 个基点的安全缓冲转换为 665.13（5 000-4 334.87）万元的初始现金安全边际（Dollar Safety Margin）。

假定投资者把所有的 5 000 万元投资于 20 年期、票面利率为 12%、每半年付息 1 次按面值出售的附息债券。如果到第 6 个月月末时市场收益率下降到 9%,此时债券组合的价值是 6 个月的息票收

入和 19.5 年期在 9%市场收益情况下的息票及债券价格之和（此时息票收入为 300 万元，债券价格为 6 367 万元），所以第 6 个月月末时债券组合的价值为 6 667 万元。为了得到实现最低目标值所需要的资产，需要计算后面 3.5 年期按 9%的收益率的最低目标值现值，即

$$7\ 387.28/1.045^7 = 5\ 428.39（万元）$$

显然，6 667 万元的债券组合价值大于所需的 5 428.39 万元。所以，投资者可以继续主动地管理这个债券组合。现在现金安全边际为 1 238.61（6 667-5 428.39）万元，只要现金安全边际为正，这个债券组合便可以进行主动管理。

如果第 6 个月月末时利率上升到 14.26%，此时债券的价格会下降到 4 261.58 万元。该债券组合的价值则等于 4 561.58 万元（债券的市场价格加上 300 万元的票面利息）。在市场收益为 14.26%的条件下，为实现 7 387.28 万元的最低目标值所需的资产为

$$\frac{7\ 387.28}{1.071\ 3^7} = 4\ 561.49（万元）$$

所需的资产数额大致等于债券组合价值（即现金安全边际几乎为零）。因此，投资者一定要免疫该债券组合，以便在投资期限内实现最低目标值（安全净收益）。

本章小结

本章主要针对债券投资风险展开分析。考察了债券价格的波动特征及影响因素；对债券风险的衡量测度方法久期和凸率进行了重点介绍，比较了不同债券久期、凸率指标的差异及应用；分析了债券免疫的方法，并对债券管理的主动策略和被动策略进行了相对详细的介绍。

关键术语

利率风险、偿还期限、金额久期、比率久期、修正久期、有效久期、关键利率久期、金额凸率、比率凸率、修正凸率、有效凸率、债券免疫、正凸率、负凸率

思考练习

1. 试分析"市场利率的同等幅度变动，将导致所有久期相同的债券价值也发生同等变动"的说法是否正确。

2. 有两只债券 A 和 B，当前的价格分别为 80 元和 60 元，修正比率久期值分别为 5 和 6，请问哪一只债券的风险更高，为什么？

3．某债券的期限为 20 年，有分析员报告债券的久期为 21 年。财务经理认为这是不可能的，经理认为债券的久期不可能超过其期限。但分析员反复检查后，确信自己的计算没有错。请问这是怎么回事？

4．有两个分析师在测量某债券的凸率时，分别得出 120 和 10 两个值，且都坚信自己没有错，请问这有可能吗？

5．试问当债券的凸率分别为正和负时，应当选择凸率高还是低的债券，为什么？

6．某债券当前价格为 1 100 元，面值为 1 000 元，修正久期值为 10，凸率为 144，试估计当市场要求收益率上升或下降 50、100 个基点时，债券的价格变化。

7．一个债券当前价格为 102.5 元。如果利率上升 0.5 个百分点，价格降到 100 元；如果利率下降 0.5 个百分点，价格上升到 105.5 元。请计算：（1）该债券的有效久期；（2）该债券利率下降 1 个百分点时的价格。

8．假设某 5 年期债券，面值为 1 000 元，票面利率为 6%，每年付息一次，到期收益率为 8%。试计算该债券的金额久期、比率久期。若到期收益率上升和下降 10 基点后，债券的价格分别为 916.373 6 元和 923.938 1 元，试计算该债券的有效久期。

9．设某债券每年支付利息 100 元，10 年期，面值为 1 000 元，平价交易，其收益率曲线为水平状，试求其 D 系数。假设收益率曲线不变化，当其他条件不变时，试求债券的期限分别为 3 年、5 年和 8 年的 D 系数分别是多少？

10．给定下列债券，如表 4.15 所示，试构建两个不同的债券组合，但组合的 D 系数都为 9。

表 4.15　　　　　　　　　　　　各债券的 D 系数

债券	D 系数
A	5
B	10
C	12

11．投资者被要求将下列债券考虑进公司的固定收入投资组合，该债券的基本信息如表 4.16 所示。

表 4.16　　　　　　　　　　　　某债券基本信息

发行者	票息（%）	到期收益（%）	到期期限（年）	D 系数（年）
Wiser 公司	8	8	10	7.25

（1）（a）解释为什么债券的 D 系数小于到期期限。

（b）解释到期期限为什么不如 D 系数更适合于度量债券对利率变化的灵敏度。

（2）简要解释下列条件对此公司债券 D 系数的影响。

（a）票息为 4% 而不是 8%。

（b）到期收益为 4% 而不是 8%。

（c）到期期限为 7 年而不是 10 年。

12．假设有面值为 1 000 元、年息票利息为 100 元的 5 年期债券按面值出售。若债券的到期收益率提高到 12%，则价格变化的百分比是多少？若到期收益下降到 8%，则价格变化的百分比又是多少？

13. 假设一张 20 年期、息票为零、到期收益率为 7.5% 的债券。计算利率下降 50 个基点时价格变化的百分比，并与利用凸率计算出来的价格变化百分比进行比较。

14. 面值 1 000 元、票面利率 12%（按年支付）的 3 年期债券的到期收益率为 9%，计算它的 D 系数和凸率。如果预期到期收益率增长 1 个百分点，那么价格变化多少？

15. 投资者有 4 年计划期，可以选择两种债券，如表 4.17 所示。

表 4.17　　　　　　　　　　　　　两种债券的基本信息

债券	到期期限（年）	年票面利率（%）	到期收益（%）	现时市价（元）	D 系数
1	2	8	10	965.29	1.925
2	6	12	10	1087.11	4.665

如何构造债券组合，使其 D 系数等于投资计划期？债券组合的价格是多少？验证利率上升（下降）1 个百分点这个债券组合是免疫的（再投资按年计算）。

16. 一个 10 年期零息债券的到期收益率为 10%，那么该债券的修正久期是多少？

17. 判断：

（1）对于某个特定的债券，假设其金额久期为 550，金额凸率为 -20，如果利率期限结构向上平行移动 20 个基点，资本损失近似为 110.40 元。

（2）如果金额凸率在当前利率水平为零，那么价格利率曲线是斜率为常数的直线。

（3）对于给定的债券，假设其金额久期为 550，金额凸率为 100。如果对于所有到期期限，利率期限结构向上移动 1 个基点，新的久期将近似为 400。

18. 以下说法哪个不正确？

A. 债券久期随着债券票面利率的变小而增大。

B. 债券久期随着债券剩余付息次数（期限）的增大而增大。

C. 债券久期随着债券到期收益率的增大而减小。

D. 债券凸率随着久期的增大而增大。

19. 一种债券的票面利率为 6%，每年付息，年化修正久期为 10 年，面值为 1 000 元，以 800 元出售，按 8% 的到期收益率定价。如果到期收益率变成 9%，估计价格下降的程度。

A. 价格下降 10%。

B. 价格下降 1%。

C. 价格下降 6%。

D. 价格下降 1.25%。

20. 一种债券票面利率是 6%，半年付息一次，凸率是 120，以票面值的 80% 出售，年化到期收益率是 8%。如果该收益率增加到 9.5%，估计因凸率而导致的价格变化的百分比是多少。

A. 由凸率引起的价格变动百分比是 8%。

B. 由凸率引起的价格变动百分比是 1.35%。

C. 由凸率引起的价格变动百分比是 6%。

D. 由凸率引起的价格变动百分比是 1.5%。

案例讨论

1983 年，奎克国民银行的总资产为 1.8 亿美元。它在所服务的市场区域内有 11 家营业处，专职的管理人员和雇员有 295 名。1984 年初，马休·基尔宁被聘任为该行的执行副总裁，开始编制手中的财务数据。

基尔宁设计了一种报表，是管理人员在制订资产负债管理决策时所使用的主要财务报表，它是个利率敏感性报表。基尔宁感觉到，这种报表有助于监控和理解奎克银行风险头寸的能力。报表形式如下。

- 在资产方，银行有 2 000 万美元对利率敏感的浮动利率型资产，其利率变动频繁，每年至少要变动一次；有 8 000 万美元的资产是固定利率型，其利率长期（至少 1 年以上）保持不变。
- 在负债方，银行有 5 000 万美元的利率敏感型负债和 5 000 万美元的固定利率负债。

基尔宁分析后认为，如果利率提高了 3 个百分点，即利率水平从 10% 提高到 13%，该银行的资产收益将增加 60 万美元（3%×2 000 万美元浮动利率型资产=60 万美元），而其对负债的支付则增加了 150 万美元（3%×5 000 万美元浮动利率型负债=150 万美元）。这样国民银行的利润减少了 90 万美元（60 万美元-150 万美元=-90 万美元）。反之，如果利率水平降低了 3%，即从 10% 降为 7%，则国民银行利润将增加 90 万美元。

基尔宁接下来分析了 1984 年当地和全国的经济前景，认为利率在未来 12 个月将会上升，且升幅将会超过 3%。为了消除利率风险，基尔宁向国民银行资产负债管理委员会做报告，建议将其 3 000 万美元的固定利率资产转换为 3 000 万美元的浮动利率型资产。奎克国民银行资产负债管理委员会同意了基尔宁的建议。

这时，有家社区银行拥有 3 000 万美元固定利率负债和 3 000 万美元浮动利率资产，愿意将其 3 000 万美元的浮动利率资产转换成 3 000 万美元的固定利率资产。于是两家银行经过磋商，很快达成协议，进行资产互换。

正如基尔宁预测的，1984 年美国利率持续上升，升幅达到 4%。为国民银行减少了 120 万美元的损失，基尔宁成为奎克国民银行的明星经理。

阅读上述材料，请回答下列问题。

（1）利率的变化对固定利率型资产/负债和浮动利率型资产/负债产生的影响是否一致？并说明理由。

（2）如果你是奎克国民银行的经理，在面对这些问题时，你有什么比较好的方案？谈谈你的想法。

第5章 | 利率期限结构

【本章提要】

本章主要围绕利率期限结构理论展开，深度剖析到期收益率与到期期限之间的关系，对利率期限结构的基本作用、理论解释、风险等进行分析，并结合现金流贴现定价原理，对折现因子的内涵及计算进行介绍，最后是对利率期限结构模型及利率波动规律的一些介绍。

【重点与难点】

重点：利率期限结构的理论解释、风险分析、利差认识，以及对折现因子的计算及应用。

难点：利率期限结构理论模型，但本部分内容仅做了解。

【引导案例】

2014 年 12 月 1 日，上海银行间同业拆放利率（Shanghai Interbank Offered Rate，Shibor）市场五涨三跌。央行降息的效果已经被市场消化，年末资金需求有增加趋势，中期利率维持高位，长期利率仍不断下降。代表性利率的 7 天 Shibor 上涨 3.2 个基点至 3.354%，继续位于一年期存款基准利率 2.75% 之上。隔夜利率上扬 3.8 个基点至 2.646%，继续低位振荡。14 天利率跌 0.1 个基点至 3.637%。一个月利率涨 6.4 个基点至 4.178%，高于三个月利率 4.175%，又一次出现利率倒挂。结合材料请思考，你认为期限较长的利率低于期限较短的利率的现象是否正常？为什么会出现利率倒挂的现象？这种现象背后又意味着什么？本章内容将对这些问题进行逐一解决。

5.1 | 利率期限结构概览

收益率曲线（Yield Curve）是依据不同期限的金融工具的到期收益率高低绘制的图形，该图形中纵轴代表收益率，横轴表示距离到期的时间，是一个相对宽泛的概念。由于各种债券都可以计算出到期收益率，因此每种类型的债券都有自身的到期收益率曲线。但只有无风险零息债券的到期收益率曲线最为重要，因此，通常意义上讲的到期收益率曲线就专指不同期限的零息债券的到期收益率曲线，通常又称为即期利率（Spot Rate）曲线或利率期限结构（Term Structure of Interest Rates）。在美国等国家的金融市场上，到期收益率曲线通常以当前国债的拍卖利率（即期利率）为基础，通过插值法等算出相应年份的即期利率，从而绘制出收益率曲线。

5.1.1 利率期限结构的基本作用

利率期限结构是分析利率走势和对金融产品市场定价的基础，也是进行投资决策的重要参考依据。国债在市场上自由交易时，不同期限的国债产品及其对应的不同收益率，形成了债券市场的"基准利率曲线"。由于国债一般被认为不存在违约风险，因此其他债券或金融资产都是基于"基准利率曲线",在考虑不同金融产品相对于同期国债的风险溢价后来确定金融产品的价格。通常,利率期限结构广泛应用于为其他证券定价、寻找套利机会、预测未来即期利率等方面。

1. 给其他债券定价

(1)给无风险的其他证券定价。

已知利率期限结构,就可以为无风险的附息债券定价。假设市场上某无风险附息债券的到期期限为 n,票面金额为 F,票面利率为 r,每年付息 1 次,根据债券定价公式,则有

$$V = \sum_{t=1}^{n} \frac{C}{(1+y_t)^t} + \frac{F}{(1+y_n)^n} \tag{5.1}$$

其中, y 为零息债券的到期收益率; n 代表偿还期; t 代表年限; C 为年利息($F \times r$); F 为面值。

【例 5.1】假定市场上某国债 A,面值为 100 元,票面利率为 5%,期限为 5 年,每年付息 1 次,假设当前利率期限结构下 1 年期、2 年期、3 年期、4 年期、5 年期债券的到期收益率分别为 3.50%、3.75%、4.00%、4.25%、4.45%,那么该国债的市场价格多少才比较合适?

解答:

由于不存在违约风险,该国债未来在时点 1、2、3、4、5 的现金流量分别为 5 元、5 元、5 元、5 元和 105 元。

这个债券相当于 6 个零息债券的组合,分别为面值 5 元期限 1 年、面值 5 元期限 2 年、面值 5 元期限 3 年、面值 5 元期限 4 年、面值 5 元期限 5 年、面值 100 元期限 5 年。因此,该国债的价值一定等于这 6 个零息债券价值之和。因此,只要能够计算出每种零息债券的价值,将这 6 个零息债券的价值加起来,就可以得到该国债的价值。计算过程如表 5.1 所示。

表 5.1 附息债券的价值计算

时点	现金流量(元)	零息债券的到期收益率(%)	现值(元)
0			
1	5	3.50	4.831
2	5	3.75	4.645
3	5	4.00	4.445
4	5	4.25	4.233
5	5	4.45	4.022
	100	4.45	80.437
合计			102.613

若债券是每半年付息 1 次,则附息债券的定价公式为

$$V = \sum_{t=1}^{2n} \frac{C/2}{(1+y_t/2)^t} + \frac{F}{(1+y_n/2)^{2n}} \tag{5.2}$$

其中, $C/2$ 为半年利息。

依据利率期限结构,对于任何未来有相对可预期现金流的金融产品,都可以进行定价,假设 C_t 为第 t 时点的现金流量,

若 t 代表年，则金融产品定价为 $V = \sum_{t=1}^{n} \dfrac{C_t}{(1+y_t)^t}$ （ C_t 为每年获得的现金流量）

若 t 代表半年，则金融产品定价为 $V = \sum_{t=1}^{2n} \dfrac{C_t}{(1+y_t/2)^t}$ （ C_t 为每半年获得的现金流量）

若 t 代表月，则金融产品定价为 $V = \sum_{t=1}^{12n} \dfrac{C_t}{(1+y_t/12)^t}$ （ C_t 为每月获得的现金流量）

因此对于任何不含期权的金融产品，给定利率期限结构，只要有可以预期的未来现金流，就可以为该产品进行定价，而不论未来的现金流分布是否均匀，或未来的现金流是流入或流出。

（2）给有风险的其他证券定价。

若拟定价的金融产品存在着违约风险，则该金融产品的收益率中需要包含违约风险溢价，该风险溢价一般称为利差。关于利差的概念，我们将在本章后面详细讲解。这里先讲一种简单的利差——静态利差，即假设在不同的时间点上，存在违约风险的金融产品的到期收益率与同期利率期限结构的收益率差额保持不变，用 y_{ss} 表示该静态利差，依据债券定价的现金流贴现原理，该金融产品的价格为

$$P = \sum_{t=1}^{n} \frac{C_t}{(1+y_t+y_{ss})^t} + \frac{F}{(1+y_n+y_{ss})^n} \tag{5.3}$$

其中，C_t 表示第 t 期的现金流量；y_t 表示第 t 期零息国债的到期收益率；F 表示金融产品的面值；n 表示金融产品的期限。

【例 5.2】假设当前利率期限结构下 1 年期、2 年期、3 年期、4 年期、5 年期债券的到期收益率分别为 3.50%、3.75%、4.00%、4.25%、4.45%。有一个债券 A，面值为 100 元，期限为 5 年，票面利率为 5%。债券 A 的静态利差为 1.2%，那么该债券 A 定价多少比较合理？

解答：

对债券 A 的定价过程如表 5.2 所示。

表 5.2 利率期限结构、静态利差与有风险债券的定价

时点	现金流量（元）	即期利率（%）	加上静态利率后的利率（%）	现值（元）
0				
1	5	3.50	4.70	4.776
2	5	3.75	4.95	4.539
3	5	4.00	5.20	4.295
4	5	4.25	5.45	4.044
5	5	4.45	5.65	3.799
	100	4.45	5.65	75.972
合计				97.424

通过定价可知，债券 A 的价格应该为 97.424 元比较合理。

（3）给固定收益证券的衍生产品定价。

围绕固定收益证券开发的衍生产品种类比较多，包括期权、期货、远期等产品，本书后面章节将对具体的衍生产品进行详细分析。对于衍生产品的定价，也要基于利率期限结构。特别是利

用二叉树模型为含有期权或衍生产品定价时，所利用的利率二叉树模型都是基于利率期限结构得到的。

2. 寻找套利机会

依据利率期限结构可以给债券定价，同时又存在债券的交易市场，因此一旦债券的价格偏离其理论价值，就会产生套利机会。在一个存在做空交易机制的健全的资本市场上，投资者可以利用金融工程技术构建套利组合，获取无风险套利的机会。所谓无风险套利，即构建一个"零投资，零风险，正收益"的债券组合。这在国外相对比较成熟的资本市场上普遍存在，如借助于债券剥离和债券合成技术，利用长短期利率非对称变化的特征来构建套利组合，后面的章节中我们将详细介绍。值得注意的是，在金融市场上，套利机会是不具有共享性的，一旦有投资者从市场上利用了套利机会获利，其他投资者就没有机会再获得该套利机会。

3. 预测未来即期利率

利率风险是债券投资中最核心的风险，利率变化会导致债券的价格面临较大的不确定性，从而给投资者带来较高的风险，如何规避或对冲利率风险是债券投资中一块非常重要的内容。若能够对未来的利率走势进行相对准确的预测，投资者就可以进行主动式的投资管理来规避利率的波动风险。利率变动的预测在后面的含权固定收益产品和衍生产品定价中会具体讲解。

5.1.2　利率期限结构的理论解释

到期收益率曲线可能是多种多样的，涵盖上升型、下降型、水平型、中凸型及中凹型等不同的利率期限结构。不同形状的收益率曲线分别代表了当前市场对未来利率趋势的预测和表现。通常比较典型的到期收益率曲线有以下三种类型，如图 5.1 所示。

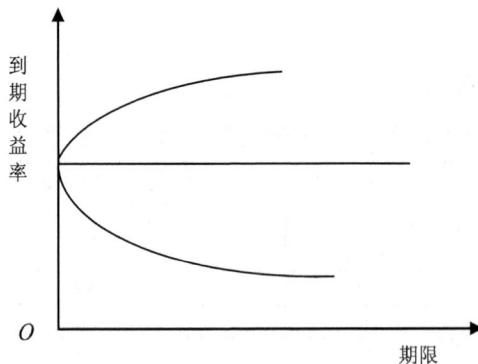

图 5.1　债券的收益率曲线

对于期限结构的形状，目前主要有四种理论解释，即纯预期理论、流动性偏好理论、市场分割理论、期限偏好理论。下面我们分别介绍。

1. 纯预期理论

纯预期理论认为即期利率已经对未来可能出现的任何情况做出客观的、完全的预期。该理论认为，如果投资者预期未来的短期利率会上升，那么长期利率就会高于短期利率，此时收益率曲线就会向上倾斜；如果投资者预期未来的短期利率会下降，那么长期利率就会低于短期利率，这时收益率曲线就会向下倾斜；如果投资者预期未来的短期利率会保持不变，那么收益率曲线就会保持水平。在均衡时，纯预期理论相信持有至到期策略得到的预期收益等于滚动策略得到的预期收益，即现期进行一个较长时间段的连续投资，与进行多个期限的滚动投资收益相同。

纯预期理论的出发点，是长期债券到期收益率等于现行短期利率（Spot Interest Rate）和未来预期短期利率的几何平均。该理论基于以下假定：一是市场上的各种债券均没有违约风险；二是所有投资者都是风险中立者，并且以利润最大化为原则；三是债券买卖没有交易成本；四是投资者都能准确预测未来的利率；五是投资者对债券不存在期限偏好。

（1）到期收益率曲线与远期利率的关系。

由于长期债券的收益率是短期收益率的几何平均，则有

$$(1+R_{0,n})^n = (1+r_{0,1})(1+r_{1,2}^e)\cdots(1+r_{n-1,n}^e) \tag{5.4}$$

其中，

$R_{0,n}$ 为期限为 n 年的零息债券的到期收益率；

$r_{0,1}$ 为当期短期利率（频率可以为 1 年或半年，这里我们以年为单位）；$r_{1,2}^e$ 为第 2 期的单期预期利率；$r_{n-1,n}^e$ 为第 n 期的单期预期利率。

对式（5.4）进一步整理，由

$$(1+R_{0,n})^n = (1+r_{0,1})(1+r_{1,2}^e)\cdots(1+r_{n-1,n}^e) \Rightarrow (1+R_{0,n})^n = (1+R_{0,n-1})^{n-1}(1+r_{n-1,n}^e)$$

可得 $r_{n-1,n}^e = \dfrac{(1+R_{0,n})^n}{(1+R_{0,n-1})^{n-1}} - 1$，此即第 n 期的单期预期利率。这意味着只要知道相邻两期零息债券的到期收益率，就可以计算出单期远期利率，即投资者如果知道各种期限的收益率 $R_{0,n}(n=1,2,\cdots,n)$，他就可以知道未来短期利率的预期值及变化趋势。

先假设两期模型。若 $R_{0,2} < R_{0,1}$，意味着收益率曲线下降，则短期预期利率也将下降，即 $r_{1,2}^e < R_{0,1} = r_{0,1}$。原因在于：

$$(1+R_{0,2})^2 = (1+r_{0,1})(1+r_{1,2}^e) = (1+R_{0,1})(1+r_{1,2}^e) \Rightarrow \frac{(1+R_{0,2})}{(1+R_{0,1})} = \frac{(1+r_{1,2}^e)}{(1+R_{0,2})} < 1，\text{即}$$

$$(1+r_{1,2}^e) < (1+R_{0,2}) \Leftrightarrow r_{1,2}^e < R_{0,2} < R_{0,1}$$

反之亦然。推广到一般情况，若 $R_{0,n} < R_{0,n-1}$，即未来收益率曲线下降，则意味着第 n 期相对于第 $n-1$ 期的单期预期利率或远期利率下降，即 $r_{n-1,n}^e < R_{0,n-1}$，原因在于由 $r_{n-1,n}^e = \dfrac{(1+R_{0,n})^n}{(1+R_{0,n-1})^{n-1}} - 1$，可得

$$1+r_{n-1,n}^e = \frac{(1+R_{0,n})^n}{(1+R_{0,n-1})^{n-1}} = \frac{(1+R_{0,n})^{n-1}}{(1+R_{0,n-1})^{n-1}}(1+R_{0,n}) \Leftrightarrow \frac{1+r_{n-1,n}^e}{(1+R_{0,n})} = \frac{(1+R_{0,n})^{n-1}}{(1+R_{0,n-1})^{n-1}} < 1，\text{即有}$$

$r_{n-1,n}^e < R_{0,n} < R_{0,n-1}$，得证。反之亦然。

到期收益率曲线向右上方倾斜，则预期短期利率上升，与收益率曲线向右下方倾斜的分析类似，这里不再叙述。

【例5.3】假设1年期和2年期的零息债券的到期收益率分别为10%和12%，但投资者预期1年后的1年期即期利率为16%，假设投资者的投资期限为2年，请为投资者设计一种合理的投资方案。若投资者的投资期限为1年，那么投资者又该如何确定投资方案？同时分析这两只零息债券的定价是否合理？

解答：

若投资者的投资期限为2年，投资者有两种方案可供选择。

方案1，投资者直接投资于2年期零息债券，则第2年期末的预期收益为

$$1.12^2 - 1 = 0.254（元）$$

方案2，投资者分两次投资于1年期零息债券，则第2年期末的预期收益为

$$1.1 \times 1.16 - 1 = 0.276（元）$$

方案2优于方案1，即投资者两次购买1年期零息债券的预期收益高于直接投资于2年期零息债券。

若投资者的投资期限为1年，则投资者仍然有两种方案可供选择。

方案1，投资者直接投资于1年期零息债券，则第1年期末的预期收益为1.10−1=0.10（元）

方案2，投资者购买2年期零息债券，但在持有1年后卖出。此时，对于2年期零息债券而言，持有1年后出售时仍有1年未到期，因此，要使得2年期零息债券1年后顺利卖出，其必须为投资者在1年后提供16%的年回报率。根据现金流贴现原理，该债券每1元价值在第1年年末出售时的价格应为$1.12^2/1.16 = 1.08$（元），即2年期零息债券在第1年年末出售时投资者可获得0.08元的预期收益。显然，若仅投资1年，投资者购买1年期债券比购买2年期债券能获得更高收益。

在上面两种情形中，显然1年期的零息债券比2年期的零息债券对投资者更有吸引力。在操作上，投资者会选择购买1年期零息债券而卖出2年期零息债券。这将导致1年期零息债券价格上升，收益率下降；2年期债券价格下降，收益率上升。最终市场达到均衡时，满足购买2年期零息债券的收益和两次购买1年期零息债券的收益相同。用数学式子表述即为

$$(1 + R_{0,2})^2 = (1 + R_{0,1})(1 + r^e_{1,2})$$

其中，$R_{0,1}$为1年期零息债券的即期利率；$r^e_{1,2}$为预期1年后的1年期即期利率；$R_{0,2}$为两年期零息债券的即期利率。

若1年期即期利率和1年后的1年期即期利率有效，即$r^e_{1,2} = 16\%$，则2年期的即期利率应满足：

$$(1 + R_{0,2})^2 = 1.10 \times 1.16 \Rightarrow R_{0,2} = 13\%$$

此时，由于$R_{0,1} < R_{0,2}$，收益曲线将向上倾斜。

若$r^e_{1,2} = 8\%$，则有

$$(1 + R_{0,2})^2 = 1.10 \times 1.08 \Rightarrow R_{0,2} = 9\%$$

此时由于$R_{0,1} > R_{0,2}$，收益曲线将向下倾斜。

若$r^e_{1,2} = 10\%$，则有

$$(1 + R_{0,2})^2 = 1.10 \times 1.10 \Rightarrow R_{0,2} = 10\%$$

此时，由于$R_{0,1} = R_{0,2}$，收益曲线将保持水平。

但需要注意的是，一年后的一年期利率的期望值 $r_{1,2}^e$ 和一年后一年期远期利率 $f_{1,2}$ 在概念上是两种不同的利率，不过在纯期望理论中，简单认为这两者是相等的，即 $r_{1,2}^e = f_{1,2}$。到期收益曲线的上升、水平和下降三种形式，如图 5.2 所示。

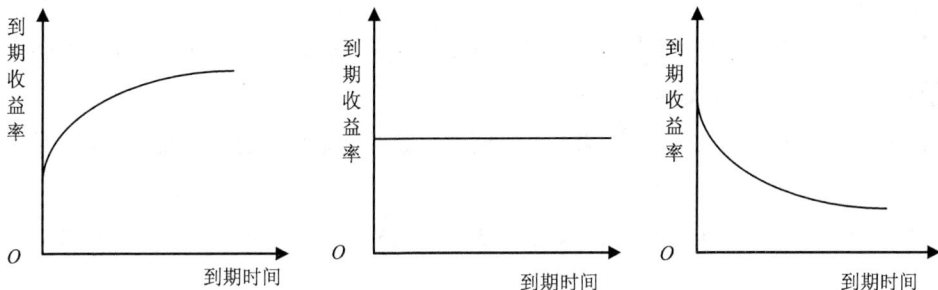

图 5.2 根据纯期望理论得出的三种收益曲线

（2）远期利率的推导与无套利收益。

根据纯预期理论，利用利率期限结构可以预测和估计未来的远期利率。我们举例进行说明。

【例 5.4】投资于 3 年期，票面利率 6%（半年付息）的债券，价格为 947.58 元（其面值为 1 000 元），给定市场利率期限结构，如表 5.3 中第 2 列所示。若投资者计划 1 年后售出该债券，那么投资者期望的无套利总收益是多少呢？

解答：

根据债券的价格，假设该债券的到期收益率为 y，则有

$$947.58 = \sum_{t=1}^{6} \frac{30}{(1+y/2)^t} + \frac{1\,000}{(1+y/2)^6} \Rightarrow y = 8\%$$

即该债券的到期收益率为 8%。若投资者计划 1 年后出售该债券，则我们需要对未来不同时间点上的现金流和贴现利率进行计划。根据目前的利率期限结构，第一期的即期利率与远期利率相等，基于纯预期理论下无套利原理，则时点 1 到时点 2 的远期利率需满足

$$(1+R_{0,2})^2 = (1+R_{0,1})(1+{_0}f_{1,2}) \Rightarrow (1+3.50\%)^2 = (1+3.25\%)(1+{_0}f_{1,2}) \Rightarrow {_0}f_{1,2} = 3.75\%$$

其中，$R_{0,1}$、$R_{0,2}$ 分别表示时点 1 和时点 2 的即期利率；${_0}f_{1,2}$ 表示在时点 0，时点 1 到时点 2 的远期利率。依此可推导出未来时点 2 到时点 3 的远期利率为 4.10%（$(1+3.7\%)^3/(1+3.5\%)^2-1$）。以此类推，可求得未来不同时点的远期利率如表 5.3 第 3 列所示。

表 5.3 市场上的利率期限结构（6 个月，有效利率）

时点	即期收益率曲线	单期远期利率 ${_0}f_{t-1,t}$
1	6.50%	6.50%
2	7.00%	7.50%
3	7.40%	8.20%
4	8.00%	9.81%
5	8.40%	10.01%
6	8.60%	9.60%

由表 5.3 可知，由于即期利率曲线向右上方倾斜，远期利率曲线的每一点都比前一期即期利率要高，但这并不意味着远期利率曲线的每一点都比前一期远期利率高，如时点 5 到时点 6 的远期利率低于时点 4 到时点 5 的远期利率。假设投资者的投资期为 1 年，根据纯预期理论，投资者持有期间的总收益计算如下。

首先，估计出债券在第 1 年末的价值，将投资者的收益进行分解成三部分，即资本利得、利息、利息的利息（在第 6 章中将详讲总收益的分解）。

1 年后债券的价值应当为第 3 期至第 6 期不同时点的现金流在时期 2 的现值，即满足

$$P_1 = \frac{30}{1.041} + \frac{30}{1.041 \times 1.049\,05} + \frac{30}{1.041 \times 1.049\,05 \times 1.050\,05} + \frac{1\,030}{1.041 \times 1.049\,05 \times 1.050\,05 \times 1.048}$$
$$= 939.51$$

投资者预期资本利得为-8.07 元，即 939.51 – 947.58 = –8.07 （元）

利息及利息的利息为 61.125 元，即 30 × 1.037 5 + 30 = 61.125 （元）

投资者第 1 年末的总预期收益额为 53.055 元，即 –8.07 + 61.125 = 53.055 （元）

投资者持有期间的总收益为 5.52%，即 $\left[\left(\frac{947.58 + 53.055}{947.58}\right)^{\frac{1}{2}} - 1\right] \times 2 = 5.52\%$ ，低于 8% 的到期收益率水平，主要原因在于前期的再投资收益率较低。

2. 流动性偏好理论

流动性偏好理论又称为流动性升水理论（Liquidity Premium Theory）。该理论基本上承认利率期限结构的纯预期理论，但对它有一个重大的修正，即该理论认为长期债券比短期债券的流动性差，必须给予投资者更高的期望收益才能使他们愿意持有长期债券。因为长期债券比短期债券担负着更大的市场风险——价格波动和难以变现的风险。这种由于增加的市场风险而产生的对长期债券收益的报酬称为流动性升水。当然，对于债券发行者而言，由于金融市场上长期投资者较少而短期投资者多，因此，筹集长期资本所付出的成本也比较高。在该理论下，期限较长的利率，一定会高于期限较短的利率，因为较长的期限要求较高的流动性溢价。

举例说明。若一年期即期利率 $R_{0,1} = 10\%$，预期下一年即期利率 $r_{1,2}^e = 16\%$，基于纯预期理论，则两年期零息债券的到期收益率 $R_{0,2} = 13\%$；但流动性偏好理论认为，两年期零息债券的到期收益率必须高于 13% 才能吸引那些原来持有一年期债券的人来乐意持有两年期债券，也即是说，除了 13% 的收益率外，还需要额外加一个流动性升水（Premium）。

流动性偏好理论认为，不论对未来利率的预期如何，流动性偏好理论预测的长期收益率将高于纯预期理论。当预期利率不变时，在纯预期理论中收益曲线呈水平状态，流动性偏好理论的收益曲线则是一条稍微向上倾斜的曲线；当预期利率上升时，在纯预期理论中收益曲线向上倾斜，流动性偏好理论的收益曲线的斜率更大，曲线更陡；当预期利率下降时，在纯预期理论中收益曲线向下倾斜，流动性偏好理论的收益曲线则为稍微向下倾斜的曲线，或者几乎是一条水平的或稍微向上倾斜的曲线。

流动性偏好理论还认为，流动性升水随着债券到期期限的增加而变大。例如，三年期债券利率

升水要大于两年期债券利率升水。一般来说，流动性偏好理论更能说明向上倾斜的收益曲线的存在原因，如图 5.3 所示。换言之，也许即期利率不一定呈上升趋势，但加上流动性升水以后，收益曲线就向上倾斜。

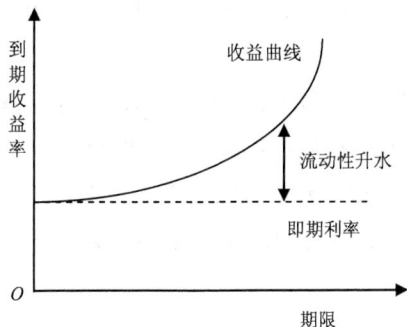

图 5.3　流动性偏好理论对收益曲线的解释

3．市场分割理论

该理论认为不同的金融工具和市场主体之间是不完全流动的，相互间因制度、空间、信息流等的限制而存在一定程度的分隔，从而并不存在一个统一的、相互完全一致的市场收益率。比如一些投资者和债券发行人对债券的期限有特殊偏好，而对不同期限债券的到期收益率并不太关心，这种观点比较符合贷款人和借款人的实际情况。从贷款人角度分析，短期债券具有较好的流动性且价格稳定，因此市场风险较小，而长期债券的收益相对稳定，通过购买长期债券，贷款人在未来持有期内每期可获得一定的固定收入。这样，偏好收入稳定而非价格稳定的贷款人显然偏好于长期债券，而偏好保值超过稳定收入的贷款人则更愿意持有短期债券。因此，市场上任何期限的债券与其他期限的债券是完全分隔的，任何期限债券的利率仅由该期限债券的供求因素决定，很少受其他期限债券的影响，即短期利率仅由短期资金的供求决定，长期利率仅由长期资金的供求决定。依据该理论，如果当前企业和政府主要发行长期债券，那么长期利率将高于短期利率，此时收益曲线要向上倾斜；如果当前企业和政府主要发行短期债券，那么短期利率将高于长期利率，此时收益曲线要向下倾斜。市场分隔理论目前在学术界尚未取得足够的支持，不过这一理论在实际应用中却受到越来越多人的重视和欢迎。

4．期限偏好理论（Term Reference Heory）

该理论认为投资者对特定期限都有很强的偏好，因而收益曲线不会严格地服从纯预期理论和流动性偏好理论的预测。投资者之所以如此，是因为在债券投资过程中，投资者的资产周期和负债周期有效匹配会使其处于最低风险状态。例如银行和货币市场基金一般购买短期债券，而人寿保险公司则偏好于购买长期债券。但如果不符合投资者期限偏好的债券提供的收益率超过正常预期，投资者也可能出现期限偏好的转移。比如，当长期债券的预期收益率远远超过短期债券的收益时，银行和货币市场共同基金将增加该期限的资产，他们将购买长期债券。如果购买短期债券的预期收益率变大，人寿保险公司将暂时取消只投资长期债券的规定，并在他们的资产组合中加入适当的短期债券。换言之，如果投资者已经使自己处于某种期限偏好状态，要使其离开原偏好状态，就必须提供额外的升水来作为增加风险的补偿。

例如，在纯期望理论中，对两年期债券而言，有 $(1+R_{0,2})^2 = (1+R_{0,1})(1+r_{1,2}^e)$

在期限偏好理论，则应是

$$(1+R_{0,2})^2 = (1+R_{0,1})(1+r_{1,2}^e + p) \tag{5.5}$$

其中 p 表示偏好转移风险升水。

由式（5.5）可知，若短期资金供给较多，则投资者偏好于购买短期债券，要使其购买长期债券，必须提供风险升水，即满足 $p>0$；相反，若长期资金供给较多，则投资者偏好于购买长期债券，要使其购买短期债券，必须提供风险升水，也就是说，$p \leq 0$。

期限偏好理论以实际的风险补偿观念为基础，即投资者为预期的额外收益而承担额外的风险。在接受市场分隔理论和纯预期理论部分观点的同时，也剔除了两者极端的观点。该理论能较近似地解释现实世界的现象。

通过以上对利率期限结构的不同理论解释分析，我们对四种理论之间的差异进行简单的比较，如表 5.4 所示。

表5.4 传统利率期限结构理论的比较

	纯预期理论	流动性偏好理论	市场分割理论	期限偏好理论
长、短期利率替代性	完全替代	不完全替代	完全不替代	部分替代
收益率曲线向上倾斜的原因	未来短期利率上升	也许利率上升，也许风险补偿加大	长期资金融资需求较强，或者投资需求弱	长期资金融资需求较强，或者长期投资的偏好转移到短期投资
解释收益率曲线变化的能力	强	较弱	较强	较强

5.1.3 利率期限结构风险分析

利率期限结构的风险主要体现在同一期限的收益率会随时间的变化而变化；同一债券会因其到期日的临近，而使收益率发生改变；以及不同期限的收益率变化幅度不同等方面。收益率曲线有很多种，如国债基准收益率曲线、存款收益率曲线、利率互换收益率曲线及信贷收益率曲线等。收益率曲线并非静止不变，随时都可能发生快速的变动。在正常情况下，收益率曲线从左向右上升，因为期限越长面临的不确定性因素越多，价格波动幅度越大，投资者期望的预期收益率也会越高，以反映投资风险随期限增加而升高的情形。对于正常的收益率曲线而言，若长期收益率的升幅大于短期收益率，收益率曲线会变陡；倒挂的收益率曲线则是从左向右下滑，反映短期收益率高于长期收益率的异常情况。对于不同期限的债券，其到期收益率的走势可能不一致，期限长的债券利率和期限短的债券利率走势可能反向变化，即通常讲的"利率反转"。在对债券定价及风险分析时，要把握利率期限结构的整体形状，并根据利率期限结构的形状对经济或未来市场利率的走势进行预测。

收益曲线的移动主要有以下四种情形。一是平行移动，不同期限债券的收益率变动的幅度和方向一致，即不同期限债券收益率总是有着相同的变化值。例如，期限为 1 年、5 年、10 年、30 年的所有美国国债，其收益率同时上升或下降 80 个基点就属于这一类。只有当市场认为债券的期限与收益率的上、下波动幅度一致，即收益率的变动与期限无关时，才可能出现这种曲线平移。二是非平行移动，其含义是对于短期国债，不同国债的收益率之间差异较大，而对于长期债券，相互之间收益率差异则较小。这反映了市场认为在短期内市场利率可能会有较大波动，而在未来则会趋于一致。三是正螺形移动，表示短期和长期债券的收益率有较大差异，而在中期较为接近，但整体上债券的收益率会提高；四是负螺形移动，表示市场预期债券的收益率整体将会下降，且期限越长下降幅度越大。

【例 5.5】假设某债券组合中含有 5 种债券，其初始组合如表 5.5 所示。债券的期限分别为 3 年、5 年、10 年、15 年、20 年，且这 5 种证券均按面值进行交易，这意味着这 5 种债券的到期收益率与债券的票面利率相同。

表 5.5 债券组合中不同债券的初始信息

债券	票面利率（%）	期限（年）	到期收益率（%）	面值（元）
A	6.00	3	6.00	100
B	6.20	5	6.20	150
C	6.40	10	6.40	400
D	6.80	15	6.80	250
E	7.00	20	7.00	100
总额				1 000

情形 1，假定原收益曲线平行向上移动 50 个基点。

情形 2，假定原收益曲线非平行移动。

则两种情形下，债券组合中不同债券的价值变化情况如表 5.6 所示。

表 5.6 两种情形下债券组合中不同债券的价值及变化

债券	票面利率（%）	期限（年）	情景 1			情景 2		
			到期收益率（%）	新价值（元）	价值变化（元）	到期收益率（%）	新价值（元）	价值变化（元）
A	6.00	3	6.50	98.66	−1.34	5.00	102.75	2.75
B	6.20	5	6.70	146.87	−3.13	6.75	146.55	−3.45
C	6.40	10	6.90	385.72	−14.28	5.50	427.4	27.4
D	6.80	15	7.30	238.73	−11.28	7.00	245.4	−4.6
E	7.00	20	7.50	94.86	−5.14	5.00	125.1	25.1
总额				964.83	−35.17		1 047.2	47.2

由上述分析可知，随着收益曲线形状的改变，债券的价值也会随之改变。这种因收益曲线的变化而导致债券价值变动的可能性称为收益曲线风险（Yield Curve Risk）。本例情形 1 的分析是基于收益曲线的平行移动，虽然平行移动这个假设本身只是一种对现实收益曲线比较理想化的近似，但在做一些不需要十分精确的研究中，这种近似还是有用的。

5.1.4 利差分析

不同债券之间到期收益率有一定的差别。衡量收益率之差或者收益率溢价有多种方法，包括绝对利差、相对利差、静态利差等。影响收益率溢价的因素也有很多，包括违约风险、流动性风险、税收待遇等。通过对利差的分析，有利于在考虑收益率溢价的基础上结合利率期限结构对固定收益证券进行定价。

1. 利差的基本概念

不同债券到期收益率之差，称为收益率溢价，或者简称利差（Yield Spread）。利差的计量有多种表达方式。

（1）绝对利差、相对利差、收益率比率。

绝对利差，是某一债券到期收益率与某一基准收益率之差。相对利差表示的是绝对利差相对于基准收益率的倍数。计算公式为

$$相对利差=（债券到期收益率-基准收益率）/基准收益率 \qquad (5.6)$$

收益率比率为某一债券到期收益率与某一基准收益率之比，即

$$收益率比率=债券到期收益率÷基准收益率 \qquad (5.7)$$

例如，某 5 年期债券 A 的到期收益率为 6%，而 5 年期国债 B 的到期收益率为 4%，那么绝对利差就是 2%，相对利差为 0.5，而收益率比率为 1.5。

（2）市场间利差与市场内利差。

固定收益证券市场可以划分为多个子市场，不同子市场之间可比债券到期收益率之差被称为市场间利差。例如，5 年期公司债券的到期收益率为 6%，而 5 年期国债的到期收益率为 3.5%，那么市场间利差为 2.5%。同样，10 年期公司债券的到期收益率为 8%，而 10 年期住房抵押贷款支持证券的到期收益率为 7%，这样，两者的利差为 1%。市场内利差是指在共同的子市场内不同类别债券的到期收益率之差。例如，刚刚发行的 5 年期国债的到期收益率为 3.5%，而早就发行但偿还期还剩 5 年的债券的到期收益率为 4%。这样，两者的利差为 0.5%；又比如，AAA 债券的到期收益率为 6%，而 BBB 债券的到期收益率为 9%，这样，两者的利差为 3%。

（3）信用利差。

债券信用水平不同，到期收益率也不同。这种单纯由信用风险或者违约风险引起的利差，叫信用利差。

（4）税后收益率与等税收益率。

税后收益率是指相同投资者购买不同证券纳税之后的收益率，税后收益率的计算公式为

$$税后收益率=税前收益率×（1-边际税率） \qquad (5.8)$$

例如，投资国债的利息是免税的，而一般公司债券的利息税为 20%，这样，投资公司债券的税后收益率就是

$$公司债券税后收益率=税前收益率×（1-20\%）=0.8×税前收益率$$

与税后收益率相近的概念是等税收益率，即把免税债券收益率还原为纳税前的收益率，计算公式为

$$等税收益率=免税收益率 / （1-边际税率） \qquad (5.9)$$

例如，在我国，购买国债的利息免税。假定国债的到期收益率为 5%，由于一般债券的利息税为 20%，因此国债的等税收益率就相当于 6.25%。

（5）静态利差。

利差仅仅比较了在相同偿还期情况下某一证券与基准证券（主要是国债）的收益率差别，由于该证券的现金流量与用来比较的国债的现金流量有着很大的不同，因此，这样的比较没有太大的意义。例如，同样都是 10 年期限，国债的票面利率为 2%，而公司债券的票面利率为 10%。由于公司债券的现金流量相对而言更靠前，因此，简单比较利差就忽略了现金流量的影响。

正确的方法则必须考虑现金流量。假定一种公司债券期限为 30 年，那么该债券将向投资者提供 30 个不同时间点上的现金流量。因此，可以在市场上找到 30 个零息国债，而且这些国债产生的现金流量与那个公司债券的现金流量完全一致。那么，该公司债券的价值将等于其现金流量现值之和。如果该公司债券的现金流量是无风险的，那么，其价值将等于前面 30 个零息国债的现值之和。但由于该公司债券存在着违约风险，因此，其价值要低于国债组合的价值。这一价值会反映在价格上，表现为该公司债券价格将低些。价格到底低多少，则可以用静态利差（Static Spread）这一指标来反映。

静态利差是指假定投资者持有债券至偿还期，债券所实现的收益率在国债到期收益曲线之上高多少个基点。静态利差不是公司债券到期收益率与国债到期收益率简单相减，而是反映债券到期收益率曲线超过国债到期收益率曲线的程度。静态利差也被称为 Z-利差，Z 代表 Zero，是指波动率为零时的利差。波动率为零的意思是利率变化没有任何其他可能，变化是相对确定的。

静态利差的计算公式为

$$P_0 = \sum_{t=1}^{n} \frac{C_t}{(1+r_t+r_{ss})^t} + \frac{F}{(1+r_n+r_{ss})^n} \tag{5.10}$$

用图形来表示会更为清楚，如图 5.4 所示。

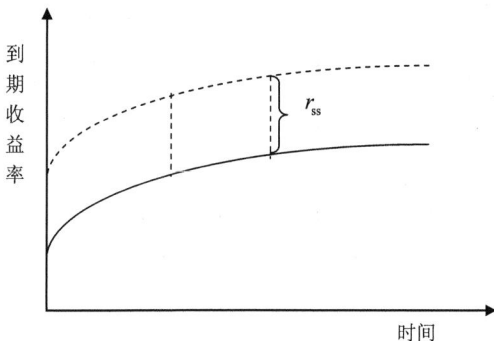

图 5.4　静态利差的图形表示

【例 5.6】某公司债券的票面利率为 8%，1 年支付 1 次利息，期限为 5 年，价格为 103.71 元，则可推导出到期收益率为 7.09%。假设利率期限结构给定，如表 5.7 所示。试求静态利差是多少。

当把到期收益率曲线平行提升 300 个基点时，计算出来的债券价格格刚好是 103.71 元，这样就找到了静态利差为 3%。

静态利差与绝对利差是不同的。例 5.6 中，静态利差为 3%，债券的到期收益率为 7.09%，而同期无风险债券的到期收益率为 5.14%，绝对利差为 1.95%。

表 5.7   静态利差的计算

	即期利率	现金流量（元）	Z-100	Z-200	Z-300
1	4.51%	8	7.66	7.58	7.51
2	4.68%	8	7.30	7.16	7.03
3	4.84%	8	6.94	6.75	6.56
4	4.99%	8	6.58	6.34	6.10
5	5.14%	108	84.06	80.17	76.50
			112.54	108.00	103.71

通常而言，静态利差与绝对利差之间的差距取决于以下几个因素。一是到期收益率曲线的形状。到期收益率曲线越是陡峭，静态利差与绝对利差间的差距就会越大。如果到期收益率曲线是水平的，那么静态利差与绝对利差两者将不会有什么差别。二是票面利率。一个债券的票面利率越高，静态利差与绝对利差之间的差距就会大。三是偿还期。一个债券的偿还期越长，静态利差与绝对利差间的差距也会越大。四是本金偿还的结构。如果证券本金不是一次性偿还，而是分期偿还，或者不规则地偿还，那么静态利差与绝对利差间的差距也会变大。

（6）选择权调整后的利差。

由于利差没有考虑到某些债券的含权属性，因此，该指标存在一定的问题，期权的存在使得债券未来的现金流偿付面临着较大的不确定性。假设市场上某公司债券的到期收益率为 8%，而同期国债的收益率为 6%，尽管名义上有 2% 的利差，但若该债券内嵌有赎回权，则意味着该债券可能在到期前被赎回而提前到期，投资者很难实现 8% 的到期收益率，因此这 2% 的利差可能完全属于选择权的价值。因此，为了考虑债券的含权属性对收益率的影响，就需要计算选择权调整后的利差（Option-adjusted Spread，OAS）。选择权调整后的利差是将含权债券价值与市场价格之间的差别转化为收益率之差，即选择权调整后的利差就是通过模型计算出来的含权债券价值与其市场价格相等时的那个收益率之差，此时选择的比较基准仍然是国债即期收益率曲线。但影响选择权价值的核心因素就是利率的变化，通过利率二叉树模型来测算不同时点上利率变化对选择权价值的影响，这样选择权调整后的利差加上信用贴水，就可以反映债券定价的高低。这将在本章后面含权债券定价中详细讲解。

2. 利差的影响因素

影响利差的因素有很多，其中包括违约风险、流动性风险、税收待遇、市场利率的绝对水平、债券的偿还期等，除此之外，影响利差的因素还包括债券含权与否、含权的程度等。这些因素对利差的影响如表 5.8 所示。

表 5.8   利差的影响因素及与利差的关系

因素	相关性	释义
违约风险	+	违约风险越大，利差就会越大。如 AAA 债券相对于国债的利差，一定会小于 AA 债券相对于国债的利差
流动性	−	流动性越强，利差就会越小。由于刚刚发行的债券的流动性最强，而已经发行的债券的流动性降低，因此，已发行债券相对于刚刚发行的债券就会有利差。假定公司债券与国债的违约风险相同，但由于公司债券的流动性不如国债，因此，公司债券相对于国债而言，也会有利差

因素	相关性	释义
税收待遇	–	税收待遇越低,利差会越大,因为投资者关心的是扣除税收之后的收益率
市场利率	+	一般情况下,市场利率水平较高,绝对利差就会加大。而市场利率处于低位时,绝对利差就会比较低。此时,相对利差的概念有助于说明一定的问题
偿还期限	–	在一般情况下,到期收益曲线向右上方倾斜,因此,债券的偿还期越长,到期收益率越高,利差就会越大。

5.2 利率期限结构及折现方程

由于到期收益率曲线是指证券收益率与到期期限之间的关系,而证券种类有很多,因此有多种类型的到期收益率曲线。例如,票面利率 5% 的到期收益率曲线,票面利率 8% 的到期收益率曲线,等等。根据债券的违约风险不同,可以区分为国债的到期收益率曲线和公司债券的到期收益率曲线;根据债券的流动性不同,可区分为刚发行债券(On-the-run)的到期收益率曲线和已发行债券(Off-the-run)的到期收益率曲线;根据债券不同的交易场所(以我国为例),可区分为交易所债券的到期收益率曲线和银行间债券的到期收益率曲线等。在这些所有的到期收益率曲线中,5.1 节所讲的利率期限结构是最重要的收益率曲线,又称为即期收益率曲线,或零息债券的到期收益率曲线。本节所述述的到期收益率曲线,即以即期收益率曲线为基础。

由于固定收益证券的现金流量相对确定,这为投资者进行价值的评估提供了便利。但在计算未来现金流量的现值时需要使用折现因子,而折现因子与即期利率密切相关。因此,当有了即期利率曲线或者零息债券到期收益率曲线之后,就可以计算出不同时间点上的折现因子,根据现金流和折现因子对固定收益证券进行估值就相对比较容易了。

5.2.1 折现因子的内涵

折现因子表示在未来某一特定时点的 1 元钱,相当于期初的价值。设 d_t 为折现因子,那么 d_t 就表示在第 t 期末支付 1 元钱的零息债券的当期价值。我们用 y_t 表示期限为 t 的到期收益率。例如,y_5 代表 5 年期的零息债券的到期收益率。通常 t 用年来表示,例如,3 个月表示为 0.25,10 天表示为 0.0274(10/365)。

折现因子与实际到期收益率的关系,可以用式(5.11)表示:

$$d_t = \frac{1}{(1+y_t)^t} \qquad (5.11)$$

由于可以按连续复利的办法计算利息,因此有

$$d_t e^{t \times y_t} = 1 \Rightarrow d_t = e^{-t \times y_t} \Rightarrow y_t = \ln\left[(1/d_t)^{\frac{1}{t}}\right] \Rightarrow y_t = -\frac{1}{t}\ln(d_t) \qquad (5.12)$$

关于年复利、半年复利、连续复利等概念，我们在第 2 章中已进行了相对详细的比较，除非特别说明，按照目前的习惯，在计算折现因子时本书按年复利或者半年复利来计算。当计算出各时间长度的折现因子之后，就可以绘制折现因子随到期期限的变化图或刻画出折现函数。例如，表 5.9 是根据我国债券市场的利率期限结构计算得到的折现因子。

表 5.9 到期收益率与折现因子

时间 t	即期收益率	折现因子	时间 t	即期收益率	折现因子	时间 t	即期收益率	折现因子
0	2.284 7%	1.000 0	17	4.308 8%	0.488 1	34	4.661 2%	0.212 5
1	3.746 2%	0.963 9	18	4.345 7%	0.465 0	35	4.666 8%	0.202 6
2	3.833 7%	0.927 5	19	4.382 2%	0.442 7	36	4.671 3%	0.193 3
3	3.861 7%	0.892 6	20	4.419 4%	0.421 1	37	4.675 3%	0.184 4
4	3.885 1%	0.858 6	21	4.453 8%	0.400 5	38	4.679 5%	0.175 9
5	3.922 8%	0.825 0	22	4.482%	0.381 1	39	4.684 6%	0.167 7
6	3.944 7%	0.792 8	23	4.504 9%	0.363 0	40	4.691 4%	0.159 8
7	3.991 8%	0.760 3	24	4.523 7%	0.345 8	41	4.698 6%	0.152 2
8	3.993 8%	0.731 0	25	4.539 6%	0.329 6	42	4.704 6%	0.145 0
9	3.995 7%	0.702 8	26	4.553 6%	0.314 2	43	4.709 7%	0.138 2
10	4.009 2%	0.675 0	27	4.566 8%	0.299 5	44	4.714%	0.131 8
11	4.037 1%	0.647 0	28	4.580 4%	0.285 4	45	4.717 8%	0.125 6
12	4.079 6%	0.618 9	29	4.595 6%	0.271 7	46	4.721 2%	0.119 8
13	4.130 2%	0.590 9	30	4.613 3%	0.258 5	47	4.724 5%	0.114 2
14	4.182 3%	0.563 5	31	4.630 5%	0.245 8	48	4.729 9%	0.108 8
15	4.229 5%	0.537 2	32	4.643 7%	0.234 0	49	4.731 5%	0.103 8
16	4.270 4%	0.512 2	33	4.653 7%	0.222 9	50	4.735 6%	0.098 9

注：以上即期收益率数据时间点为 2014 年 8 月 31 日数据。

数据来源于中国债券信息网，源数据来源网址为 http://yield.chinabond.com.cn/cbweb-mn/yield_main。

由表 5.9 可以绘制出我国利率期限结构下的到期收益率与折现因子随到期时间变化的关系图，如图 5.5 所示。

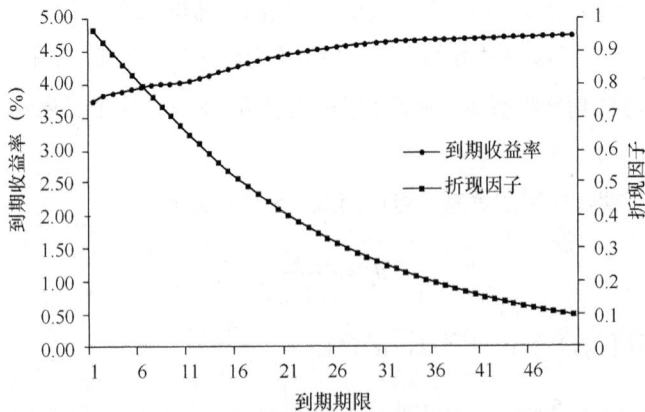

图 5.5 给定的到期收益率曲线及对应折现因子随到期期限变化的趋势

由于即期收益率曲线与折现因子是一一对应的，因此有了折现方程，就可以给任何期限和任何票面利率的债券定价，即

$$P = \sum_{t=1}^{n} d_t \times C_t \qquad (5.13)$$

这里，C_t 为债券在第 t 期获得的现金流量。

将 $d_t = \dfrac{1}{(1+y_t)^t}$ 代入上式，那么

$$P = \frac{C_1}{(1+y_1)} + \frac{C_2}{(1+y_2)^2} + \cdots + \frac{C_n}{(1+y_n)^n} \qquad (5.14)$$

利用折现因子对债券定价，与一般的假定到期收益率曲线水平计算债券价值之间存在着差异，一般的债券价值计算公式为：

$$P = \frac{C_1}{(1+y)} + \frac{C_2}{(1+y)^2} + \cdots + \frac{C_n+F}{(1+y)^n} \qquad (5.15)$$

式（5.14）与式（5.15）之间存在一些本质差别。一是现金流量差别。式（5.14）对债券的现金流没有要求，各期现金流之间可以有很大差别，但式（5.15）中现金流分布一般比较稳定。二是折现因子的选取。式（5.15）假定各种收益的再投资收益率都等于到期收益率本身，式（5.14）对到期收益率曲线的形状没有限制。

5.2.2　折现因子的求取

在计算债券的价值之前，首先需要了解利率期限结构，但在市场上，并非任何期限的零息债券都存在，即使具有明确期限的零息债券，若选择的时点不同，剩余期限也是随之变化的，那么如何从有限的零息债券到期收益率推导出整个市场的利率期限结构？如何来确定不同时间点的折现因子呢？目前市场上主要有三种常用的方法，即函数估计法、样条函数法、迭代法。我们下面分别介绍。

1. 函数估计法

为解决这一问题，需要假定折现曲线具有某种函数形式，然后再根据折现因子的数据，估计出函数的参数。例如，假定折现曲线为三次多项式，即

$$d_t = 1 + at + bt^2 + ct^3 \qquad (5.16)$$

这类函数必须满足一个常识性的条件，即 $d_0 = 1$，也就是说，0 时点的 1 元钱，价值就是 1 元钱。很明显，本函数符合这一条件。

【例 5.7】假设市场上有四种零息债券，期限分别为 1 年、3 年、4 年、6 年，即期利率分别为 4.505 6%、4.837 7%、4.992 7%、5.280 7%，则其对应的折现因子分别 0.956 9、0.867 9、0.822 9、0.734 4。若市场上有一只期限为 5 年的附息债券，票面利率为 5%，面值为 100 元，每年付息 1 次，那么该债券定价多少比较合理？

解答：

由于该 5 年期债券在时点 1、2、3、4、5 均有现金流入，而目前对应于时点 1、3、4 有折现因

子，但时点 2 和时点 5 没有折现因子。因此，如何求取折现因子 d_2 和 d_5，就成为计算 5 年期债券价格的关键。根据给定数据，用 1、3、4 年期的即期利率为例，可得到下面的方程组：

$$\begin{cases} d_1 = 0.956\,9 = 1 + a + b + c \\ d_3 = 0.867\,9 = 1 + 3a + 9b + 27c \\ d_4 = 0.822\,9 = 1 + 4a + 16b + 64c \end{cases} \Rightarrow \begin{cases} a = -0.042\,41 \\ b = -0.000\,77 \\ c = 0.000\,075 \end{cases}$$

进一步，可解得

$$\begin{cases} d_2 = 1 + 2a + 4b + 8c = 0.912\,7 \\ d_5 = 1 + 5a + 25b + 125c = 0.778\,2 \end{cases}$$

若选用 1、3、6 年的即期利率为例，可得到下列方程：

$$\begin{cases} d_1 = 0.956\,9 = 1 + a + b + c \\ d_3 = 0.867\,9 = 1 + 3a + 9b + 27c \\ d_6 = 0.734\,4 = 1 + 6a + 36b + 216c \end{cases} \Rightarrow \begin{cases} a = -0.042\,4 \\ b = -0.000\,78 \\ c = 0.000\,078 \end{cases}$$

进一步地，可解得

$$\begin{cases} d_2 = 1 + 2a + 4b + 8c = 0.912\,7 \\ d_5 = 1 + 5a + 25b + 125c = 0.778\,3 \end{cases}$$

可见两者的结果相差并不大。有了不同时点的折现因子，那么五年期附息债券的价格计算如下：

$$P_5 = \sum_{t=1}^{5} d_t \times C_t$$
$$= 0.956\,9 \times 5 + 0.912\,7 \times 5 + 0.867\,9 \times 5 + 0.822\,9 \times 5 + 0.778\,2 \times 105 = 99.52（元）$$

当然，在实际应用中，有时也用线性插值的方法来计算其他期限的到期收益率。我们简单举一个例子。

【例 5.8】假设市场上有 6 只债券在进行交易，这 6 只债券的基本信息如表 5.10 所示。假设市场上债券的票面利息为半年支付 1 次，试分别利用连续复利、复利和单利计算不同到期期限时点上的即期利率。

表 5.10　　　　　　　　　　　　　6 只债券的基本信息

债券本金（元）	到期期限（年）	年息票（元）	债券价格（元）
100	0.25	0	97.5
100	0.50	0	94.9
100	1.00	0	90.0
100	1.50	8	96.0
100	2.00	12	101.6
100	2.75	10	99.8

解答：

利用连续复利计算不同时点上的即期利率。

根据表 5.10 中数据，可得债券价格与即期利率的关系等式：

$$97.5 = 100 \times e^{-r_{0.25} \times 0.25}$$
$$94.9 = 100 \times e^{-r_{0.50} \times 0.50}$$
$$90.0 = 100 \times e^{-r_1 \times 1}$$
$$96.0 = 4 \times e^{-r_{0.5} \times 0.5} + 4 \times e^{-r_1 \times 1} + 104 \times e^{-r_{1.5} \times 1.5}$$
$$101.6 = 6 \times e^{-r_{0.5} \times 0.5} + 6 \times e^{-r_1 \times 1} + 6 \times e^{-r_{1.5} \times 1.5} + 106 \times e^{-r_2 \times 2}$$

可解得：

$$r_{0.25} = \ln\left(\frac{100}{97.5}\right) \div 0.25 = 0.101\,271\,232$$

$$r_{0.50} = \ln\left(\frac{100}{94.9}\right) \div 0.50 = 0.104\,692\,961$$

$$r_1 = \ln\left(\frac{100}{90.0}\right) \div 1 = 0.105\,360\,516$$

$$96.0 = 4 \times e^{-r_{0.5} \times 0.5} + 4 \times e^{-r_1 \times 1} + 104 \times e^{-r_{1.5} \times 1.5}$$

$$101.6 = 6 \times e^{-r_{0.5} \times 0.5} + 6 \times e^{-r_1 \times 1} + 6 \times e^{-r_{1.5} \times 1.5} + 106 \times e^{-r_2 \times 2}$$

$$r_{1.5} = 0.106\,8, r_2 = 0.108\,1$$

那么债券价格与即期利率之间的关系为

$$99.8 = 5 \times e^{-r_{0.25} \times 0.25} + 5 \times e^{-r_{0.75} \times 0.75} + 5 \times e^{-r_{1.25} \times 1.25} + 5 \times e^{-r_{1.75} \times 1.75} + 5 \times e^{-r_{2.25} \times 2.25} + 105 \times e^{-r_{2.75} \times 2.75}$$

对于 $r_{0.75}$、$r_{1.25}$、$r_{1.75}$、$r_{2.25}$ 可以利用线性插值的方法进行求解，即

$$\begin{cases} r_{0.75} = (r_{0.5} + r_1)/2 \\ r_{1.25} = (r_1 + r_{1.5})/2 \\ r_{1.75} = (r_{1.5} + r_2)/2 \\ r_{2.25} = 2r_2/3 + r_{2.75}/3 \end{cases} \Rightarrow \begin{cases} r_{0.75} = 10.505\% \\ r_{1.25} = 10.61\% \\ r_{1.75} = 10.745\% \\ r_{2.25} = 10.87\% \end{cases}$$

可进一步得到不同期限时点的折现因子。对于复利和单利下的不同时点的即期利率计算，可参照类同思想，这里不再详细讲述。

2. 样条函数方法

（1）多项式样条法。

多项式样条法由 McCulloch 提出，它的主要思想是将贴现函数用分段的多项式函数来表示。在实际应用中，多项式样条函数的阶数一般取为 3，从而保证贴现函数及其一阶和二阶导数都是连续的。于是可用下式表示期限为 t 的贴现函数 $B(t)$：

$$B(t) = \begin{cases} B_0(t) = d_0 + c_0 t + b_0 t^2 + a_0 t^3, t \in [0, n] \\ B_n(t) = d_1 + c_1 t + b_1 t^2 + a_1 t^3, t \in [n, m] \\ B_m(t) = d_2 + c_2 t + b_2 t^2 + a_2 t^3, t \in [m, 20] \end{cases} \tag{5.17}$$

其中，n、m 是样条函数的节点。为了满足贴现函数及其导数的连续性，则应有

$$B_0^{(i)}(n) = B_n^{(i)}(n)$$
$$B_n^{(i)}(m) = B_m^{(i)}(m)$$
$$B_0(0) = 1$$

在上面的式子中，$i=0$，1，2 分别表示对相应函数求导数时的阶数。利用以上约束条件，就可

以将样本函数中的参数减少到 5 个并取为 a_0，b_0，c_0，a_1 和 a_2。将贴现函数用这些参数表示，即

$$B(t) = \begin{cases} B_0(t) = 1 + c_0t + b_0t^2 + a_0t^3, t \in [0, n] \\ B_n(t) = 1 + c_0t + b_0t^2 + a_0\left[t^3 - (t-n)^3\right] + a_1(t-n)^3, t \in [n, m] \\ B_m(t) = 1 + c_0t + b_0t^2 + a_0\left[t^3 - (t-n)^3\right] + a_1\left[(t-n)^3 - (t-m)^3\right] + a_2(t-m)^3, t \in [m, 20] \end{cases}$$

这些参数可以通过用贴现函数所计算的债券价格拟合市场价格来确定。

（2）指数样条法。

考虑到贴现函数基本上是一个随期限增加呈指数级下降的函数，Vasicek 和 Fong 提出了指数样条法，将贴现函数用分段的指数函数来表示。期限结构的估计，是以市场上可以观测到的债券成交价格。在市场上找出一条曲线，将每个债券每笔现金流用曲线的点进行贴现，使得债券的实际成交价格和利用曲线估计出来的价格之间的误差最小。

对于债券市场当日有成交的每一只债券 j，存在一个函数 $D(t)$，使得

$$B(t)_j = \sum_{i=1}^{n} C_{j,i} \times D(t_{j,i}) + \varepsilon_j \tag{5.18}$$

其中，$B(t)_j$ 为债券 j 的全价；

$C_{j,i}$ 为债券 j 当日于未来第 i 期预计的现金流；

$D(t_{j,i})$ 为折现因子；

$D(t_{j,i}) = \mathrm{e}^{-R(t_{j,i}) \cdot t_{j,i}}$；

ε_j 为债券 j 价格拟合的误差项。

考虑到贴现函数基本上是一个随期限增加而指数下降的函数，指数样条法也将贴现函数用分段的指数函数来表示，即

$$D(t) = \begin{cases} D_0(t) = d_0 + c_0\mathrm{e}^{-at} + b_0\mathrm{e}^{-2at} + a_0\mathrm{e}^{-3at}, t \in [0, t_1] \\ D_1(t) = d_1 + c_1\mathrm{e}^{-at} + b_1\mathrm{e}^{-2at} + a_1\mathrm{e}^{-3at}, t \in [t_1, t_2] \\ D_2(t) = d_2 + c_2\mathrm{e}^{-at} + b_2\mathrm{e}^{-2at} + a_2\mathrm{e}^{-3at}, t \in [t_2, 20] \end{cases} \tag{5.19}$$

其中，t_1 和 t_2 是指数样条函数的节点，为满足贴现函数及其导数的连续性，有

$$D_0^{(i)}(t_1) = D_1^{(i)}(t_1)$$
$$D_1^{(i)}(t_2) = D_2^{(i)}(t_2)$$
$$D_0(0) = 1$$

在上面的式子中，$i=0$，1，2 分别表示对相应函数的导数阶数。利用以上约束条件，可以将样本函数中的参数减少到 5 个，进一步可以得到：

$$D(t) = \begin{cases} D_0(t) = 1 + c_0(\mathrm{e}^{-at} - 1) + b_0(\mathrm{e}^{-2at} - 1) + a_0(\mathrm{e}^{-3at} - 1), t \in [0, t_1] \\ D_1(t) = 1 + c_0(\mathrm{e}^{-at} - 1) + b_0(\mathrm{e}^{-2at} - 1) + a_0\left[\mathrm{e}^{-3at} - (\mathrm{e}^{-at} - \mathrm{e}^{-at_1})^3 - 1\right] + a_1(\mathrm{e}^{-at} - \mathrm{e}^{-at_1})^3, t \in [t_1, t_2] \\ D_2(t) = 1 + c_0(\mathrm{e}^{-at} - 1) + b_0(\mathrm{e}^{-2at} - 1) + a_0\left[\mathrm{e}^{-3at} - (\mathrm{e}^{-at} - \mathrm{e}^{-at_1})^3 - 1\right] \\ \qquad + a_1\left[(\mathrm{e}^{-at} - \mathrm{e}^{-at_1})^3 - (\mathrm{e}^{-at} - \mathrm{e}^{-at_2})^3\right] + a_2(\mathrm{e}^{-at} - \mathrm{e}^{-at_2})^3, t \in [t_2, 20] \end{cases}$$

这样可以得到需要估计的几个参数 a_0，b_0，c_0，a_1，a_2。

3. 迭代法

当零息债券无法得到，或者这些债券的流动性特别差，致使到期收益率难以成为其他债券的定价标准时，使用迭代法（Bootstrapping）得到到期收益率曲线是最常用的方法。

迭代法的方法是，首先把附息债券转化为各期现金流，把各个现金流看成不同期限的债券，并确定一个最短期限的收益率，然后以此最短期限的收益率为基础，对不同时间间隔的时间点开始进行迭代，最后推出所有时点的收益率。该种方法一般分为两步：

第一步，搜集关于 6 个月、12 个月、18 个月等债券价格与票面利率的信息；

第二步，计算到期收益率，期限从最短到最长。

【例 5.9】假设市场上有四只附息债券 A、B、C、D，距离到期的期限分别为 6 个月、12 个月、18 个月和 24 个月，面值均为 100 元且均为半年付息一次。相关债券的价格及票面利率如表 5.11 所示。请计算半年期的到期收益率。

表 5.11 四只附息债券的价格信息

	到期时间（月）	票面利率	价格（元）
A	6	5%	98.24
B	12	5.8%	100.05
C	18	6.5%	99.53
D	24	7.5%	102.86

解答：

以半年期为支付周期，假设半年期、1 年期、1 年半期和 2 年期的折现因子分别为 d_1、d_2、d_3、d_4，则根据债券的定价原理，在市场有效条件下，可以利用函数估计法中的迭代推导外，还可以简便地利用方程组通过求解折现因子的方法来推导到期收益率：

$$\begin{cases} 102.5d_1 = 98.24 \\ 2.9d_1 + 102.9d_2 = 100.05 \\ 3.25d_1 + 3.25d_2 + 103.25d_3 = 99.53 \\ 3.75d_1 + 3.75d_2 + 3.75d_3 + 103.75d_4 = 102.86 \end{cases}$$

$$\Leftrightarrow \begin{pmatrix} 102.5 & 0 & 0 & 0 \\ 2.9 & 102.9 & 0 & 0 \\ 3.25 & 3.25 & 103.25 & 0 \\ 3.75 & 3.75 & 3.75 & 103.75 \end{pmatrix} \begin{pmatrix} d_1 \\ d_2 \\ d_3 \\ d_4 \end{pmatrix} = \begin{pmatrix} 98.24 \\ 100.05 \\ 99.53 \\ 102.86 \end{pmatrix} \Rightarrow \begin{cases} d_1 = 0.958\,4 \\ d_2 = 0.945\,3 \\ d_3 = 0.904\,0 \\ d_4 = 0.889\,9 \end{cases}$$

进一步地可推导出：

$$r_{0.5} = 2 \times \left[\left(1/d_1 \right)^2 - 1 \right] = 17.72\%$$

$$r_1 = 2 \times \left[\left(1/d_2 \right) - 1 \right] = 11.57\%$$

$$r_{1.5} = 2 \times \left[\left(1/d_3 \right)^{\frac{2}{3}} - 1 \right] = 13.91\%$$

$$r_2 = 2 \times \left[\left(1/d_4 \right)^{\frac{1}{2}} - 1 \right] = 12.01\%$$

迭代法虽然实用性比较强，所需要的债券数目比较少，但也存在以下缺点。

第一，迭代法需要知道最开始时期的利率，一般使用半年期或者 1 年期无息国债的收益率。如果市场上该数据缺失，用其他利率代替或者进行其他处理都会影响估计的精度。

第二，迭代法需要有到期期限不同的各种债券，这样才能估计出一个合理的利率期限结构。如果债券市场期限结构不健全，债券品种不全，通过假设进行弥补会存在一定偏差。

第三，迭代法本身的缺陷。市场中的债券品种很多，使用迭代法很难利用市场上所有的债券品种，也不能充分利用包含在债券价格中的其他信息。

第四，使用迭代法尽管把附息债券假设成零息债券的合成物，但毕竟不是一个个可以单独交易的零息债券，即使有套利机会产生，如果套利机会难以实现，附息债券定价会在零息债券定价之上产生一定的偏离。这样，通过迭代法得到的到期收益率曲线就会存在一定的问题。

在市场上，实际上很难找到不同期限且在现金流流入时点、间隔等方面一致的债券，这就限制了迭代法的应用，通常可以利用时间间隔接近的两组附息债券通过一定的权重复制债券的方式作为替代，以满足匹配现金流流入时点和相同时间间隔等方面的要求。

4. 统计方法

从理论上说，采用统计方法估计到期收益率曲线比较精确，能包括比较全的信息，但是条件严格，数据量要求比较大，典型的就是线性回归方法。

假设市场没有套利机会，价格就反映了所有的信息，即

$$P_{0,j} = C_{0,j} + C_{1,j}d_{1,j} + C_{2,j}d_{2,j} + \cdots + C_{n,j}d_{n,j} \qquad (5.20)$$

其中，$P_{0,j}$ 为第 j 种债券的价格；

$C_{t,j}$ 为第 j 种债券在 t 时期的现金流；

$d_{t,j}$ 为第 j 种债券在 t 时期的折现因子。

由于所有债券的折现率都相同，因此有 $d_{t,j} = d_{t,i}$；由于 0 时点的现金流的流入为 0，因此必须有 $C_{0,j} = 0$；由于折现因子必然小于或等于 1，因此有 $d_{t,j} \leqslant 1$。在这些约束条件下，就可以得到回归方程

$$\boldsymbol{P} = \boldsymbol{CD} \qquad (5.21)$$

其中，$\boldsymbol{C}$ 为各种债券的现金流矩阵；$\boldsymbol{D}$ 为折现因子向量；$\boldsymbol{P}$ 为价格向量。

如果知道债券的价格和现金流，就可以估计出折现因子，从而估计出各个时期的即期利率，最后得出利率期限结构。使用的估计模型为：

$$P_{0,j} = C_{0,j} + C_{1,j}d_{1,j} + C_{2,j}d_{2,j} + \cdots + C_{n,j}d_{n,j} + \varepsilon_j$$

其中，ε_j 为第 j 种债券估计的残差，假设其服从正态分布。

虽然统计方法的准确度较高，但统计方法也存在一定的缺点，主要表现在：

第一，统计方法要求有比较多的数据样本。如果市场上交易的债券品种和规模都很小，使用统计方法就会受到影响。

第二，如果债券发行和到期的日期都比较分散，那么债券现金流的数据很难直接用来模拟。

5.3

利率期限结构模型

无风险债券的定价，可以利用传统的到期收益率曲线。但由于在债券的创新过程中，有越来越多的含权证券被创造出来，而含权证券的定价就不能使用传统的到期收益率曲线。现代的利率模型可以较好地解释利率波动的问题。

5.3.1 利率波动的一般模型

1. 最简单情况下的利率模型

假定利率为连续利率，其波动服从下面的规律：

$$dr = \sigma dw \tag{5.22}$$

其中，dr 表示利率在一个很短的时间内的波动；

σ 表示利率在一年内波动多少个基点；

dw 表示一个随机变量，其均值为 0，标准差为 $\sqrt{dt}$ 。

【例 5.10】假定当期短期利率（1 年期）为 5.0%，1 年的波动率为 120 个基点，一个阶段为 1个月或者 1/12 年。即 $r_0 = 5.0\%$ ，$\sigma = 1.2\%$ ，$dt = 1/12$ 。若 1 个月后，dw 的观察值恰好为 0.15，那么，可测算出短期利率的变化为 0.180%，或者为 18 个基点，即

$$dr = \sigma dw = 0.012 \times 0.15 = 0.180\%$$

这样，新的市场利率就变为 5.18%（5%+0.18%）。

由于 $dr = \sigma dw$ ，因此由 dw 的期望值为 0，可知利率波动 dr 的期望值也是 0；由 dw 的标准差为$\sqrt{dt}$ ，可知利率波动 dr 的标准差为 $\sigma\sqrt{dt}$ 。

在简单的利率模型中，假设利率的波动不存在趋势值，因此利率的标准差等于利率波动的标准差 $\sigma\sqrt{dt}$ ，代入数据，可得 $\sigma\sqrt{dt} = 0.012 \times \sqrt{1/12} = 0.012 \times 0.288\,7 = 0.346\,4\%$ ，即利率的标准差为 34.64个基点。

如果假设未来利率的变化只有两种路径上升或下降，且每个时点利率上升或下降的概率都是50%，那么就可以用树图来表示利率的变化，如图 5.6 所示，图中不同节点括号中的数据为根据例5.10 中的数据计算所得。

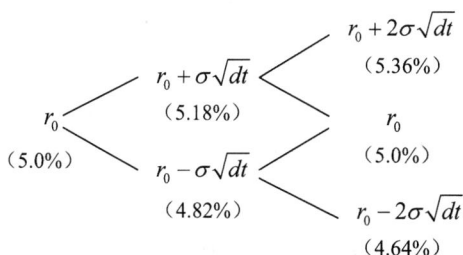

图 5.6 最简单情况下的利率模型

在利率上升和下降均为 50% 的等概率下，这一利率树图的利率波动符合 $dr=\sigma dw$，原因在于，以 0-1 期为例，由于利率有可能上升 $\sigma\sqrt{dt}$，也有可能下降 $\sigma\sqrt{dt}$，在给定上升与下降概率均是 50% 的前提下：

利率波动的期望值为 $E[dr]=0.5\times\sigma\sqrt{dt}+0.5\times(-\sigma\sqrt{dt})=0$

利率波动的方差为

$$V[dr]=E[dr^2]-\{E[dr]\}^2=0.5\times(\sigma\sqrt{dt})^2+0.5\times(-\sigma\sqrt{dt})^2-0=\sigma^2 dt$$

利率波动的标准差为 $S[dr]=\sigma\sqrt{dt}$

因此，在利率上升和下降概率均为 50% 的前提下，利率波动的期望值和标准差均符合利率波动模型 $dr=\sigma dw$ 的特征。但利率树图与利率波动模型并不完全相同，因为利率模型假定利率波动符合正态分布，利率可能取任何数值。但在利率树图中，利率只有上升和下降两种状态。但若把时间间隔变得越来越短（比如连续复利条件下），树图的分支就会足够多，在一定时间后，利率的分布可以接近正态分布。

2. 考虑到利率趋势与风险溢价情况下的利率模型

前面上述模型中没有考虑利率变化的趋势，这会使得到期收益率曲线在最初阶段比较平缓，而后向右下方倾斜。这与正常的到期收益率曲线向右上方倾斜可能不一致，但如果在模型中增加一个趋势变量，把该趋势变量理解为某种风险补偿，那么利率模型可以写成

$$dr=\lambda dt+\sigma dw \tag{5.23}$$

其中，λdt 为很短时间内由趋势变量带来的利率的影响。

【例 5.11】假定当期短期利率（1 年期）为 5.0%，1 年的波动率为 120 个基点，一个阶段为 1 个月或者 1/12 年，λ 为单位时间内风险补偿变量，假设 $\lambda=0.25\%$。即 $r_0=5.0\%$，$\sigma=1.2\%$，$dt=1/12$。若 1 个月后，dw 的观察值恰好为 0.15，那么，可测算出短期利率的变化为 0.237%，或者为 23.7 个基点，即

$$dr=\lambda dt+\sigma dw=0.25\%\times1/12+1.2\%\times0.15=0.237\%$$

这样新的市场利率变为 5.237%。

考虑到利率趋势变量的影响，由于利率趋势是上升的，可计算得到 1 个月的利率补偿变量为 2.1 个基点（$\lambda dt=0.25\%/12=0.021\%$）。

考虑到利率波动 1 年的标准差为 1.2%，则计算得到 1 个月的利率波动标准差为 0.346%（$\sigma\sqrt{dt}=1.2\%\times\sqrt{1/12}=0.346\%$），即每月波动 34.6 个基点。

在考虑利率波动趋势变量和风险中性的条件下，利率趋势实际上由两个因素构成，一是对利率的真实预期，二是风险溢价。如果趋势变量为恒定的正数，那么随着时间的推移，正态分布的均值在增加，利率为负的可能性变小。在考虑到利率趋势后，同样假设利率未来上升和下降的概率均为 50%，新的利率树图如图 5.7 所示，图中不同树点括号内的数据为依据例 5.11 的数据代入。

这一树图同样符合利率模型 $dr=\lambda dt+\sigma dw$。以 0-1 期为例，由于利率有可能上升 $\lambda dt+\sigma\sqrt{dt}$，也有可能下降 $\lambda dt-\sigma\sqrt{dt}$，在给定上升与下降概率均是 50% 的情况下：

$$r_0 + 2\lambda dt + 2\sigma\sqrt{dt}$$
（5.474%）

$$r_0 + \lambda dt + \sigma\sqrt{dt}$$
（5.237%）

$$r_0 + 2\lambda dt$$
（5.042%）

$$r_0$$
（5.0%）

$$r_0 + \lambda dt - \sigma\sqrt{dt}$$
（4.841%）

$$r_0 + 2\lambda dt - 2\sigma\sqrt{dt}$$
（4.682%）

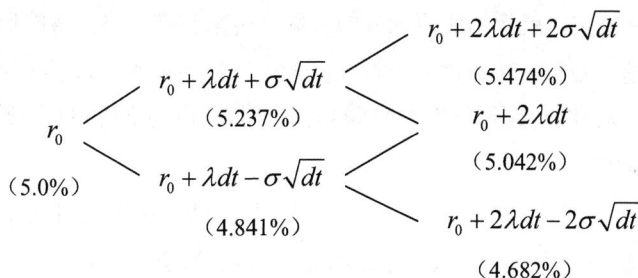

图 5.7　考虑利率趋势后的利率模型

利率波动的期望值为 $E[dr] = 0.5\times(\lambda dt + \sigma\sqrt{dt}) + 0.5\times(\lambda dt - \sigma\sqrt{dt}) = \lambda dt$

利率的方差为 $V[dr] = \sigma^2 dt$

$$V[dr] = E[dr^2] - \{E[dr]\}^2 = 0.5\times(\lambda dt + \sigma\sqrt{dt})^2 + 0.5\times(\lambda dt - \sigma\sqrt{dt})^2 - \lambda^2(dt)^2 = \sigma^2 dt$$

标准差为 $S[dr] = \sigma\sqrt{dt}$

因此，在利率上升和下降概率均为 50%的前提下，利率波动的期望值和标准差均符合利率波动模型 $dr = \lambda dt + \sigma dw$ 的特征。

5.3.2　Ho-Lee模型

Ho-Lee 模型是 Ho 与 Lee 于 1986 年提出的。该模型假定短期利率服从下面的规律：

$$dr = \lambda(t)dt + \sigma dw \tag{5.24}$$

与利率波动的一般模型不同，在 Ho-Lee 模型中趋势变量 λ 是时间依赖的，换言之，在不同的时段，漂移项是时变的。比如在第一个月，趋势变量 λ 的取值可能是 10 个基点；而在第二个月，λ 的取值也许是 15 个基点；在第三个月，λ 的取值也许为负的 5 个基点。

在 Ho-Lee 模型中，假设利率变化遵循二项式结构，如图 5.8 所示。

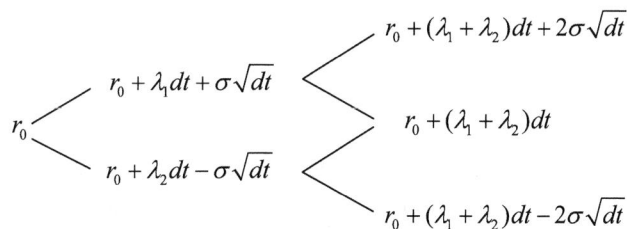

$$r_0 + (\lambda_1 + \lambda_2)dt + 2\sigma\sqrt{dt}$$

$$r_0 + \lambda_1 dt + \sigma\sqrt{dt}$$

$$r_0 + (\lambda_1 + \lambda_2)dt$$

$$r_0$$

$$r_0 + \lambda_2 dt - \sigma\sqrt{dt}$$

$$r_0 + (\lambda_1 + \lambda_2)dt - 2\sigma\sqrt{dt}$$

图 5.8　Ho-Lee 利率模型

该模型表明，下一期短期利率为本期利率加上某个常数与时间段的乘积，再加上或者减去另一个常数乘以时间段的平方根。不论利率上升还是下降，下期利率都要加上 $\lambda_1 dt$，这是短期利率的趋势变量。在利率的上升状态，利率要加上 $\sigma\sqrt{dt}$，而下降状态要减去 $\sigma\sqrt{dt}$。实际上，$\sigma\sqrt{dt}$ 为利率在趋势线上的偏离水平。σ 是短期利率的标准差，而 $\sigma\sqrt{dt}$ 是 dt 阶段内短期利率的标准差。年利率的变动是由 N 个阶段的变动所组成的，所以 $\sqrt{dt} = 1/N$。只要这些变动相互独立，那么年变动的方差为 $N^2\sigma^2 dt = \sigma^2$，单一阶段的方差为 $V[dr] = \sigma^2 dt$，标准差为 $S[dr] = \sigma\sqrt{dt}$。

关于模型中的参数 λ_1、λ_2 和 σ 的估计也比较复杂。σ 值可以通过利率波动的历史数据来求取，也可以用隐含的方法来确定，就像用股票期权的市场价格来倒推股票价格的标准差一样。当用隐含的方法得到 σ 值时，这一数值就可以用来衡量其他含权证券的价值。为了确保定价模型不存在套利机会，模型的参数 λ_1、λ_2 和 σ 必须能使零息债券的定价与其市场价格相符。通过这种办法，可以找出趋势变量 λ_1、λ_2 的数值。

Ho-Lee 模型的优点在于简单。由于 Ho-Lee 模型假设市场利率在未来时刻都呈正态分布，因此任何时点的利率水平都可以等于前一阶段利率水准加上或者减去某个随机变量变化值。但该假设条件下利率有可能成为负值，这也是该模型的一个缺点。不过利用 Ho-Lee 模型为含权证券进行定价时，利率出现负值的可能性较小，这也弥补了 Ho-lee 模型的这个缺点。同时 Ho-Lee 模型的另一个缺点是，利率波动与利率的绝对水平没有关系，但通常情况下当利率水平较高时，利率波动的基点也会比较大，在利率的绝对水平较低时，利率波动的基点要相对小一些。为了弥补 Ho-Lee 模型上面分析的两个缺点，所罗门兄弟模型被创造了出来。

5.3.3　所罗门兄弟模型

所罗门兄弟模型（Salomon Brother Model），假设市场利率呈对数正态分布，利率演变过程是比例性，而不是加减性的。其模型结构为

$$dr = \tilde{a}(t)rdt + \sigma rdw \tag{5.25}$$

根据伊藤定理（Ito's Lemma），

$$d\big[\ln(r)\big] = \frac{dr}{r} - \frac{1}{2}\sigma^2 dt$$

即

$$d\big[\ln(r)\big] = \frac{\tilde{a}(t)rdt + \sigma rdw}{r} - \frac{1}{2}\sigma^2 dt = \left[\tilde{a}(t) - \frac{1}{2}\sigma^2\right]dt + \sigma dw$$

重新定义时间依赖的趋势变量 $a(t) = \tilde{a}(t) - \frac{1}{2}\sigma^2$

所以 $d\big[\ln(r)\big] = a(t)dt + \sigma dw$

该模型说明，短期利率的自然对数呈正态分布。根据定义，一个随机变量的自然对数为正态分布，那么该随机变量属于对数正态分布。因此，所罗门兄弟模型为对数正态分布，所罗门兄弟模型如图 5.9 所示。

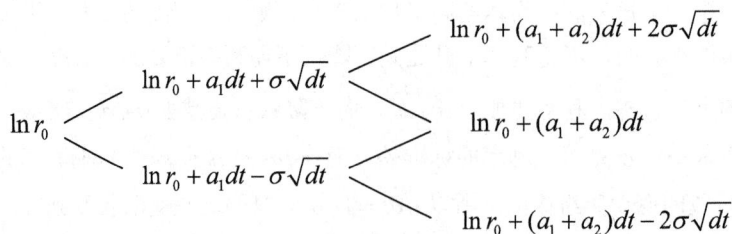

图 5.9　对数形式的所罗门兄弟模型

在所罗门兄弟模型中，基点波动幅度即标准差是短期利率的函数，r 越大，基点波动幅度也越大，这避免了 Ho-Lee 模型中关于固定基点波动幅度的不足。利用所罗门兄弟模型求解利率期限结构的过程与利用 Ho-Lee 模型求解利率期限结构相似，但克服了 Ho-Lee 模型的缺点，也更贴近现实。所罗门兄弟模型也存在一定的缺陷。即通常情况下，当利率水平偏高时，它的趋势变量相对较小甚至为负值；而当利率水平偏低时，趋势变量值较大。即利率具有均值反转（Mean Reversion）的特点。无论利率过高，还是过低，利率趋向于均值的回归力量都比较大，回归到均值的速度也都比较快。为了克服所罗门兄弟模型的缺点，诞生了 BDT 模型。

5.3.4　BDT模型

布莱克（Black）、德曼（Derman）、托伊（Toy）于 1990 年提出的 BDT 模型除了给予波动率参数时变的特性外，还假设瞬时利率服从对数正态分布，以保证利率始终为正。BDT 模型最初是以离散形式提出的，后来赫尔（Hull）和怀特（White）给出了连续的形式，该模型假定利率服从这样的过程，即

$$dr = -\frac{d[\ln\sigma(t)]}{dt}(\ln\theta - \ln r)rdt + \sigma(t)rdw \qquad (5.26)$$

其中，θ 代表长期均衡利率。

BDT 模型假定利率变化服从对数正态分布，并允许短期利率的波动率在不同阶段取不同的值。为了确保利率二项式树图的结合性特征，要求利率先上升后下降与先下降后上升的结果是一样的。在 BDT 模型中，由于不同阶段利率波动 $\sigma(t)\sqrt{dt}$ 不是一个常量，因此先上升后下降与先下降后上升所达到的利率水平不相同。为了简化计算，需要有结点的树图，为此，在 BDT 模型中允许在同一阶段不同情形下的趋势变量可以不同。

BDT 模型的主要优点是可以反映利率期限结构的实际波动情况，因为波动率随着时间而变动，而且利率的趋势变量也受利率水平的影响，同时 BDT 模型还具有均值反转的性质。

5.3.5　Vasicek模型

Vasicek 于 1977 年创立了关于利率期限结构的均衡模型。该模型假设短期利率服从于均值反转的规律。当短期利率超过长期均衡利率时，趋势变量为负值，拉动短期利率向下变化；当短期利率低于均衡利率时，趋势变量为正，将抬高短期利率，使得利率向上变化。Vasicek 模型如下：

$$dr = k(\theta - r)dt + \sigma dw \qquad (5.27)$$

其中，

θ 是常数项，代表长期均衡的利率；

k 是正数，代表均值反转的速度。

在模型中，θ 与 r 的差距越大，短期利率向长期均衡利率 θ 的变化幅度就越大。由于 Vasicek 模型是属于风险中性的，故利率变化趋势涵盖了利率的预期以及风险溢价。而且，利率预期以及风险溢价如何构成趋势变量，并不影响市场价格。为了更好地理解这一问题，不妨令 r_{∞} 代表长期均衡利

率，风险溢价为 λ。Vasicek 模型可以写成

$$dr = k(r_\infty - r)dt + \lambda dt + \sigma dw \tag{5.28}$$

即

$$dr = k\left\{\left[r_\infty + \frac{\lambda}{k}\right] - r\right\}dt + \sigma dw \tag{5.29}$$

定义 $\theta \equiv r_\infty + \lambda/k$，则式（5.23）与式（5.25）完全一样。

由于 r_∞ 和 λ 的不同组合可以生成相同的 θ，只要生成相同的 θ 值，市场价格就是相同的。

Vasicek 模型在利率期限结构模型中，形式相对较为简单，应用也比较方便，但同样面临无法避免负利率的问题。因为 Vasicek 模型假定利率变化呈正态分布，而且假定所有的债券之间是完全正相关的。同时，利用 Vasicek 模型还无法直接推导出实际的期限结构，不过在对以债券为基础的欧式期权定价时，该模型相对比较有效。

Jamshidian 根据 Vasicek 模型推导出 T 时刻到期的、基于零息债券的欧式看涨期权在 t 时刻的价值公式为

$$c_{zb} = LP(t,s)N(h) - XP(t,T)N(h-\sigma_p) \tag{5.30}$$

其中，

$$h = \frac{1}{\sigma_p}\ln\frac{LP(t,s)}{XP(t,s)} + \frac{\sigma_p}{2}$$

$$\sigma_p = \frac{\sigma}{k}\left[1 - e^{-a(s-T)}\right]\sqrt{\frac{1-e^{-2a(T-t)}}{2a}}$$

式（5.30）中，c_{zb} 表示零息债券的欧式看涨期权价值；$P(t,s)$ 表示 t 时刻债券在 s 时刻的债券价值；$P(t,T)$ 表示 t 时刻债券在 T 时刻的债券价值；L 表示债券的本金；N 表示累积正态分布函数；s 表示债券的到期期限；X 表示期权的执行价格。

对于欧式看跌期权，其公式为

$$p_{zb} = XP(t,T)N(-h+\sigma_p) - LP(t,s)N(-h) \tag{5.31}$$

特殊情况下，当 $k=0$ 时，$\sigma_p = \sigma(s-T)\sqrt{T-t}$。对于附息债券，因为 Vasicek 模型假定了债券价格间完全相关，所以，该模型也可用于从零息债券期权的价格中求解附息债券欧式期权的价值，基本原理是将附息债券看成一系列零息债券的期权合成。

本章小结

本章主要围绕利率期限结构展开。首先对利率期限结构的概念及在资产定价、价格发现及衍生产品定价中的作用进行了分析，从纯预期理论、流动性偏好理论、市场分割理论及期限偏好理论对利率期限结构的形状进行了介绍，分析了利率期限结构的风险及在对风险证券定价时利差因素的定

义；然后基于利率期限结构，对固定收益证券定价时的现金流现值的折现因子进行了介绍，对市场不存在合适期限的零息债券时的折现因子求解方法进行了剖析；最后，介绍了利率期限结构模型，即对利率波动特征进行分析。

关键术语

利率期限结构、纯预期理论、流动性偏好理论、市场分割理论、期限偏好理论、折现因子、折现方程、绝对利差、相对利差、收益曲线风险、市场间利差、样条函数法、剥离法、利率波动、Ho-lee 模型、所罗门兄弟模型、BDT 模型、Vasicek 模型

思考练习

1. 传统的利率期限结构理论有哪些？这些理论之间的相互关系是什么？

2. 请用市场分割理论解释我国短期利率和长期利率的差别。

3. 请利用某一天的数据，来刻画我国的到期收益率曲线（银行间或交易所市场），并尽量解释到期收益率曲线生成的主要因素是什么。

4. 请利用间隔一年的数据，来刻画我国的到期收益率曲线（银行间或交易所市场），并尽量解释到期收益率曲线发生了怎样的变化，主要原因是什么。

5. 假设债券的面值都是 100 元。1 年期零息债券当前的价格是 96 元，2 年期零息债券当前的价格是 90 元，2 年期零息债券 1 年后的价格有可能是 93 元或 97 元。投资者有针对 2 年期零息债券的认购选择权，执行日是 1 年后，执行价格是 94 元。在二项式树图中，我们不知道利率上升与下降的状态概率。能否根据上述信息求出认购选择权今天的价格？请根据得出的认购选择权今天的价格，推导出状态概率。

6. 假定短期利率以年为基准发生变化，即期利率为 6%，并且通过对年度利率波动的计算，得到利率的年标准差为 0.5%。2 年期零息债券的市场价格为 88.75 元，3 年期债券的市场价格为 83.34 元，根据利率波动的一般模型画出利率波动树图。

7. 假设目前证券市场上，长期债券利率为 4.8%，而短期债券利率为 5.8%，那么这种现象称为什么？产生这种现象意味着什么？试从利率期限结构的相关理论思想来进行解释

案例讨论

利率反转的考验

从许多角度看，中国内地的确是不缺资金的。截至 5 月底，人民币存款余额高达 99 万亿元人民

币，贷款余额则仅为 67 万亿元，货币供给 M_2 增速仍高于年初制定的指标，四大国有银行贷款发放量，更远较去年同期为高；但另一方面，银行拆借利率却在上周大幅飙升，引发资金紧俏的恐慌。这其中的矛盾，反映出在资金流动性的议题上，宏观与微观管理的差异性。

就如总理李克强说的，中国当前该有的策略是"用好增量，盘活存量"，因此货币政策的重点，在质而不在量。整体而言，资金是当然充沛的，但是否能让资金流向投资回报率高、风险性低的计划上，是关键也是挑战。

过去两三年来，中国内地财富激增，金融机构的财富管理业务也巨幅增长。银行之外，信托、租赁、保险等影子银行，更成长飞快。在中国内地走向利率市场化的过程中，银行与规范较少的影子银行之间存在利率的差异，原本不足为奇；但影子银行若扩充过速，规范又较少，自然须予以结构上的调整，而这似乎也是当前的方向。

只是，调整的过程毕竟会带来一些痛苦。上周银行拆借利率的急速攀升，明显为市场带来不安；尤其是美国伯南克继 5 月 22 日后，上周又于 6 月 19 日清楚重申 QE 退场的规划，也因而再度引发一轮全球股灾。

QE 都还没开始退场，全球金融市场却已反应激烈，尤其股市震荡，幅度惊人。用来衡量股市波动幅度的"恐慌指数"（VIX），自今年 5 月初的 13.5，上升至 6 月 20 日的 20.49。当初流入新兴市场的资金潮，更因对债券、股市、黄金、商品等投资失利而离去，并造成这一个月来新兴市场大跌。外资撤出，也带动新兴市场货币汇率大幅贬值，国债利率飙升的情况。

利率反转，影响层面极广。最普遍受冲击的就是房贷利息的上升。原本一间贷款 100 万元的房屋，如果分 20 年清偿，在房贷利率 2% 的情况下，每月须缴纳约 5 000 元房贷；但如果房贷利率上升至 3%，则每月缴款提高至 5 500 元；如果利息上升至 4%，每月负担就会提高至 6 000 元了。

这几年来，房价居高不下，但很多买了房的人可能并不是那么清楚，随着利率上升每月需多付多少钱；当然也可能更没有注意到，所谓美国 QE 退场，或中国内地贷款的结构调整，居然会影响到自己每月的房贷金额。美国十年期国债利率，在 QE 退场阴影下大幅飙升，自今年 5 月 1 日的 1.6%，不到两个月，上升至目前的 2.5%。中国内地国债短期收益率也在一个月内，由 3% 上升至 4%。美国 30 年期固定房贷利率在过去这两个月间，由 3.4% 上升至 4.24%。房贷利率上升后，美国刚开始复苏的房地产市场后续走势，也将是伯南克考量 QE 退场时机的因素之一。

国际金融的联动，造成美国利率带动全球利率的宿命。以历史资料来看，过去这五年的低利率环境，实为极少见的特例。但虽是特例，却也已长达五年，使得许多人都已习惯性地沉溺其中。QE 所带来美国每月 850 亿美元的债券购买量，不但买国债，也买企业发行的公司债；这些买盘缩手后，不但个人房贷利率上升，企业筹资成本增加，美国政府国债利息负担亦更为沉重。

利率反转，是为 QE 退场的最大压力；同样地，利率飙升，也是中国内地金融调整结构的最大考验。

资料来源：http://finance.qq.com/a/20130627/000702.htm 发表时间为 2013 年 6 月 27 日。

根据上述材料，请回答下列问题。

（1）什么是利率反转？利率反转一般意味着什么？

（2）结合相关利率期限结构理论，对利率反转这一现象进行解释。

（3）结合宏观经济形势和现状，你支持文中所认为的利率反转是对 QE 退场的最大压力的判断吗？利率反转会对我国经济产生什么样的影响？

到期收益率与总收益分析 | 第6章

【本章提要】

本章首先围绕传统债券分析中的重要决策指标——到期收益率在应用中存在的假设缺陷展开，比较分析了零息债券到期收益率、年金证券到期收益率与附息债券到期收益率之间的关联，引出利用持有期收益率作为债券投资决策指标的合理性，并将持有期的总收益分解为利息、利息的再投资收益及资本利得，以此作为分析债券总收益相对于利率的敏感性并由此导致的再投资风险的认识。

【重点与难点】

重点：认识到期收益率指标假设的缺陷，理解到期收益率不能作为投资决策指标的依据，理解零息债券、年金证券和附息债券到期收益率之间的联系，掌握持有期收益率的计算及总收益的分解及再投资风险分析。

难点：附息债券到期收益率与零息债券、年金债券到期收益率之间的关系，再投资收益率风险与到期收益曲线形状的联系。

【引导案例】

量化宽松（Quantitative Easing，QE）主要是指中央银行在实行零利率或近似零利率政策后，通过购买国债等中长期债券，增加基础货币供给，向市场注入大量流动性资金的干预方式，以增加开支和借贷，也被简化地形容为间接增印钞票。量化指的是扩大一定数量的货币发行，宽松即减少银行的资金压力。当银行和金融机构的有价证券被央行收购时，新发行的货币便被成功地投入私有银行体系。量化宽松政策所涉及的政府债券，不仅金额庞大，而且周期也较长。一般来说，只有当利率等常规工具不再有效的情况下，货币当局才会采取这种极端做法。量化宽松政策的起点，往往都是利率的大幅下降。利率工具失效时，央行才会考虑通过量化宽松政策来刺激经济。

根据上述材料，思考一下，量化宽松的货币政策对金融市场会产生什么影响？对美国政府债券会带来何种影响？为什么一国采取量化宽松的货币政策，其余国家都变相或直接采用量化宽松政策来应对？

6.1

到期收益率的再认识

对债的投资价值进行分析，主要是研究影响到期收益率或价值的决定因素。在传统的债券价值分析中，基本上可以将影响债券到期收益率的因素归为两类，即内在因素（如偿还期、违约风险、税收待遇及内嵌有赎回权或回售权的条款）及外在因素（如市场利率波动）等。到期收益率是投资机构在进行投资决策时的一个重要参考指标。

在前面章节中，我们已经对到期收益率的概念做了一些前期的分析和研究。的确，在传统的债券分析中，到期收益率是投资者进行债券选择和投资决策的主要依据，但在固定收益证券分析课程中，我们要拓展对这一概念的认识。前面对债券投资收益率的衡量指标我们已介绍多种，如债券相当收益率、年实际收益率等指标，这些指标的出现，也在一定程度上反映了仅利用到期收益率指标来衡量债券投资回报可能面临着不足和缺陷。

6.1.1 假设条件的缺陷

在传统债券分析中，利用到期收益率作为投资决策指标是以比较严格的前提假设为基础的，而这些前提假设在现实中都比较难成立。

假设 1，投资者持有证券至到期。该假设条件相对比较苛刻。对于短期债券，投资者持有至到期可以理解；但对于长期债券，除非是养老基金、保险公司等因未来有长期负债现金流支出需要与长期债券的现金流结构相匹配产生需求，普通投资者不大可能持有长期债券至到期。对于投资者而言，如何衡量其投资收益率就比较有难度，此时往往用持有期收益率来进行衡量比较合理，即将投资者持有债券期间所获得的所有现金流作为测算其投资回报的基础。但这涉及未来持有期结束时对债券价格的预测，能否合理预测债券的价格又与债券市场的有效性相关。若债券不嵌有任何期权，对债券自身而言，根据债券在某一时点的市场价格，就可以计算出在这一时点债券的到期收益率，而与投资者是否转让或持有多长时间无关。因此，从这个层面上讲，到期收益率是一个很好的价格指标，而不是一个很好的投资指标，即投资者可以比较同一时点上具有相同性质的债券的到期收益率来判断债券的价值是否相对被高估或低估。

假设 2，债券不存在违约风险。公司发行债券后，就面临着未来不同时点上现金流的支出压力。但是一旦公司的财务状况出现问题，公司未来的现金流就可能比较紧张。这将导致公司债券的本金和利息面临着不能按期偿付的违约风险，从而造成投资者的到期收益率面临着不确定性。

假设 3，利率期限结构呈水平状，即再投资收益率等于到期收益率。对于债券而言，除零息债券不存在再投资风险外，其余的附息债券、结构化证券产品都可能面临着再投资风险。因为债券的利息是逐期支付的，当投资者收到利息后，需要将这些利息进行再投资，因此这些利息再投资的收益率高低就在很大程度上影响着债券的实际收益率。因此，只要利率期限结构不是水平的，就肯定面临着再投资收益率偏离最初计算的到期收益率的情形。

假设 4，债券中无任何附属条款或无嵌入任何期权。如果债券附有条款或内嵌期权，则很有可能改变债券的存续期限。比如债券中若嵌有回售权或赎回权，但市场利率上升/下降时，随着债券价格的下降/上升，投资者可能选择按约定的价格将持有的债券回售给发行人或发行人按约定的价格赎回债券。这就改变了债券未来的现金流结构，从而使得到期收益率面临着极大的不确定性。

因此，上述四个假设条件的存在，简化了对债券投资收益率的计算要求，但同时也与实际不太相符，因此用到期收益率来衡量实际投资收益率存在着先天的不足。

在债券投资分析中，有一种朴实而重要的分析方法，叫总收益分析，即在投资期末，投资者的总收入能够达到多少。这就需要对再投资收益率进行假设，由于不同债券的票面利率不一样，因此，不同债券的总收益受再投资收益率的影响程度也不同。

6.1.2 零息债券与年金证券的到期收益率

在对债券进行定价时，即使债券市场有效且债券的定价合理，债券的到期收益率也不一定相等。比如，对于固定票面利率的附息债券而言，若不存在违约风险和不内嵌期权，那么未来不同时点上得到的票面利息可以看成一系列零息债券的构成，而且这些零息债券具有相同的面值，我们也可以称之为年金证券（Annuity Bond）。年金证券和零息债券可以被视为债券产品中票面利率极大和票面利率极小的两类特殊证券，任何不含权不违约的附息债券都可以视为年金证券和零息债券的合成。

【例 6.1】假设某面值为 100 元的附息债券 A，期限为 5 年，票面利率为 6%，每年付息一次，同时假定市场利率期限结构 1 年期、2 年期、3 年期、4 年期、5 年期的即期利率分别为 4.5%、5%、5.4%、6%、7%。试计算不同期限年金证券的到期收益率。

解答：

对于该附息债券，首先将其现金流分解，如表 6.1 所示。

表 6.1   附息债券未来不同时点现金流的分解

（单位：元）

时间点	$t=1$	$t=2$	$t=3$	$t=4$	$t=5$
年金证券	6	6	6	6	6
零息债券	0	0	0	0	100
附息债券	6	6	6	6	106

由表 6.1 可知，年金证券本质上可视为一系列不同到期期限的零息债券的合成，给定市场利率期限结构，相当于给定了不同到期期限的零息债券的到期收益率，那么就可以推算出年金证券的到期收益率（这与年金证券的面额无关）。下面计算不同期限年金证券的到期收益率，计算过程及结果如表 6.2 所示。

表 6.2   基于利率期限结构的年金证券的到期收益率计算

时间点	即期利率	现金流量（元）	现值（元）	年金证券的价值（元）	年金证券的到期收益率
1	4.50%	6	5.742	5.742	4.50%
2	5.00%	6	5.442	11.184	4.83%
3	5.40%	6	5.124	16.308	5.10%
4	6.00%	6	4.753	21.061	5.44%
5	7.00%	6	4.278	25.339	5.91%

表 6.2 中年金证券到期收益率的计算过程如下。

第一步，计算不同时点年金现金流的现值，这点类似于零息债券的现值求解。如第 1 年年金的现值为 6/(1+4.5%)=5.742 （元），第 3 年年金的现值为 6/(1+5.40%)^3=5.124 （元）等。

第二步，计算不同期限年金证券的现值，这等于不同时点的年金现值的和。比如，3 年期年金证券的现值为 5.742 + 5.442 + 5.124 = 16.308 （元）。

第三步，计算不同期限年金证券的到期收益率。如求解 5 年期年金证券的到期收益率，假设 5 年期年金证券的到期收益率为 y_5，$r_{0,t}$ 表示第 t 期的即期利率，则应满足

$$\sum_{t=1}^{5}\frac{6}{(1+y_5)^t}=\sum_{t=1}^{5}\frac{6}{(1+r_{0,t})^t}=25.339 \Rightarrow y_5=5.91\%$$

对于 y_5 的求解，通常利用规划求解的方法来得到。

由表 6.2 可知，若利率期限结构是向右上方倾斜的，那么年金证券到期收益率曲线也向右上方倾斜，但略低于同期即期利率水平，在利率期限结构曲线的下方；进一步地，若利率期限结构向右下方倾斜，则年金证券的到期收益率曲线也向右下方倾斜，但会略高于同期的即期利率；若利率期限结构先升后降，那么年金证券的到期收益率曲线也先升后降，并与即期利率曲线有交叉。

从某种意义上讲，不同于将附息债券看成不同期限的零息债券的合成，而是将之视为一组年金证券和零息债券的合成，这样，结合年金证券到期收益率与零息债券到期收益率（利率期限结构）之间的关系，就可以初步估算出附息债券的到期收益率的大致情况。由于年金证券可视为票面利率极大的情况，而零息债券可以视为票面利率极小的情况，因此，附息债券的到期收益率应介于这两个证券的到期收益率之间。若附息债券的票面利率较低，则意味着零息债券的权重较高，该附息债券的到期收益率就靠近零息债券的到期收益率；若附息债券的票面利率较高，则意味着年金证券的权重较高，该附息债券的到期收益率就靠近年金证券的收益率。因此，附息债券的到期收益率、零息债券的收益率和年金证券的收益率之间的关系可粗略地用图 6.1 所示。

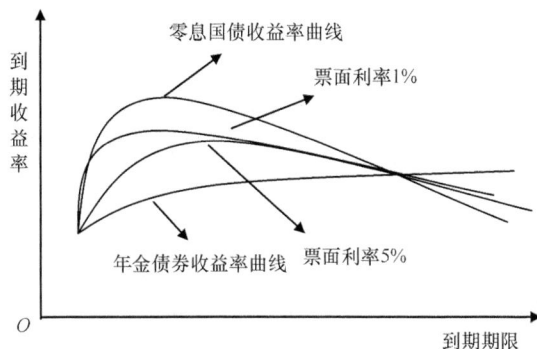

图 6.1　附息债券、年金证券和零息债券的到期收益率比较

由图 6.1 可知，在某一到期期限，年金证券、零息债券的到期收益率相交时，不同票面利率、相同到期期限的附息债券的到期收益率相同。事实上，这正是基于零息债券和年金证券合成附息债券时的一个重要特征，下面我们进行简单的证明。

假设到期期限为 n 时，年金证券、附息债券和零息债券的到期收益率刚好相等。不妨假设 $r_{0,n}$ 为 n 期零息债券的到期收益率，y_t 表示 t 期年金证券的到期收益率。由于在第 n 期年金证券的到期收益率与零息债券的到期收益率相等，即满足 $y_n=r_{0,n}$。假设未来不同时点的现金流均为 1 单位，则年金证券的现值应为

$$a_n=\sum_{i=1}^{n}d_i=\frac{1}{(1+r_{0,1})}+\frac{1}{(1+r_{0,2})^2}+\cdots+\frac{1}{(1+r_{0,n})^n} \tag{6.1}$$

同时，根据年金到期收益率定价原理，则有

$$a_n = \frac{1}{(1+y_n)} + \frac{1}{(1+y_n)^2} + \cdots + \frac{1}{(1+y_n)^n} = \frac{1}{(1+r_{0,n})} + \frac{1}{(1+r_{0,n})^2} + \cdots + \frac{1}{(1+r_{0,n})^n} \quad (6.2)$$

在式（6.2）两边同时乘以 $(1+r_{0,n})$，得

$$(1+r_{0,n}) \times a_n = (1+r_{0,n}) \times \left[\frac{1}{(1+r_{0,n})} + \frac{1}{(1+r_{0,n})^2} + \cdots + \frac{1}{(1+r_{0,n})^n} \right] \quad (6.3)$$
$$= 1 + \frac{1}{(1+r_{0,n})} + \frac{1}{(1+r_{0,n})^2} + \cdots + \frac{1}{(1+r_{0,n})^{n-1}}$$

式（6.1）减去式（6.3），可得：

$$r_{0,n} \times a_n = 1 - \frac{1}{(1+r_{0,n})^n} = 1 - d_n \Rightarrow r_{0,n} = \frac{1-d_n}{a_n} = \frac{1-d_n}{\sum_{i=1}^{n} d_i} \quad (6.4)$$

只要即期利率满足式（6.4），则对于任意票面利率的附息债券而言，其到期收益率均相等。换言之，当年金证券的到期收益率与零息债券的到期收益率相等时，由这两种证券按任意比例合成的附息债券的到期收益率都是相同的，与票面利率高低无关。

【例 6.2】假设零息债券的到期收益率分别为 1 年期 5.5%、2 年期 7.5%、3 年期 7.2%、4 年期 7.0%。只要偿还期为 4 年，任何票面利率的附息债券的到期收益率都一样，均为 7%。

解答：

给定利率期限结构，则不同期限年金证券到期收益率的计算结果如表 6.3 所示。

表 6.3   不同期限年金证券到期收益率的估算

时间点	即期利率 R_n	折现因子 d_n	年金证券价格 a_n	年金证券到期收益率 y_n
1	5.50%	0.948	0.948	5.50%
2	7.50%	0.865	1.813	6.80%
3	7.20%	0.812	2.625	6.99%
4	7.00%	0.763	3.388	7.00%

由于满足上面的条件，即

$$\frac{1-d_4}{a_4} = \frac{1-0.763}{3.388} = 7.00\% = r_{0,4}$$

在满足年金证券到期收益率与零息债券到期收益率相等的条件下，只要附息债券的到期期限为 4 年，且不存在违约或内嵌期权，无论票面利率是多少，债券的到期收益率均为 7%。不过，需要注意的是，能使得年金证券和零息债券在相同的到期期限相交时，市场利率期限结构一定不是单边的向左上方倾斜或向右下方倾斜，必定有一个先升后降或先降后升的过程。

6.1.3 到期收益率的应用受限

在进行债券组合投资时，不同债券的到期期限不同、票面利率不同，即使面临相同的利率期限

结构，由于风险溢价不同，也很难对组合的到期收益率进行估算。不同于股票组合的收益率为组合中不同股票收益率的加权平均，在一般情况下，债券组合的到期收益率不等于单个债券到期收益率的加权平均。要计算债券组合的到期收益率，需要详细了解组合中不同债券的现金流的分布和债券价格的信息，相对比较复杂，因为组合中不同债券的未来现金流的支付很难在同一个时间点，这样即使确定了组合中不同债券的现金流的分布，但同时要对不同时点的即期利率进行计算会更加复杂，而且估计的偏差也比较大。因此，对债券投资而言，通常是在监测相对静态的估值基础上，利用久期和凸率等指标来测算其利率风险，因为组合中不同债券的久期和凸率是可以加权平均的。我们通过举例来说明组合的到期收益率不等于组合中不同债券到期收益率的加权平均。

【例 6.3】假设利率期限结构如下：1 年期即期利率为 5%，2 年期即期利率为 5.5%，3 年期即期利率为 6%，4 年期即期利率为 7%。市场上有两个债券 A 和 B，面值均为 100 元，偿还期均为 5 年，但票面利率不同，A 债券的票面利率为 10%，B 债券的票面利率为 6%，均为每年付息一次。试求债券 A、B 的到期收益率各为多少？如果投资者各买 1 张 A 债券和 B 债券，那么投资者持有的组合的到期收益率是多少？

解答：

根据利率期限结构和债券定价原理，假设市场有效不存在套利机会，则债券 A 和债券 B 市场价格分别为

$$\begin{cases} p_A = \sum_{t=1}^{4} \dfrac{10}{(1+y_A)^t} + \dfrac{100}{(1+y_A)^4} = \dfrac{10}{1+r_{0,1}} + \dfrac{10}{(1+r_{0,2})^2} + \dfrac{10}{(1+r_{0,3})^3} + \dfrac{110}{(1+r_{0,4})^4} \\ p_B = \sum_{t=1}^{4} \dfrac{6}{(1+y_B)^t} + \dfrac{100}{(1+y_B)^4} = \dfrac{6}{1+r_{0,1}} + \dfrac{6}{(1+r_{0,2})^2} + \dfrac{6}{(1+r_{0,3})^3} + \dfrac{106}{(1+r_{0,4})^4} \end{cases}$$

$$\Rightarrow \begin{cases} p_A = 110.823(\text{元}), p_B = 97.01(\text{元}) \\ y_A = 6.82\%, y_B = 6.88\% \end{cases}$$

记 y_{A+B} 为组合中不同债券到期收益率的加权平均，则有

$$\begin{aligned} y_{A+B} &= \frac{p_A}{p_A + p_B} \times y_A + \frac{p_B}{p_A + p_B} \times y_B \\ &= \frac{110.82}{110.82 + 97.01} \times 6.82\% + \frac{97.01}{110.82 + 97.01} \times 6.88\% \\ &= 6.8471\% \end{aligned}$$

若采用未来现金流贴现的方法，由于 1 张债券 A 和 1 张债券 B 假设时点相同，所以其未来不同时点的现金流之和即为组合的现金流流入。则组合的价格与组合的到期收益率应满足：

$$p_p = \sum_{t=1}^{4} \frac{16}{(1+y_p)^t} + \frac{210}{(1+y_p)^4} = \frac{16}{1+r_{0,1}} + \frac{16}{(1+r_{0,2})^2} + \frac{16}{(1+r_{0,3})^3} + \frac{216}{(1+r_{0,4})^4}$$

$$\Rightarrow p_p = 207.83(\text{元}), y_p = 6.8478\%$$

因此，

$$207.83 = 110.82 + 97.01 \Rightarrow P_p = P_A + P_B$$

$$6.8478\% \neq 6.8471\% \Rightarrow y_p \neq y_{A+B}$$

即组合的价值等于 1 张债券 A 和 1 张债券 B 的现值之和，但组合的到期收益率不等于组合中 A 债券和 B 债券到期收益率的加权平均。相关的计算过程可见表 6.4 所示。

表 6.4 单债券与债券组合到期收益率的计算

时点	即期利率	现金流（元）			现金流现值（基于利率期限结构）（元）		
		A 债券	B 债券	债券组合	A 债券	B 债券	债券组合
0					110.82	97.01	207.83
1	5%	10	6	16	9.52	5.71	15.24
2	5.5%	10	6	16	8.98	5.39	14.38
3	6%	10	6	16	8.40	5.04	13.43
4	7%	110	106	216	83.92	80.87	164.79
到期收益率					6.82%	6.88%	6.847 8%

6.2 持有期收益率与债券收益的收益分解

通过对到期收益率不足之处的分析，我们可以初步判断到期收益率指标能够在某一时点比较不同债券相对估值的高低，但不能作为一个有效的投资指标。在实务投资中，衡量债券投资效率的一个重要参考指标是投资期内投资者可以实现的实际收益率，即持有期收益率，不过在计算持有期收益率时，通常要估计未来的再投资收益率。

6.2.1 持有期收益率的内涵

持有收益率（Holding Period Return，HPR）是指在某一投资期内实现的收益率。债券的收益来源主要有三个方面：一是债券的息票收入；二是债券的资本利得或资本损失；三是再投资收益，即将所获得的利息进行再投资产生的收益，又称为利息的利息。除了零息债券在持有期内没有息票收入外，附息债券都将定期产生息票收入，但如果债券中内嵌有期权，则债券的息票收入可能按约定在某些情况下存在递延支付的情况等。对于债券的资本利得或资本损失，判断的标准一般是：若卖出价格高于买入价格，投资者将获得资本收益，称之为资本利得；反之，称为资本损失。对于内嵌有赎回权或回售权的债券，债券有可能因被提前赎回而遭受损失，但这不是由于投资者主动交易行为产生的，而是由于发行人行使期权导致的结果，但不论如何，卖出价与买入价之间的差额，都构成资本的利得或损益。另外，再投资风险对不同的债券也存在较大差异。零息债券在整个寿命期内没有利息和本金的回流，也就不存在任何再投资的机会和收益。但对于结构化的固定收益产品，比如抵押担保债券、资产担保债券等，在其寿命期内本金和利息每期都有偿还，这将使得投资者面临更多的再投资机会和风险。

假设投资者进行的是单期投资。设 P_t 为债券发行或投资者购买的价格，P_{t+1} 为债券到期日或者投资者出售的价格，C_{t+1} 为 $t+1$ 时点上获得的利息，HPR_t 为第 t 期的持有期收益率，则根据债券定价原理，很容易计算出

$$P_t \times (1 + HPR_t) = P_{t+1} + C_{t+1} \tag{6.5}$$

进一步地，可推出 $HPR_t = (P_{t+1} + C_{t+1}) / P_t - 1$

但若投资者进行的不是单期投资，而是多期投资，如假设投资者持有期为 n 期，每一期的期末得到的利息为 C_t。设期初买入的价格为 P_0，期末售出的价格为 P_n，持有期收益率为 HPR，则根据债券的定价原理，投资者在持有期内的投资应满足：

$$P_0 \times (1 + HPR)^n = \sum_{t=1}^{n} C_t \times (1 + HPR)^{n-t} + P_n \tag{6.6}$$

【例 6.4】假设某投资者在 2013 年 1 月 1 日支付 85 元购买了一张到期期限 5 年、面值为 100 元的附息债券。该债券票面利率为 6%，每半年付息 1 次，利息支付日为 1 月 1 日和 7 月 1 日。假设投资者在 2013 年 7 月 1 日将这张债券以 86 元的价格卖出，试计算投资者的持有期收益率是多少。若投资者在 2014 年 7 月 1 日将这张债券以 89 元的价格卖出，那么投资者的持有期收益率又是多少呢？

解答：

若投资者在 2013 年 7 月 1 日以 86 元的价格将该债券卖出，则其持有期的总收益主要有两部分：一是半年期的票面利息 3（100×3%）元；二是出售债券的资本利得 1（86-85）元。因此，投资者持有期的收益率为

$$HPR = \frac{3+1}{85} \times 100\% = 4.71\%$$

由于持有期为半年，因此按年计算的债券相当收益率为 9.42%（4.71%×2）。

若投资者在 2014 年 7 月 1 日将这张债券以 89 元的价格卖出，则其持有期的总收益主要由三部分构成：一是 3 个半年期（即 2013 年 7 月 1 日、2014 年 1 月 1 日、2014 年 7 月 1 日）的票面利息，均为 3 元，共 9 元；二是 2013 年 7 月 1 日、2014 年 1 月 1 日得到的利息的再投资收益，为了简便，这里假设再投资收益率等于持有期收益率；三是债券出售时的资本利得 4（89-85）元。因此，投资者持有期的收益率应满足

$$85 = \sum_{t=1}^{3} \frac{3}{(1+HPR)^t} + \frac{89}{(1+HPR)^3} \Leftrightarrow 85(1+HPR)^3 = \sum_{t=1}^{3} \frac{3}{(1+HPR)^{3-t}} + 89$$

可解得 $HPR = 5.02\%$

进一步地，可计算出按年计算的债券相当收益率为 10.04%（5.02%×2）。

在本例中，假设持有期的再投资收益率与持有期收益率是相等的，从这个意义上讲，持有期收益率与到期收益率是一个极其近似的概念。但事实上，在持有期内，再投资收益率往往比较难以估计，且与持有期收益率很难相等。因此，若要准确地计算持有期的收益率，就要先估算再投资收益率，这就是后面一节要提及的再投资风险。

6.2.2 总收益分析

前面提及，债券投资的收益主要来源有三部分，即票面利息、利息的再投资收益、资本利得/损益。对债券投资的总收益构成进行分解，有利于分析债券投资收益受利率影响的敏感性程度，并有助于对再投资风险的管理和控制。市场上交易的附息债券，大致可分为三类，分别为折价债券、

平价债券和溢价债券。我们分别对这三种债券的总收益进行分解和分析。在这里，我们仍先假设再投资收益率等于持有期收益率。

假设债券的买入价格为 P_0，债券的持有期限为 n，债券的每期利息为 C，债券的出售价格为 P_n，持有期收益率为 HPR。大致的思路如下。

第一步，计算全部利息至投资期末的总价值。由于每期利息为 C，持有期限为 n，累积到投资期末的利息收入的总价值为

$$C \times (1+HPR)^{n-1} + C \times (1+HPR)^{n-2} + \cdots + C = C \times \left[\frac{(1+HPR)^n - 1}{HPR} \right] \qquad (6.7)$$

第二步，计算利息的利息，即利息的再投资收益在期末的总价值。在利息总价值中，全部静态利息之和为 nC。因此，利息的再投资收益期末总价值为

$$C \times \left[\frac{(1+HPR)^n - 1}{HPR} \right] - nC \qquad (6.8)$$

第三步，计算资本利得，即

$$P_n - P_0 \qquad (6.9)$$

1. 平价债券

【例 6.5】假设投资者投资于面值为 1 000 元，期限 4 年，票面利率为 10%，每半年付息一次的债券。该债券按面值进行交易，若投资者持有该债券到期，试计算投资者持有该债券到期的总收益是多少，并对总收益进行分解。

解答：

由于债券的价格等于面值，所以债券的到期收益率也为 10%，半年为 5%。如果这一收益率确定，那么在到期日，投资者由持有该债券获得的累积收入为

$$1\,000 \times (1.05)^8 = 1\,477.455 \quad （元）$$

因此，持有期的总收益为 477.455（1 477.455-1 000）元。

在此基础上，可以将投资者持有期的总收益分解为以下三部分。

（1）利息及利息再投资收益的期末总价值，即

$$50 \left[\frac{(1.05)^8 - 1}{0.05} \right] = 477.455 \quad （元）$$

（2）利息的再投资总收益为 477.455 − 8×50= 77.455（元）

（3）资本利得，为零。

因此，利息的再投资收益占总收益的比例为 16.22%（77.455/477.455）。即投资者获得的总收入中 16.22%是有风险的，这一风险就是再投资收益率的风险。即如果市场利率发生变化，则投资者每期获得的利息的再投资收益率就会受到影响，从而进一步影响到投资者最终实现的收益率。

2. 溢价债券

【例 6.6】假设投资者投资于面值 1 000 元，期限 5 年，票面利率 8%，半年付息一次的债券，债券目前的价格为 1 041.583 元。若投资者持有该债券到期，试计算投资者持有该债券到期的总收益

是多少，并对总收益进行分解。

解答：

若投资者持有该债券到期，则持有期的投资收益率等价于债券的到期收益率。目前债券的价格高于债券面值，表示持有该债券的到期收益率低于票面利率。假设债券的持有期收益率为 HPR，根据债券的定价原理，则有

$$1\,041.583 = \sum_{t=1}^{10} \frac{40}{(1+HPR/2)^t} + \frac{1\,000}{(1+HPR/2)^{10}} \Rightarrow HPR = 7\%$$

即债券的持有期收益率为 7%，则每半年的收益率为 3.5%。在到期日，投资者持有该债券获得的累积总价值为

$$1\,041.583 \times (1+0.035)^{10} = 1\,469.256 \text{（元）}$$

因此，投资者获得的总收益为 1 469.256-1 041.583=427.673（元）

在此基础上，我们可以将总收益分解为以下三部分。

（1）利息及利息再投资收益的期末总价值为

$$40 \left[\frac{(1.035)^{10} - 1}{0.035} \right] = 469.256 \text{（元）}$$

（2）利息的再投资总收益为 469.256 - 10×40= 69.256（元）

（3）资本利得为 1 000-1 041.583= -41.583（元）

因此，利息的再投资收益占总收益的比例为 16.19%（69.256/427.673），即投资者获得的总收入中 16.19%是有风险的。

3. 折价债券

【例 6.7】 假设投资者投资于面值 1 000 元，期限 10 年，票面利率 8%，半年付息一次的债券，债券目前的价格为 922.783 元。若投资者在第 5 年末以 1 000 元的价格卖出，试计算投资者持有期的总收益是多少，并对总收益进行分解。

解答： 由于投资者未持有该债券到期，而是在第 5 年末将债券售出，那么衡量投资者合理收益的指标应当是持有期收益率，而用到期收益率衡量就不太合理了。假设债券的持有期收益率为 HPR，根据债券的定价原理，则有

$$922.783 = \sum_{t=1}^{10} \frac{40}{(1+HPR/2)^t} + \frac{1\,000}{(1+HPR/2)^{10}} \Rightarrow HPR = 10\%$$

即债券的持有期收益率为 10%，则每半年的收益率为 5%。在第 5 年年末出售该债券时，投资者持有该债券获得的累积总价值为

$$922.783 \times (1+0.05)^{10} = 1\,503.116 \text{（元）}$$

因此，投资者获得的总收益为 1 503.116-922.783= 580.333（元）

在此基础上，我们可以将总收益分解为以下三部分。

（1）利息及利息再投资收益的期末总价值为

$$40 \left[\frac{(1.05)^{10} - 1}{0.05} \right] = 503.116 \text{（元）}$$

（2）利息的再投资总收益为 503.116 – 10×40= 103.116（元）

（3）资本利得为 1 000-922.783=77.217（元）

因此，利息的再投资收益占总收益的比例为 17.77%（103.116/580.333），即投资者获得的总收入中 17.77%是有风险的。

6.2.3　总收益的敏感性分析

通常而言，对于三种不同类型的债券，总收益对利率的敏感性一般满足以下原则。

（1）票面利率越高，总收益对利率的敏感性越大。

【例 6.8】假设市场上有三种债券 A、B、C，期限均为 10 年，面值均为 1 000 元，A、B、C 三个债券的票面利率分别为 6%、8%和 10%，均为每年付息 1 次。假设市场为三类债券提供的到期收益率为 8%，但再投资收益率降为 6%，比较三种债券的总收益相对于利率的敏感性。

解答：

根据债券定价原理，可以计算出 A、B、C 三种债券的价格分别为 865.80 元、1 000 元、1 134.20元。然后将持有期的总收益进行分解，计算过程及结果如表 6.5 所示。

表 6.5　　　　　　　　三种债券的总收益相对于利率敏感性的计算过程及结果

		债券 A	债券 B	债券 C
债券价格（元）		865.80	1 000	1 134.20
假设再投资收益率等于持有期收益率	债券持有期总收益（元）	1 003.395	1 158.925	1 314.455
	利息（元）	600	800	1 000
	利息的再投资收益（元）	269.193 7	358.925	448.656 2
	资本利得（元）	134.201 6	0	-134.202
	实际持有期收益率	8%	8%	8%
假设再投资收益率降为 6%	债券持有期总收益（元）	925.049 3	1 054.464	1 183.878
	利息（元）	600	800	1 000
	利息的再投资收益	190.847 7	254.463 6	318.079 5
	资本利得	134.201 6	0	-134.202
	实际持有期收益率	7.54%	7.47%	7.41%
两者差额		-0.46%	-0.53%	-0.59%

由表 6.5 可知，在再投资收益率下降至 6%时，债券 A、B、C 的实际持有期收益率分别下降了 0.11 个百分点、0.25 个百分点和 0.36%个百分点。这表明票面利率越高，市场再投资收益率下降时，对持有期的实际收益率影响越大。主要原因在于票面利率越高，意味着持有债券的总收益中票面利息的再投资收益率占比就越高，这将导致总收益相对于再投资收益率的变化的暴露风险也越大。

（2）到期期限越长，总收益对利率的敏感性越大。

【例 6.9】假设市场上有三种债券 A、B、C，三种债券的到期期限分别为 1 年、2 年和 3 年，票面利率均为 8%且均为每年付息 1 次，假设市场为三种债券提供的到期收益率分别为 6%、8%和 10%，但再投资收益率相对于到期收益率曲线水平下降 1 个百分点，比较三种债券的总收益相对于利率的敏感性。

解答：

根据债券定价原理计算，A、B、C 三种债券的价格分别为 1 018.686 元、1 000 元和 950.623 元。若再投资收益率相对于到期收益率水平下降 1 个百分点，则三种债券的持有期实际收益率分别计算如下。

债券 A：票面利息和本金为到期一次性收到，不存在再投资风险，故 $HPR_A = 6\%$

债券 B：$HPR_B = \left(\dfrac{1\,000 \times 8\% \times (1 + 7\%) + 1\,080}{1\,000} \right)^{\frac{1}{2}} - 1 = 7.963\%$

债券 C：

$$HPR_C = \left(\frac{1\,000 \times 8\% \times (1 + 7\%) \times (1 + 9\%) + 1\,000 \times 8\% \times (1 + 9\%) + 1\,080}{950.623} \right)^{\frac{1}{3}} - 1 = 9.8753\%$$

如果再投资收益率下降相同的幅度，3 年期债券的持有期实际收益率下降了 0.27 个百分点，2 年期债券的持有期实际收益率下降 0.11 个百分点，而 1 年期债券的未变。这表明，到期期限越长，总收益对利率的敏感性越大。主要原因在于期限越长，利率再投资面临的不确定越大，而利息收入在长期债券投资中的未来现金流中占较高比重。

（3）折价债券的利率敏感性往往低于溢价债券的利率敏感性。

这个原理比较容易理解，根据债券定价原理，债券溢价发行，意味着票面利率大于市场利率，折价发行意味着票面利率低于市场利率。因此，对于溢价债券，其票面利息收入在未来的现金流收入中占比相对较高，而折价债券的票面利息收入在未来的现金流收入中占比相对较低。因此，溢价债券的利息再投资的风险越高，相对于利率的敏感性也越大。

6.3

再投资收益率风险

在利率期限结构一章中，我们介绍了利率期限结构的理论解释，其中的纯预期理论的应用相对比较广泛。在此理论基础上，不仅构成了即期利率与远期利率的均衡关系，而且对于分析债券的再投资收益率风险也提供了分析依据。

从理论上讲，再投资收益率风险比较复杂，特别是对于长期债券、永久性债券或优先股等长期金融工具，再投资收益往往构成了全部投资收益的最主要组成部分。以含有期权的债券为例，如债券的持有人遭遇债券发行人提前偿还，将不仅导致债券持有人的本金和利息提前收回，而且由于发行人提前偿付行为的诱发因素往往与市场利率下跌有关，这意味着持有人获得提前偿付的本息后进行再投资所获得的再投资收益率低于原债券可以提供的收益率，从而使得再投资的风险增加。为了规避再投资风险，有些投资者认为分期摊还债券既能收回本金，又能同时获得利息，相当于缩短了再投资的期限，并且增加了再投资的频率，相对于只提前偿付利息的债券而言，再投资的规模可以更大，从而可以更好地利用新的投资机会，所以再投资风险较小。但这种想法也存在一定的局限性，即只适用于市场利率上涨时，但若市场利率下跌，再投资将面临更多的风险。

在债券产品中，零息债券是一个特殊的债券产品，零息债券在其整个寿命中不偿还任何本金和利息，所以不存在再投资风险。然而零息债券虽然没有再投资风险，但与同等附息债券相比，其利率风险却更大。下面我们以零息债券为例，阐述债券的再投资收益率风险。

性质 1：若到期收益率曲线向右上方倾斜且保持不变，则投资于长期零息债券是较优策略；或即使未来再投资收益率上升，但只要不超过一定的幅度，投资于长期债券仍然是相对有利的。

【例 6.10】给定利率期限结构，1 年期至 5 年期零息债券的即期利率分别为 3.50%、3.75%、3.90%、4.05% 和 4.25%。假定投资者进行一项 2 年期的投资，则其最优策略是什么？

解答：

若投资者进行 2 年期的投资，则投资者的策略有五种，以投资者投资 1 元钱在第 2 年年末的价值作为衡量标准。

策略 1，连续投资两个 1 年期的零息债券，则第 2 年年末 1 元钱的总价值为

$$(1+3.50\%)(1+3.50\%)=1.0712 \text{（元）}$$

策略 2，直接投资一个 2 年期的零息债券，则第 2 年年末 1 元钱的总价值为

$$(1+3.75\%)^2=1.0764 \text{（元）}$$

策略 3，投资一个 3 年期的零息债券，然后在第 2 年年末卖出，则第 2 年年末 1 元钱的总价值为

$$(1+3.90\%)^3/(1+3.50\%)=1.0837 \text{（元）}$$

策略 4，投资一个 4 年期的零息债券，然后在第 2 年年末卖出，则第 2 年年末 1 元钱的总价值为

$$(1+4.05\%)^4/(1+3.75\%)^2=1.0889 \text{（元）}$$

策略 5，投资一个 5 年期的零息债券，然后在第 2 年年末卖出，则第 2 年年末 1 元钱的总价值为

$$(1+4.25\%)^5/(1+3.90\%)^3=1.0978 \text{（元）}$$

即若到期收益率曲线向右上方倾斜且保持相对稳定，则投资者选择长期零息债券进行投资，在计划投资期结束时售出，获得的总收益最大。

但面临的一个问题是，如果投资者投资于长期零息债券，但未来再投资收益率会发生变化，那么如何来衡量最优策略呢？投资者关心的是第 2 年年末的价值，因此投资于长期债券，关键在于在第 2 年年末的即期利率曲线如何发生变化。在本例中，5 年期长期零息债券是相对较优的，影响 5 年期零息债券在第 2 年年末价值的主要因素就是第 2 年年末的 3 年期即期利率水平。若长期债券投资策略相对于直接投资于 2 年期零息债券的策略仍然相对较优，假设第 2 年年末 3 年期的即期利率水平为 $r_{0,3}$，则应满足

$$(1+4.25\%)^5/(1+r_{0,3})^3 \geqslant (1+3.75\%)^2$$

则可推导出

$$r_{0,3} \leqslant 4.58\%$$

即只要第 2 年年末 3 年期即期利率水平不高于 4.58%，投资者投资于 5 年期长期零息债券仍然是相对较优的策略。

性质 2：若到期收益曲线为水平状，如果该曲线在未来水平向上移动，则投资于短期零息债券是较优策略；如果该曲线在未来水平向下移动，则投资于长期零息债券是较优策略。

如果到期收益曲线为水平状，意味着任何时点的远期利率都与到期收益率相等，再投资收益率也就等于到期收益率。假设目前不同期限的即期利率均为 5%，仍假设投资者进行为期 2 年的投资，无论采取何种投资策略，投资者第 2 年年末 1 元钱的总价值均为 $1.102\,5[\,(1+5\%)(1+5\%)\,]$ 元。若到期收益率曲线在 1 年后水平上升 1 个百分点，对于连续投资 2 年 1 年期零息债券的投资者而言，在第 2 年年末的价值变为 $1.113[\,(1+5\%)(1+6\%)\,]$ 元；若投资者直接购买 2 年期零息债券，则第 2 年年末的价值仍然为 $1.102\,5$ 元不变；若投资者采取的是先投资 5 年期零息债券，并在第 2 年年末卖出，则第 2 年年末的价值变为 $1.071\,6[\,(1+5\%)^5/(1+6\%)^3\,]$ 元。这意味着当到期收益率曲线水平且向上移动时，持有短期债券优于长期债券。依据相同的原理，当到期收益率曲线水平且向下移动时，持有长期债券将优于短期债券。

性质 3：若到期收益率曲线向下倾斜，要使长期债券获得与短期债券相同的收益，市场利率必须下降。

给定利率期限结构，假设 1 年期、2 年期、3 年期零息债券的到期收益率分别为 5%、4.5%、3%。如果投资者的投资期限为 1 年，那么投资者直接投资于 1 年期债券在第 1 年期末的到期收益率为 5%，1 元钱的总价值为 1.05 元；若到期收益率曲线相对稳定，投资者直接投资于 2 年期零息债券而在第 1 年年末售出，那么投资者在第 1 年年末 1 元钱的总价值为 $1.04[\,(1+4.5\%)^2/(1+5\%)\,]$ 元；若投资于 3 年期零息债券而在第 1 年年末售出，则投资者在第 1 年年末 1 元期的总价值为 $1.00[\,(1+3\%)^3/(1+4.5\%)^2\,]$ 元。这表明持有长期债券获得的投资收益远低于持有短期债券。若长期债券获得与短期债券相同的收益，则意味着未来的市场利率要下降。我们不妨以直接购买 3 年期零息债券在第 1 年年末出售为例。假设未来 2 年期的即期利率为 $r_{0,2}$，则应满足 $(1+3\%)^3/(1+r_{0,2})^2 = 1+5\%$，可推导得 $r_{0,2} = 2.01\%$，即若市场有效，在第 1 年年末 2 年期零息债券的即期利率会降至 2.01%。这也给了我们启示，当长期利率低于短期利率时，这种利率反转现象背后往往隐含着未来利率下降的预期。

性质 4：若到期收益曲线非单调上升或下降，即使长期债券的到期收益率低于短期债券，在利率上升的环境中，长期债券的持有收益率也可能超过短期债券。

给定利率期限结构，假设 1 年期、2 年期、3 年期零息债券的到期收益率分别为 5%、4.5%、4.8%。如果投资者的投资期限为 1 年，那么投资者直接投资于 1 年期零息债券在第 1 年期末 1 元钱的价值为 1.05 元。若使投资者持有 3 年期零息债券在 1 年后出售的收益与其相等，则可计算出 1 年后 2 年期债券的即期利率为 $\left[(1+4.8\%)^3/1+5\%\right]^{\frac{1}{2}} = 4.70\%$。这说明，在 1 年后，2 年期的即期利率为 4.70% 时，在 0 时点购买 1 年期零息债券和 3 年期零息债券的收益率相等。若到期收益率曲线不变，即 1 年后 2 年期零息债券到期收益率还是 4.5%，那么 3 年期债券价格会更高一些，投资者的收益率会高于 4.8%。

性质 5：即使到期收益率曲线向上倾斜，且不发生变化，最高到期收益率的债券不一定实现最高的持有期收益率。

给定利率期限结构，假设 1 年期、5 年期、6 年期、15 年期、16 年期的即期利率分别为 4%、5%、5.4%、6%、6.05%。假设利率期限结构在 1 年内不发生变化，则持有 6 年期债券在第 5 年年末至第 6 年年末的持有期收益率为 7.42%（$1.054^6/1.05^5-1$），而持有 16 年期债券在第 15 年年末至第 16 年年末的持有期收益率为 6.80%（$1.0605^{16}/1.06^{15}-1$）。

从上面的分析可知，尽管 16 年期债券的到期收益率高于 6 年期债券的到期收益率，但若到期收益率曲线不变，6 年期债券持有 1 年的情况下持有期收益率会相对更高一些。

性质 6：假设到期收益率曲线不发生变化，对于局部上升的到期收益率曲线而言，持有期收益率会大于到期收益率；而对于局部下降的到期收益率曲线，持有期收益率会小于到期收益率。

该性质比较容易理解，到期收益率上升，意味着远期利率上升，即未来的即期利率上升，这将使得持有期收益率会大于到期收益率；而若到期收益率下降，意味着远期利率下降，即未来的即期利率下降，持有期收益率会小于到期收益率。这也意味着当处于局部上升的到期收益率曲线阶段时，应选择长期债券进行投资；而在局部下降的到期收益率曲线阶段，应选择短期债券进行投资。

本章小结

本章首先对到期收益率在价格测度及投资决策方面的适用性和缺陷进行了分析，考察了附息债券的到期收益率与零息债券到期收益率（票面利率无限小）和年金证券到期收益率（票面利率无限大）之间的关系。结合实际投资过程，分析了选用持有期收益率指标作为投资决策依据的适用性，并从持有期收益率的角度，对持有期的总收益进行分解，以期分析总收益相对于利率变动的敏感性分析。最后结合实务和利率期限结构，对再投资收益率风险进行了分析和认识。

关键术语

到期收益率、年金证券、持有期收益率、再投资收益率风险、到期收益率曲线、零息债券、平价债券、折价债券、溢价债券、违约风险、到期收益率。

思考练习

1. 假定到期收益率曲线是水平的，都是 5%。某债券票面利率为 6%，1 年支付 1 次利息，期限为 3 年。如果到期收益率曲线平行上升 1 个百分点，请计算债券价格的变化。

2. 假定某债券面值为 100 元，期限为 3 年，票面利率为 6%，1 年支付 2 次利息。

（1）若该债券市场价格为 100 元，请计算债券本息累积到第 3 年年底的总价值（假设再投资收益率与到期收益率相等）。

（2）若该债券市场价格为 103 元，再投资收益率为 4%，请计算债券本息累积到第 3 年年底的总价值，并计算投资者持有期内的年实际收益率。

（3）若该债券市场价格为 95 元，再投资收益率为 4%，请计算债券本息累积到第 3 年年底的总价值，并计算投资者持有期内的年实际收益率。

3．一个 20 年期限的债券，面值为 100 元，现在价格为 110 元，票面利率为 6%，1 年支付 2 次利息，5 年后可以按面值回购。计算该债券的到期收益率和至第一回购日的到期收益率。

4．某投资者购买一张债券，面值为 1 000 元，价格为 1 100 元，票面利率为 8%（1 年支付 2 次），偿还期限为 8 年。求该债券的到期收益率，并对总收益进行分解，对总收益的利率敏感性进行分析。

5．判断说明下列哪些债券是平价出售、折价出售和溢价出售，见表 6.6。

表 6.6　　　　　　　　债券的票面利率与到期收益率（市场利率）之间的关系

债券	票面利率	到期收益率
1	5.80%	5.80%
2	4.30%	4.00%
3	6.10%	5.90%
4	4.80%	4.80%
5	6.20%	6.80%
6	5.50%	5.90%

6．有一张面值为 1 000 元，期限为 20 年的附息债券，票面利率为 8%，1 年付息 1 次，利息分别于时点 1，2，…，20 支付，市场利率期限结构如表 6.7 所示。

表 6.7　　　　　　　　市场提供的利率期限结构情况

时点 t	即期收益率（%）	时点 t	即期收益率（%）	时点 t	即期收益率（%）
0	2.284 7	7	3.991 8	14	4.182 3
1	3.746 2	8	3.993 8	15	4.229 5
2	3.833 7	9	3.995 7	16	4.270 4
3	3.861 7	10	4.009 2	17	4.308 8
4	3.885 1	11	4.037 1	18	4.345 7
5	3.922 8	12	4.079 6	19	4.382 2
6	3.944 7	13	4.130 2	20	4.419 4

请计算并回答：

（1）求出该债券在时点 1 的全价（假定你在时点 1 购买债券，该期的利息支付给卖者）。

（2）假定到期收益率曲线平行向下移动 100 个基点，求出该债券在时点 1 的价格（假定投资者在时点 1 购买债券，该期的利息支付给卖者）。

（3）假定到期收益率曲线平行向上移动 100 个基点，求出该债券在时点 1 的价格（假定投资者在时点 1 购买债券，该期的利息支付给卖者）。

案例讨论

❦

国债收益率不输余额宝可适当配置

新华网太原 4 月 11 日电（记者 魏飚）10 日，2014 年第一期、第二期储蓄国债（电子式）开始发行，两期国债分三年期和五年期，票面年利率分别为 5% 和 5.41%。业内人士表示，此次发行的电子式国债和当前的余额宝、银行理财收益率相当。建议保守型投资者不妨投资国债获取稳定收益。

银率网数据库显示，近期互联网金融"宝宝军团"收益率已随着货币利率下行而节节败退。目前，余额宝 7 日年化收益为 5.368%，已低于 5 年期国债利率。同时，记者发现，目前银行理财超过 6% 收益的产品并不多，大多数银行的理财产品收益率在 5% 左右，收益较高的产品收益也仅在 5.5%～5.8%。虽然一些理财产品预期收益率高过国债，但这些理财产品并非都是保本保息型，相对来说国债的安全性要好得多。

银率网分析师认为，电子式国债的优势在于按年付息，因此一般更受客户青睐。此外，由于购买国债的资金一般多为闲置，因此，"买短不如买长"，5 年期国债一般都会卖得比 3 年期快。业内人士同时提醒，国债投资期限相对较长，购买前要考虑近期是否有流动性需求。

结合上述材料，请回答下列问题：

（1）分析宝宝军团的收益率与国债收益率之间的关系，判断银率网分析师认为的"买短不如买长"的观点是否正确。

（2）由于国债投资期限较长，试分析国债投资时投资者面临的风险。

（3）如何规避债券投资过程中的风险，并进行评价。

第7章 债券的剥离与合成

【本章提要】

本章主要讲述金融工程创新在债券定价中的应用。首先对附息债券的剥离思想进行了分析，在对票面利率效应分析的基础上佐证进行债券剥离和债券合成的科学性。然后重点介绍债券合成的方式，主要包括零息债券合成附息债券、附息债券合成零息债券及推广到一般情况的债券之间的相互合成，揭示现金流复制和匹配思想在债券合成中的作用，并通过对现金流的复制，研究如何发现套利机会及获得套利收益采取的操作策略。

【重点与难点】

重点：掌握对债券剥离和合成的思想，能够通过债券合成和剥离判断市场上债券是否合理相对定价，理解到期收益率在指导投资决策方面的缺陷。

难点：套利操作的实现方法。

【引导案例】

长期资本管理公司（LTCM）的固定收益债券套利策略为做空美国国债与其他国家国债的价差。例如，意大利国债期货的价格短期内通常低于美国国债期货价格，因为意大利国债的风险较美国国债高，需要以更高的收益率即更低的价格出售，但长期看来两者价差将缩小。由于国债间价差变动通常不大，LTCM需要大量借款并提高杠杆来从微小的价差变动中获利。LTCM的策略失败始自1998年8月17日的俄罗斯债务违约事件，在1998年9月造成了46亿美元的损失。国债一般被认为是无风险的债券，那么LTCM套利的操作思路是否合理？出现套利失败的根源是什么？本章我们将讲述固定收益证券套利的相关问题。

7.1 债券剥离

7.1.1 债券剥离的思想

在前面债券的介绍中讲过，零息债券是一种特殊的债券产品，也是全部债券产品中最基本的一种债券。作为市场基准利率的利率期限结构就是依据零息国债利息来计算的，主要原因在于零息债券的现金流为到期一次性收到，不存在再投资风险、违约风险等，现金流简单且相对确定，颇受市场上对未来不同时点有相对可预期支出的投资者青睐。

任何附息债券和其他创新设计的非含权固定收益证券产品，都可视为多种零息债券的合成物。虽然零息债券是一类较好的投资产品，但在实务投资中长期债券大多是附息债券，这样很难满足投资者的需求。于是，以投资银行为中介的金融机构通过将附息债券的不同时点利息及到期本金的现金流进行分别剥离的方法创造出零息债券。当市场缺乏零息债券时，这种通过息票剥离的方式创造出的零息债券也是一种较好的替代，但这需要参与创新的投资银行中介有较强的综合实力和抵御风险的能力。在息票剥离的过程中，投资银行可获得两方面的好处：一是进行息票剥离的附息债券不一定全部是无风险的国债产品，对于有风险的其他债券产品，市场定价的到期收益率比较高，投资银行将这些长期的相对高风险的附息债券产品剥离成不同期限的零息债券，由于剥离出的中短期的零息债券风险较低，投资银行可以以比较高的价格出售，这样投资银行可以从息票剥离中获得一定的利差；二是投资银行可以从剥离的债券产品交易中获得一定的佣金。

自 20 世纪 80 年代，由所罗门兄弟（Salomon Brothers）、美林（Merrill Lynch）等创造出一系列合成零息债券，这些债券都是以美国国债为基础创设的。这些投资银行通过先买入一定数量的中期国债和长期国债，将其存在一家银行的信托账户上，以这些国债的现金流为基础，由投资银行发行一组零息债券，并保持这些零息债券的日期与中长期国债的息票支付日和本金的到期日相匹配。零息债券持有人的收益由存款银行在中长期国债上的收入作为保证，这些收入将流向零息债券的持有人。比较著名的息票剥离产品包括美林创设的财政投资增长收据（Treasury Investment Growth Receipts，TIGERs，简称虎）、所罗门兄弟创设的国债累计凭证（Certificates of Accrual on Treasury Securities，CATs，简称猫）、雷曼兄弟创设的雷曼投资机会票据（Lehman Investment Opportunity Notes，LIONs，简称狮）及政府收据凭证（Certificate on Government Receipts，COUGARs）等。这种息票剥离的思维随着金融工程的创新被大量地运用并迅速发展起来。息票剥离的思想是，假设固定收益市场上有一种 5 年期的附息国债，票面利率为 5%，每年付息 1 次，面值为 100 元，若该债券不存在违约，则其未来 1~5 年的现金流量分别为 5 元、5 元、5 元、5 元和 105（5+100）元。这样，投资银行就依托附息国债未来的现金流量，发行 6 张期限分别为 1 年、2 年、3 年、4 年、5 年且面值分别为 5 元、5 元、5 元、5 元、5 元和 100 元的零息债券。这些零息债券的现金流与附息债券一致，但不存在再投资的风险，因而投资者愿意和购买这些零息债券。同时，将附息债券剥离后，由于不同期限的零息债券的定价与基于附息债券整体的定价会存在一定的差异，投资银行通过创新设计零息债券也可获得一定的利差。不过更重要的是，当零息债券市场形成时，我们往往可以通过零息债券来复制附息债券并为附息债券定价，因此，在有效的债券市场上，零息债券与附息债券之间是可以相互合成转化的。

需要注意的是，由于附息债券每期都有利息的流入及到期的本金支付，根据法规可能要缴纳一定的税收，附息债券剥离只是通过现金流的重构将债券产品的性质由附息变成了零息，税收需要摊薄到零息债券中。投资者如果购买了需要对利息或资本利得纳税的息票剥离的零息债券产品，零息债券到期前虽然没有得到任何利息，但零息债券到期前的现金流量是负值。因此，在对剥离的零息债券定价时，往往要把税收因素考虑进来。

7.1.2　票面利率效应

对于市场上的每一只债券，我们习惯上从两个角度进行定价：一是根据利率期限结构；二是根据到期收益率。假设一个期限为 T 的附息债券，每年付息一次，票面利息为 C，债券的面值为 F，

则两种方法的定价分别为

$$P = \sum_{t=1}^{T} \frac{C}{(1+r_{0,t})^t} + \frac{F}{(1+r_{0,T})^T} \qquad (7.1)$$

$$P = \sum_{t=1}^{T} \frac{C}{(1+y_{\text{YTM}})^t} + \frac{F}{(1+y_{\text{YTM}})^T} \qquad (7.2)$$

如果市场有效，则两个角度的定价结果应当一致。根据式（7.1）和式（7.2），到期收益率 y_{YTM} 实质上是一系列即期利率的复杂加权平均数。在参与平均的过程中，不同时点的即期利率的"权重"与该期限现金流的大小有关。如果存在一系列的即期利率，则由它们平均而成的 y_{YTM} 一定处于它们区间内。

而如果两者定价的结果不一致，市场就可能存在着套利的机会。首先，我们考察一下息票利率对到期收益率和债券价格的影响。

【例 7.1】给定市场利率期限结构。情景Ⅰ，1 年期至 5 年期的即期利率分别为 2%、3%、4%、4.5%、5%；情景Ⅱ，1 年期至 5 年期的即期利率分别为 5%、4.5%、4%、3%、2%。市场上有三只 5 年期的债券 A、B、C，面值均为 100 元。它们的差异在于票息利率不同，其中债券 A 是票面利率为 0 的零息债券，债券 B 是票面利率为 5% 的附息债券（每年付息 1 次），债券 C 是票面利率为 10% 的附息债券（每年付息 1 次）。假设市场有效，我们可以依据利率期限结构先为这三只债券进行定价，并倒推出每只债券的到期收益率。计算过程及结果如表 7.1 所示。

表 7.1　　　　　　　　　　三只债券的价格及到期收益率计算结果

	情景Ⅰ			情景Ⅱ		
	A	B	C	A	B	C
剩余期限（年）	5	5	5	5	5	5
票面利率（%）	0	5	10	0	5	10
价格（元）	78.35	100.52	122.69	90.57	113.33	136.09
到期收益率（%）	5	4.88	4.79	2	2.16	2.28

由表 7.1 可知，在利率期限结构非水平形状时，债券的票面利率对实际的到期收益率有较大的干扰影响，票面利率越高，对债券到期收益率的干扰程度越大。A 债券为零息债券，其到期收益率即为 5 年期即期利率。而 B 债券为票面利率为 5% 的附息债券，在利用利率期限结构定价时，需要对 5 笔现金流采用 5 个不同的即期利率来进行贴现定价。情景Ⅰ下的利率期限结构是向右上方倾斜的，最高的即期利率即为 5 年期即期利率 5%，用该利率贴现是的投资者从 B 债券中得到的最大一笔现金流（本金和第 5 期票面利息），所以该即期利率占到期收益率的"权重"最大，即计算出的到期收益率为 4.88%，接近于 5% 的 5 年期即期利率水平。而 C 债券相对于 B 债券，最大一笔现金流相对于 B 的权重而言要小一些，所以 C 债券的到期收益率相对于 5% 的 5 年期即期利率水平偏离要多一些。类同，在情景Ⅱ下，即期利率期限结构向右下方倾斜。A 债券的到期收益率由于所有的现金流是第 5 年年末获得，因此其到期收益率等于 5 年期的即期利率 2%。而 B 债券和 C 债券由于票面利息在到期前的不同时点收到，因此其到期收益率均高于 5 年期的即期利率，C 债券由于票面利率较高，偏离 2% 的 5 年期即期利率的程度较 B 债券大。

若以利率期限结构为真实利率，我们会发现在利率期限结构非水平时，到期收益率可能会高估或低估真实利率。而到期收益率曲线的实际情况往往就是非水平的，因此就面临着债券定价偏离的可能。这一方面折射出利用到期收益率指标进行债券定价的不合理处，另一方面也为从利率期限结构认识债券定价的合理性进行了启发。债券的剥离和合成正是基于利率期限结构的真实利率与债券到期收益率之间的偏差而进行的金融工程创新思维。

7.2 债券合成

7.2.1 零息债券合成附息债券

附息债券可以看成是一系列零息债券的合成物，对于固定利率且不含权的附息债券而言，也可将附息债券视为年金证券与零息债券的合成物。同样在市场允许做空的条件下，零息债券也可视为附息债券的合成物。在附息债券和零息债券的相互合成转化中，关键是现金流和期限的匹配。债券合成的过程也是为债券定价的过程，通过合成可以寻找和发现市场上的套利机会。

1. 用零息债券合成附息债券原理

假设市场上有一种不存在违约风险且不含权的附息债券，面值为 100 元，票面利率为 6%，1 年付息 1 次，期限为 10 年，则该附息债券的现金流如图 7.1 所示。

时间点	0	1	2	3	4	5	6	7	8	9	10
现金流	价格	6	6	6	6	6	6	6	6	6	6+100

图 7.1　零息债券合成附息债券的现金流分布情况

由图 7.1 可知，通过将附息债券在不同时点的息票收入剥离，就形成了一系列零息债券，因此可以将附息债券视为一系列零息债券的合成。

2. 附息债券的定价

在不同的交易制度下，债券的定价方式是不同的。我国目前的债券交易市场主要是交易所债券市场和银行间债券市场，分别采用指令驱动的交易制度和做市商交易制度。在指令驱动的交易制度下，债券的交易价格由买卖双方的均衡价格来决定，投资者根据获取的信息和债券自身的价值属性来合理对债券进行估值并选择买卖的方向，由此形成债券交易系统中的五档报价的委买和委卖价格，并按照价格优先、时间优先的顺序来撮合成交。而在做市商交易制度下，做市商根据其最优存货策略，在为市场提供流动性的同时，也参与债券的交易。因此，在做市商交易制度下，做市商在接受投资者委托进行债券买卖的同时，也可以作为债券的买方或卖方直接参与债券的交易。一般而言，投资者在进行债券的买卖时，做市商通常按照买方报价（Bid Price）购买，而按照卖方报价（Ask Price）来售出（这一点类似于向银行售汇和购汇时的报价交易规则）。作为卖方报价的价格要高于作为买方报价的价格，两者价格之间的差异，就是做市商利润的主要来源之一。举例说明，假定债券市场是有效的，做市商按照比利率期限结构高 10 个基点的价格购买零息债券，且按比利率期限结构低 10 个基点的价格售出零息债券，那么买方报价和卖方报价应如何确定呢？

【例 7.2】市场上有一种无违约风险且不含权的附息债券，面值为 100 元，票面利率为 6%，1 年付息 1 次，期限为 5 年。该债券由做市商 A 来做市交易。请计算出做市商给出的买方报价和卖方报价各为多少？

解答：

基于债券现金流的做市商报价计算过程如表 7.2 所示。

表 7.2 做市商买入和卖出债券的报价计算

期限（年）	现金流（元）	即期收益率（%）	买入债券			卖出债券		
			收益率(%)	折现因子	现金流现值（元）	收益率（%）	折现因子	现金流现值（元）
1	6	3.746 2	3.846 2	0.963 0	5.777 8	3.646 2	0.964 8	5.788 9
2	6	3.833 7	3.933 7	0.925 7	5.554 4	3.733 7	0.929 3	5.575 9
3	6	3.861 7	3.961 7	0.890 0	5.339 9	3.761 7	0.895 1	5.370 8
4	6	3.885 1	3.985 1	0.855 3	5.131 8	3.785 1	0.861 9	5.171 4
5	106	3.922 8	4.022 8	0.821 0	87.028 8	3.822 8	0.829 0	87.870 3
合计			买入价		108.832 7	卖出价		109.777 3

因此，根据计算结果，做市商的买入价格为 108.83 元，卖出价为 109.78 元，做市商可以从买卖中套取利差。

3．现金流定价原理在任何非含权金融产品中的应用

金融产品的定价取决于未来的现金流（要素包括大小、方向、时点等）及该金融产品所提供的回报率（取决于这种金融产品的风险属性）。因此在金融产品创新过程中，特别是银行保险开发的未来具有相对固定收益的金融产品都可以看成是零息债券的复合物，并可以从现金流的角度来进行定价。举例说明。

【例 7.3】某金融产品在未来 5 个时点的现金流分布分别为 90 元、-70 元、150 元、-20 元、200 元，假设市场提供的该金融产品的到期收益率为 10%，试计算该金融产品的价格。

解答：

基于现金流的定价原理，该金融产品的价格为

$$P = \frac{90}{(1+10\%)} + \frac{-70}{(1+10\%)^2} + \frac{150}{(1+10\%)^3} + \frac{-20}{(1+10\%)^4} + \frac{200}{(1+10\%)^5} = 247.19 （元）$$

即市场上该产品的合理交易价格为 247.19 元。这种多样化的固定收益产品可以满足不同类型的投资者的需求，在房贷、信用卡贷款、金融机构负债现金流匹配等方面都具有较广泛的应用。

7.2.2 附息债券合成零息债券

附息债券是零息债券的组合，那么用零息债券自然可以构建出附息债券。但是否可以用附息债券构建零息债券呢？在市场有效且允许做空的条件下是可行的。债券合成的思想就是现金流的匹配，我们举例说明。

【例 7.4】假设市场上有三只附息债券 A、B、C，面值均为 100 元且每年付息一次。其中债券 A 的期限为 3 年，票面利率为 6%；债券 B 的期限为 3 年，票面利率为 8%；债券 C 的期限为 2 年，债券票面利率为 10%。市场上这三只债券都允许卖空。试分析这三种附息债券能否分别合成 1 年期零息债券、2 年期零息债券及 3 年期零息债券？给定利率期限结构，1 年期、2 年期和 3 年期的即期利率分别为 3.746 2%、3.833 7%、3.861 7%。如果可行，请设计一个债券合成的方案。

解答：

首先分解 A、B、C 三种债券的现金流分布及依据利率期限结构对债券进行定价，计算结果如表 7.3 所示。

表 7.3   A、B、C 三种附息债券的现金流分布及债券定价

时间点	现金流量	A	B	C
0	$-P$	105.96	111.53	111.67
1	C_1	6	8	10
2	C_2	6	8	110
3	C_3	106	108	0

如果要构建一个面值为 100 元，期限为 1 年的零息债券，只要让 A、B、C 三种债券按照一定比例构建组合，使得这三种债券构建的组合在时点 1 的现金流为 100 元，而在时点 2 和时点 3 的现金流为 0 元即可。

假设组合中 A、B、C 三种附息债券的投资量分别为 N_A、N_B、N_C，由这三种债券构建的 1 年期零息债券的现金流分布应满足

$$\begin{cases} 6N_A + 8N_B + 10N_C = 100 \\ 6N_A + 8N_B + 110N_C = 0 \\ 106N_A + 108N_B + 0N_C = 0 \end{cases} \begin{array}{l}(t=1\text{时点现金流}) \\ (t=2\text{时点现金流}) \\ (t=3\text{时点现金流})\end{array} \Rightarrow \begin{cases} N_A = -59.4 \\ N_B = 58.3 \\ N_C = -1 \end{cases}$$

这就意味着如果卖空 59.4 张 A 债券和卖空 1 张 C 债券，同时买入 58.3 张 B 债券，则就可以合成 1 张 1 年期的零息债券，且合成的 1 年期零息债券的价格为 96.389 元，即

$$P_{\text{portfolio}} = P_A \times N_A + P_B \times N_B + P_C \times N_C = 96.389 （元）$$

同理可求解如果用 A、B、C 三种附息债券分别合成 2 年期和 3 年期零息债券，则需要的债券组合构成及合成债券的价格分别如下。

合成 2 年期面值为 100 元的零息债券，合成方案为买入 5.4 张 A 债券和 1 张 C 债券，同时卖空 5.3 张 B 债券，且组合的价格为 92.752 元。

合成 3 年期面值为 100 元的零息债券，合成方案为买入 4 张 A 债券，同时卖空 3 张 B 债券，且组合的价格为 89.255 元。

这意味着如果市场上的 1 年期、2 年期、3 年期的零息债券的价格与合成的零息债券价格不一致，市场就存在着套利的机会。以 3 年期零息债券为例，若市场上 3 年期零息债券的价格为 90 元，则与由 A、B、C 三个债券合成的零息债券的价格存在着 0.745（90-89.255）元的差额。在不存在交易成本的情况下，投资者就可以通过净支出 89.225 元买入 A、B、C 的债券组合，同时以 90 元的价格卖

空 3 年期零息债券来获得套利。如果交易放大 1 000 倍,则投资者可获利 745 元。关于套利我们将在下一节详细讲解。

从上面债券合成的计算结果分析,首先市场需要有配套的交易机制,即允许卖空。对于个人投资者而言,卖空有一定的门槛限制,同时个人投资者在信用交易方面也存在着专业方面的限制;不过对于机构投资者而言,由于其资金规模较大,同时专业性较高,即使在相对缺乏卖空的条件下,他们也可以利用国债期货等相关衍生产品实现做空。其次是计算的组合中不同债券的构成涉及小数点的问题,因为市场上的债券出售都是整张出售的,但如果投资数额比较大,那么小数点问题的影响就不大。

通过上述例子,我们总结出利用附息债券合成零息债券的一般思想,甚至在某些条件满足的情况下可以利用附息债券合成附息债券。只要把握住合成债券的基本原理即现金流的基本匹配,就可以将债券的合成推广到一般情况。

假设市场上有 Q 种债券(注意这里并不限制债券一定是附息债券),其中期限最长的债券的到期期限等于债券的数量 T。令 C_{it} 表示债券 i 在时点 t 产生的现金流量,在全部 T 个时点上,有 Q 个产生不同现金流量的债券,设该合成的债券组合中,Q 个债券组成的数量分别是 N_1,N_2,$\cdots$,N_Q。假设投资者期望在未来 T 个时点上产生的现金流量分别为 CF_1,CF_2,$\cdots$,CF_T。从而可以按照投资者期望的未来现金流分布来合成债券,构建方法为

$$\begin{cases} N_1C_{11}+N_2C_{21}+\cdots+N_QC_{Q1}=CF_1 \\ N_1C_{12}+N_2C_{22}+\cdots+N_QC_{Q2}=CF_2 \\ \cdots\cdots \\ N_1C_{1Q}+N_2C_{2Q}+\cdots+N_QC_{QT}=CF_T \end{cases}$$

当 $T<Q$ 时,上述方程组有无穷多解,投资者可以选择优化方法来获得最优的债券合成组合。特别地,若 $T=Q$,则有

$$\begin{cases} N_1C_{11}+N_2C_{21}+\cdots+N_QC_{Q1}=CF_1 \\ N_1C_{12}+N_2C_{22}+\cdots+N_QC_{Q2}=CF_2 \\ \cdots\cdots \\ N_1C_{1Q}+N_2C_{2Q}+\cdots+N_QC_{QQ}=CF_Q \end{cases} \Rightarrow \begin{pmatrix} N_1 \\ N_2 \\ \cdots \\ N_Q \end{pmatrix}=\begin{pmatrix} C_{11} & C_{21} & \cdots & C_{Q1} \\ C_{12} & C_{22} & \cdots & C_{Q1} \\ & & \cdots\cdots & \\ C_{1Q} & C_{2Q} & \cdots & C_{QQ} \end{pmatrix}^{-1}\times\begin{pmatrix} CF_1 \\ CF_2 \\ \cdots \\ CF_Q \end{pmatrix}$$

这样就可以相对比较容易地合成在一定期限内不同时点任意现金流分布的债券组合。

7.2.3 年金证券与零息债券合成附息债券

对于没有违约风险且票面利率固定的附息债券,其每一期的票面利息都是相等的,这实质上可以视为一个年金证券,因此附息债券可以分解为年金证券和零息债券。把附息债券分解为年金证券和零息债券,可以较好地匹配在相同利率期限结构下的现金流折现因子的一致性,从而发现市场上债券是否存在错误定价。

1. 具有相同到期日的情形

【例 7.5】假设市场有三只面值为 100 元,期限为 5 年且到期日及利息支付时点均完全相同的附

息债券 A、B、C。这三只债券的票面利率分别为 10%、8% 和 6%，每年付息一次。目前这三个债券的市场价格分别为 116.52 元、109.32 元和 100.42 元。请问那个债券适合投资，请给出理由。

解答：

假设投资者持有债券至到期且再投资收益率等于到期收益率，那么我们可以利用现金流贴现定价原理，利用规划求解测算出 A、B、C 三个债券的到期收益率分别为 6%、5.8% 和 5.9%。

那么这是不是意味着 A 债券的到期收益率最高就最适合投资呢？我们前面讲过，到期收益率是一个很好的价格指标，但不是一个很好的投资决策指标，因此不能简单地依据到期收益率的高低来决定债券的优劣，因为市场上的再投资收益率是不确定的。

我们不妨假设未来的再投资收益率为 4%，这对于三个债券产品都是一样的，那么可以计算出债券持有期的实际收益率分别为 5.70%、5.57% 和 5.70%。进一步，将再投资收益率分别为 3%、6% 和 8% 的情形分别进行计算，最终的实际投资收益率如表 7.4 所示。

表 7.4　　　　　　　　未来再投资收益率不同情形下投资三只债券的实际收益率比较

债券	票面利率（%）	再投资收益率（%）			
		3%	4%	6%	8%
A	10	5.55	5.70	6.00	6.31
B	8	5.44	5.57	5.83	6.09
C	6	5.60	5.70	5.91	6.13

由表 7.4 可知，B 债券的到期收益率最低，而且在给定再投资收益率的情况下，B 债券的持有收益率也都低于 A 债券和 C 债券。对于 C 债券，再投资收益率比较低时，其实际投资收益率最高。对于 A 债券，当再投资收益率比较高时，其实际投资收益率最高。主要的原因在于 A 债券的票面利率较高，其对再投资收益率的敏感性较大，而 C 债券的票面利率较低，再投资收益率越低，对其越有利。

依据这个结果，投资者可以不选择 B 债券进行投资，而是在 A 和 C 债券之间进行选择，但选择 A 或者 C，则取决于未来的再投资收益率水平的高低。是不是有很好的方法解决类似于这样的债券选择问题呢？或者将三个债券综合考虑是否能发现定价是否相对合理呢？

由于三只债券具有相同的期限、相同的到期日及相同的利息支付点，因此在不同时点上得到的现金流所适用的贴现利率应该相同，如果将这三个债券分解为年金证券和零息债券，则在对三个债券定价的合理性进行比较时就不用考虑到期收益率及再投资收益率的问题。

假设 d_t 为时点 t 的折现因子（$t=1,2,3,4,5$），则根据债券 A 和债券 B 的市场价格，可得

$$\begin{cases} 116.52 = 10 \times \sum_{t=1}^{5} d_t + 100 \times d_5 \\ 109.32 = 8 \times \sum_{t=1}^{5} d_t + 100 \times d_5 \end{cases} \Rightarrow \begin{cases} \sum_{t=1}^{5} d_t = 3.6 \\ d_5 = 0.8052 \end{cases}$$

若市场有效，则利用年金证券和零息债券合成的债券 C 的价格应为 102.12（$6 \times \sum_{t=1}^{5} d_t + 100 \times d_5$）

元，高于目前 C 债券的市场价格 100.42 元，这也意味着债券 C 的价格相对于 A 债券和 B 债券合成的具有相同现金流的债券而言，价格被低估了。此时投资者可以卖空债券 A 和债券 B 的组合（具体

为买入 1 份 A 债券,卖空 2 份 B 债券),买入 1 份 C 债券,可获得无风险收益为 1.7(102.12-100.42)元。同时,注意上式中解得 $d_5 = 0.8052$,实质上相当于计算得到第 5 年的即期利率,若该指标与利率期限结构不一致,则在考虑风险溢价因素时还存在利差,意味着市场定价效率不高。

由上面的分析可知,虽然有时我们并不能根据市场提供的信息判断某个债券的定价是否合理,但我们可以通过对现金流的分解和合成,判断出某个债券相对于其他债券组合的定价是否合理。在上例中,B 债券应该作为卖空的对象,这其实从前面的到期收益率及再投资收益率分析中我们已经有所启发,无论未来再投资收益率是高或低,B 债券相对于 A 债券和 C 债券都不占优势。因此,通过上面的分析进一步印证了到期收益率指标作为投资决策依据的局限性,同时也有效地将再投资收益率的风险进行了屏蔽。因此,将附息债券分解为年金证券和零息债券,对债券进行相对定价的方法,不仅分析的准确性较高,而且具有较强的应用性,借助于金融工程技术可以有效地实现套利机会的寻找和捕捉。

2. 具有不同到期日的情形

在实务投资过程中,要找到具有相同到期日、相同付息时点及相同期限的债券难度是比较大的,在进行相对定价合理性判断时,就不适合直接通过分解为年金证券和零息债券的思想来进行分析了,还需要结合前面所述的到期收益率和再投资收益率进行模拟分析。但若比较的债券仅到期日不同,而付息日相同时,则可以考虑利用远期利率的方式来复制附息债券进行定价。

【例 7.6】假设市场有三个面值为 100 元,利息支付日相同的附息债券 A、B、C。这三个债券的票面利率分别为 10%、8%和 6%,每年付息一次。债券 A 和 B 的到期期限为 5 年,但债券 C 的到期期限为 6 年。假设目前这三个债券的市场价格分别为 116.52 元、109.32 元和 98.52 元。请设计一个投资策略,并给出具体的操作思路。

解答:

根据债券 A 和 B 的价格,可以解得 $\sum_{t=1}^{5} d_t = 3.6$,$d_5 = 0.8052$

由于 C 债券到期期限为 6 年,要想确定债券 C 的价格,则需要知道第 6 年的即期利率。获得第 6 年的即期利率有两个途径。途径一是直接利用市场利率期限结构,找到时点 6 的即期利率,但这存在一个问题,即债券相对于国债的风险溢价问题,由于时点 6 得到的本金现金流数额较大,因此计算出的现金流现值的误差可能较大;途径二就是在第 5 期即期利率的基础上,利用第 5 期期末的 1 年期远期利率协议衍生产品推算出第 6 期的即期利率。相比较而言,途径二计算的第 6 期即期利率的准确性高一些。

假设第 5 期到第 6 期的远期利率可以通过市场上的远期利率协议得到,为 $f_{5,6} = 5.85\%$,那么债券 C 的价格应等于

$$\begin{cases} V_C = 6 \times \sum_{t=1}^{5} d_t + 106 \times d_6 \\ d_6 = d_5 \times \dfrac{1}{1+f_{5,6}} \end{cases} \Rightarrow \begin{cases} V_C = 102.20 \text{(元)} \\ d_6 = 0.7603 \end{cases}$$

目前 C 债券的价格为 98.52 元,相对于 A 债券、B 债券及远期利率而言,价格被低估了。因此,

市场上存在着套利的机会。

7.3 债券的套利

在 7.2 节中，我们假设在不考虑债券违约风险的情况下，通过将附息债券的现金流量分割为年金证券和零息债券，以此来对债券的价格进行相对的比较，并判断市场上债券的价格是否一致，若不一致则存在潜在的套利机会。套利机会不具有共享性，因此即使市场上的债券价格出现了不合理定价，但能否获得真正的套利还需要考虑交易成本、交易速度等因素的制约。

7.3.1　套利的定义

在经济与金融理论中，套利一般是指利用两个或多个市场的价格差异来获利的行为。套利通常包括一组相互对应、买卖方向相反的交易，将价差变为利润，简言之，套利交易是能以低成本获取无风险利润的交易操作。尽管在理论上套利可以是无风险交易，但在实务中大多数套利都是统计套利，即交易获利的概率大于损失的概率。原因在于金融市场的风险是时刻存在的，套利交易的风险不可能消除，比如基本面的急剧变化、货币的币值波动等都可能导致套利的机会消失。如果某个市场不存在套利机会，该市场即为达到套利均衡的无套利机会市场。套利均衡是市场达到一般经济均衡的先决条件。

通常为简化对无风险套利的认识，我们用"零投资、零风险和正收益"来形容市场套利机会的存在。如果市场存在以下三个条件的一个或多个，市场即出现套利机会。

（1）同一种资产在不同市场上价格不同。这主要是违背了一价定律。同一种资产并不意味着资产构成一定相同，套利的本质就是通过资产的复制来发现是否存在错误定价。

（2）具有相同或相近价值的两种资产定价差异过大。比如同为 AAA 级的债券之间、同为 BB 级的债券之间的到期收益率或潜在收益率存在着较大的差异。

（3）一种已知未来价格的资产当前的价格与其根据无风险利率折现的价格差距过大。比如考虑风险溢价后利用利率期限结构计算的现值与目前市场价格之间存在较大差异。

通常在金融市场上进行套利，要求方向相反的交易组合尽可能同时发生，以规避成交时间不一致带来的价格变动风险。债券的未来现金流由于可预期性相对较强，因此在假设债券不存在违约风险的情况下，构建正向和反向交易的现金流在某些时点上相匹配，但同时在现在或未来的某一个或多个时点上具有正的收益的套利组合就能获得无风险收益。例如，投资者通过正向和反向交易构建一个组合，该组合在 0 时点价值为正值，但在未来的每一个时点现金流均为 0，则意味着这是一个套利组合；或投资者构建的正向和反向交易组合，在 0 时点的价值为 0，在未来的一个时点或多个时点上价值为 0 但至少有一个时点价值为正值，这也是一个套利组合。因此，套利组合的构建往往不需要投资者动用自己的资金，但能在未来时点上获得正的现金流，用"空手套白狼"也许能更加形象地描述套利的本质。

在现实中，虽然套利机会存在，但并不一定能够实现套利。举例而言，以目前住房贷款为例。如果投资者在 2009 年至 2010 年之间贷款买房，则可能享受贷款利率打折 30% 的好处，基于目前 5 年以上长期贷款利率 5.90% 计算，贷款的实际利率为 4.13%，远低于购买 5 年期国债的回报率，那么是否就存在套利的机会呢？事实上，这是一种典型的无风险套利机会，只要不提前还贷就能享受，但现实中还是有很多的投资者愿意提前还贷。换一种情形，若目前投资者不是获得的长期贷款，而是按照目前一年期 5.75% 的贷款利率借来资金，然后全部用来买入到期收益率 7% 的债券，是不是也是无风险套利呢？如果投资者购买的是无风险债券，这就是无风险套利，因为银行贷款利率是相对固定的，而无风险债券的票面利息也是固定的，时点间匹配，就可以获得套利。但如果贷款利率突然上升，此时持有的债券价格将下降，现金流将不再匹配，更何况银行的贷款利率往往也是浮动利率；同时，若持有的不是无风险债券，而是普通的企业债券，一旦债券违约，则投资者未来得到的本金和利息将面临着较大的不确定性；若债券嵌有提前赎回条款，则更不利于套利的操作，因此套利往往是短时期内发生的事件。

7.3.2 套利机会的发现

前面我们讲过，市场上之所以会出现债券的息票剥离，而且投资银行愿意承担该金融创新的重任，主要原因在于息票的剥离可能为他们带来潜在的套利机会。

依据于债券的定价原理，我们习惯上认为给定债券的价格，则能计算出债券的到期收益率，或给定债券的到期收益率，可以计算出债券的价格。但这只是一种粗略的估计，而且我们也初步了解到期收益率是一个较好的时点价格判断指标，而不是一个很好的投资决策指标。当利用利率期限结构为债券进行合理定价时，可能会发现市场上是否存在套利的机会。

【例 7.7】给定市场利率期限结构，假设到期收益率曲线向右上方倾斜，1 年期、2 年期、3 年期和 4 年期的即期利率分别为 6%、6.2%、6.5%、7%。某面值为 100 元，期限为 4 年，票面利率为 7.5% 且每年付息 1 次的债券 A 价格为 103.5 元。问市场是否存在套利机会，并说明理由。

解答：

依据利率期限结构，债券 A 的市场价格应当为

$$\frac{7.5}{1.06}+\frac{7.5}{1.062^2}+\frac{7.5}{1.065^3}+\frac{107.5}{1.07^4}=101.95(元)$$

103.5 元 > 101.95 元，显然该债券的价格被高估，此时若市场不存在交易摩擦，投资者可以获得该套利机会。具体的操作过程是，投资者在二级市场以 103.5 元的价格卖空 1 份债券 A，然后以 7.08[7.5 / (1+6%)] 元的价格买入 1 份面值为 7.5 元的 1 年期零息债券，以 6.65[7.5 / (1+6%)^2] 元的价格买入 1 份面值为 7.5 元的 2 年期零息债券，以 6.21[7.5 / (1+6.2%)^3] 元的价格买入 1 份面值为 7.5 元的 3 年期零息债券，及用 82.01[107.5 / (1+7%)^4] 元的价格买入 1 份面值为 107.5 元的 4 年期的零息债券（也可以拆分为 1 份面值为 100 元和 1 份面值为 7.5 元的 4 年期零息债券）。这样投资者在 0 时刻通过卖出债券 A 获得 103.5 元的收入，同时买入 4 张零息债券，使得现金流刚好与 A 债券相匹配，但成本支出为 101.95 元，投资者可以获得无风险套利 1.55 元。如果将交易放大 1 000 倍，则套

利收益将高达 1 550 元。

【例 7.8】假设市场上有两种不存在违约风险的债券 A 和 B，在时点 0，债券 A 和 B 的价格分别为 2.5 元和 1.8 元，两只债券具有相同的利息支付日期。表 7.5 列示了持有两个债券未来时点的现金流分布情况。试求：

（1）假设某 2 年期零息债券到期支付为 1 元，试计算该债券的到期收益率。

（2）如果市场上有债券 C，在时点 2 支付 1 元，价格为 0.75 元。试问投资者如何获得 2 元的无风险套利机会。假设债券 A、B、C 都可以卖空。

表 7.5 债券 A、B 的未来现金流分布情况

（单位：元）

时点	时点 0 的价格	时点 1 的现金流量	时点 2 的现金流量	时点 3 的现金流量
A	2.5	1	1	1
B	1.8	1	0	1

解答：

（1）根据债券 A 和 B 的现金流分布情况，若买入 1 份 A 债券的同时卖空 1 份 B 债券，则组合的现金流分布将在时点 1 和时点 3 为 0，但在时点 2 为 1 元，恰好满足 2 年期零息债券的特征。因此，若市场不存在套利机会，则 2 年期零息债券的价格应当为 A 债券的价格与 B 债券的价格之差，即 0.7 元。此时，投资者持有该债券的到期收益率为

$$0.7 \times (1 + r_{0,2})^2 = 1 \Rightarrow r_{0,2} = \sqrt{1/0.7} - 1 = 19.52\%$$

即市场上 2 年期零息债券的到期收益率为 19.52%。

（2）若市场上存在债券 C，在时点 2 支付 1 元，但价格为 0.75 元。这与在（1）中计算的 2 年期零息债券的价格 0.7 元相差 0.05 元，表明债券 C 的价格相对于债券 A 和债券 B 的组合高估。因此，投资者可以在市场上选择卖空债券 C，同时买入债券 A 和债券 B 的组合。具体的操作策略是，投资者在市场上卖空 1 份债券 C，获得 0.75 元，同时以 0.7 元的价格买入债券 A 和债券 B 的组合（具体为卖空 1 份债券 B，获得 1.8 元，买入 1 份债券 A，支出 2.5 元），这样可以获得 0.05 元的无风险收益。或投资者想获得 2 元的收益，则将交易放大 40 倍。即投资者需要买入 40 份债券 A，卖出 40 份债券 B 和 40 份债券 C，可实现投资目标。

【例 7.9】假设市场上有三种无违约风险的债券 A、B、C。债券 A 为面值 100 元的 1 年期零息债券，价格为 90 元；债券 B 为 100 元的 2 年期零息债券，价格为 80 元；债券 C 为年金额 100 元的 2 年期年金证券，价格为 160 元。假定市场上不允许卖空。

（1）是否有一组折现因子，与上述债券价格相对应？

（2）投资者甲想构建一个组合，该组合在时点 1 产生 200 元的现金流量，在时点 2 产生 100 元的现金流量，他如何选择最优组合？被选中的组合的成本是多少？若投资者甲为了让组合在时点 1 多产生 100 元的现金流量，那么该额外增加的 100 元的成本是多少（用年复合收益率的形式表示）？如果额外现金流量发生在时点 2，情况又怎样？

（3）投资者乙想构建一个组合，该组合在时点 1 产生 100 元的现金流量，在时点 2 产生 200 元

的现金流量，他应如何选择？被选中的组合的成本是多少？若投资者乙为了让组合在时点 1 多产生 100 元的现金流量，那么该额外增加的 100 元的成本是多少（用年复合收益率的形式表示）？如果额外现金流量发生在时点 2，情况又怎样？

（4）投资者甲和投资者乙在不同时点增加额外现金流成本差异的原因是什么？

解答：

关于债券 A、B、C 的现金流分布情况，我们可以以表 7.6 的形式简单表示出来。

表 7.6　　　　　　　　　　　债券 A、B、C 的价格及未来现金流分布情况

（单位：元）

	时点 0 的价格	时点 1 的现金流量	时点 2 的现金流量
A	90	100	0
B	80	0	100
C	160	100	100

（1）若市场不存在套利机会，则市场应存在一组折现因子，同时满足债券 A、B、C 的定价，即

$$\begin{cases} 90 = 100d_1 \\ 80 = 100d_2 \\ 160 = 100d_1 + 100d_2 \end{cases}$$

上述方程组无解，显然没有满足条件的折现因子使得三个债券的定价同时成立，因此市场上存在着潜在的套利机会。

（2）若投资者甲想构建一个组合，在时点 1 产生 200 元的现金流量，在时点 2 产生 100 元的现金流量，则他有两种方案可以选择。一是持有 2 单位的 A 和 1 单位的 B，此时成本为 260（2×90+80）元；二是持有 1 单位的 A 和 1 单位的 C，此时成本为 250（90+160）元。因此，方案二的成本较低，投资者甲应选择持有 1 单位的 A 和 1 单位的 C。

若投资者甲为了让组合在时点 1 多产生 100 元的现金流量，由于不允许债券卖空，因此其只能买入 1 份债券 A，成本为 90 元，折合成年收益率即 11.11%（100/90-1）。如在时点 2 增加 100 现金流，则此时有两种方案可供选择。第一种方案是直接买入 1 份债券 B，需支出 80 元，折合成年收益率为 11.80%[$(100/80)^{1/2}-1$]；第二种方案是买入 1 份债券 C，同时将持有的 1 份债券 A 买出，此时总支出为 70（160-90）元，折合成年收益率为 19.52%[$(100/70)^{1/2}-1$]。因此投资者甲若在时点 2 增加 100 元现金流，则应选择方案 2，即买入 1 份债券 C，卖出 1 份债券 A，相当于持有 2 份债券 C。

（3）若投资者乙想构建一个组合，让组合在时点 1 产生 100 元的现金流量，在时点 2 产生 200 元的现金流量，他同样有两种方案可供选择。方案一是持有 1 份债券 A 和 2 份债券 B，此时成本为 250 元；方案二是持有 1 份债券 B 和 1 份债券 C，此时成本为 240 元。因此方案二的成本比较低，投资者乙应选择持有 1 份债券 B 和 1 份债券 C 来构建组合。

若投资者乙为了让组合在时点 1 多产生 100 元的现金流量，那么他有两种方案可供选择。方案一是直接买入 1 份债券 A，成本为 90 元，折合成年收益率为 11.11%（100/90-1）；方案二是投资者再买入 1 份债券 C，同时将持有的债券 B 买出，此时成本为 80 元，折合成年收益率为 25%（100/80-1）。因此投资者应选择方案二。而若投资者乙想在时点 2 增加 100 元，那只有 1 种方案，就是直接买入

1 份债券 B，成本为 80 元，到期收益率为 11.80%$[(100/80)^{1/2}-1]$。

（4）投资者甲和投资者乙在不同时点上增加 100 元现金流的收益率曲线之所以相差比较大，主要是由债券 C 的定价偏低，将债券 C 加入构建的组合中，就能够有效地降低买入成本，实现到期收益率的增加。

【例 7.10】表 7.7 是市场上交易的三种无违约风险债券 A、B、C 的交易价格和现金流量情况，这三个债券都在时点 2 或者之前到期。

表 7.7 　　　　　　　　　　A、B、C 三个债券的价格及现金流分布情况

（单位：元）

债券	时点 0 的价格	时点 1 的现金流量	时点 2 的现金流量
A	950	1 000	0
B	850	0	1 000
C	975	100	1 100

如果市场允许卖空，那么这些债券存在套利机会吗？如果有，你如何利用这种机会？

解答：

根据债券的定价原理，由债券 A 的价格及现金流可得

$$\frac{1\,000}{1+r_{0,1}}=1\,000\times d_1 = 950 \Rightarrow d_1 = 0.95$$

由债券 B 的价格及现金流可得

$$\frac{1\,000}{(1+r_{0,2})^2}=1\,000\times d_2 = 850 \Rightarrow d_2 = 0.85$$

如果根据债券 A 和 B 的贴现利率贴现，则债券 C 的价格为

$$\frac{100}{1+r_{0,1}}+\frac{1100}{(1+r_{0,2})^2}=100\times d_1 + 1100\times d_2 = 95+935 = 1\,030（元）$$

对于债券 C，债券的价值高于价格，说明债券价值被低估了，因此存在套利机会，应该买入债券 C，卖出债券 A 和 B。

7.3.3 套利的局限性及策略

在我国，由于目前缺乏卖空交易机制，仅有国债期货等债券类衍生产品，因此讨论比较多的为跨市场套利，但跨市场套利存在着客观的局限性，比如交易所债券市场与银行间债券市场的流动性不同、市场容量限制、市场交易门槛较高及单边交易限制（我国只允许资金从银行间市场流向交易所市场，相应的债券从交易所市场流向银行间市场，相反的交易不被允许）。这些导致两个市场间的债券交易价格出现差异，同券不同价的现象相对比较普遍。

相对于银行存款具有起点确定、终点确定和过程确定，以及股票具有起点确定、终点不确定和过程不确定的特点，债券是银行存款和股票之间的中间体，具有起点确定、终点确定和过程不确定的特点。正是由于债券产品的起点和终点确定，过程不确定才使得债券具备了套利的机会。结合我国目前债券市场现状，虽然很难实现债券跨品种、跨市场等直接的套利操作，但采用"债券+回购"

的方式还是能实现债券套利的，我们简要介绍一下。

所谓"债券+回购"套利，就是利用债券现券与债券回购之间的利差，对其采取同步组合交易，赚取债券和债券回购之间的利差收益。这要求债券的收益率一定要高于回购利率，在满足此条件时，投资者可以进行循环投资，并通过提高杠杆来获得高收益。

我国债券市场利差的客观存在也为"债券+回购"的套利提供了基础。主要原因在于：一是我国债券市场不完善，主要表现在目前我国债券市场存在发行规模偏小、发行期限不合理、筹资成本过高、中间环节的价差利润过大等一系列问题，从而使国债二级市场的收益率偏高，并没有反映出市场真实资金供求关系；二是债券回购市场不稳定，我国债券回购市场利率与股票市场的走势关系密切，每当遇到有新股发行或市场行情火爆时，特别是短期债券品种的价格波动很大，而长期品种又因为交易不活跃、成交量小，同样不具备市场代表性。因此，市场利差的存在，为实施债券套利提供了保障。

债券套利的核心思想就是构建债券多头头寸，通过锁定前期成本和到期收益来获取稳定的收益。如何来实现债券套利呢？可行的实现方法是利用债券质押式回购放大债券多头头寸并持有至到期。图 7.2 所示为债券套利策略的简要流程。

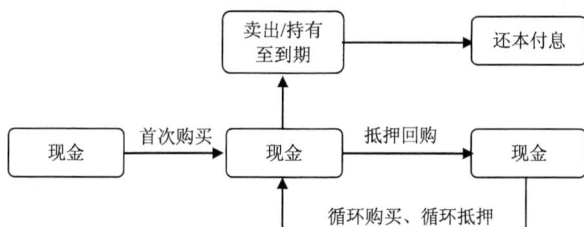

图 7.2　交易所债券市场债券套利流程图

在实际操作过程中，常用的套利策略就是通过正回购操作放大自身头寸来获得更高收益，剔除回购成本后就是套利的总收益。

本章小结

本章主要介绍债券的剥离与债券的合成，对债券剥离的动机和思想进行了剖析。在市场有效及允许卖空条件下，对零息债券合成附息债券、附息债券合成零息债券，及年金证券与零息债券合成附息债券的方法和思想进行了介绍，进一步印证了到期收益率不适合作为投资决策的判断依据。通过债券的剥离和合成分析，有利于识别债券是否合理定价，为市场套利提供了前提和操作依据。

关键术语

债券剥离、零息债券、附息债券、年金证券、票面利率效应、利率期限结构、到期收益率、套

利、债券合成、回购

思考练习

1. 债券合成有几种方法，在市场允许卖空的条件下，是否意味着不同的债券之间可以相互合成？请说明你的理由。

2. 债券套利的核心思想是什么？在债券套利过程中存在哪些风险，如何规避或管理这些风险？

3. 一个面值为 100 元的附息债券 A，期限为 2 年，票面利率为 10%，每年付息 1 次，市场价格为 110 元。同时市场上有两个面值为 100 元的零息债券 B 和 C。其中债券 B 的期限为 1 年，价格为 96 元；债券 C 的期限为 2 年，价格为 93 元。请问附息债券 A 的定价是否合理？如果不合理，你能否设计并构建一个套利组合？

4. 市场上有三种除票面利率外面值、到期期限和利息支付时点都相同的债券 A、B、C，三种债券的票面利率分别为 8%、6% 和 4%，面值为 100 元，期限为 4 年。三种债券的信息如表 7.8 所示。

表 7.8　　　　　　　　　三种债券的票面利率、期限及市场价格情况

债券	票面利率	期限（年）	时点 0 的价格（元）
A	8%	4	100
B	6%	4	97
C	4%	4	95

请根据上述数据，分析判断这三种债券的定价是否合理。如果不合理，请说明理由，并提供投资操作建议。

5. 有四种债券 A、B、C、D，均为无违约风险的政府债券。表 7.9 给出四种债券的价格及未来时点的现金流情况，假设市场允许买空和卖空，且所有债券都是第 3 年年末或之前到期，试分析判断：

表 7.9　　　　　　　　　四种债券的价格及未来不同时点的现金流量分布情况

（单位：元）

债券	价格	第一年的现金流量	第二年的现金流量	第三年的现金流量
A	101.00	10	10	110
B	92.00	100	0	0
C	91.50	5	105	0
D	108.0	15	15	15

以上债券价格是否存在套利机会？如果存在，如何操作并获得套利收益？

6. 假定市场上存在无违约风险的 A、B、C、D、E 五种债券，这些债券的现金流量以及买入与卖出的价格如表 7.10 所示。

表 7.10 五种债券的报价及未来不同时点现金流量分布情况

（单位：元）

债券	面值	价格		现金流量		
		卖方报价	买方报价	1	2	3
A	100	93.32	91.81	100		
B	100	90.41	88.97		100	
C	100	86.65	84.14			100
D	100	108.02	105.07	8	8	108
E	100	112.70	110.90	12	112	

投资者希望构建一个债券组合，该组合在不同的时点产生如下现金流：时点 1 产生 50 元，时点 2 产生 200 元，时点 3 产生 160 元。满足这一条件将有很多选择，但现在要求成本最低。假如市场不允许卖空，投资者应如何构建组合？如果允许卖空，又该如何构建组合？请给出分析的过程和理由。

案例讨论

中国特色套利品种——债券

债券在中国之所以成为套利者的天堂，主要在于其中国特色。有人说债券大跌是因为发行债券的公司利润下降，难以维持，所以到期可能无法还本。但历史证明，在交易所上市的债券发生信用违约率是零，尚无一例。从 1995 年 8 月证券交易所成为唯一合法的债券交易场所以来计算，18 年来上市了 2 350 多只各类债券，没有一只违约不还本金的，而最近的超日债也只是停牌，最后违约的概率非常低。债券零违约似乎是管理层的底线，这个和经济增速 7% 的底线、18 亿亩耕地的底线相似，就是任何事情都要有个度，过度就无法收拾了。有了保本的底线，我们就完全可以利用市场价格的波动与条款进行不同类型的套利操作。

企业债中的"折扣债"

企业债是一个不错的套利领域，尤其是对于那些严重跌破面值的企业债。最近我和一位专业玩企业债的朋友进行了切磋，现将他的观点呈现给大家。

企业债在交易所挂牌交易，沪市以 122 开头，深市以 112 开头，和股票一样，都是输入代码就可以交易。每一个交易单位是 10 张，也就是说 1 000 多元就可以参与债券投资了。

比如 11 华锐 01（122115），表示 2011 年发行的华锐风电（601558）这家上市公司的债券。企业债大致有以下几个要素。面值是 100 元，也就是说无论你是多少钱购买的，到期那一天都会以 100 元面值还给你钱。每一张债券都会有一个期限，比如 5 年、10 年。同时，它们的利息比较高，企业债的票面利息普遍在 5% 以上，有的甚至超过 8%。其中有一个规律，就是看信用评级，比如 AA+、AA 和 AA-。评级越高，风险越低，利息自然也越低；反之，评级越低，风险越大，利息也越高。利息不是一年给一次，而是你持有一天就算一天的利息，比如一只债券的利息是每年 6%，如果持有一个月，利息就是 6%/12 等于 0.5%。

企业债的发行面值是 100 元，但它们的交易价格并不是 100 元，可能是 103 元或者是 98 元。有时可能由于市场资金突然紧张，或者这张债券对应的公司出现经营上的困难，债券交易价格出现大幅下跌。比如 11 华锐 01（122115），曾经跌到 70 多元，现在也只有 85 元。若投资者能买到一些大幅度跌破 100 元面值的债券，等危机过去后，比如一年后，债券价格又回到 100 元附近，这几十元的差价就赚到了，同时还有 6% 以上的利息。

像 2011 年的 "9•30" 事件，当时整个债券市场出现了流动性紧张，许多债券都跌到了 90 元甚至有一些跌到了 70 多元，当时如果大量买入，不使用杠杆的话，2012 年的收益也有望超过 30%。

企业债的唯一风险是宣布破产，但即使破产后企业清算也是优先偿还债券的，股票其次。交易所交易了十几年、上千家企业债券，到目前为止没有一家违约的，这个风险几乎等于零。

许多投资者以企业盈利能力的好坏来给企业债定价，这是一个认识上的误区，也是企业债的机会所在。买债券关键是看其还本付息能力以及市场交易性机会，而非盈利情况。

（1）盈利公司的还本付息能力不一定比亏损公司强。尤其是小公司，自身的财务调节能力很强，盈利了，并不表明还本付息没问题，关键还要看公司的负债结构、流动资金状况、经营现金流、资产变现能力。要注意避开现金流为负的盈利公司债。

（2）有担保不一定还本付息无忧。尤其是公司股东的股权担保，一旦公司走下坡路，股权的价值可能会大幅度缩水。此外，担保公司的担保也不靠谱，所以，一个现阶段盈利的有担保的公司债不一定比无担保的亏损公司债还本付息能力强。

（3）土地、房产、财政款质押担保以及银行流动性承诺是比较靠谱的抵押担保形式，如 12 宁上陵、10 赤峰债等类型的债券。虽然 12 宁上陵不是城投债，但其有抵押担保和银行支持，起到双重保险（放心保）作用。

（4）债券额度占总资产、净资产以及流动资金的比重。总资产中还要关注其变现能力，有的公司债总份额较小，只占公司总资产中较小的一部分，这样的公司债，即使没有担保，实际的风险也是较小的。

（5）亏损公司债的交易性机会成本及其收益率。要学会鉴别亏损公司债的风险与机会。超日债已经关门谢客了，超日公司的状况已经十分明朗了，未来是否有翻身的机会不得而知。而 11 华锐债则情况完全不同，公司资产质量较好，流动资金（50 亿元）较为充裕，应付等于应收，且应收款为华电、华能等央企国企，公司第一大股东也是国企，属于国家扶持的新能源行业，且离回售日只有 17 个月，还有风投等大小非要到 2014 年解禁，即使等级降至 AA，且评级展望为稳定，还能质押，所以华锐债的还本付息安全级别应该在所有债券中处于中等水平。但华锐公司若 2013 年继续亏损，11 华锐债将有半年时间不能交易。

（6）国企债、混合债、民营债。这个是我国制度下债券还本付息必须考虑的因素。小型无特色无创新性的民营债，一般只能依靠企业自身。像人们一直关注的华锐债，公司为风电（我国火电第一，水电第二，风电第三，核电第四）产业的中间体。根据国家的发展规划，到 2015 年，风电还有 80% 的增长空间，且华锐产品销售的下游为电力行业的央企国企，华锐自身也是国企背景的，如果华锐倒下了，国家的风电行业也就差不多了。所以 11 华锐债到 2014 年 12 月收回面值 100 元+利息基本上没有问题。

可转债的股性与债性

股神巴菲特的铁律"第一，不要亏损；第二，永远记住第一点"一向被投资人士奉为神谕。而可转债，恰恰符合这个基本精神。

买入可转债——特别是在面值以下或者回售价以下买入时——完全可以做到 100%的保底，外加少量利息。这就是可转债的确定性：100%保底，永不亏损。

可转债，本质是债券，有固定回报，到期还本付息；但同时包含股票的看涨期权，当正股价格超过可转债转换价格的时候，债券价格的上涨可以与股票价格同步。所以可转债可以理解成有保底的股票，长期持有的最高风险就是获得较低的本息回报，而收获的回报可以很高。

但可转债也有其自身的劣势。

（1）转股价一般高于正股价。如果正股价高于转股价的话，二级市场的可转债价格一定也是水涨船高，一般最后的转换价格在正股价格 110%以上，所以这种有保底的股票是有溢价的。如果股票质地良好、低估明显，持有正股的收益肯定要比持有可转债大。

（2）根据可转债强制赎回条款，可转债是有顶部的。收益最多大约就是 30%（如果算上转债溢价和宣布强制转换超过股价不止 30%的话，收益应该在 30%~50%之间）。

（3）因为可转债有股性，所以可转债价格上涨的方向与股票一致，缺少了债券与股票跷跷板的互补特性。所以购买可转债最好的时机其实也是购买股票的最好时机。不存在股票过度高估然后买入安全的可转债，使资金避过股市下跌之后再次买入股票的交易机会，这是不同于一般债券的劣势。

（4）可转债数量少，优质公司发行的可转债更是少之又少。

投资者可以想到的投资机会

（1）在股票市场没有找到适合的投资标的的情况下，因为股市低迷等原因，转债价格远远低于面值，债券到期收益率（年化）达到 7%以上，可以作为现金等值品持有并度过熊市。

（2）市场争议非常大的行业发行可转债（比如房地产、银行），当可转债价格在面值附近时购入，既可以躲过行业不可预知的风险（这时最大的风险就是持有至到期取回本金加上少量利息），又可以享受当不确定性因素发展为正面时所带来的收益。典型的就是民生银行（600016）的可转债。如果对民生银行的低估值有期待，也惧怕诸如房地产、地方债风险，可以在民生转债面值附近（前一段时间曾出现 99.5 元的买入机会）买入，然后长期持有。如果银行业与民生银行不负众望，最高收益可能达到 30%～50%；如果大家惧怕的诸多系统性风险同时爆发，最差的也不过是持有至到期取回本息。

巴菲特曾大举投资过可转债，比如所罗门兄弟公司、高盛集团等，这些公司的特点都有共性，就是在当时前景难以预测，所以巴菲特以更安全的方式进行投资，也就是第二种投资机会。

可转债尽管优质品种较少，且购买存在溢价，投资收益有封顶，但对于有股市恐惧症、极度厌恶风险、对金融产品属性了解较少的投资者而言，可能是一个不错的投资机会。

作者：马曼然

来源：证券市场红周刊

发表于 2013 年 9 月 29 日

来源网站 http://bond.hexun.com/2013-09-29/158423408.html，材料有所删减和改动。

阅读上述材料，请回答下列问题：

（1）在中国进行债券投资，影响套利的因素有哪些？套利需要承担哪些风险？

（2）结合中国目前的资本市场环境，谈谈你对材料中套利机会分析的可行性，你赞同或不赞同哪些观点，并请给出理由！

第8章 资产证券化

【本章提要】

本章主要对资产证券化的概念、分类、含义及运作过程等进行介绍，针对资产证券化的三大创新等进行了分析，并全面介绍了住房抵押贷款证券化、抵押担保债券及资产担保证券等内容。

【重点与难点】

重点：资产证券化的特点，流程设计；转手证券与过手证券的区别；现金流的计算及分类等；等额本金、等额本息的理解与计算。

难点：资产证券化产品的定价。

【引导案例】

在现实生活中，越来越多的企业融资开始由银行贷款的间接渠道转向证券市场的直接渠道，我们称之为融资的证券化。更重要的是，通过融资的证券化，投资者可以以其持有的证券凭证来获取公司相关的权利，特别是针对发行股票的企业，投资者可以较为容易地获得企业的权利，而企业也通过将其资产的未来收益售出而提前获得相关的现金流，缓解流动性不足问题。另一个很重要的现象是，以往我们评价首富往往是根据其掌握的资产规模。而现在评价富豪往往是根据其持有的证券市值规模。这使得资产证券化时代资产定价的效率得到大幅提高，而资产的证券化也极大地提升了资产的流动性。

如何进行资产的证券化，哪些资产适合证券化，资产证券化产品如何定价？这些将是本章要重点解决的问题。

8.1 资产证券化的概述

一般认为资产证券化（Asset Securitization）是指将缺乏流动性，但具有某种可预测现金收入属性的资产或资产组合，构建形成资产池，以资产池的未来现金流为支撑向市场发行证券，并在资本市场上出售变现的一种融资工具。资产证券化是近四十年来世界金融领域最重大的创新之一。

8.1.1 资产证券化概述

1. 资产证券化的起源与发展

20世纪60年代后期，美国经济陷入滞胀困境，经济衰退与高通货膨胀率并存，市场利率上升，导致从事住房抵押贷款业务的储蓄与贷款协会（Saving and Loan Association）的短存长贷的特性缺陷暴露出来。一方面，储蓄资金被大量提取，而贷款的长期性质让储蓄机构产生流动性困难；另一方面，由于利率管制，利差倒挂，储蓄与贷款协会的收益迅速下降，经营状况恶化。为帮助储蓄与贷款协会摆脱困境，美国政府决定启动住房抵押贷款二级市场，以缓解资产流动性不足的问题。1970年，美国联邦全国抵押贷款协会（FNMA）首次公开发行住房抵押贷款证券，资产证券化由此展开。

经过四十多年的创新，资产证券化在美国获得了空前的发展和成功，越来越多的国家认识到资产证券化的意义并相继启动资产证券化项目，并逐步形成了全球范围的资产证券化大潮。目前支持证券发行的资产也由最初的住房抵押贷款等扩展到涵盖信用卡贷款、学生贷款、租赁资产、公司应收账款、不良资产、路桥收费等项目。

2. 适合与不适合资产证券化的资产特征

一般而言，适合资产证券化的资产应满足以下方面的特征：可理解的信用特征、可预测的现金流、平均偿还期至少为 1 年、拖欠率和违约率低、完全分期偿还、多样化的借款者、清算价值高等。最核心的关键在于要保证资产池中的资产能够为发行的证券产品提供可预期的、稳定的现金流。因此，资产证券化产品的风险管理显得尤为重要。若资产池中的资产具有以下特征，则不宜作为资产证券化的标的：资产池中的资产数量较少或金额最大的资产所占比例过高、资产的收益属于本金到期一次偿还、付款时间不确定或付款间隔期过长、资产的债务人有修改合同条款的权利等。因为这些资产未来的现金流流入面临着较大的不确定性，一旦现金流链条断裂，很容易引发支付违约风险，并由此导致以这些资产证券化产品为基础的衍生产品的风险放大，形成连锁的流动性风险引致严重的金融危机，2008 年美国的次贷危机就是一个典型的案例。

3. 资产证券化的参与者

一般来说，资产证券化过程的主要参与者有发起人、特别目的载体（Special Purpose Vehicle, SPV）、信用提升机构、信用评级机构、承销商（投资银行）、服务机构、受托管理人、投资者等。

（1）发起人

资产证券化的发起人一般是发放贷款的金融机构，也可以是其他类型的公司。发起人一般通过购买或提供融资两种方式建立资产池。发起人与证券承销商共同决定证券化的交易结构，起草相关文件和对证券进行定价。承销商、服务机构和受托管理人一般由发起人选定。

（2）特别目的载体

特别目的载体是一个中介机构，可以由发起人或第三方设立，接受发起人转让的资产池，然后直接发行资产支持证券，或者把资产进一步转让给信托机构，由后者发行资产支持证券。特别目的载体的参与是资产证券化交易的核心，要严格地与原债权人进行破产隔离。通过特别目的载体，债务人的信用风险分散给了投资者。

（3）信用提升机构

信用增级包括内部信用增级和外部信用增级两大类。当内部信用增级不足以达到发行证券所需信用评级时，发起人一般会聘请信用增级机构提供外部信用增级。信用增级机构可以是母公司、子公司或者其他金融机构，也可以是担保公司或者保险公司。信用增级机构通常按比例收取一定的服务费用。

（4）信用评级机构

信用评级机构对拟发行的资产支持证券进行评级，为投资者提供决策参考。信用评级机构通常由国际资本市场上广大投资者承认的独立的私营机构担任。目前国际知名的信用评级机构有穆迪、标准普尔、达夫菲尔普斯（Duff&Phelps）和惠誉（Fitch）等，国内比较知名的评级机构有大公国际资信评估、新世纪资信评估等。

（5）承销商

发起人选择一家或多家承销商负责资产支持证券的承销。在签订承销协议之前，承销商一般会对资产池、交易结构及当事人进行尽职调查，以确信证券发行文件所载内容的准确性。

（6）服务机构

资产证券化交易中，服务机构直接或者通过分包服务商来管理转让给信托或者特别目的载体的资产池。服务机构负责收取资产池产生的现金流（到期本金和利息），然后把收入存入受托管理人指定的账户，由受托管理人转交给投资者。服务机构一般通过受托管理人向资产支持证券持有人通报资产状况。

（7）受托管理人

受托管理人一般由提供公司信托服务的大银行担任。受托管理人的基本职责一般包括以下几个方面：一是托管资产，负责接受、持有和替换资产，提供资产状况分析报告；二是负责资产池产生现金流的收取、持有和分配工作；三是向投资者或其他第三方支付现金；四是作为受托人，为资产支持证券持有人保有资产的抵押权，向持有者分发相关信息，以及替换服务机构等。

（8）投资者

证券化过程为投资者在市场中提供了一个高质量的投资选择机会。投资者通过购买不同的组合资产的证券，能够避免区域和行业的集中所带来的风险。同时，投资者可以依赖第三方信用评级结果进行证券的选择，降低投资成本。

4. 资产证券化的形式

尽管资产证券化的历史不长，但相关证券化产品的种类层出不穷，名称也千变万化。最早的证券化产品以商业银行房地产按揭贷款为支持，故称为抵押贷款支持证券或按揭支持证券（Mortgage-backed Securities，MBS）；随着可供证券化操作的基础产品越来越多，出现了以非住房抵押贷款为基础的资产支持证券（Asset-backed Securities，ABS）；后来由于混合型证券（具有股权和债权性质）越来越多，逐渐用 CDOs（Collateralized Debt Obligations，有担保债务的凭证）概念泛指证券化产品，并细分为 CLOs（Collateralized Loans Obligations，有担保贷款的凭证）、CMOs（Collateralized Mortgage Obligations，抵押贷款担保凭证）、CBOs（Collateralized Bonds Obligations，有担保债券的凭证）等产品。近几年来，还采用金融工程方法，利用信用衍生产品构造出合成 CDOs。

本书侧重于对固定收益产品的现金流的理解和定价，这里仅考虑依据对现金流处理方式的不同所进行的资产证券化分类，主要有三种类型。

（1）过手结构证券（Pass-through Securities）

过手证券，是以组合资产池为支持所发行的权益类证券，它代表了对具有相似的到期日、相似的利率和特点的组合资产的直接所有权。过手证券基础资产池中的典型资产是住宅抵押贷款和消费者的应收款（如汽车贷款和信用卡应收款）。需要明确的是，过手证券不是发行者的债券，其主要特点是基本不对资产产生的现金流进行特别处理，在扣除了有关"过手"费用后，将剩余的现金流直接"过手"给证券投资者。

（2）资产支持债券（Asset-backed Bond）

资产支持债券是发行人以贷款组合或过手证券为抵押而发行的债务证券。与过手证券不同，资产支持债券是发行人的债务，作为抵押的基础资产组合和资产支持债券保留在发行人的资产负债表上。资产支持债券的一个重要特征是它们一般都是超额抵押，即发行时抵押物的价值要超过债券的价值，当抵押物的价值低于债券契约中规定的水平时，将被要求在抵押物中增加更多的贷款或证券。

（3）转付结构债券（Pay-through Bond）

转付结构债券是根据投资者的偏好，对证券化资产产生的现金流进行重新安排而发行的债券。这种债券是过手证券和资产支持债券的结合，兼有两者的一些特点。转付结构债券是发行人的债务，与资产支持债券相同；但是基础资产的现金流是用来支付给债券持有人的，与过手证券相似。转付结构债券与过手证券的区别在于抵押贷款组合的所有权是否转移给投资者，与资产支持债券的主要区别在于两者偿还的资金来源不同。目前，广泛使用的转付结构债券有抵押担保支持债券（CMO）、仅付本金债券（PO）和仅付利息债券（IO）等。

5. 资产证券化的基本结构

在典型的资产证券化交易中，发起人通过归集成资产池，以出售或信托的方式将资产转让给特别目的载体，并获得转让资产的收入。资产证券化基本结构如图 8.1 所示。

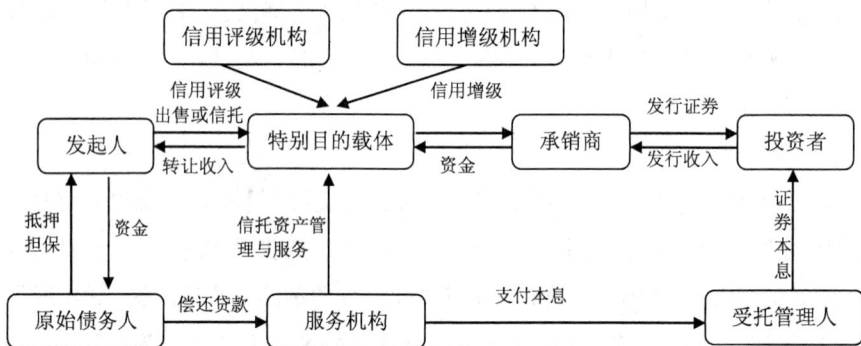

图 8.1　资产证券化的基本结构

一般而言，资产证券化的基本运作包括以下几个流程。

第一，确定资产证券化目标，组成资产池。

可证券化的资产包括贷款、消费品分期付款契约、租赁、应收账款等，持有这类资产的权益人可以成为证券化的潜在发起人。发起人首先分析自身的资产证券化需求，对借款人的信用、抵押担保物的价值进行评估，预测资产现金流，并根据证券化目标确定资产池规模，将资产进行组合构成资产池，然后将其出售。资产出售是发起人把经过组合的资产卖给一个中介机构的行为，出售时卖方拥有对标的资产的全部权利，买方要对标的资产支付价款。对于"真实出售"的资产，判断的依据往往基于五个标准，即当事人意图符合证券化目的、发起人的资产负债表已进行资产出售的账务处理、出售的资产一般不附加追索权、资产出售的价格不盯着贷款利率、出售的资产已经过"资产分离"处理（即已经过信用提升方式将出售的资产与发起人信用风险分离），否则，将视为担保贷款或信托。

第二，创立特别目的载体。

特别目的载体是资产证券化的核心载体，是处于发起人和投资者之间的中介机构，与一般实体不同，特别目的载体基本上是一个"空壳公司"，只从事单一业务，即与发起人签订买卖合同，从发起人那里购买资产，组合这些应收权益，并以此为担保发行证券。它不参与实际的业务操作，在法律上完全独立于资产原始持有人，不受发起人破产与否的影响，实现发行人与证券化资产之间的"破产隔离"。值得提及的是，在美国的金融市场上，投资银行往往充当着创立特别目的载体的重任，在分散规避风险、信用构造和提升及现金流量再包装的金融创新等方面扮演核心角色，充当着金融市场润滑剂的作用。例如，在 2008 年美国次贷危机前，投资银行与不同金融机构之间的纽带关系可以用图 8.2 简单描述。

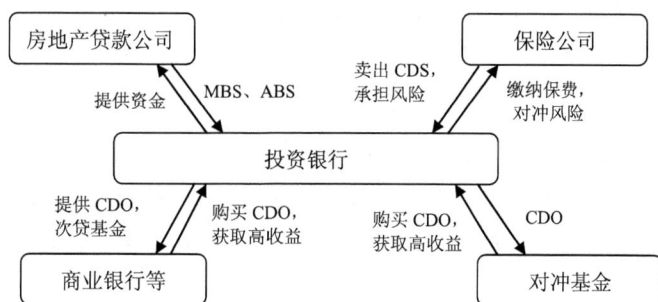

图 8.2　投资银行在资产证券化创新中的核心作用

第三，信用增级/提升。

信用提升方式主要有两种，即外部信用提升和内部信用提升。

外部信用提升是指由第三方为资产证券提供担保，可以是一家银行开立的信用证或是一家保险公司的保单。第三方担保人的信用等级至少要和资产证券所追求的信用等级一样高，使其可以获得与第三方信用提供者等级相同的评级。外部信用提升主要包括：①保险公司保险，即专业保险公司担保投资者能够及时地得到抵押资产的本金和利息的支付，但只为投资级之上的交易提供担保；②信用证，在信用证的保护下，当损失发生时，发证机构（银行）必须弥补某一指定金额。信用证被广泛运用于消费者贷款证券化中的信用提升，但由于代价较高，信用证一直没有成为抵押贷款证券的信用提升的主要手段，在有些交易中，它只是一种最后的手段。

内部信用提升是指发起人为资产证券提供担保，主要有以下四种。①对发起人直接追索。赋予特别目的载体对已购买金融资产的违约拒付进行直接追索的权利，其优点是手续简便，使用广泛。②储备账户。储备账户是在事先设立的用于在基础资产提供的现金流不足时弥补投资者损失的一种现金账户，一般交给一个机构托管。储备账户是从证券出售的收益中抽出一部分储存起来而建立的，在设立储备账户的情况下，投资者对出售者的任何其他资产没有追索权。③优先/从属结构。发行两种类别的资产证券，即优先类证券和从属类证券。优先类证券在获取来自于抵押资产的现金流方面具有优先权，从属类证券承受了更大的信用风险。从属类证券的金额越大，为优先类证券提供的保护就越大，在分类后，从属类证券一般由基础贷款出售者保留或私募发行。④超额抵押担保。建立一个资产池，其金额比资产证券的金额大。例如，一次资产证券发行规模可能是 1 亿美元，资产池的规模却是 1.02 亿美元。该方法是信用提升方法中最简单的一种，但由于成本高和资本利用方面的低效率而很少被采用。

第四，信用评级。

信用评级由专门评级机构应资产证券发起人或承销商的请求进行。评级考虑因素不包括由利率变动等因素导致的市场风险，或基础资产提前支付所引起的风险，而主要考虑资产的信用风险。被评级的资产必须与发起人信用风险相分离，经过信用提升，资产证券的信用级别通常会高于资产发起人的信用级别。

第五，证券发行和资产转让支付。

确定信用评级结果后，承销商以包销或代销方式向投资者发行证券筹集资金。特别目的载体从承销商处获取证券发行收入，并按合同约定的价格支付给发起人。

第六，资产售后管理和服务。

SPV 可以委托发起人继续负责现金流的收集与分配，也可以聘请专门的服务机构承担。一般是由服务机构将其收到的现金流转移给某家受托机构，再由该受托机构向投资者偿付。受托管理人按约定收取资产池现金流后，按期向投资者支付本息，并向专业服务机构支付服务费。由资产池产生的收入在还本付息、支付各项服务费之后，若有剩余，按协议规定在发起人和特别目的载体之间进行分配。

随着资产证券化的推进，CBO/CLO/CDO 等资产证券化产品也陆续推出，这里简要介绍一下，相关的运作机制大同小异。CBO 是以一组债券为支撑而发行的新的债券；CLO 是以一组贷款为支撑而发行的新的债券；如果支撑性资产既有债券也有贷款，那么新发行的债券被称为 CDO。在 CBO/CLO 证券化中，金融机构通过收购高收益债券或贷款，并以这些债券或贷款为支撑发行新的债券（CBO/CLO）。通过结构化的发行，高级别的债券的利息成本低，金融机构就有机会从持有高收益债券或贷款中获得利差。而且由于表内业务与表外业务的资本要求有所差别，金融机构从事 CBO/CLO 的发行，也可以降低资本占用。

6. 资产证券化对市场参与者的作用

从资产证券化的运作流程看，商业银行、保险公司，投资银行、房地产贷款公司、对冲基金等都是市场的参与者，不同的参与者共同分享了资产证券化带来的好处。

对发起贷款的银行、储蓄机构等金融机构而言，通过将贷款出售给一个特别目的载体可获得大量的既得利益。贷款出售有利于商业银行资产负债的合理搭配，解决了金融机构的流动性问题；可用资金的增加可以提高其利润，提升资本充足率，改善资产负债比率。

对于投资银行而言，可以从贷款转化为证券中得到大量的转换利润、发行证券的承销费和交易证券的交易利润。

对于提供信用增级服务的商业银行、专业保险公司等风险担保者而言，可以征收一定的服务费，一般为担保金额的 0.5%。

对于投资者而言，资产证券化产品丰富了产品的种类，提供了更多的投资机会，有利于分散投资风险。以保险公司的人寿保险业务为例，由于该项支出未来是长期分月支付性质的，而某些资产支持证券属于长期性质的，二者可以相互匹配。尽管某些资产支持证券存在提前偿还的风险，不一定完全匹配保险公司的负债，但随着衍生证券的创新，可基本满足保险公司的需求。而资产证券化产品的多样化，也满足了投资者的多样化风险收益需求特征。

对于债务人而言，证券化有利于降低借款人的成本。一方面，证券化扩大了融资主体的范围，由原来传统的商业银行扩大到了一般的机构投资者和个人投资者。融资主体范围的扩大，增加了资金的供给，有利于降低资金成本。另一方面，证券化之后必然建立证券的二级市场，流动性的提升有利于降低流动性风险溢价，从而有利于进一步降低资金成本。

8.1.2 资产证券化的发展历程

1. 起步阶段：1968—1980 年

1968 年，美国信贷资产证券化启动，最初只为缓解美国购房融资的资金短缺问题。婴儿潮成年引发住房贷款需求急剧上升，促使银行转向资本市场，通过资产证券化转嫁利率风险，获得更多的资金来源。1970 年，美国推出了最早的住房抵押贷款证券（MBS）。

2. 发展阶段：1981—2007 年

1981 年起，住房抵押贷款证券化速度大幅加快，主要目的从应对资金短缺转变为帮助各类储蓄机构管理风险和改善财务困境。1980 年开始的利率市场化改革导致美国银行业负债成本急剧上升，存贷款期限不匹配等问题严重威胁储蓄机构的生存。美国政府的三家信用机构，联邦全国抵押贷款协会（Federal National Mortgage Association，简称 Fannie Mae，又称房利美）、联邦住房抵押贷款公司（Federal Home Loan Mortgage Corp ，简称 Freddie Mae，又称房地美）、政府国民住房抵押贷款协会（Government National Mortgage Association ，简称 Ginnie Mae，又称吉利美）纷纷收购银行住房抵押贷款进行重组并发行证券，来帮助储蓄机构盘活低流动性资产。

1985 年之后，除住房抵押贷款之外的其他资产支持证券（ABS）开始出现。随着 MBS 逐步完善并初具市场规模，1983 年出现了对资产池现金流进行分层组合的新型 MBS——抵押担保证券（CMO）。1985 年，基于信用卡、汽车贷款、学生贷款、厂房设备贷款、房屋权益贷款等其他各类贷款的资产支持证券（ABS）也开始不断涌现。1993 年又出现了以 MBS 和 ABS 现金流为抵押品的再证券化产品——抵押债券凭证（CDO）。表 8.1 所示为美国部分 ABS 产品的首发时间及规模。

表 8.1　　　　　　　　　　　美国部分 ABS 品种的首发时间及规模

（单位：百万美元）

品种	首发时间	规模	品种	首发时间	规模
计算机租赁票据	1985.3	1 848	设备租赁贷款	1988.10	215
汽车按揭贷款	1985.5	76 364	房车租赁贷款	1988.12	1 526
联营公司票据	1986.7	638	房屋权益贷款	1989.1	24 718
轻型卡车贷款	1986.7	187	摩托车贷款	1989.7	86
信用卡应收款	1987.1	80 238	分时应收款项	1989.8	116
标准卡车贷款	1987.7	479	零售汽车贷款	1990.8	5 900
贸易应收款项	1987.9	312	零售卡车贷款	1990.12	300
汽车租赁贷款	1987.10	470	小微企业贷款	1992.1	350

品种	首发时间	规模	品种	首发时间	规模
个人消费贷款	1987.11	1 093	火车租赁贷款	1992.5	998
游艇抵押贷款	1988.9	1 203	活动房屋贷款	1992.6	250
厂房抵押贷款	1988.9	7 654			

资料来源：国泰君安研究报告。

3. 调整阶段：2008 年至今

2008 年始于次级贷款证券化的金融危机沉重打击了高速发展的资产证券化市场，MBS 规模扩张趋缓乃至停滞，ABS 市场余额出现大幅下滑。

截至 2007 年末，MBS 和 ABS 余额为 11 万亿美元，约占美国债券市场总额的 34%，为资本市场的第一大产品。但到 2011 年底，这一比例下降到 28%；同期美国政府债券份额从 25% 上升到 37%，跃升为第一大债券品种，如图 8.3 所示。市场重心从竞争与金融产品创新转向对资产证券化不良操作带来的巨大风险隐患的反思和防范。

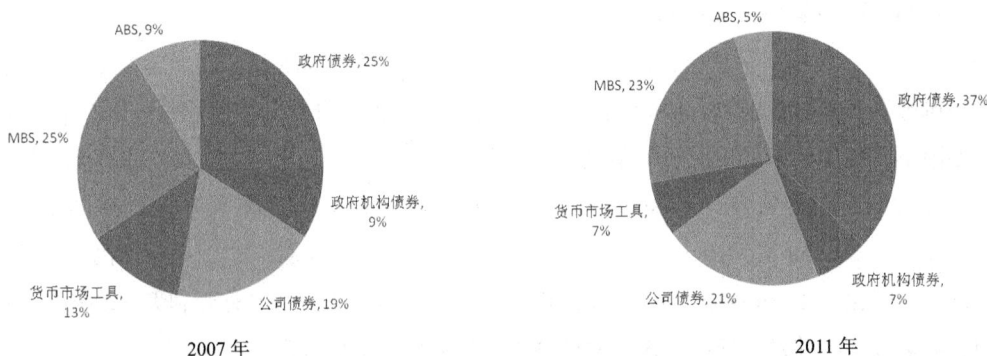

图 8.3 美国次贷危机前后债券市场产品构成分析

4. 我国的资产证券化的发展历程

早在 20 世纪 90 年代，我国就出现了证券化的萌芽。1992 年，三亚开发建设总公司以三亚市丹州小区 800 亩土地为标的，以地产开发后的销售权益为基础资产，发行了总额近 2 亿元人民币的三亚地产投资证券。随后 1996 年 8 月，珠海市政府在开曼群岛注册珠海市高速有限公司，以当地机动车的管理费及外地过境车缴纳的过路费为支持，在美国证券市场发行了 2 亿美元的资产担保证券。随后的二十多年时间里，我国资产证券化由最初的探索阶段已过渡到试点阶段（如表 8.2 所示）。

表 8.2　　　　　　　　　　　　我国的资产证券化品种发展始点

阶段	品种	事件
探索阶段 1990—2005 年	房地产资产证券化	1992 年，海南省三亚市开发建设总公司发行"三亚地产投资券"
		2005 年 3 月，浦发银行与申银万国证券公司合作，推出价值 10 亿元房贷资产证券化试点方案
	出口应收款证券化	2000 年 3 月，荷兰银行以中集团 3 年内的应收账款为基础资产在国际商业票据市场上多次公开发行商业票据

续表

阶段	品种	事件
探索阶段 1990—2005 年	不良资产证券化	2003 年 1 月,德意志银行将信达资产管理公司高风险项目组成的 20 亿元资产包进行证券化
		2003 年 6 月,中信信托投资公司以华融资产管理公司 132.5 亿元的不良债权资产设立财产信托;其中的优先级受益权被转让给投资者
		2003 年 10 月,瑞士信贷第一波士顿对工行宁波分行约 26 亿元的不良资产进行证券化,成为国内商业银行第一个资产证券化项目
试点阶段 2005 年至今	初期阶段	2005 年 4 月 28 日,央行、银监会颁布实施了《信贷资产证券化试点工作管理办法》,资产证券化序幕正式拉开
		2005 年 12 月,国开行、建行作为第一批试点单位分别成功发行了第一期贷款支持证券——开元 2005、建元 2005
	扩大阶段	2007 年 4 月,国务院下达关于信贷资产证券化扩大试点的批复,扩大试点正式开始
		2008 年 1 月,建行成功发行了首只不良资产支持证券。同期,上汽通用汽车金融公司发行了首只汽车抵押贷款支持证券
	暂停阶段	2008 年底,随着金融危机的爆发,监管机构出于风险担忧和审慎原则暂停了资产证券化的审批
	重启阶段	2012 年 5 月,人民银行、银监会、财政部下发《关于进一步扩大信贷资产证券化试点有关事项的通知》,正式重启信贷资产证券化,首期信贷资产证券化额度为 500 亿元
		2012 年 8 月,银行间交易商协会正式发布《银行间债券市场非金融企业资产支持票据指引》,资产支持票据(ABN)正式诞生
		2013 年 3 月,证监会发布《证券公司资产证券化业务管理规定》,证券公司资产证券化业务由试点业务开始转为常规业务
		2013 年 7 月,国务院发布《关于金融支持经济结构调整和转型升级的指导意见》,明确要逐步推进信贷资产证券化常规化发展,盘活资金支持小微企业发展和经济结构调整

资料来源:依据相关网站整理。

经过多年的探索发展,我国资产证券化市场目前在参与主体范围、产品种类、基础资产范围、制度框架体系等方面都取得较大的进展(如表 8.3 所示)。我国资产证券化产品目前主要有三类:一是由银监会审批发起机构资质、人民银行主管发行的信贷资产支持证券(如表 8.4 所示);二是由中国银行间市场交易商协会主管的资产支持票据;三是由证监会主管、主要以专项资产管理计划为特殊目的载体的企业资产支持证券。其中,信贷资产支持证券规模最大,其次为企业资产支持证券,资产支持票据规模最小。截至 2014 年上半年,我国信贷资产支持证券余额为 960.07 亿元,占我国资产证券化存量的 74%;券商专项资产管理计划余额为 212.5 亿元,占比 16%;资产支持票据余额为 129.3 亿元,占比 10%。

表 8.3 我国资产证券化产品概况

产品	信贷资产支持证券	资产支持证券	资产支持票据
监管机构	人民银行、银监会	证监会	银行间交易商协会
业务类型	试点业务	常规业务	常规业务
审核制度	资格审批与产品备案结合	核准制	注册制
基础资产	银行信贷资产、由资产管理公司收购的银行不良贷款等	企业应收款、信贷资产、信托收益权、基础设施收益权等财产权利或商业物业等不动产财产或财产权利和财产的组合	符合法律法规规定,权属明确,能够产生可预测现金流的财产、财产权利或财产和财产权利的组合。基础资产不得附带抵押、质押等担保负担或其他权利限制

续表

特别目的载体	特殊目的信托	专项资产管理计划	不用设立特别目的载体
发起人	银行业金融机构（商业银行、政策性银行、邮政储蓄银行、财务公司、信用社、汽车金融公司、金融资产管理公司等）	金融机构、非金融企业	非金融企业
信用评级	双评级，鼓励采用投资者付费模式评级；定向发行则与投资者协商	不强制双评级	双评级，鼓励采用投资者付费模式评级；定向发行则与投资者协商
交易场所	可选择跨市场发行	证券交易所、证券业协会机构间报价与转让系统、柜台市场	银行间债券市场
登记托管机构	中央国债登记结算有限责任公司	中国证券登记结算有限责任公司	上海清算所

表8.4　　　　　　　　　　我国商业银行已发行的信贷资产证券化产品

发起机构	基础资产	发行时间	发行规模（亿元）
中国建设银行	个人住房抵押贷款	2005-12-15	30.18
国家开发银行	企业贷款（正常类、关注类）	2005-12-15	41.78
国家开发银行	企业贷款（正常类、关注类）	2006-4-25	57.30
浦东发展银行	企业贷款（正常类）	2007-9-11	43.83
中国工商银行	企业贷款（正常类）	2007-10-10	40.21
中国建设银行	个人住房抵押贷款	2007-12-11	41.60
兴业银行	企业贷款（正常类）	2007-12-13	52.43
中国建设银行	不良贷款	2008-1-24	27.65
中国工商银行	企业贷款（正常类）	2008-3-27	80.11
国家开发银行	企业贷款（正常类、关注类）	2008-4-28	37.66
中信银行	企业贷款（正常类）	2008-10-8	40.77
招商银行	企业贷款（正常类）	2008-10-28	40.92
浙商银行	中小企业贷款（正常类）	2008-11-12	6.96

资料来源：IFinD，国泰君安证券研究所，编者整理。

8.1.3　中美资产证券化的比较

鉴于美国在全球资产证券化方面的领头羊作用，通过对比中国与美国的差异，借鉴美国市场成熟的经验，或对我国未来资产证券化的发展具有积极的参考价值。下面主要从运作模式、发展方式、制度安排、产品设计和市场交易等方面进行简单的对比分析。

1. 运作模式

我国资产证券化与美国一致，均采取表外业务模式，运作流程也大致相同。目前国际上信贷资产证券化的模式以三个国家为代表，如表8.5所示。

表8.5　　　　　　　　　　　资产证券化模式的比较

运作模式	代表国家	运作流程	比较分析
表外业务模式	美国	在银行外部设立特别目的载体，用以收购银行资产，实现资产的真实出售	表内融资模式重在解决银行流动性问题，表外融资模式则重在改善银行监管指标
表内业务模式	德国	在银行内部设立特定机构运作证券化业务，资产所有权仍归属银行，保留在资产负债表中	

续表

运作模式	代表国家	运作流程	比较分析
准表外模式	澳大利亚	上述两种模式的结合类型；由原权益人成立全资或控股子公司作为特别目的载体，子公司通过购买母公司或其他公司资产组建资产池发行证券	表内融资模式重在解决银行流动性问题，表外融资模式则重在改善银行监管指标

　　虽然在探索阶段，我国对这三种模式均有所尝试，但官方及大多数学者都认为我国应采取美国模式（表外模式）。从 2005 年启动商业银行信贷资产证券化至今，我国只采取过表外业务这一单一模式，在运作流程上也与美国大致相同。但中美在特别目的载体的组织结构和对资产的处理上存在着一定的差异。受托机构以特别目的载体为标准形态，又可细分为特殊目的公司（SPC）和特殊目的信托（SPT）。前者的核心是基础资产"出售"给受托机构，后者的关键是基础资产被"信托"给受托机构，二者都实现了所有权的转移和风险的隔离，是实质上的"真实出售"。美国同时采取 SPC 和 SPT 两种形式，中国因受现行《公司法》和会计税收制度限制，暂时只能采取 SPT 形式，且几乎完全复制美国的模式（如表 8.6 所示）。现行 SPT 模式只适用于简单资产证券化，在发展更高级阶段必然会出现对不同种类来源的资产合并、更复杂的现金流分拆、合成化和再证券化产品的需求，只能依靠 SPC 或对现行 SPT 的运作模式进行调整来实现，这仍需要我国相关法律的进一步完善。

表 8.6　　　　　　　　　　　　　中美特别目的载体（SPV）模式比较

地区	类型	优点	缺点
中国香港	SPC	独立实体，可灵活发行多种证券，可以通过扩大资产池规模降低初始发行费用	运作成本高；法律监管严，一般需要纳税
美国、中国港台	SPC/SPT	二者模式可择优选择	容易引发不同模式间的套利行为
中国大陆	SPT	成本低，手续简单；信托形式有天然避税优势	发行证券种类受限制

资料来源：国泰君安证券研究所。

2. 发展方式

　　中美资产证券化的发展路径正好相反，美国遵循先发展后管制，中国实施先管制后发展。美国的资产证券化是在金融机构自发创新和政府的推动下发展起来的，政府不仅未设限制反而提供便利，例如机构 MBS 的国家信用担保，陆续出台的减免税收和简化监管的法律，直到金融危机后才明确对贷款信用审查和资产支持证券自持比例提出限制要求，但总体监管环境仍宽松。美国资产证券化的发展路径如图 8.4 所示。中国从发展之初就制定了大量配套的法律法规，分阶段试点、参与机构审批制、发行额度限制等措施意味着国家完全控制着资产证券化的路径和节奏。中美在发展方式上不具有可比性，金融完全自由化的粗放模式不适用于发展中国家金融市场的客观条件，中国渐进式的在政府指导下的发展方针在防范风险上有其优越性。

3. 制度安排

　　依据资产证券化过程，主要在资产转让、特别目的载体设立和证券发行三方面存在法律环境约束。美国法律体系健全，在资产证券化之前就有以《证券法》为基础的完善的证券市场法律体系。信贷资产证券化的发展过程中，政府又相继出台了《抵押证券税收法案》、《证券投资者保护法》、《证券化房地产投资信托法》、《金融资产证券化投资信托法》和《金融机构改革复兴和强化法案》等一系列法律并对旧有法律进行修订,为资产证券化的发展提供了必要规范和简化推动。中国在明确风险隔离和信息披露标准、简化特别目的载体设立和证券发行条件、改善信用评级、增级体系以及放开投资者限制等相关法律上仍有较大差距,2005 年后密集出台的资产证券化的相关法规仍需实践完善。同时美国税收优惠体制比较成熟,资产证券化之初,美国税法规定,信托型特别目的载体只要符合一定的条件不用纳税,由所有人纳税。后美国政府陆续通过《1986 年税收改革法》创设了住房抵押投资载体(REMIC),通过《1996 年小企业就业保护法》创设了金融资产证券化投资信托(FASIT),这两种专门的证券化交易载体安排适用任何性质的特别目的载体和资产证券化操作,真正豁免了特别目的的载体层次上的所得税;在资产的转入、转出的税收设计上也避免向特别目的载体转移资产时的重复征税。我国直接规定资产证券化相关税收政策的文件只有财政部、国家税务总局联合发布的《关于信贷资产证券化有关税收政策问题的通知》,相关税收制度缺陷有待进一步完善。

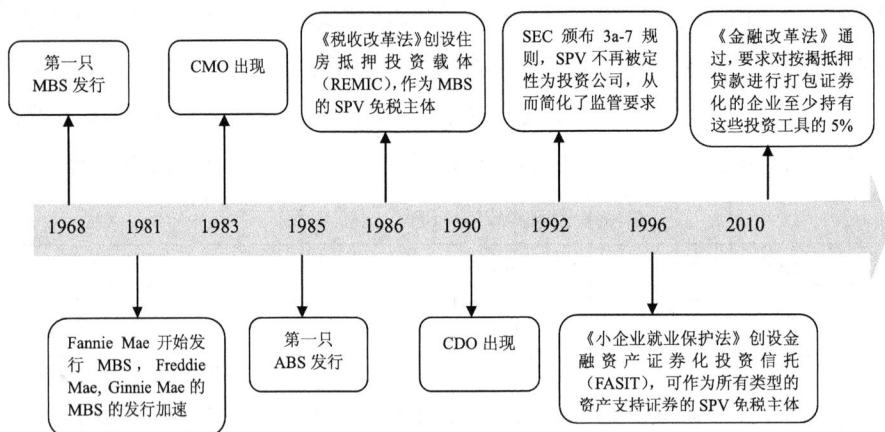

图 8.4　美国资产证券化的发展路径

4. 产品设计

中美两国资产证券化在资产池品种结构、资产池品种数量方面存在着不同。在资产池品种结构方面,美国 80%以上是住房抵押贷款,ABS 中也以个人消费贷款为主;中国 80%以上是公司贷款,仅建行曾发行以个人按揭贷款为基础资产的证券化产品。在资产池品种数量方面,美国资产池品种多样,1985—1992 年间发行了超过 20 个不同基础资产品种的 ABS;中国的资产池则比较单一,贷款以大类为主,缺少细分。除市场发育度的原因外,美国和中国信贷资产池的不同还受两个因素影响,即不良分布结构和信贷分类结构影响。在不良分布结构方面,住房按揭贷款在中国属于优质资产,美国在经历了房产泡沫破灭及对不良贷款的整顿清理后,住房按揭贷款的拖欠率在 2011 年末仍高达 7.58%,我国银行机构缺乏将其信贷化以分散风险的动力。在信贷分类结构方面,主要受不同消费观念影响,房地产相关贷款占美国全部贷款 50%,公司贷款(除房地产)仅占 20%;而中国公司贷款(除房地产)占比为 58%,房地产相关贷款占 20%,与美国正好相反。同时,我国个人消费和按揭贷款的高提前偿还性也制约了证券化的可行性和投资者的积极性。

在资产质量方面,美国资产支持证券一半以上属投机级别(BB 级及以下),而中国已发行的有评级产品均在投资级别以上（BBB 级及以上）。这主要有三方面原因：一是我国尚在试点阶段，大多数银行都不惜拿优质贷款（几乎全部是正常类，仅国开行有部分关注类贷款）进行资产证券化尝试，资产池质量较高；二是证券设计级别较高，目前只有优先级的产品在全国银行间债券市场上市流通，最先吸收损失的次级档一般由发起人自行持有或包销给特定机构客户，这也使得虽然建行在 2008 年发行了以不良贷款为基础的资产支持证券，优先档仍获得了 AAA 评级；三是评级制度不完善，国际长期信用评级标准比国内更为严格，且国内一般不对次级档资产支持证券给予评级。

在衍生产品方面，美国资产证券化衍生产品发达，但在我国仍属禁区。衍生品主要包括通过信用互换（表内转移）而非贷款资产实质转让（表外转移）来转让信用风险的合成证券化产品和以 MBS 和 ABS 的现金流为抵押品而发行的再证券化产品。我国仍严格禁止合成证券化和资产支持证券的再证券化。

5. 市场交易

一方面中国资产支持证券市场规模远小于美国发展初期水平，另一方面中国资产支持证券二级市场流动性严重不足。我国银行信贷资产支持证券在银行间债券市场上交易频率和交易规模都相对较弱，且沪深交易所和银行间债券市场相互分割。商业银行作为信贷资产证券化产品的主要投资者只能在银行间市场交易，因而导致银行类资产支持证券被银行间市场垄断。这意味着银行间相互持有资产支持证券，一旦基础资产出现违约，将对银行体系造成一定的冲击。同时，不同于美联储，中国央行公开市场操作工具不包括资产支持证券，且中国目前所有资产支持证券不由政府担保，不能成为公开市场操作工具。

未来我国资产证券化的发展除在制度上进一步完善外，还要进一步丰富资产池，扩大发行规模和发行者范围，提高金融机构的参与度，理顺制度安排。并在此基础上，逐步放松创新管制，转变运作模式并对资产支持证券赋予调控功能，使得资产证券化市场成为我国固定收益市场的一个重要组成部分。

8.2 | 住房抵押贷款支持债券

8.2.1 住房抵押贷款的特征分析

住房抵押贷款支持证券（MBS）是资产证券化中最早也是最重要的一种。MBS 的生成依赖于三个基本条件：一是住房抵押贷款规模巨大，这是证券化的基础；二是商业银行希望通过证券化以获得额外的资金来源，并获得可观的服务费；三是中介机构发行的 MBS 能够被投资者接受。本节就第一个条件展开论述，即住房抵押贷款规模如何变得巨大，从而生成证券化的基础。

一般情况下，住房抵押贷款有以下特征。

（1）单笔贷款规模不大。由于住房抵押贷款的申请者为消费者个人，因此每笔贷款的规模相对较小。住房抵押贷款相对于商业银行其他类别的贷款而言，单笔贷款规模比较小。

（2）贷款周期相对较长。住房贷款的期限一般最长可达 30 年。美国已经有跨代的住房贷款，期限超过 30 年。此外，我国的住房贷款还往往参考贷款人退休前的年限来作为贷款最长期限的依据。

（3）贷款的抵押性。住房贷款的周期长，故发生风险的可能性也就大，因此商业银行从事住房贷款一般都以住房为抵押品，相当于为住房贷款提供了超额抵押。同时住房具有抵御通货膨胀的功能，具有保值增值的空间，因此，商业银行从事住房抵押贷款，风险并不是很高。当然，如果房地产市场存在着严重的投机，且商业银行等机构不能很好地分析住房贷款的偿还前景，其贷款损失也是不可避免的。比如美国 2008 年次贷危机爆发的根源就在于市场一致预期未来房地产市场价格上涨，住房贷款机构将资金贷给信用较低的购买者，当房价下跌时，导致贷款损失，并引致了以这些住房抵押贷款为基础创设的结构化证券产品的流动性危机。

8.2.2　住房抵押贷款品种的创新

1. 传统固定利率贷款

住房抵押贷款一直是固定利率贷款，偿还期固定，贷款本息按月偿还。这种固定利率抵押贷款现在也是最为普遍的。固定利率贷款的利率一般随经济周期的变化而变化，而期限则根据抵押的不动产的情况有所差异。我国住房抵押贷款的商业贷款期限通常为 30 年，而公积金贷款一般为 15～20 年。抵押贷款利率也称为抵押利率（Mortgage Rate）或合约利率（Contract Rate）。一份抵押借款合约通常包括贷款金额、抵押资产的有关界定、贷款期限、还款方式、利率等。这种传统固定利率抵押贷款（Fixed Rate Mortgage，FRM）的最常见还款方式有两种，即等额本金和等额本息。在投资者未提前偿还贷款和不存在违约的前提下，商业银行等资金贷出机构是可以比较容易计算出未来每月的本息偿还额的。

FRM 可以让借款人预先知道借款的成本和每月偿还的数额，便于他们安排财务支出计划；同时对借款人而言，在对他们有利的市场情况下可以提前清偿贷款余额。但 FRM 也存在不足之处，比如在市场利率较高和较低时发放的抵押贷款对商业银行的收益会产生非常大的差别。例如，在利率较低时发放住房抵押贷款，由于贷款期限较长，当利率上升时，对商业银行不利；而若在高利率时发放住房抵押贷款，当市场利率下降时，则对借款人不利。虽然可能存在提前偿还贷款，但受制于借款人的经济承受能力。

2. 可调整利率抵押贷款

可调整利率抵押贷款（Adjustable Rate Mortgage，ARM）是把贷款利率与市场实际利率挂钩，根据市场利率、通货膨胀率以及其他因素的变动进行适时调整。可调整利率抵押贷款首次出现于 20 世纪 90 年代初期，当时市场利率迅速攀升且波动幅度较大。我国目前的住房抵押贷款大部分属于这一种，通常每年的第一个月份按新的市场利率调整贷款利率水平，并重新计算还本付息金额。

具体而言，ARM 分为无限制的和有限制的两类。无限制 ARM，利率风险完全由银行转移到借款人身上，因为此时银行的存贷利率都随着市场利率而随时调整变动，利差保持相对稳定，贷款的市场价值不会因为市场利率的变动而发生增减。同时由于贷款利率根据市场随时调整，银行在设置初始还款额时不需要考虑通胀预期，这使得 ARM 的初始还款额往往大幅低于 FRM，极大地降低了借款人进入门槛。而有限制的 ARM 通常有诸多的限制条款，通常包括以下方面。①调整期。借贷双方可约定半年、一年、三年、五年的频率调整，调整期越长，银行承担的利率风险越大；②利率调整的顶和底。通常既有每次调整的顶和底，也有整个贷款期的顶和底。顶越小，银行利率风险越大。③支付额的顶和底。每期还款额的调整根据上次还款额的一定百分比进行限制。顶越小，银行利率风险越大。④负摊销。即当市场利率上升时，允许借款人在一定范围内保持以前较低的还款额，并将当期未偿还的利息和本金累积成新的本金，在以后偿还。累积额越高，则违约风险越大。由于 ARM 的利率可调整，相对灵活，一些金融机构滥用这种贷款形式，比如在早期先压低贷款利率吸引客户，而后根据可调条款，再调高利率，使得借款人在信息不对称的条件下还款压力增加。但未来随着制度的完善，该类贷款可能在市场中仍然会处于重要位置。

3. 渐进偿还抵押贷款

渐进偿还抵押贷款（Graduated Payment Mortgage，GPM）与 FRM 相比的一个显著特点在于，在增长期的还款额减少，一般最初几年低于标准 FRM 的每期还款额，甚至可能出现偿还的金额比当期利息还低，但在增长阶段内，每年的还款额会按一定比例增长，增长期结束后再保持不变，直到还清全部贷款。因此，从本质上讲，GPM 属于 FRM 的一种，因为其利率在整个贷款期间是固定的，但每期的还款额随着时间的推进而前低后高。

4. 逆向年金抵押贷款

逆向年金抵押贷款（Reverse Annuity Mortgage，RAM）是专门针对退休的借款人设计的。其基本原理是，借款人以自己拥有的住房作为担保或抵押，以逐步减少自己在房屋中的权益为代价，由贷款人依据房屋价值的一定比例发放贷款。发放的过程是每月支付一定数额（可以是固定不变的，也可以根据实际经济环境递增），即借款人不但不需要向贷款人还款，相反可以从贷款人那里获得现金。至贷款终止后，由借款人一次性偿还本金和利息，通常借款人会用卖掉房产的收入偿还贷款。但为了避免借款人卖掉房产后无法生存，RAM 采取了一种寿命贷款的形式，即贷款期限一直到借款人逝世为止，之后再卖掉借款人的房产。在美国这种抵押贷款相对比较普遍。

5. 价格水平调整抵押贷款

价格水平调整抵押贷款（Price Level Adjusted Mortgage，PLAM）是一种介于固定利率贷款和可调整利率贷款之间的产品。其具体操作机制如下。首先由银行确定第一年的初始利率水平，然后在年度末计算贷款余额，再根据这一年的价格指数调整贷款余额，最后根据调整后的贷款余额，按照原来的初始利率确定第二年的每月还款额，以后年度按此类推。这样计算出的每月还款额基本与依据初始利率加上 CPI 增长率得到的利率的计算结果一致。

6. 增值共享型抵押贷款

与 PLAM 类似，增值共享型抵押贷款（Shared Appreciation Mortgage，SAM）是 20 世纪 90 年代初期较高通货膨胀率阶段的一种创新业务形式。当时由于通货膨胀率较高，普通人购房非常困难，发放贷款的金融机构也面临着较高的利率风险，在这种背景下增值共享型的抵押贷款就出现了。该类型的抵押贷款在贷款初期设定一个较低的利率，并按照标准 GPM 的模式支付，但要求借款人在贷款到期或房屋增值后出售时必须与贷款人分享房屋的增值部分。初期的增值共享型抵押贷款，利率一般为当时普通抵押贷款利率的三分之一，同时贷款人也有权分享房屋增值部分的三分之一。对于借款人而言，增值共享型抵押贷款的利率较低，有利于满足其购房需求；而对于贷款人则既能保证一定水平的利息收入，还拥有分享房屋增值的权利。但由于受市场利率走势、通货膨胀率变化的趋势制约及房屋增值部分的核算确认等问题，在对该类贷款进行证券化时，相比传统的抵押贷款情况比较复杂。

SAM 与 PLAM、ARM 和 GPM 不同的是，其应对通货膨胀的调整不是在每个年度逐渐进行的，而是在事先规定的时间点一次补偿。同时，SAM 的最大特点是基于特定住房财产的价值确定收益，而不像 PLAM 那样根据一般的通货膨胀率进行调整，也不像 ARM 那样根据市场利率进行调整。

7. 质押存款账户抵押贷款

质押存款账户抵押贷款（Pledged Account Mortgage，PAM）的设计使借款人能够保持 GPM 的模式，同时从银行的角度又保持传统的标准固定利率贷款 GPM 模式。具体操作如下。在传统的 GPM 下，借款人购房要交 20%的首付款，剩余 80%从银行贷款。在 PAM 下，借款人可以把首付款的一部分（比如 75%）存入银行，再向银行借入占整个房款 95%的贷款。这就相当于该笔贷款不仅由抵押的房产来担保，而且由质押的存款账户来担保。未来的每期还款来源由三部分组成，即借款人支付、存款利息和存款本金的减少，三部分之和正好等于 GPM 下的每期固定支付额。借款人最初的支付是远低于 GPM 固定支付的，随着存款账户本金的消耗，后两者在还款额中的比例逐渐降低，而借款人自己需要支付的比例逐渐增加，直到存款账户支付完毕，借款人的支付恢复为标准的固定利率抵押贷款的支付。

在整个过程中，银行收到的是与标准固定利率贷款相同的还款额，不存在负摊销的问题，因而违约风险下降。如果通货膨胀率或利率上升，那么该存款账户的利率也相应上升，从而至少在账户耗尽以前能够补偿银行的利率损失，在一定程度上转移了利率风险。从借款人的角度看，贷款门槛因此降低了，而存款账户额度本来也是要用于首付的，因而不存在机会成本的损失问题。

8. 买低贷款

买低贷款（Buydown Loans）与 PAM 相反，是由房屋的出售方出资建立类似质押账户一样的账户。其目的是向贷款人购买未来一定时段较低的适用利率。例如 3-2-1 的利率买低方式，意思是，在贷款第 1 年，这类贷款的利率比市场利率或约定的固定利率低 3%，第 2 年低 2%，第 3 年低 1%，以后按约定的贷款利率支付，而这期间的利息差额，实际上由开发商在支付。这种贷款模式的创新是基于投资者心理的一种改良，比起房地产开发商直接降价来达到售房目的的激励作用更大。因为若直接降价，虽然购房者成本下降，但这种好处将分摊到未来较长期限且不太明显，而采取集中在前几年给购房者降低成本更易引起购房者的冲动。

8.2.3 住房抵押贷款的现金流测算

住房抵押贷款的证券化前提是要对贷款未来的现金流进行估计测算，并以此为基础发行结构化固定收益产品。本书仅对传统的住房抵押贷款的现金流进行测算演示，而对于创新型的住房抵押贷款，无论创新条款设计多么复杂，一旦确定了未来现金流支付的时间点和对应的贷款利率，就能确定现金流的大小。

在传统的住房抵押贷款中，最常见的还款方式是等额分期付款，典型的两种是等额本金和等额本息还款方式。

等额本金的思想是贷款本金在贷款期限内每月等额偿还，而每月支付的利率由期初的本金余额来计算。在该种模式下，借款人每个月支付的本金额是一样的，但支付的利息金额不同。在开始的年份里支付的利息甚至高于每月偿还的本金，随着贷款本金余额的减少，借款人支付的利息也逐渐减少，每月支付的本息呈下降趋势。等额本息的思想则是借款人每个月偿付的本金利息和是一样的，首先依据贷款的本金计算出贷款期间总的贷款本金及利息和，除以贷款的期限计算出每个月借款人偿付的本金及利息。在这种模式下，每月支付的金额相等，但还款金额中的本金所占比重逐渐下降，而利息所占比重上升。

在第 2 章介绍年金的概念时，我们曾对等额本金和等额本息的概念做过简单的介绍，在这里我们详细举例讲解。

【例 8.1】小张欲购置一套房产，该房产目前交易价格为 75 万元。其自筹资金首付 25 万元，然而向银行贷款 50 万元，贷款利率为 6%，贷款期限为 30 年，按月偿付。双方约定每年年初按市场利率调整贷款利率。现在银行让他选择等额本金或等额本息的还款计划，请你测算并比较一下两种还款计划下小张每月的还款本息额及本金和利息构成。

解答：

依据等额本金和等额本息的思想，小张每月的还款金额计算过程和结果如表 8.7 和表 8.8 所示。

表 8.7　　　　　　　　　　小张等额本金还款计划中每月支付的本息及构成

（单位：元）

月	月初本金余额①	月付款额②	利息③	本金④	月末本金余额⑤
1	500 000.00	3 888.89	2 500.00	1 388.89	498 611.11
2	498 611.11	3 881.94	2 493.06	1 388.89	497 222.22
3	497 222.22	3 875.00	2 486.11	1 388.89	495 833.33
4	495 833.33	3 868.06	2 479.17	1 388.89	494 444.44
⋮	⋮	⋮	⋮	⋮	⋮
70	404 166.67	3 409.72	2 020.83	1 388.89	402 777.78
71	402 777.78	3 402.78	2 013.89	1 388.89	401 388.89
72	401 388.89	3 395.83	2 006.94	1 388.89	400 000.00
⋮	⋮	⋮	⋮	⋮	⋮
358	4 166.67	1 409.72	20.83	1 388.89	2777.78
359	2 777.78	1 402.78	13.89	1 388.89	1 388.89
360	1 388.89	1 395.83	6.94	1 388.89	0.00
总计		951 250.00	451 250.00	500 000.00	

在表 8.7 中，各个单元格的计算过程如下。

每月支付的本金在贷款期间相等，对应表中本金④＝500 000／(30×12)＝1 388.89 （元）

每月支付的利息③＝月初本金余额①×6%/12

月付款额②＝利息③＋本金④

月末本金余额⑤=月初本金余额①－当月支付的本金④

月初本金余额①=上月月末本金余额⑤

表8.8 小张等额本息还款计划中每月支付的本息及构成

（单位：元）

月	月初本金余额①	月付款额②	利息③	本金④	月末本金余额⑤
1	500 000.00	2 997.75	2 500.00	497.75	499 502.25
2	499 502.25	2 997.75	2 497.51	500.24	499 002.01
3	499 002.01	2 997.75	2 495.01	502.74	498 499.26
4	498 499.26	2 997.75	2 492.50	505.26	497 994.01
:	:	:	:	:	:
70	459 106.97	2 997.75	2 295.53	702.22	458 404.75
71	458 404.75	2 997.75	2 292.02	705.73	457 699.02
72	457 699.02	2 997.75	2 288.50	709.26	456 989.77
:	:	:	:	:	:
358	8 904.069 2	2 997.75	44.52	2 953.23	5 950.84
359	5 950.836 9	2 997.75	29.75	2 968.00	2 982.84
360	2 982.838 4	2 997.75	14.91	2 982.84	0.00
总计		1 079 190.95	579 190.95	500 000.00	

在表8.8中，各个单元格的计算过程如下。

由于为等额本息，借款人每月支付的金额相同，根据年金现值的计算规则，可以计算出每月支付的金额②，即

$$500\,000 = \sum_{t=1}^{360} \frac{A}{(1+r)^t} \Leftrightarrow 500\,000(1+r)^{360} = A \times \frac{(1+r)^T - 1}{r} \Rightarrow A = 2\,997.75（元）$$

每月支付的利息③=月初本金余额①×6%/12

每月支付的本金④=每月支付的金额②－利息③

月末本金余额⑤=月初本金余额①－当月支付的本金④

月初本金余额①=上月月末本金余额⑤

由表8.7和表8.8的计算结果可知，等额本金和等额本息两种不同的还款方式下每月的还款金额、还款额中利息和本金的构成、总的还款额是存在较大差异的，如图8.5所示。等额本息比较适合于那些经济收入水平刚开始不太高的借款者。在我国目前的抵押贷款协议中，金融机构一般都会给予贷款人一次变换还款方式的权利。

然而，在实际中，由于市场利率随时会发生变化，而且随着借款人收入的增加，提前偿还贷款的现象比较普遍。一旦借款者提前还款，将会影响到商业银行的预期未来现金流分布，这对商业银行的资产负债风险管理提出了一定的挑战。而若借款人的这笔贷款被出售用于资产证券化，同样也会给结构化的固定收益产品的风险管理带来影响。

8.2.4 住房抵押贷款的风险

住房抵押贷款的风险较多，除普遍的利率风险、信用风险、流动性风险外，最主要的风险就是

提前偿还风险，即借款人提前偿还部分或全部本息的可能性。借款人死亡或搬迁、市场利率发生变化导致借款人能够以更低的融资成本获得资金、借款人丧失劳动能力以抵押贷款还债等情景下，都可能发生借款人提前还款的行为。

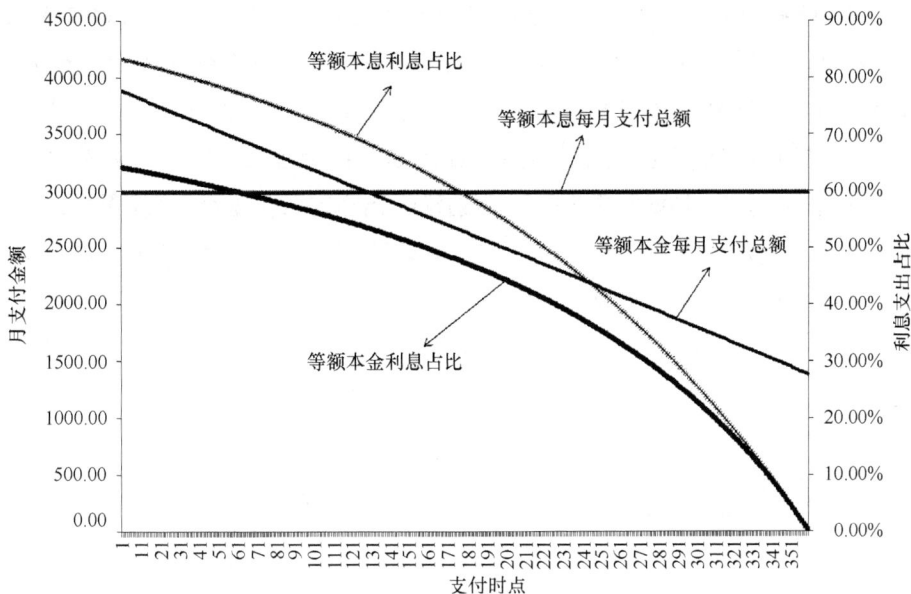

图 8.5　等额本金与等额本息的月支付金额与利息占支付金额比例变化趋势

一旦抵押贷款被提前偿还，将使抵押贷款的实际现金流与预期现金流出现偏差，这不利于贷款人的资产负债管理从而构成风险。1996 年以前，绝大部分抵押贷款对提前清偿没有罚金条款，即借款人可以按贷款余额提前还款，不需要支付额外的费用。1996 年，美国出现了设有提前清偿罚金条款的抵押贷款。其方式通常是规定了锁定期限（Lock-out Period），在这一期限内，借款人的还款总额不得超过某一额度，否则需要支付一定数量的罚金。罚金总额一般是以多少个月的利息额加以规定，如罚款 6 个月的利息。这种规定有助于减少抵押贷款现金流的不稳定性，降低抵押贷款的风险，从而变相延长借款期限。

在我国，各大商业银行对于住房抵押贷款的提前还款要求有一定的差异（见表 8.9），但程序上基本上相同，提供还款一般要注意以下几点。

一是提前还贷需要预约。首先，借款人若想提前还款，在签订借款合同时就要和银行签署补充协议，协议主要是用来更改借款额或者借款期限。其次，要办理提前还贷手续，银行一般要求借款人提前几天申请，银行接到借款人提前还贷申请后进行审批，这个过程短则 5~7 个工作日，长则十天半月甚至一个月。最后，各家银行对于提前还贷的要求也有所不同。比如有的银行规定是放款一年后才能提前还贷，有的银行规定提前还贷金额须是一万的整数倍，有的银行需要收取一定数额的违约金等。借款人拟提前还款应仔细核对各家银行的政策。

二是提前还贷限定次数。对于提前还贷，有的银行会限定借款人的提前还贷次数，比如规定一年只能还款三次等。因此借款人在贷款买房时应事先对各家银行的贷款服务、贷款品种及还款方式、还款手续等进行了解，只有这样才能在提前还贷时最大限度地保护自己的切身利益。

三是提前还贷利息计算。根据《合同法》相关规定，借款人提前偿还借款，除当事人另有约定的以外，应当按照实际借款的期间计算利息。所以借款人在选择提前还贷时，应按照实际借款期间向银行缴纳利息。比如 A 女士银行贷款期限为 20 年，已经还款了 5 年，现在她想提前还贷。A 女士每个月的还款日期为 15 日，她向银行预约提前还贷申请并通过批复后，银行通知 A 女士下个月的 20 日可以到银行办理提前还贷手续，同时交纳提前还款金额。那么在 A 女士尚未办理提前还贷手续这个阶段，即本月还款日 15 日至次月 20 日，她仍然需要向银行支付所产生的实际借款利息。

四是提前还贷后不要忘记退保。借款人提前还贷后银行会出具证明，借款人拿着银行开具的贷款结清证明到房产管理部门办理撤销抵押登记手续。提前偿还全部贷款后，原个人住房贷款的房屋保险合同也同时终止，借款人可携带保险单正本和提前还清贷款证明到保险公司退还未到期的保险费。需要注意的是如果购房者没有一次性付清所有贷款是不能要求退保的。不过，目前很多抵押贷款是免保险的。

提前还贷看似简单实则复杂。就其流程而言，借款人需携带身份证、借款合同等相关证件到所借款的银行提交提前还款申请表，并在柜台存入提前偿还的款项才能办理提前还款的相关手续。

表 8.9　　　　　　　　　　　　我国各大商业银行提前还款的规定政策对比

银行	预约时间	还款次数	还款金额	还款时间	扣款日期	收取违约金情况
中国银行	提前 30 天	次数未限制	每次至少一万元	预约批准后银行通知的时间，如有变动借款人需与银行及时联系	根据各支行情况有所不同，一般 18 日或 19 日	目前不收取
中国工商银行	提前 30 天	次数未限制	一万以上	①根据各支行情况有所不同，预约批准后银行通知的时间；②部分支行每周的周一、周三、周四办理	还款金额存储当日	目前不收取
中国建设银行	根据各支行情况有所不同，提前 5~10 个工作日或者 30 天不等	次数未限制	一万的整数倍	①根据各支行情况有所不同，电话通知；②每月的 15 日到 25 日还款	每月 25 日	目前不收取
中国农业银行	提前 30 天	次数未限制	一万的整数倍	预约批准后银行通知的时间，如有变动借款人需与银行及时联系	还款金额存储当日	目前不收取
浦发银行	提前一个星期	根据各支行情况有所不同，一年一次或者一年两次到四次	可一次性还完，也可提前预存	①根据各支行情况有所不同，电话通知；②每月的 15 日；③银行通知后提前预存金额	①根据各支行情况有所不同，每月 15 日；②还款金额存储当日；③提前存储还款金额，10 个工作日后扣除	目前不收取
招商银行	根据各支行情况有所不同，每周二、周四之前；或者每个月月底 25 日至 31 日	次数未限制	一万的倍数	根据各支行情况有所不同，每周二或者周四	还款金额存储当日	目前不收取
平安银行（原深圳发展银行）	提前一个星期；或者先存钱再另外预约时间；部分支行不用预约	次数未限制	一万以上	预约批准后银行通知的时间，如有变动借款人需与银行及时联系	还款金额存储当日或者次日	目前不收取

续表

银行	预约时间	还款次数	还款金额	还款时间	扣款日期	收取违约金情况
北京银行	根据各支行情况有所不同,提前5~10个工作日或者30天不等	次数未限制	①根据各支行情况有所不同,五万元以上或者贷款金额1%以上②一般是万的倍数	预约批准后银行通知的时间,如有变动借款人需与银行及时联系	还款金额存储当日	目前不收取
华夏银行	提前10个工作日或者30天	次数未限制	一万以上	①根据各支行情况有所不同,预约批准后银行通知的时间;②每月的月初	①还款金额存储当日或者三日之内;②每月的20日、21日	目前不收取
光大银行	提前10个工作日或者30天	次数未限制	根据各支行情况有所不同,一万元以上或五万以上不等	①根据各支行情况有所不同,周一至周五;②银行通知时间后提前预存金额	①还款金额存储当日或者次日;②银行通知后扣款	目前不收取
兴业银行	提前15天或者30天不等	根据各支行情况有所不同,一年两次或者三次不等,部分无还贷次数限制	根据各支行情况有所不同,一万元以上、两万元以上、五万元以上、十万元以上不等	根据各支行情况有所不同,或者每周三	每月的20日	目前不收取
民生银行	不用预约或者提前一天预约	次数未限制	一万的整数倍	根据借款合同约定还款日	根据借款合同或者提前存储还款金额,10个工作日后扣除	目前不收取
中信银行	提前30天	次数未限制	一万的倍数	一个月之内通知	①还款金额存储当日;②还款后三日或者一周	目前不收取
交通银行	根据各支行情况有所不同,提前1~3个星期不等	次数未限制	可一次性还完,也可提前预存	预约批准后银行通知的时间,如有变动借款人需与银行及时联系	还款金额存储当日	目前不收取
广发银行	不用预约	次数未限制	一万的整数倍	预约批准后银行通知的时间,如有变动借款人需与银行及时联系	还款金额存储当日	目前不收取

8.2.5 以住房抵押贷款为基础的结构化证券——过手证券

抵押贷款证券化市场是在引入抵押过手证券后才真正发展壮大起来的,住宅抵押贷款支持的过手证券,是以住房抵押贷款资产池为支撑所发行的证券。所谓的抵押过手证券,即发行人将抵押贷款汇集成一个为所发行证券提供担保的资产池,然后以此抵押贷款资产池为支撑,发行过手证券。开发并引入"过手证券"是基于多方面的因素:一是增加抵押贷款债权出售的信用,使购买者免受可能的损失;二是创造一种能自由买卖和自由转让的证券;三是创造一种不必花费过多的人力、精力逐笔审查贷款的证券。依据美国的税法,若过手证券是通过"授权人信托"形式的合法机构发行,那么发行者将不会被视为应纳税主体,贷款或抵押品由独立受托人掌管的信托财产管理,现金流收益权归属于为证券持有人服务的受托人所有。

在 20 世纪 70 年代末和 80 年代初，为增加抵押市场的流动性，美国国会发起建立了 3 家机构，即政府国民抵押协会（GNMA）、联邦国民抵押协会（FNMA）和联邦住宅贷款抵押公司（FHLMC）。它们主要从银行和储蓄机构购买住宅抵押贷款，帮助金融机构缓解流动性问题，若债务发行人违约，政府保证代为偿付。但这 3 家机构的作用和提供的担保性质各不相同。GNMA 通过规定抵押贷款标准，任何抵押贷款发起机构只要使用这些标准都可从 GNMA 购买一份履约担保书，然后可在贷款组合中发行经 GNMA 担保的过手证券，GNMA 因而获得担保费；而 FNMA 和 FHLMC 则是从抵押贷款发起人那里购买未保险或由私人保险的抵押贷款，并发行由自身担保的过手证券。另外，GNMA 和 FNMA 保证所有本金及利息按时偿还；而 FHLMC 担保利息按时偿还及本金的最终偿还，并不担保本金及时偿还。因此，在美国市场上有四种基本的过手证券，分别为 GNMA 过手证券、FNMA 过手证券、FHLMA 过手证券和私营机构发行的过手证券。在证券化的资产池方面，GNMA 的贷款池分别是美国联邦住房管理局（FHA）和退伍军人管理局（VA）提供保险的按揭贷款。FNMA 和 FHLMC 的贷款池主要是普通贷款，也包括一些美国联邦住房管理局和退伍军人管理局提供保险的按揭贷款。一般情况下，FNMA 和 FHLMC 的贷款池在规模上更大，在区域上更为分散。通常抵押贷款的发起者可以保留抵押贷款的服务权，或将服务权卖给其他机构。图 8.6 以 GNMA 为例对抵押贷款的过手证券设计流程进行演示。

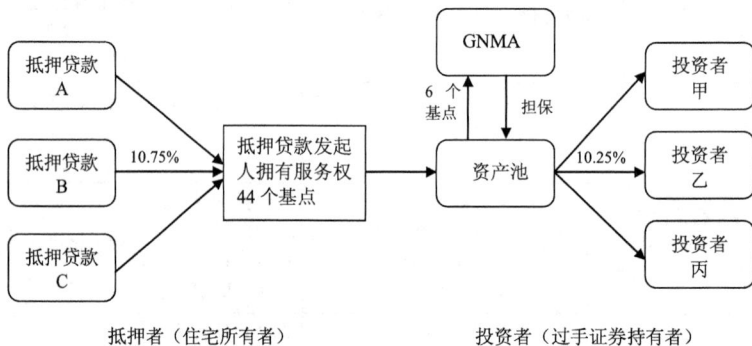

图 8.6　抵押贷款证券化的设计流程（过手证券）

过手证券的现金流取决于作为其发行基础的抵押贷款的现金流，但二者并不相等。因为抵押贷款的现金流需要在扣除了抵押贷款证券化业务的相关费用（如担保费、承销费用等）后，才能用于支付过手证券的投资人，如图 8.6 所示。同时，除了数额不同外，过手债券的现金流与抵押贷款现金流在时间上也存在差异，过手证券的投资者获得现金流的时间应在抵押贷款收到现金流之后，因而存在着一定的时滞。过手证券称之为"过手"，主要原因就在于基础贷款的本金和利息扣除掉相关费用后都将直接"转手支付"给投资人。

由于过手证券的现金流来源于前面对住房抵押贷款的现金流获取，每月偿还额取决于三个因素，即本金数额、偿还期、贷款利率。对于等额本金和等额本息的住房抵押贷款，在假设没有服务费的条件下，过手证券所获得的现金流量与借款人偿还的现金流量相等，若再假定没有贷款的提前偿还，则过手证券投资者每月获得的现金流都很容易准确地计算出来。

在实际进行抵押贷款证券化时，由于构成贷款池中的各笔贷款的偿还期、贷款利率、偿还的时点等都存在着一定的差异，因此对贷款组合或贷款池的现金流测算管理要比一笔贷款的现金流计算要复杂很多。为了计算一个贷款池的现金流量，一般有两种办法。一是对每种贷款的现金流量分别计算，然后加总；二是利用加权平均贷款利率（Weighted Average Coupon，WAC）作为贷款池的利率，用加权平均贷款期限作为贷款池的期限（weighted Average Maturity，WAM）。第一种方法的计算虽然较为准确但计算复杂，且在面临贷款提前偿还时更是较难预测估计，因此实务中通常用第二种方法。

贷款池加权平均贷款利率的计算为

$$WAC = \sum w_i c_i \tag{8.1}$$

其中，w_i 为第 i 笔贷款本金余额在贷款池中所占的比重；

c_i 为第 i 笔贷款的利率。

贷款池加权平均贷款偿还期的计算为

$$WAC = \sum w_i m_i \tag{8.2}$$

其中，w_i 为第 i 笔贷款本金余额在贷款池中所占的比重；

m_i 为第 i 笔贷款的偿还期。

当贷款池中各笔贷款的特征比较一致时，用加权平均的方法可以比较准确地估算出贷款的现金流量。但加权平均法会产生估计偏差，主要原因是贷款分期偿还额不是偿还期和利率的线性函数。由于贷款款龄和期限不同，每一笔贷款的利息与本金偿还比率也不相同。如果各笔贷款的利率、偿还期、款龄等差别较大，那么用加权平均求取贷款池的利率和偿还期的准确性就要下降。

只要能够准确地估计出贷款池的利率和偿还期，在不考虑服务费和贷款提前偿还等因素的条件下估计贷款池的现金流量，就相对比较容易了。

8.2.6 贷款本金提前偿还下现金流的测算

1. 提前偿付率的确定

贷款的提前偿还，是借款人的权利。提供住房抵押贷款的金融机构之所以给予借款人以提前偿还的选择权，是为了最大限度地满足借款人的需求，从而为贷款机构带来利益。本金的提前偿还，使得抵押贷款的平均偿还期下降，现金流量呈前高后低的趋势，这与过手证券存续期内相对稳定的现金流支出不匹配并由此产生风险缺口。为了对抵押贷款的现金流进行分析，就必须对提前偿付率进行估计。目前市场上基本估计方法有两种：一种是由美国公共证券协会提供的提前偿付基准（Prepayment Benchmark of Public Securities Association，PBPSA）；另一种是条件提前偿付率（Conditional Prepayment Rate，CPR）。我们先介绍 CPR。

CPR 即依据债券的基础抵押贷款资产的历史提前偿付率、当前及将来的经济状况、抵押资产池的特点等估计的提前偿付率。条件提前偿付率一般以年为时间单位，即年条件提前偿付率，并通过公式转化将其转换为单月提前偿付率。较换公式为

$$SMM = 1 - \sqrt[12]{1 - CPR} \tag{8.3}$$

其中，SMM 表示单月提前偿付率；CPR 表示年条件提前偿付率。

式（8.3）中年条件提前偿付率是 12 个月条件提前偿付的连续累积，因此开 12 次方进行换算。比如某贷款的年条件提前偿付率为 8%，则其单月提前偿付率为 0.692%，即单月的提前偿付额占贷款资产余额中减去当月计划清偿本金后的比例约为 0.692%。例如某过手债券的贷款池在第 10 个月月初时余额为 1 亿元，当月应偿付的本金额为 500 万元，且年条件提前偿付率为 8%，则当月的提前偿付额为

$$0.692\% \times (100\,000\,000 - 5\,000\,000) = 688\,540（元）$$

需要注意的是，提前偿付率是相对于剩余未偿还部分而言的，在计算当月提前偿付额时，应将当月的提前偿还本金剔除。这种计算提前偿付额的方法虽然相对简单，但在估计提前偿付额时，依赖于对年提前偿付率的估计以及提前偿付率的稳定性考虑。当各月提前偿付情况差异较大时，单一使用该方法就不太准确。而结合美国公共证券协会的提前偿还 PSA 模型，则使提前偿付的计算更加准确。PSA 模型综合了美国联邦住房管理局（FHA）的经验以及有条件提前偿还比率的方便性。以 30 年的住房抵押贷款为基础对提前偿付基准做出假定，第 1 个月的 CPR 为 0.2%，以后 30 个月内每月递增 0.2%，直到 CPR 为 6%，并保持 6% 的提前偿付率不变。那么 30 个月后，每个月的提前偿还率都是 6%。而这一标准被称为 100% PSA。具体而言：

当 $t < 30$ 时，$CPR = 6\% \times t / 30$；

当 $t \geqslant 30$ 时，$CPR = 6\%$。

这里 t 表示自抵押设立后的第 t 个月。需要注意的是，这里的 CPR 都是年化条件提前偿付率，在过手证券计算中，应将其转化为月提前偿付率。$x\%PSA$ 一般表示所估计的提前偿付比率为 PSA 基准的 $x\%$。

【例 8.2】按 PSA 基准，假定在 100% PSA 和 150% PSA 情况下，求第 6 个月、第 20 个月、第 31～360 个月的 SMM。假设第 1 个月的 CPR 为 0.2%，以后 30 个月内每月递增 0.2%，直到 CPR 为 6%，并保持 6% 的提前偿付率不变。

解答：

第一步，确定年提前偿还比率与月提前偿还比率的关系，即

$$SMM = 1 - \sqrt[12]{1 - CPR}$$

第二步，求在 100% PSA 情况下，各月份的 SMM。

第 6 个月，

$$CPR = 6\% \times 6 / 30 = 1.2\%$$

$$SMM_6 = 1 - \sqrt[12]{1 - 1.2\%} = 0.10\%$$

第 20 个月，

$$CPR = 6\% \times 20 / 30 = 4\%$$

$$SMM_{20} = 1 - \sqrt[12]{1 - 4\%} = 0.34\%$$

第 31 至 360 个月，

$$CPR = 6\%$$

$$SMM_{[31,360]} = 1 - \sqrt[12]{1-6\%} = 0.514\%$$

第三步，假定贷款池的提前偿付率为 150% PSA，则各月份的 SMM 为

$$SMM = 1 - \sqrt[12]{1 - CPR \times 150\%}$$

第 6 个月，

$$CPR = 6\% \times 6 / 30 = 1.2\%$$

$$SMM_6 = 1 - \sqrt[12]{1 - 1.2\% \times 1.5} = 0.15\%$$

第 20 个月，

$$CPR = 6\% \times 20 / 30 = 4\%$$

$$SMM_{20} = 1 - \sqrt[12]{1 - 4\% \times 1.5} = 0.514\%$$

第 31～360 个月，

$$CPR = 6\%$$

$$SMM_{[31,360]} = 1 - \sqrt[12]{1 - 6\% \times 1.5} = 0.78\%$$

值得注意的是，PSA 基准中使用的月份数字，是以贷款设立的时间为准，而不是以过手债券的发放时间为准。PSA 基准只是一种市场惯例，相对于对提前偿付的一种衡量尺度，仅用于对贷款池提前偿付率的估计，与现实的提前偿付情况可能会存在较大的偏差。

【例 8.3】假设年提前偿付率 CPR 为 6%，第 3 个月月初的余额为 3 亿美元。假定计划本金偿还额为 3000 万美元，请计算本月提前偿还额。

解答：

由于

$$SMM_3 = 1 - \sqrt[12]{1-6\%} = 0.514\ 3\%$$

因此，第 3 个月贷款提前偿还额为

$$0.514\ 3\% \times (300\ 000\ 000 - 30\ 000\ 000) = 1\ 388\ 610（美元）$$

2. 考虑提前偿付率下过手债券现金流的估计

对有提前偿付行为的过手债券现金流的估计，需要考虑债券的息票利率、期限、付息和还本方式、提前偿付率以及贷款的加权平均利率和加权平均期限等。

【例 8.4】有某 GNMA 转手证券，票面利率为 6%，期限为 30 年，期初余额为 100 万美元，请估计在 PSA 为 150%情况下转手证券的本金流量、利息流量和现金流量。假定贷款期初余额为 100 万美元，利率为 6%（月利率为 0.5%），贷款偿还期为 30 年（假设第 1 个月的 CPR 为 0.2%，以后 30个月内每月递增 0.2%，直到 CPR 为 6%，并保持 6%的提前偿付率不变）。

解答：

由于数据量很大，本书只把 150% PSA 的情况简要列表（表 8.10），其他情况省略。

表 8.10　　　　　　　150% PSA 下转手证券的本金、利息及现金流计算过程及结果

（单位：美元）

偿还月份	期初贷款本金①	月提前偿付率②	计划偿还额③	计划本金偿还额④	贷款利息⑤	本金提前偿还额⑥	期末本金金额⑦	本金收入⑧	现金流⑨
1	1 000 000.00	0.025 0%	5 995.51	995.51	5 000.00	250.10	998 754.40	1 245.60	6 245.60

偿还月份	期初贷款本金①	月提前偿付率②	计划偿还额③	计划本金偿还额④	贷款利息⑤	本金提前偿还额⑥	期末本金金额⑦	本金收入⑧	现金流⑨
2	998 754.40	0.050 1%	5 994.00	1 000.23	4 993.77	500.25	997 253.91	1 500.49	6 494.26
18	944 865.87	0.461 5%	5 766.54	1 042.21	4 724.33	4 356.10	939 467.55	5 398.31	10 122.64
19	939 467.55	0.487 9%	5 739.93	1 042.59	4 697.34	4 578.40	933 846.57	5 620.99	10 318.32
33	843 035.43	0.782 8%	5 234.78	1 019.60	4 215.18	6 591.65	835 424.18	7 611.25	11 826.43
34	835 424.18	0.782 8%	5 193.80	1 016.68	4 177.12	6 532.09	827 875.41	7 548.77	11 725.89
96	467 937.56	0.782 8%	3 190.55	850.86	2 339.69	3 656.55	463 430.14	4 507.41	6 847.10
97	463 430.14	0.782 8%	3 165.57	848.42	2 317.15	3 621.28	458 960.44	4 469.71	6 786.86
127	344 455.29	0.782 8%	2 500.67	778.39	1 722.28	2 690.45	340 986.45	3 468.84	5 191.11
128	340 986.45	0.782 8%	2 481.09	776.16	1 704.93	2 663.31	337 546.99	3 439.47	5 144.40
179	198 268.68	0.782 8%	1 661.76	670.42	991.34	1 546.88	196 051.38	2 217.30	3 208.64
180	196 051.38	0.782 8%	1 648.75	668.49	980.26	1 529.54	193 853.34	2 198.03	3 178.29
221	120 066.20	0.782 8%	1 194.57	594.24	600.33	935.28	118 536.67	1 529.52	2 129.85
222	118 536.67	0.782 8%	1 185.22	592.54	592.68	923.32	117 020.82	1 515.86	2 108.54
359	801.63	0.782 8%	403.82	399.81	4.01	3.15	398.67	402.96	406.97
360	398.67	0.782 8%	400.66	398.67	1.99	0.00	0.00	398.67	400.66

在表 8.10 中，各个单元格的计算过程如下。

月提前偿付率②，由式 $SMM = 1 - \sqrt[12]{1 - CPR \times 150\%}$ 计算得出，在偿还月份时点 1，$CPR = 0.2\%$，由于提前偿付率为 150% PSA，故第 1 个月 $SMM_1 = 1 - \sqrt[12]{1 - 0.2\% \times 150\%} = 0.025\,0\%$

计划偿还额③，由函数 PMT(Rate,Nper,PV,FV,Type) 计算得出。其中 Rate 表示贷款利率；Nper 表示该贷款的付款总数；PV 表示现值，或一系列未来付款的当前值的累积和，也称为本金；FV 表示未来值，或在最后一次付款后希望得到的现金余额，若省略 FV，则假设其值为零，也就是一笔贷款的未来值为零。Type 取值为 0 或 1，主要表示指定各期的付款时间是在期初还是期末，取 0 或默认值时，表示支付时间在期末。本例中，Rate 的取值为 0.5%（6%/12），Nper 的初始值为 360，FV 和 Type 均取值为零。以偿还月份 2 为例，计划偿还额为 PMT(0.5%,360 − 2 + 1, − 998 754.40,0,0) = 5 994.00（元）

计划本金偿还④=计划偿还额③-贷款利息⑤

贷款利息⑤=期初贷款本金①×6%/12

本金提前偿还额⑥=（期初贷款本金①-计划本金偿还额④）×月提前偿付率②

期末本金金额⑦=期初贷款本金①-计划本金偿还额④-本金提前偿还额⑥

本金收入⑧=计划本金偿还额④+本金提前偿还额⑥

现金流⑨=贷款利息⑤+本金收入⑧

详细计算过程可参照本书配套的相关 Excel 教学材料。

8.3

抵押担保债券

由于抵押贷款受到市场利率、通货膨胀、季节性因素、借款人收入状况、抵押贷款余款数额等影响，可能存在着借款人提前偿还导致的减期风险或借款人无力短期偿付与金融机构协商进行延期的问题。例如，若市场利率较低，表明市场经济环境不好，而由于市场缺乏较好的投资机会，借款人也一般倾向于提前归还贷款，缩短借款期限，对于金融机构而言这就构成了提前偿付风险；同时金融机构提前收回的款项由于缺乏较好的投资机会而使得再投资收益率不能高于预期，从而产生再投资风险。为了减少延期或减期风险的影响，并使债券的设计能满足不同风险偏好和风险承受能力的投资者的需求，结合抵押贷款延期或减期的特点，通过对抵押贷款池中资产现金流的重组，发行多个层级或组分的债券，并尽可能地使债券偿还所需要的现金流与资产池回收本息的现金流相匹配的创新产品就被开发出来了。这些以抵押贷款为基础的结构化的债券，一般称为抵押贷款担保债券（Collateralized Mortgaged Obligations,CMO），简称抵押担保债券，有时又称为"转手证券"。

抵押担保债券与过手债券的最大区别在于债券的还本付息方式。过手债券中，在扣除服务费后，从抵押贷款的借款人收回的本金和利息，每个投资者都按比例获得一份，直到全部的抵押贷款到期，即持有过手债券的投资者按比例平等获得本息支付；而在抵押担保债券中，债券被设置成不同的组分，还本付息时按照事先确定的优先级，按顺序偿还。所以 CMO 不是一个证券，而是一组证券，而且组中不同证券的优先权利不同，承担的风险和获得的收益亦不相同。

转手证券的创新是债券套利的基础，通过将一组（或一种）有特定投资特征的证券转换成另外一组（种）具有不同特征的证券，就可以获得套利的机会。像前面所讲的将附息债券剥离成不同期限的零息债券就属于简单的债券转手。典型的 CMO 一般为以下几种类型。

1. 按顺序偿付型 CMO

这类 CM0 是 1983 年创造出来的。按顺序偿付（Sequential Pay）的 CMO，即按事先规定的顺序逐步偿还不同层次债券的本金，但不同层级债券的利息则是按月支付，只是本金偿还的顺序有一定的优先级别。例如，CMO 结构中的债券共分为 A、B、C、D 四个组分，如表 8.11 所示，只有当 A 组债券的本金清偿完之后，B 组债券的本金才能开始清偿，然后才是 C 组、D 组。

表 8.11　　　　　　　　　　顺序偿付型 CMO 的组分构成

组分	金额	票面利率（%）
A	30 000 000	6
B	20 000 000	6
C	20 000 000	6
D	30 000 000	6
总计	100 000 000	

对于这类 CMO 产品，假设在结构化过程中不支付相关服务费用，则期初资产池的本金总额为 1 亿美元，抵押贷款的加权平均利率为 6%，按照 150%PSA 的提前偿付率假定，则不同组分现金流的偿还本金和利息随时间变化，如表 8.12 所示。由表 8.12 可知，由于对债券进行了结构化，组分 A 可以在第 53 个月清偿完全部的本金，而组分 B 和 C 完全清偿完本金则分别需要 89 个月和 140 个月，最后清偿的组分 D 与最后期限一致。这种按顺序偿还本金的设计，本身并没有减少或降低贷款的延期或减期风险，只是通过改变本金偿还的顺序而为投资者设计出可以按不同期限收回本金的债券。值得注意的是，在现实中，依据风险与收益对称的原理，本金偿还的顺序不同，意味着后偿还

表 8.12 150%PSA 下结构化 CMO 不同组分偿付现金流情况

（单位：美元）

债券发行时间	组分 A 余额	组分 A 总本金支付	组分 A 利息	组分 B 余额	组分 B 总本金支付	组分 B 利息	组分 C 余额	组分 C 总本金支付	组分 C 利息	组分 D 余额	组分 D 总本金支付	组分 D 利息	贷款池 计划本金	贷款池 提前支付额	贷款池 总本金支付	贷款池 SMM（%）	贷款池 付款额	贷款池 剩余总本金
1	30 000 000	124 560	150 000	20 000 000	0	100 000	20 000 000	0	100 000	30 000 000	0	150 000	99 551	25 010	124 560	0.025 0	599 551	100 000 000
2	29 875 440	150 049	149 377	20 000 000	0	100 000	20 000 000	0	100 000	30 000 000	0	150 000	100 023	50 025	150 049	0.050 1	599 400	99 875 440
3	29 725 391	175 502	148 627	20 000 000	0	100 000	20 000 000	0	100 000	30 000 000	0	150 000	100 473	75 029	175 502	0.075 3	599 100	99 725 391
50	2 181 292	661 407	10 906	20 000 000	0	100 000	20 000 000	0	100 000	30 000 000	0	150 000	97 102	564 305	661 407	0.782 8	458 008	72 181 292
51	1 519 885	655 953	7 599	20 000 000	0	100 000	20 000 000	0	100 000	30 000 000	0	150 000	96 824	559 130	655 953	0.782 8	454 423	71 519 885
52	863 932	650 543	4 320	20 000 000	0	100 000	20 000 000	0	100 000	30 000 000	0	150 000	96 546	553 997	650 543	0.782 8	450 866	70 863 932
53	213 389	213 389	1067	20 000 000	431 787	100 000	20 000 000	0	100 000	30 000 000	0	150 000	96 269	548 906	645 175	0.782 8	447 336	70 213 389
54	0	0	0	19 568 213	639 851	97 841	20 000 000	0	100 000	30 000 000	0	150 000	95 993	543 858	639 851	0.782 8	443 834	69 568 213
55	0	0	0	18 928 363	634 569	94 642	20 000 000	0	100 000	30 000 000	0	150 000	95 718	538 851	634 569	0.782 8	440 360	68 928 363
56	0	0	0	18 293 794	629 329	91 469	20 000 000	0	100 000	30 000 000	0	150 000	95 443	533 885	629 329	0.782 8	436 912	68 293 794
88	0	0	0	539 136	482 024	2 696	20 000 000	0	100 000	30 000 000	0	150 000	87 064	394 960	482 024	0.782 8	339 759	50 539 136
89	0	0	0	57 113	57 113	286	20 000 000	420 890	100 000	30 000 000	0	150 000	86 814	391 189	478 002	0.782 8	337 099	50 057 113
90	0	0	0	—	0	0	19 579 110	474 013	97 896	30 000 000	0	150 000	86 565	387 448	474 013	0.782 8	334 461	49 579 110
91	0	0	0	—	0	0	19 105 097	470 056	95 525	30 000 000	0	150 000	86 317	383 740	470 056	0.782 8	331 842	49 105 097
138	0	0	0	0	0	0	787 506	315 846	3 938	30 000 000	0	150 000	75 419	240 427	315 846	0.782 8	229 356	30 787 506
139	0	0	0	0	0	0	471 660	313 159	2 358	30 000 000	0	150 000	75 202	237 956	313 159	0.782 8	227 561	30 471 660
140	0	0	0	0	0	0	158 502	158 502	793	30 000 000	151991	150 000	74 987	235 506	310 493	0.782 8	225 779	30 158 502
141	0	0	0	0	0	0	0	0	0	29 848 009	307849	149 240	74 772	233 077	307 849	0.782 8	224 012	29 848 009
142	0	0	0	0	0	0	0	0	0	29 540 160	305226	147 701	74 557	230 669	305 226	0.782 8	222 258	29 540 160
143	0	0	0	0	0	0	0	0	0	29 234 933	302625	146 175	74 343	228 281	302 625	0.782 8	220 518	29 234 933
357	0	0	0	0	0	0	0	0	0	162 057	41165	810	40 212	954	41 165	0.782 8	41 022	162 057
358	0	0	0	0	0	0	0	0	0	120 891	40729	604	40 096	632	40 729	0.782 8	40 701	120 891
359	0	0	0	0	0	0	0	0	0	80 163	40296	401	39 981	315	40 296	0.782 8	40 382	80 163
360	0	0	0	0	0	0	0	0	0	39 867	39867	199	39 867	0	39 867	0.782 8	40 066	39 867

的组分对优先级别高的组分提供了超额抵押担保，因此优先级别越高，债券的利率应越低。同时，若提前偿付率不同，各组分的还本期限也可能不同。

2. 累积利息型 CMO

该类 CMO 产品通常是指在一组债券中，设置一个累积利息的组分，即该组分的利息是直到其他组分的本息全部清偿完毕后，才开始清偿这一组分的本金和利息。在顺序偿付 CMO 产品中，各组分的利息全部按时偿付，而累积利息 CMO 债券中至少有一个组分的利息是累积至其他组分完全清偿后才开始偿付的。这一组分暂时未偿付的利息，将作为偿付其他组分本金的资金。相对于顺序型 CMO，累积利息型 CMO 可以加速非累积组分的本金清偿，对于累积利息的组分一般称为 Z 档。对于考虑 Z 档的 CMO 产品本金和利息偿付变化，这里我们不再详细举例，具体的实现可参照本书的教辅材料。

3. 浮动利率型 CMO

浮动利率型抵押担保债券的主要特征是各组分的利率可能是不同的，且至少有一个组分的利率是浮动利率。常见的浮动利率型 CMO 产品设计一般将浮动利率和逆浮动利率组分结合起来，其中一个组分为浮动利率，另一个或多个组分为逆浮动利率。这样可以抵消浮动利率组分因利率波动影响而带来的风险，从而减少利率波动，且浮动利率和逆浮动利率特征的设计可以满足不同投资者对浮动利率债券的偏好。表 8.13 列示了含浮动利率组分的结构债券的一般设计。

表 8.13 含浮动利率组分的结构债券设计

组分	金额	票面利率
A	30 000 000	6%
B	20 000 000	1 个月期的 LIBOR + 0.50%
C	20 000 000	28.5% – 3×1 个月期的 LIBOR
D	30 000 000	6%
总计	100 000 000	

表 8.13 中浮动利率组分和逆浮动利率组分对浮动利率基准的敏感性是不同的。逆浮动利率的息票杠杆率为 3 倍，高于浮动利率的杠杆率。在设计中并不一定要求浮动利率组分与逆浮动利率组分的杠杆率相等，主要原因在于组分的金额不同，同时偿付顺序也不同。因此发行时，发行者根据投资者需要决定息票杠杆率。为避免逆浮动利率组分出现票面利率负值的出现，发行人会为逆浮动利率组分的票面利率设定一个最低限额或下限，在许多结构中，下限被定为零。当然，浮动利率组分也设定了最高限额或上限。

4. 计划分期偿还型 CMO

计划分期偿还类债券（Planned Amortization Class，PAC）的设计中，一些组分是按计划偿还本金的，因而其本金偿还的可行性得以增强；另一些组分则是作为这些组分的支持，以吸收抵押贷款的延期和减期风险，由于这些支持组分同时面临延期和减期风险，所以又称为双边提前偿付保护组分。推出这一类结构化产品的初衷是为了进一步减少提前偿付风险。在该类结构化产品设计中，非 PAC 类别债券被称为支持债券或伴侣债券，这类债券吸纳了提前偿付风险。

　　计划分期偿还类债券保证了只要提前偿付率维持在一定幅度内便可安排固定现金支付，即只要提前还款维持在指定范围内，现金支付的不确定性便可能完全消除。表 8.14 为含有一组 PAC 债券和一组支持债券的 CMO 结构设计。

表 8.14　　　　　　　　　　　　计划分期偿还类债券的 CMO 结构设计

档	面额	票面利率%
P（PAC）	243 800 000	7.5
S（支持档）	156 200 000	7.5
总计	400 000 000	

5. 创造剥离证券

　　剥离证券（Stripped Mortgage-backed Securities）是 1986 年最先由 Fannie Mae 创造出来的。不同于过手证券将抵押贷款池所产生的现金流按投资比例的大小转移到过手证券的投资者手中，剥离证券的现金流量不是按比例进行转移，而是按照一个特殊的结构分配。在价格与到期收益率之间的关系方面，某些剥离证券与其标的资产有着较大差别。

　　第一代剥离证券是复合票面利率的过手证券。票面利率的复合特征体现在利息与本金不是均等配置的，有的过手证券票面利率高，而有的过手证券票面利率低。在设有仅息组分的抵押贷款担保债券中，至少有一个组分的利率与债券的息票利率不同。而仅息组分的名义本金量，就是以利率差而导致的利息差额为基础，运用名义利率换算成的名义本金量，这部分名义本金量不会发生实际的本金偿还或支付。假设抵押贷款的平均收益率为 8%，其余组分的息票利率如表 8.15 所示。由于 A、B、C 组分的票面利率均低于 8%，在抵押贷款不违约的情况下，会形成一部分剩余的未来利息收入，为了充分利用这部分剩余，可以增设一个仅息组分，其额度取决于息票债券的息票利率与其他组分债券的利率之间的差异所导致的利息差额。

表 8.15　　　　　　　　　　　　含仅息组分的 CMO

组分	金额	票面利率（%）
A	30 000 000	5
B	40 000 000	6
C	30 000 000	7
IO	2 000 000（名义）	8
不含仅息组分总计	100 000 000	

　　表 8.15 中仅息债券名义本金量为 30 000 000×（8%-5%）+40 000 000×（8%-6%）+30 000 000×（8%-7%）=2 000 000（元）。由于仅息组分的本金仅是用于计算利息的名义上的本金，所以不存在偿付的问题。但仅息组分的名义本金量会随着其他组分的偿还以及各组分加权平均利率的变化而变化，在偿还完 A、B、C 三个组分的本金和利息后，剩余的现金流就可以用于偿还仅息组分的利息。在实务中，某些结构债券的仅息组分，可能只以某一个其他组分为基础，而不一定以所有的优先组分的利息差为基础，但原理基本相同。

　　第二代剥离证券也是目前最为流行的剥离证券，是利息证券（Interest-Only，IO）和本金证券（Principal-Only，PO）。该类证券于 1987 年被创造出来，本质上是第一代剥离证券的特例，前者构成了仅息抵押贷款剥离债券（Interest-only Mortgage Strips），后者称为仅本抵押贷款剥离债券（Principal-only Mortgage Strips）。仅息债券获得抵押担保贷款产生的全部利息，而仅本债券则获得抵押贷款的全部本金偿还额。由于抵押贷款池的本金是确定的，但利息总额随借款人的偿还速度而变化，因此，PO 投资者所能得到的偿付总额是固定的，等于抵押贷款池的本金，但 IO 的受偿总额却是不确定的。

（1）IO 债券。

IO 债券只能收到利息，不存在本金清偿问题，该类债券也没有面值，但所获利息的金额与本金的余额相关，因此 IO 债券面临的一个极大问题就是抵押贷款提前偿还的风险。本金提前偿还的速度越快，本金余额下降越快，未来能获得的利息额就越少，甚至可能导致仅息债券投资者所获得的利息无法弥补其购买债券成本的风险。特别是市场利率的下降会导致提前偿还比率增大，因此，当市场利率下降时，IO 债券的投资者获得的收益下降。同理，当市场利率上升时，IO 债券的投资者收益增加。基于前面章节的分析，通常情况下证券价格与市场利率呈负相关关系，但 IO 债券的价格与市场利率呈正相关关系。这一独特的现象，也使得 IO 债券成为不少投资者青睐的投资工具，并在投资组合中引入 IO 债券以对投资组合进行避险。

IO 债券可以不标明面值，也可以按抵押贷款池中正常清偿所应收到的利息标有面值，由于贷款的减期或延期都会导致利息收入发生变动，从而 IO 债券偿付的累计金额不一定等于面值，因此 IO 债券的面值并无实际意义。IO 债券一般按市场对抵押贷款池预期利息收入的现值发行，但偿付期限同样取决于借款人的还贷情况，只要证券化的抵押贷款池的利息得到偿付，就应支付给 IO 投资者，直至贷款清偿完毕。

（2）PO 债券。

PO 债券只获得本金的偿还额，并不获得期间所生成的利息，因此，本金证券必须折价发行。投资 PO 债券所能获得的到期收益率高低，同样依赖于本金的偿还速度。偿还速度越快，本金证券的投资者所获收益就越高。因此，PO 债券一般以类似于零息债券的方式按票面价格折价发行，其全部票面价格等于证券化抵押贷款池的贷款本金总额，在债券存续期内，投资者不会收到利息支付。与普通零息债券在到期日获得票面金额不同，PO 债券的支付随着抵押贷款池中贷款本金的摊还而不断变化。因此，PO 债券并不是一次性清偿，也无确定的偿还期限，借款人的任何提前偿付或延迟支付行为都将引发 PO 清偿期限和速度的不确定，即使 PO 债券可能标有到期日，也仅有参考意义。

例如，一个转手证券由总额为 1 亿美元的 30 年住房抵押贷款池来支撑，以这一转手证券作为支撑又发行了利息证券和本金证券。假定本金证券的总价格为 3 000 万美元。这意味着，本金证券投资者 3 000 万美元的投资，将会产生 7 000 万美元的收益，但投资者并不能准确计算出这 7 000 万美元何时能够收到。如果借款人在很短的时间内，比如第二天，就把贷款全部提前偿还了，那么本金证券的投资者，在第二天就可以获得 7 000 万美元的收益，当然，本金证券投资者此时的收益率非常高。另一个极端是，住房抵押贷款的借款人完全是按计划偿还借款本息，这样，7 000 万美元将在 30 年内逐渐分摊得到，本金证券的投资者的收益率将很低。通常情况下，市场利率下降会加快贷款提前偿还的速度，提前偿还速度越快，对本金证券的投资者就越有利，因此，对本金证券而言，市场利率变化与投资者收益呈负相关关系。

表 8.16 列示了 IO 债券与 PO 债券的区别。

表 8.16   IO 债券与 PO 债券的区别

	PO	IO
价格与面值	一般以低于面值的价格出售	IO 没有面值
收益来源	债券面值与出售价格之间的差价以及抵押贷款本金的偿还速度。差价越大，收益就越高；本金偿还速度越快，收益也越高	利息源于未偿还的本金，风险主要源于市场利率的下降而引起的抵押贷款提前偿还
利率变化对投资者影响	投资者希望利率会持续下降。利率下降时，PO 债券投资者获利增加	投资者希望利率继续保持不变或有所提高。利率下降时，IO 投资者收益下降，甚至可能无法收回购买 IO 所支付的成本
价格与利率变化的方向	同向	反向

第三代剥离证券是在 PO 债券和 IO 债券之上创造的抵押担保债券。由 PO 所支撑的 CMO，被称为 PO 担保的 CMO 剥离证券。这类 CMO 剥离证券可以是按计划支付的，也可以是按指定目标支付的。如果一个 CMO 剥离证券既不是按计划支付的，也不是按指定目标支付的，那么这类证券就被称为超级本金证券（Super PO）。原因在于这类证券的提前偿还速度加快会使该证券以更快的速度受偿，而这类证券由于属于零息证券，价格的波动幅度也相对较高。

8.4

资产担保证券

通俗地讲，以非住房抵押贷款为担保资产发行的债券，都可以称为资产担保债券（Asset-backed Securities，ABS）。ABS 也是企业融资时常用的一种融资工具。与企业债券相同的是，ABS 的债务人会提供给投资者利息以及本金的现金流支付，但是跟一般企业债券相同的是，ABS 的支撑物通常为非抵押贷款资产，这些资产通常建立在应收资产上，如汽车的租金、应收账款、信用卡还款等。资产担保债券通常信用等级较高，现金流稳定，市场的流动性强，而且债券的期限多样化，当然在特定的情况下，也潜藏着较高的风险，资产担保证券的持有者承担的最大风险也是本金提前偿付风险。

8.4.1   汽车贷款的证券化

汽车贷款主要是由汽车的生产商、商业银行以及一些专做汽车贷款的小额金融机构发行的，期限通常为 3~6 年，也有 1 年左右的短期贷款。汽车贷款也是最早发行资产担保证券的领域之一。汽车贷款之所以能够进行证券化，在于汽车贷款具有以下三个特点：一是汽车贷款是仅次于住宅抵押贷款的第二大金融资产，能方便地按照借、贷方和地域界限等标准进行划分和组合；二是汽车贷款的还本付息具有很强的预测性；三是汽车贷款的期限相对较短，能够吸引短期投资者。

目前的汽车贷款担保证券主要有两种基本形式，即过手证券形式和转手证券形式。

对于过手证券形式，汽车贷款被出售给授予人信托机构，由他们以信托资产的形式发行证券，本金和利息按月支付。所有已收回的本金，连同按过手证券利率应得的利息，都支付给作为信托受益人的证券投资者。对于过手证券的汽车抵押贷款，初始现金流和后续现金流如图 8.7 和图 8.8 所示。

对于转手证券形式，相当于对汽车贷款的现金流进行重新的安排，投资者的现金流具有更大的确定性。其初始现金流和后续现金流如图 8.9 和图 8.10 所示。

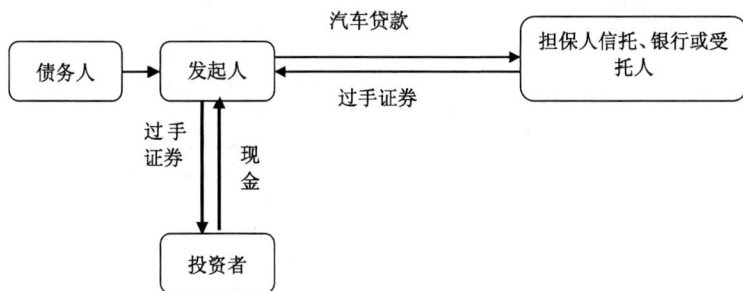

图 8.7　过手证券的初始现金流

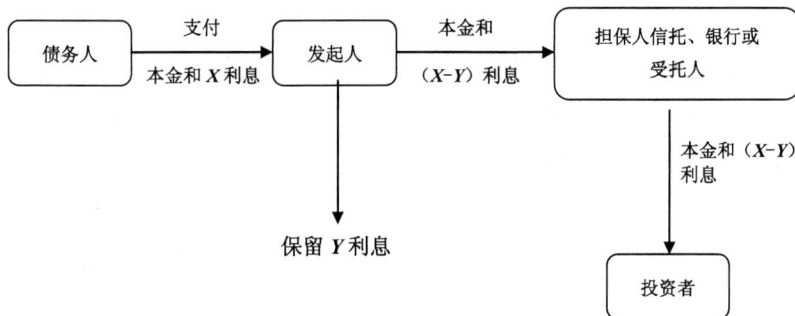

图 8.8　过手证券的后续现金流

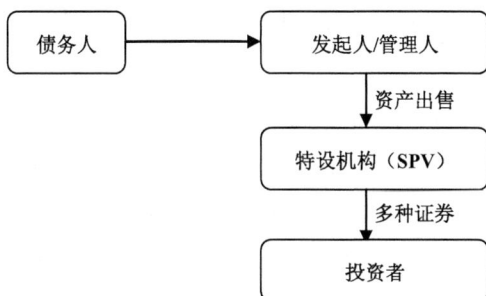

图 8.9　转手结构证券的初始现金流

对于汽车贷款担保债券，也有一些因素影响到现金流的支付。这些因素主要包括：一是汽车的回卖或出售，即客户提前终止合约，将汽车卖回给经销商，或将汽车出售给其他人；二是汽车回收并再次出售，指经销商提前收回汽车，并再次出售的情况；三是汽车损毁而合同终止；四是客户提前以现金清偿，减少利息支出；五是以较低的利率重新贷款。

国内首单汽车抵押贷款证券化是通元 2008 年第一期个人汽车抵押贷款证券化，该信托于 2008 年 1 月 18 日宣布正式成立。这标志着我国信贷资产证券化试点已进入一个新领域，是信贷资产证券化的基础资产从住房抵押贷款、一般的信贷资产拓展到个人消费类贷款的重要一步，也为汽车金融公司拓展多渠道融资方式提供了参考。通元 2008 年第一期个人汽车抵押贷款证券化信托优先级资产支持证券，由上汽通用汽车金融有限公司作为发起人、华宝信托作为受托人，于 1 月 15 日至 17 日面向银行间市场发行。资产池由上汽通用发放的 32 947 笔个人汽车贷款组成，总金额为 19.93 亿元。

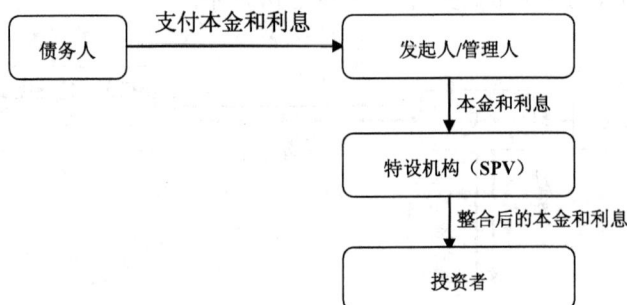

图 8.10　转手结构证券的后续现金流

8.4.2　信用卡贷款的证券化

信用卡应收账款担保债券，是以信用卡的应收账款为担保资产的。信用卡贷款主要是由银行，如 visa 和 Mastercard 授权的银行、合格的零售商等发放的，在美国还有一些旅行或娱乐公司发行的，如美国快线（American Express）、探索卡（Discover）等。

信用卡贷款通常是以控制信托（Master Trust）的方式，由一些授信机构向发卡人授信，再由发卡人向借款人发放贷款。通常在一定控制信托的基础上，发卡人可以发放一系列的信用卡，并以此贷出贷款。

信用卡贷款的现金流主要包括收到的相关费用、本金及利息等，其中利息是以宽限期后的信用卡贷款余额和相应的利率档次计算的，而费用则主要包括滞付罚金和会员费等。

信用卡贷款担保证券有其自身的特点。

一是信用卡支持证券的利息按月在下月的第 15 日支付，本金在一个特定时期即"周转期"中，信用卡借款人所支付的本金被发行者保留并再投资于另外的信用卡贷款中。周转期的长度在 18 个月至 10 年间变化。周转期结束后，信用卡贷款担保支持证券的本金与利息一起按月偿还。

二是迅速分期偿还规定。通过迅速分期偿还投资者本金来保护投资者免受信用卡贷款组合状况恶化所造成的损失。通常情况下，在高于规定水平的债务拖欠或损失、发行人破产或资产组合收益率显著下降时容易引起提前还本现象的发生。

在信用卡贷款证券化的过程设计中，信用卡贷款通常出售给投资人拥有的信托机构。信用卡贷款担保债券不属于摊还债券，它通过从 18 个月至 10 年不等的滚动期或锁定期内保持作为担保的应收账款数额不变，来维持债券的信用。具体的方法是，将收回的贷款本金再投资，以增加新的贷款从而保持总的贷款不变。由于不涉及本金的转移支付，所以信用卡贷款担保债券的投资者各期所收到的偿付额主要来源于信用卡应收账款所产生的利息和费用等收入。对于本金不需要再投资于信用卡贷款的，本金也需要清偿，这些贷款将进入本金摊还阶段。

为了防止信用卡贷款质量下降给投资者造成的损失，该类债券的发行通常含有提前本金摊还条款。例如，当债券 3 个月平均超额收益为零甚至更低时，投资者有权要求发行人提前偿付本金，即停止将本金再用于购买新的贷款，并开始偿付本金。

随着信用卡贷款证券化的深入发展，信用卡贷款的证券化也出现了一些新的产品，典型的包括以下三类。

一是受控制的本金分期偿还。偿还期内持卡人所偿付的一个预定金额的本金被支付给投资者，所余金额在周转期内再投资于另外的信用卡贷款中。

二是到期一次偿还本金。本金到期时一次性偿还给投资者，而不按月偿还。

三是主信托。允许发行者在信托中放入信用卡账户，根据筹资需要或市场行情，将信用卡账户中的贷款一次或分次证券化。主信托最早是在 1988 年 5 月由第一芝加哥银行发行资产支持凭证时使用的。

8.4.3 应收账款的证券化

应收账款证券化就是将应收账款直接出售给专门从事资产证券化的特设信托机构（SPV），汇入 SPV 的资产池，经过重组整合与包装后， SPV 以应收账款为基础向国内外资本市场发行有价证券，根据应收账款的信用等级、质量和现金流量大小确定所发行证券的价格。将应收账款出售给精通证券化的 SPV，能够提升公司资产的质量，加强流动性，改善公司融资能力，还可以让公司免于对应收账款进行管理，并转移了因应收账款而带来的损失风险。同时，这种融资方式通常融资费用较低，并可享受更为专业化的融资服务。因此，应收账款证券化是一种既能充分发挥应收账款的促销作用，又能控制和降低应收账款成本的管理办法。与常规的应收账款管理方式相比，应收账款证券化在筹资方式、降低管理成本、减少交易成本和优化公司财务结构等方面具有一定的优势。

通常，适合证券化的应收账款一般具有以下特征：一是应收账款没有利息收入；二是应收账款的期限通常比较短，一般仅有 30～90 天；三是应收账款仅局限于某些顾客，在进行划分组合时比较困难；四是应收账款的债权人往往会因为买卖关系而有所顾虑，不愿轻易出售应收账款而损害债务人的利益。尽管如此，应收账款的证券化还是在全球范围内迅速发展起来。

在应收账款证券化的交易过程设计中，一般分为三个周期，即周转期、本金偿还期和提前偿还期。在周转期内，只向持有应收账款担保证券的投资者按时支付利息，不偿还本金；在本金偿还期内，应收账款资产池中产生的现金流将不再用于购买新的应收账款，而是开始向证券的投资者偿还本金，并按月支付利息；在提前偿还期，若出现应收账款资产池的价值下降、卖方的参与权益低于规定的最低标准、服务商未能按合同的规定处理应收账款产生的现金流等问题且无法改观时，投资者的本金将开始被快速地偿还，所有收到的现金流将被偿还给投资者。

下面以国际金融公司（International Finance Corporation，IFC）的公司贷款证券化案例进行分析。

IFC 是一个国际金融组织，总部设在华盛顿地区，它是世界银行的成员之一，是一个信用级别为 3A 级的国际组织。其设立的目的是促进它的成员中发展中国家的经济增长。IFC 作为一个私人金融机构具有跨国银行的特征，主要在国际资本市场发行票据和债券来为贷款活动筹集资本。IFC 主要为拉丁美洲和亚洲的各个国家的借款人提供贷款，贷款组合多样化，是适合证券化的资产。在 1995

年 6 月 23 日，IFC 将其在 11 个国家和 19 个行业的 73 笔贷款总价值 4 亿美元的应收账款证券化，采用浮动利率的方式，由注册地在开曼群岛的 IFC 拉丁美洲和亚洲贷款信托 1995-A 发行。这是第一笔超国家团体的资产证券化发行，发行结构采用了优先和次级结构。A 类证书和 B 类证书的投资级别是优先级别，它们部分地建立在次级结构上，IFC 在每笔基础贷款中也保留一点利息。对于不同类别的证书，这个信托按照比例支付总的未清偿资产的利息，本金的偿还是根据证书的优先顺序进行的。表 8.17 列示了该应收账款担保证券化的发行信息。

表 8.17　　　　　　　　　　　IFC 公司贷款担保证券化产品发行信息

种类	数量（百万）	穆迪的评级	票面利率	平均寿命	法定寿命
A 类证书	340	Aa2	6 个月期 Libor+40 基点	3.65 年	15 年
B 类证书	40	Baa3	6 个月期 Libor+225 基点	3.65 年	15 年
C 类证书	20	NR	6 个月期 Libor+剩余	3.65 年	15 年

图 8.11 演示了 IFC 公司贷款证券化产品的结构化设计。

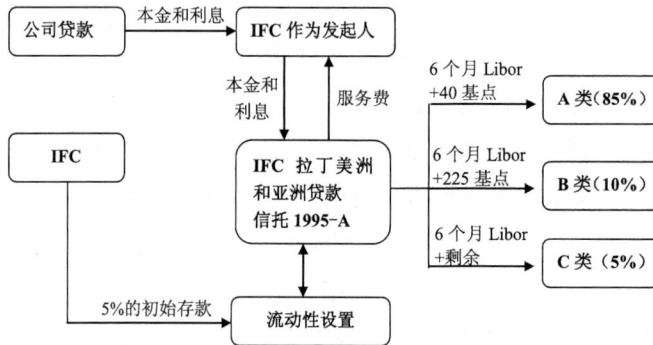

图 8.11　IFC 公司贷款担保证券化产品结构化设计

IFC 发行的该款证券化产品，公开发行的 A 类证券是在 LUXEMBOURG 股票交易所上市交易的，并在美国证券交易委员会注册，B 类证券是私募发行的，C 类证券则由 IFC 持有，主要投资者是美国和欧洲的投资者。投资者的范围比较广泛，其中很多是传统的资产担保证券的购买者。B 类证券主要是参与 IFC 联合融资的欧洲银行。据公开披露的信息显示，发行费用约为 170 万美元，主要用于支付中介费用和必要的支出，以及发行 A 票据的承销费用，承销费用大约占本金数量的 37.5 个基点。

我国的应收账款资产证券化产品起步较晚，2000 年 3 月中国国际海运集装箱（集团）股份有限公司（简称中集集团）与荷兰银行在深圳签署了总金额为 8 000 万美元的应收账款证券化项目协议，在国内企业中首创资产证券化的融资新方式，同时也为中国企业直接进入国际高层次资本市场开辟了道路。而国内首单贸易应收账款资产证券化产品是 2015 年 1 月五矿发展的应收账款资产支持专项计划，由中信证券作为管理人和推广机构，向市场成功发行，并在上海证券交易所挂牌转让。该专项计划通过发行资产支持证券的形式从资本市场募集资金，将用于向五矿发展购买符合预定标准的贸易应收账款。产品发行总额为 29.41 亿元，预期存续期限为发行之日起 3 年。根据不完全统计，仅国内上市公司的应收账款即达到 2 万亿元以上的规模，对于相当一部分企业来说，应收账款的证券化对于其盘活存量资产、促进资金融通、调整财务结构具有非常重要的作用，业内对该项目模式的市场前景普遍较为看好。

8.4.4 担保债务凭证

担保债务凭证（Collateralized Debt Obligation，CDO），通常是以信贷资产或债券为标的资产，所以经常按资产类别分为贷款质押凭证（Collateralized Loan Obligation，CLO）和债务质押凭证（Collateralized Bond Obligation，CBO）两类。前者指的是信贷资产的证券化，后者是市场流通债券的再证券化，二者统称 CDO。

担保债务凭证的特点是现金流的可预测性较高，不仅可以为投资人提供多元化的投资渠道，还可提高金融机构资金运用效率，并转移风险。其通常做法是，由发起人将能产生现金流的资产集成池，然后做资产包装和分割，转移给特殊目的公司（SPV），以私募或公开发行方式卖出固定收益证券或受益凭证。不同于传统的资产担保债券多以信用卡应收账款、汽车贷款等作为资产池资产，CDO背后主要是一些债务工具，比如高收益的债券、新兴市场公司债或国家债，或一些传统的资产担保债券、住房抵押贷款抵押债券等已经是债的资产。

最早的 CDO 是由 Drexel Burnham Lambert I 在 1987 年发行的，随后受到众多理财经理、基金经理、保险公司、投资银行等关注，至 2008 年美国金融危机爆发前一直是快速增长的证券品种之一。与传统的资产担保债券相似，CDO 的发行也需要发起人、服务机构、特殊目的载体、信用增级机构、信用评级机构及服务机构等参与者。同时 CDO 交易中还有较特殊的三个参与者：资产管理人、避险交易对手和信托监察机构。其中资产管理人主要负责 CDO 资产池的组建以及 CDO 发行后资产池的管理工作。在组织构建阶段，资产管理人作为资产取得人的第三方，按资产取得规范购买或以其他方式取得有吸引力的资产组合，作为发行 CDO 的基础。不同于传统 ABS 一旦资产池形成后便不再随便更换的静态管理模式，CDO 的资产池采取的是有限主动管理，资产管理人一旦发现有任何资产的信用质量下降，或市场有同等风险下收益更高的资产，就需要迅速加以处置或更换。因此，资产管理人在 CDO 的交易中扮演着十分重要的角色，同时在 CDO 发行机制中，通常由资产管理人持有 CDO 的权益组分，将其利益与 CDO 整体质量和风险联系起来。同时由于 CDO 资产池中的资产必须充分分散，贷款或债券常分布于不同的国家和地区，现金流也涉及不同的货币及由此导致的外汇兑换需求，再加上资产池中不同资产的利率存在差异，利率固定或浮动等都需要对资产池中的资产进行必要的风险对冲，这就对互换交易担保提出了需求，以增强避险功能的实现。

CDO 通常以不同的信用质量分系列发行，一般分为高级（Senior）、中级（夹层级，Mezzanine）、低级/次级（Junior/Subordinated）和权益组分（Equity tranch）四大系列。其中权益组分一般由发行者自行持有，不公开发行。当有损失发生时，由权益系列首先吸收，然后依次由次级、中级和高级系列承担。有时，也有将次级和权益组分合称权益系列，从而将 CDO 分为高级、中级和股本 3 个系列。从本质上讲，CDO 是以证券结构设计进行信用强化的，而普通的 ABS 则多采用外部信用强化方式实现。在不同系列的构成方面，可以依据投资者的需求，进一步细分为固定或浮动利率、零息或附息等债券品种。CDO 在不同系列的金额分配方面，高级系列一般占整体最大的比率，可达到

80%以上，中级系列占 5%～15%，股本系列占 2%～15%。此外，CDO 还可以从标的资产、发行动机、管理方式、所参考实体的性质等方面进行分类，但设计的本质最终仍然是围绕现金流、风险和定价展开。表 8.18 比较了不同分类标准下 CDO 的产品特性及差异。

表 8.18   CDO 的不同分类标准

分类依据	分类	特征
标的资产	现金流量型	标的资产通常由贷款、债券等组成。发行人通常为银行，银行将其债权资产包装转移给 SPV，再由 SPV 依不同的信用等级发行不同券种的凭证给投资人，其凭证的价值与贷款和债权的现金流相结合。SPV 实际买入标的资产，其有实质的现金交付
	合成型	系 CDO 的衍生性产品，由发行人将一些债权集中和重新包装发行，相应的 SPV 设有这些债券的信用违约互换合约（Credit Default Swap, CDS）。由 SPV 发行不同信用等级的债券给投资者，在收到投资者的本金后，再利用本金购买高质量债券作为担保品。担保品主要有三个方面的作用：作为未来到期还本的保证；担保品之孳息可作为投资人的收益来源及作为 CDS 的权利金；当发生违约事件时，SPV 将担保品作为支付给发行人的金额。现金流量式 CDO 与合成式 CDO 最大的差异在于合成式 CDO 并不属于实质出售，债权群组并未实际出售给投资人，也就是说，SPV 并没有实际购入债权群组中的资产，CDO 的投资人也没有实际拥有债权群组中标的物的债权
发行动机	资产负债表型	大都源自于本身具有可证券化的资产的持有人，如金融机构等，其目的是为了将债权资产从发行人的资产负债表中移除，以此转移信用风险、利率风险，提高资本适足率，最后达到管理资产负债表的功能
	套利型	由基金公司及财务管理公司发行。操作模式为从市场中购买高收益债券或结构型债务工具，经过再证券化后，在市场出售收益率较低的凭证，以获取买卖间的利差
管理方式	静态避险型	资产组分一旦选定后，资产组合就维持不变
	动态管理型	有聘请经理人来监督管理资产组合的信用，必要时经理人可从事个别信用的替换
所参考实体性质	CBO	资产群组是以债券债权为主，CBO 发行者大都来自资产管理公司，以套取其中的差价为首要动机
	CLO	资产群组是以贷款债权为主，CLO 发行者大部分来自银行，主要目的为获得提升资本适足率（BIS Ratio）的好处，或转移资产的信用风险

当然，任何一种金融产品都有一定的风险，CDO 的风险包括主权风险。违约风险、利率与汇率风险、流动性风险、法律风险等。对于合成型 CDO 产品，还包括特殊的风险。主要原因在于合成型 CDO 的发行过程中是先证券化，然后通过收购资产来为 CDO 组分提供担保，这可能会导致一些新的风险出现，比如投资人购买 CDO 债券的本金回收后，资产管理人因缺乏好的投资对象或投资速度较慢而导致投资收益率较低等问题。

8.5 抵押及资产担保债券的定价

8.5.1 静态现金流收益率法

现金流收益率是指使资产担保或抵押债券的预期现金流的贴现值与其当前的市场价格和累计利息相等时的贴现率，这类似于普通债券的定价方法。但对于抵押及担保债券，其现金流存在着较大的不确定性，与普通不含权债券相比最大的特点就在于提前偿付风险，因此现金流的估计相对比较困难，需要对提前偿付率先进行假设，即使如此，预估的现金流与实际的现金流之间也往往存在较大的偏差。

由于结构化债券产品的现金流通常按月计算，所以抵押与担保债券的现金流收益率也通常按月计算，为方便固定收益产品之间价格的对比，借用不含权债券的相当收益率指标来作为结构化产品的定价基准。假设抵押与担保债券的月收益率为 i_m（非年化收益率），转化为债券的年相当收益率为 y，假设再投资收益率等于到期收益率，则有

$$y = 2 \times \left[(1 + i_m)^6 - 1 \right] \tag{8.4}$$

由于抵押和担保债券的期限通常比较长，且票面利率是按月支付，这使得息票收入的再投资收益率面临着更大的不确定性，而再投资收益率的高低对债券的实际收益率产生的影响较大。同时提前偿付率的存在，也使得在不同的提前偿付条件下的到期收益率指标较多而不易准确判断。

8.5.2 利差法

由于现金流收益率面临再投资收益率及提前偿付风险等方面的缺陷，利用名义利差（Nominal Spread）来为抵押和担保债券定价的方法被提了出来。所谓名义利差，即将现金流收益率与期限和资产担保债券及抵押债券的平均到期时间相当的国债收益率进行比较，二者之间的差额即为名义利差。因此，名义利差的本质实际上就是对资产担保债券或抵押债券相对国债所承担的提前偿付风险、违约风险等进行的补偿。一个典型的现象是在 CMO 中，越高级别的组分，名义利差越低，这个差额就可以理解为对提前偿付风险的补偿。

在对名义利差进行计算时，假设了一定的提前偿付风险、违约风险等，从本质上讲，提前偿付风险也可以视为赋予债券投资者的一份期权，从而可以将名义利差调整为期权调整后利差（Option-adjusted Spread，OAS）。考虑到结构化证券产品的现金流与国债的现金流在时间上和数量上都可能存在较大差异，而债券定价时通常以即期利率为基准加上一定的风险补偿作为贴现率，同时结合 CMO 的特征，利用零波动利差（Zero-volatility Spread）的方法来衡量债券收益的方法就被提出来了。零波动利差是以资产担保债券或抵押债券整个期限内的即期利率曲线为基础，加上一定的利差对抵押或担保债券的现金流贴现，贴现的现值与相当的国债等价时的利差，即为零波动利差，这与前面章节中所讲零波动利差的本质是相同的。一般情况下，债券期限越短，零波动利差与名义利差间的差异越小；即期利率曲线越陡峭，零波动利差与名义利差间的差异就越大。

此外，名义利差与零波动利差在比较方法和所依据的原理方面还存在着较显著的差别。名义利差衡量的是一个时点上某只债券与相当的国债的比较，零波动利差则是用一只债券与某个时点上的利率期限结构进行比较，并假定在任何期限上的利差都相等时计算出来的。在原理方面，名义利差是直观地对其他条件相同，只是发行人不同的债券之间收益率的比较，而零波动利差则是根据无套利原理在整个债券的寿命期限内计算的债券间的收益差。

8.5.3 蒙特卡洛模拟

由于抵押或担保债券的每月现金流量是路径依赖的（Path-Dependent），即这类债券当月产生的

流金流量不仅取决于当时利率的绝对水平，还取决于利率达到这一水平的过程。以抵押贷款为例，以过手证券为支撑而发行的各类证券（CMO）的现金流存在着两种路径依赖：一是过手证券本身的现金流是路径依赖的，即借款人当月提前偿还的本金金额与过去有没有提前还款机会有关；二是在CMO的不同层级中，该层级的现金流量与其他层级的余额有关。分析者需要得到提前还款的历史数据才能计算各个层级的余额。

尽管模拟方法比较容易理解，但在实际应用中模拟方法还需要获取未来住房贷款的利率，这一利率与要模拟的提前还款的比率有关。在获取住房贷款再融资利率后，再生成转手证券以及各类CMO的现金流量。通常在生成随机的利率路径时，要把当时的利率期限结构以及利率波动假设作为输入变量。模拟方法会产生众多的关于未来不同利率的情形，在这些情形中的每一个月，都会生成月利率与住房贷款的再融资利率。月利率用来给现金流折现，住房贷款再融资率用来决定现金流量，因为借款人根据这一利率判断自己的机会成本。如果再融资利率高于借款人的最初贷款利率，借款人就会有再融资还贷的动机。把再融资利率以及贷款的各种特征输入提前偿还模型，就能估计出提前偿还额，给定估计出来的提前还款额，就可以确定伴随利率路径的现金流量。

本章小结

本章首先对资产证券化概念进行了剖析和阐述，结合资产证券化发展的历程对中美资产证券化整体概况进行了比较分析；然后重点介绍了资产证券化的三大类产品，即住房抵押贷款支持证券、抵押担保债券及资产担保债券，分别对不同类的证券产品概念、特征及产品创造过程进行了分析；最后简要介绍了结构化固定收益产品的定价。

关键术语

住房抵押贷款、等额本金、等额本息、过手证券、转手证券、提前偿付率、条件提前偿付率、延期风险、减期风险、结构化仅息债券、结构化仅本债券、抵押担保债券、资产担保债券、担保债务凭证、静态利差、蒙特卡洛模拟

思考练习

1. 简述资产证券化的基本结构。
2. 特设目的载体在资产证券化中发挥了怎样的作用？
3. 住房抵押贷款品种在美国有哪些创新？

4. 固定利率贷款与浮动利率贷款对住房借款人和贷款银行有哪些不同？

5. 一般来讲，借款人提前偿还贷款的主要理由有哪些？

6. 什么是扩张风险？哪些投资者担心扩张风险？

7. 什么是收缩风险？哪些机构担心收缩风险？

8. 举例说明按次序支付的 CMO 的生成。

9. IO 与 PO 的利率风险特征有什么不同？

10. 计算表 8.19 中的抵押担保资产池的加权平均息票利率和加权平均到期时间。

表 8.19 抵押担保资产池中不同资产的信息情况

资产编号	现有余额（元）	贷款利率（%）	剩余期限（月）
1	350 000	5.5	180
2	250 000	6.5	150
3	180 000	5.8	125
4	420 000	6.6	360
5	11 000	6.2	135

11. 判断"由美国政府信用担保的一些机构债券，因为有政府担保，所以其还本付息过程中，不存在任何不确定的因素，同样由于这样的原因，所有由这些机构发行的债券都可以被证券化"这句话是否正确，并给出相应的解释理由。

12. 假如某过手证券在第 150 个月时，担保贷款余额为 4.25 亿美元，当月应偿付的本金总额为 380 000 美元，且 *PSA* 值为 180%，试计算当月的提前偿付额为多少？

13. 某 CMO 债券以利率为 7.5% 的抵押贷款为基础，结构如表 8.20 所示，如果某投资公司以这些债券为基础构造一个息票利率为 7.5% 的仅息债券组分，试计算这一仅息组分的名义本金额应为多少？

表 8.20 CMO 债券中不同组分的构成情况

组分	票面额（元）	息票利率（%）
A	350 000 000	6.5
B	250 000 000	5.8
C	180 000 000	6.6
D	420 000 000	6.2

14. 判断"通过 CMO，债券的发行人可以完全规避提前偿付风险"是否正确，给出你的理由。

15. 设某资产担保债券的结构如表 8.21 所示。

表 8.21 资产担保债券中不同组分的金额构成

组分	金额（百万美元）
优先级	310
次级组分 1	60
次级组分 2	30

为这些债券担保的抵押贷款总额为 4.2 亿美元,其中次级组分 2 是最先承担损失的组分,请问:

(1) 这些债券的超额担保率是多少?

(2) 如果担保资产出现 1 800 万美元的损失,各组分的损失额分别是多少?

(3) 如果担保资产的损失为 2 500 万美元,各组分的损失额分别是多少?

(4) 如果担保资产的损失为 5 000 万美元,各组分的损失额分别是多少?

16. 有以下债券质押债务(CBO)结构。

(1) CBO 总额为 3 亿美元,加权平均收益率为 10%

(2) 质押的债券离到期的时间还有 10 年,债券息票利率为 10 年期国债收益率加 500 个基点。

(3) CBO 中,优先级组分占 60%,息票利率为 Libor+100 个基点。

(4) 只有一只次级组分,额度为 1 亿美元,息票利率为 10 年期国债利率+200 个基点。

(5) 债券管理机构通过互换达成利率互换协议,约定向对方支付 10 年期国债利率+80 个基点的固定利率,同时收到 Libor,名义本金量为 1.8 亿美元。

请问:

(1) CBO 中权益组分的金额是多少?

(2) 假定 10 年期国债的收益率为 5%,且债券不会违约,则每年的现金流及其分布情况如何?

(3) 不考虑管理费,每年归权益组分的现金流是多少?

案例讨论

建设银行 MBS 一期产品的设计特点及风险分析

2005 年 12 月 15 日,中国建设银行以其发放的个人住房抵押贷款为支持资产,在银行间债券市场发行了"建元 2005-1 个人住房抵押贷款证券化信托"。这标志着我国信贷资产证券化试点工作取得了阶段性成果,我国正式建立起了个人住房抵押贷款支持证券(MBS)市场。

1. 交易结构

建设银行作为发起机构,将其上海、无锡、福州、泉州等四家分行符合相关条件的 15 162 笔个人按揭贷款共计 37.12 亿元,集合成为资产池,委托给受托机构——中信信托投资有限公司,受托机构以此设立信托,并在银行间市场发行信托收益凭证形式的 MBS,MBS 的持有人取得相应的信托收益权。交易结构如图 8.12 所示。

根据图 8.12 的交易结构图,建行 MBS 中参与建行资产支持证券发行的有关机构覆盖了发起人、受托人、评级机构等相关参与主体,具体如表 8.22 所示。

表 8.22   参与建行资产支持证券发行的有关机构

参与主体	机构名称
发起机构、贷款服务机构、安排人、联合簿记管理人	中国建设银行股份有限公司
受托机构/发行人	中信信托投资有限责任公司

续表

参与主体	机构名称
交易管理机构	香港上海汇丰银行有限公司北京分行
资金保管机构	中国工商银行股份有限公司
登记机构/支付代理机构	中央国债登记结算有限责任公司
联合簿记管理人	中国国际金融有限公司
信用评级机构	北京穆迪投资者服务有限公司
信用评级机构	中诚信国际信用评级有限责任公司
发起机构、贷款服务机构、交易管理机构、安排人和联合簿记管理人法律顾问	金杜律师事务所
国际结构融资法律顾问	富而德国际律师事务所
受托机构法律顾问	竞天公诚律师事务所
财务顾问	渣打银行(香港) 有限公司
会计顾问	德勤·关黄陈方会计师行

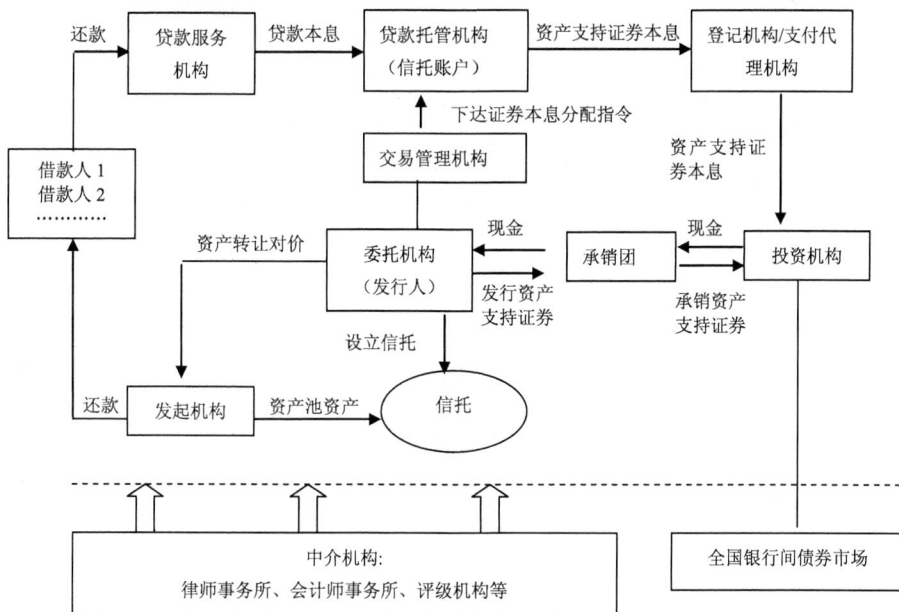

图 8.12　建行 MBS 交易结构图

2. 定价机制

建行此次推出总额超过 30.16 亿元的个人住房抵押贷款证券化信托，信托的法定最终到期日为 2037 年 11 月 26 日。建行本身将购买其中 9 050 万元的次级资产支持证券，其余的 29.26 亿元优先级资产支持证券将按照不同信用评级分为 A、B、C 三级。A 级为 26.69 亿元，B 级为 2.03 亿元，C 级为 5 279 万元。MBS 将和按揭贷款一样，每月付息还本，并采用浮动利率。优先级资产支持证券的本息支付先于次级资产支持证券，因此对不同级别证券的定价是关键。进行 MBS 层次设计如表 8.23 所示。

证券浮动的票面利率为"基准利率"加上"基本利差"，计算票面利率的"基准利率"采用中国外汇交易中心每天公布的 7 天回购加权利率 20 个交易日的算术平均值，而"基本利差"则是通过"簿记建档"集中配售的方式进行最后的确定。同时发行人为规避自身的风险，对 A、B、C 档债券的票面利率设置了上限（CaP），分别为资产池加权平均利率减去 1.19%、0.6%、0.3%。债券首次付息还本日为 2006 年 1 月 26 日，按照债券起息日确定的首个计息期基准利率 1.42% 计算，A、B、C 档债券的票面利率分别为 2.52%、3.12%、4.22%。

3. 提前偿还风险分析

由于 MBS 的现金流来源于最开始的抵押贷款，如果按揭贷款人提前还款，就会影响贷款，从而影响现金流和 MBS 的价值。建行根据自身发放的按揭贷款提前还款的历史数据，给出了提前还款的假设，为每年有固定的 12.98% 按揭贷款人提前还款。按照这一假设，A 级证券的平均回收期为 3.15 年，B 级为 10.08 年，C 级为 12.41 年。MBS 产品在国内和国外的凸性特征（度量市场利率变动导致债券价格变动的比例）不同，这导致利率变化对提前还贷率的影响在国内和国外有所不同。国外，当市场利率下降时，就会导致贷款人提前偿付，转而借入利率更低的贷款，但是国内贷款人由于缺少其他融资模式，市场利率下降并不会导致大规模的还贷，反而是当市场利率上升时，贷款人倾向于提前还贷。

表 8.23　　　　　　　　　　　　　　　建行 MBS 层次设计

	发行金额 （人民币元）	评级 （中诚信国际）	发行方式	发行利率		加权平均 期限
				形式	水平	
A 级资产支持证券	2 669 764 500	AAA	簿记建档	浮动	基准+1.1%	3.15 年
B 级资产支持证券	203 626 100	A	簿记建档	浮动	基准+1.7%	10.08 年
C 级资产支持证券	52 791 900	BBB	簿记建档	浮动	基准+2.8%	12.41 年
次级资产支持证券	90 500 638	未评级	建行自留	—	—	

表 8.24　　　　　　　　　　　　抵押贷款资产池中资产的区域结构分布

担保物（抵押物）所在城市	贷款余额（元）	余额占比（%）	贷款笔数	笔数占比（%）	平均每笔余额（元）	加权平均初始抵押率（%）
上海	1 694 500 935	56.17	5 862	38.66	289 065	68.03
无锡	146 062 056	4.84	1 357	8.95	107 636	61.56
泉州	444 979 746	14.75	3 222	21.25	138 107	67.13
福州	731 140 401	24.24	4 721	31.14	154 870	66.41
合计	3 016 683 138	100.00	15 162	100.00	198 963	67.19

表 8.25　　　　　　　　　　"资产池"中抵押贷款总体特征分析

贷款笔数	15 162
本金余额（人民币元）	3 016 683 138
单笔贷款最高本金余额（人民币元）	1 868 239
单笔贷款平均本金余额（人民币元）	198 963
合同金额（人民币元）	3 721 203 071
单笔贷款最高合同金额（人民币元）	2 000 000

续表

单笔贷款平均合同金额（人民币元）	245 430
加权平均贷款年利率（%）	5.31
加权平均贷款合同期限（月）	205
加权平均贷款剩余期限（月）	172
加权平均贷款账龄（月）	32
加权平均贷款初始抵押率（%）	67.19
加权平均借款人年龄（岁）	36

4. "资产池"情况介绍

资产池中的按揭贷款的抵押物来自上海、无锡、福州、泉州四地，如表 8.24 所示。这些贷款均为建行在 2000 年 1 月 1 日到 2004 年 12 月 31 日之间发放，单笔贷款金额最高为 200 万元，贷款期限在 5 到 30 年之间。在这些贷款中，大部分的贷款期限在 20 年之内，贷款人年龄大部分为 30～35 岁，贷款金额在 20 万元到 30 万元以及 50 万元到 100 万元之间的比例最高。建行 MBS 资产池中抵押贷款总体特征如表 8.25 所示。其中，抵押物在上海的个人按揭贷款余额为 16.94 亿元，占所有贷款余额的比例为 56.17%，平均每笔贷款余额为 28.9 万元。

按照建行 2004 年 12 月 31 日的统计，建行按揭贷款的不良贷款率为 1.23%，另外，根据建行上海长宁支行、徐汇支行、普陀支行、浦东支行，江苏无锡分行，福建广达支行和福建泉州分行进行的逾期贷款统计数据表明，一般拖欠 1～3 个月的贷款本金余额在整个贷款本金余额中的比例在 8% 左右。一般逾期 6 个月的贷款，才会采取起诉、仲裁等法律行动。但建行的数据也表明，拖欠 6 个月以上按揭款的比例远小于 1%。总的来说，按揭贷款的坏账率很低。

A 级证券票面利率在 2.52% 左右，这一资金成本比银行从市场可以融到的资金成本高。对建行来说，短期来看，发行 MBS 所得收益可能并不如持有这些按揭贷款收益高，但从长远看，将按揭贷款证券化，为银行提供了经营上的另外一种盈利模式。

5. 建元 MBS 发行后的偿付情况

首期建元 MBS 自 2005 年 12 月 26 日开始按照 A、B、C 的优先清偿顺序进行本金和利息的偿付，而债券 B 和债券 C 是仅支付利息而不进行本金的偿付，只有在 A 债券的本金偿付完成后，才开始偿付 B 债券的本金。图 8.13 显示了 A、B、C 三类本金余额的变化情况。

由图 8.13 可知，截至 2013 年 1 月 26 日，建元 MBS 的 A 类债券本金已全部偿付，而后 B 类债券的本金开始偿付。A 类债券本金每月的变化如图 8.14 所示。

由图 8.14 可知，A 类债券每月支付的本金减少额是不同的且是不均匀的。

6. 存在的一些问题和不足

首期建元 MBS 的发行开创了我国个人住房抵押贷款支持证券市场的先河，对我国债券市场的金融创新有着重要意义。但是，作为新生事物，首期建元 MBS 本身还存在一些问题和不足。一是资产池的加权平均利率与 MBS 的基准利率不相匹配。前者是个人住房抵押贷款利率，一年调整一次，反映的是较长期限的利率水平；而后者是 7 天回购的加权平均利率，反映的是货币市场短期利率水平。两者的调整频率不一致，反映的利率期限不同，将两者匹配起来是否合理有待商榷。二是可流通的 MBS 规模过小。根据规定，只有 A、B 档债券可在银行间市场流通，两者合计规模仅有 28.7 亿元。

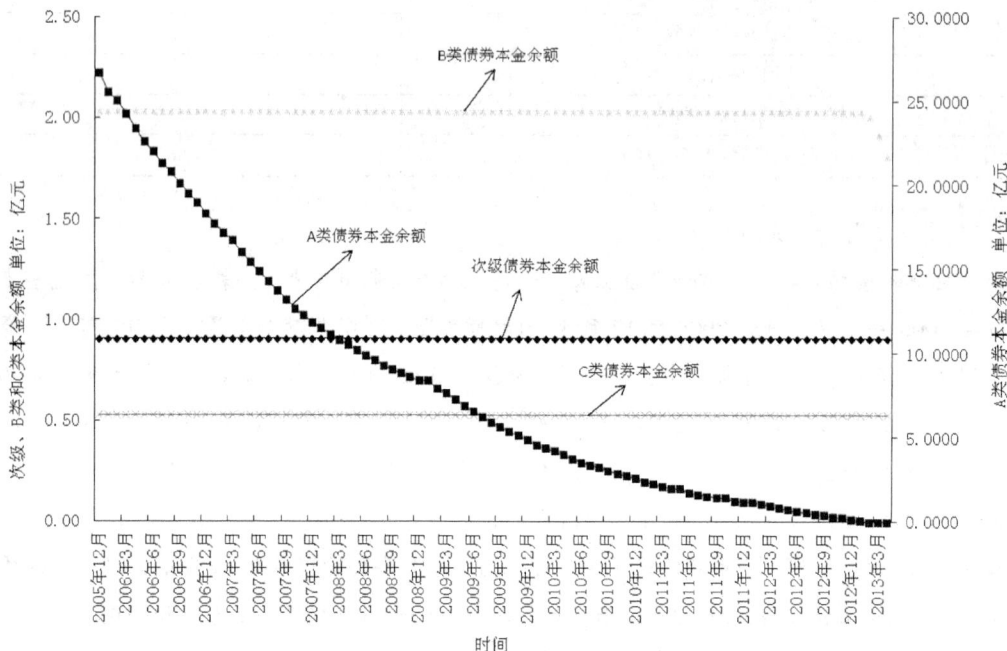

图 8.13　建元 MBS 一期四类债券本金余额变化（2005.12.26—2013.4.26）

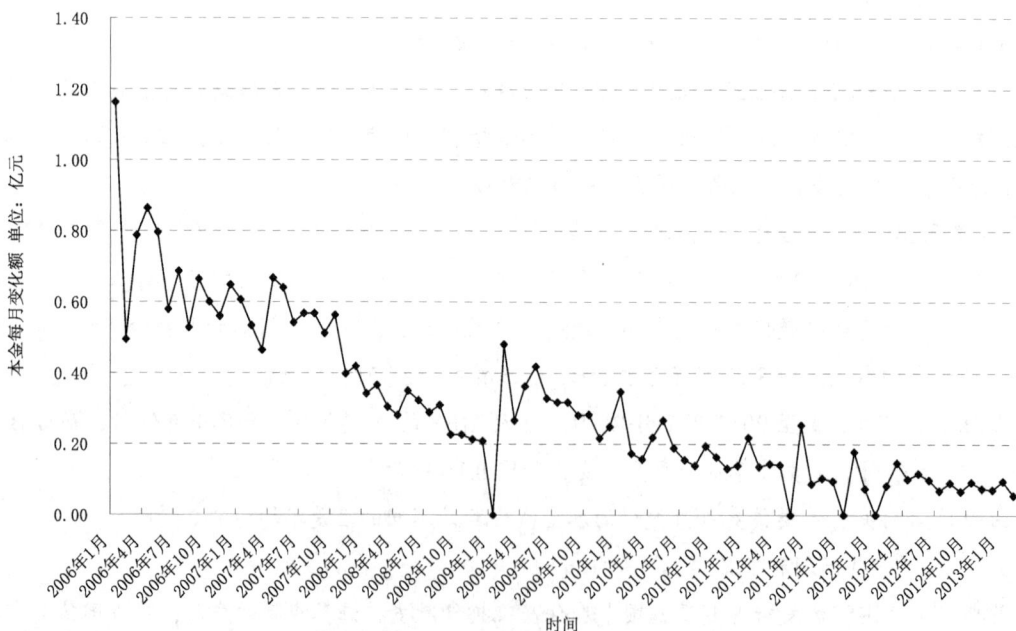

图 8.14　A 类债券的本金余额随时间减少情况（2005.12.26—2013.4.26）

资料来源：根据《21 世纪经济报道》2005 年 12 月 12 日的报道整理。文中图表或直接来自《建元 2005-1 个人住房抵押贷款证券化信托发行说明书》或根据发行说明书整理，不同类债券的本金余

额及 A 类债券本金余额变化数据来自财汇数据库。

请阅读以上案例，并回答以下问题：

（1）短期来看，发行 MBS 所得收益比持有这些按揭贷款的收益低，建行进行按揭贷款证券化的动机是什么？对商业银行经营有什么好处？

（2）按揭贷款证券化对商业银行的资本充足率和核心资本充足率有什么影响？

（3）你认为建行 MBS 产品的设计合理不合理？给出你的理由。

（4）为什么建元 MBS 的 A 类债券本金的偿付是不均匀的，请查阅相关资料并给予解释。

（5）建行在 2007 年、2008 年分别又发行了新的资产证券化产品，试查阅相关资料并比较前后资产证券化产品的发行机制异同，根据现金流估值方法，对资产证券化产品的价格进行估值。

嵌入期权的债券定价 | 第9章

【本章提要】

由于固定收益证券现金流的相对可预期性，加之金融工程和金融创新的普遍应用，使得债券的设计中嵌入期权性质成为一种普遍的现象。本章首先对期权的概念、特点及期权定价公式及影响因素进行了分析；然后较为详细地介绍了二叉树模型、Black-Scholes 期权定价模型和蒙特卡洛模拟三种对含权债券的定价方法；最后以可转换债券为例，在对可转换债券的性质、特征和要素等分析的基础上，对可转换债券的定价思想和模型思路进行系统的探讨。

【重点与难点】

重点：期权的定价思想和定价模型、期权的分类、期权定价模型在债券定价应用中的适用性和局限性、可转债的性质及特性。

难点：嵌有期权的债券定价的实现过程及应用。

【引导案例】

2011 年 8 月 29 日，中国石化（600028.SH/00386.HK）公告称，拟发行可转债不超过人民币300 亿元，可转债票面利率不超过 3%。值得注意的是，2011 年 2 月 23 日，中石化已经发行了一期石化转债（交易代码为 110015），总规模达到 230 亿元。如果石化转债二期发行成功，而石化转债没有转股或提前赎回，转债市场将会出现两只同一公司发行的可转债，这在国内转债市场尚属首次。

北京一家大型投行债券交易部负责人称，中石化转债续发行预案，打破了转债市场原有的估值体系，投资者担心中国银行、中国工商银行等大型上市公司会步中石化后尘，通过可转债市场融资，市场加速扩容预期升温。由于在第一期石化转债发行后，中石化股价大幅下跌，投资者不可能按照原定的转股价将债权转成股权，但中石化并无下调转股价之意。推出二期转债，按目前的市况，不少投资者反映，这对一期转债的投资者造成很大的侵害。受此影响，当天转债市场就出现大幅波动，规模最大、最有代表性的三只转债均出现大幅下跌，石化转债下跌 5.61%，工行转债下跌 4.28%，中行转债下跌 2.7%，其他多只转债均出现大幅下挫。目前，国内并无明确的法律条文规定不允许一家公司两只转债同时上市交易。一位资深人士介绍，两债并存将很难平衡投资者和发行人的利益。股价下行时，后发转债的转股价低，同等利率条件下，后发的价值高；股价上行时，后发转债的转股价高，发行人势必要上调利率来增加后发转债的吸引力，而这样可转债低成本融资的优势也就丧失了。当前投资者更为担忧的是，中石化两债并存的做法，融资成本较低，一旦被其他公司尤其是银行效仿，转债市场容量会迅速扩大，且整个市场估值体系可能紊乱。

结合上述材料，思考什么是可转换债券，可转换债券具有什么样的特征，可转换债券与普通债券相比具有哪些期权，这些期权是如何影响可转换债券的价格的？这些是本章将要探讨和分析的问题。

9.1 | 债券中嵌入期权分类及特点

为了规避投资者和证券发行者的各种风险，固定收益证券进行了多样化的创新和设计，特别是在利率支付方式、期限、信用提升、流动性提升、内嵌期权等多个方面进行了改进。对于嵌入期权的固定收益证券，我们称为含权证券。相对于非含权证券，含权证券的价格评估比较复杂，涉及期权的定价及期权的执行对固定收益证券未来的现金流造成冲击影响的多个方面，诸如债券未来现金流的大小、现金流的方向和时间等。债券中常见的嵌入期权包括赎回权、回售权、转股权、转股修正权、提前偿付权、本息截留权、利率上下限权等。期权的存在为债券的估值定价带来了较大不便，但整体而言，可从投资者和发行者的角度将债券中嵌入的期权进行分类。凡赋予发行者的权利，会降低债券的估值；凡赋予投资者的权利，会增加债券的估值。

对嵌入期权的债券的估值，通常有三种方式，即利率二叉树模型、Black-Scholes 期权定价模型、蒙特卡洛模拟方法。

所谓利率模型，是指对利率可能随时间而变化的情况加以分析和说明的模型。在嵌入期权的债券估值中，利率变化往往会对期权的行权与否产生较大的影响，围绕利率变化对嵌入期权的债券进行定价也是一个比较普遍和有效的方法。利率模型主要是通过假定短期利率与利率波动性之间的关系，在假定利率和利率的波动符合正态分布下，预测和构造某一时间段后的利率的变化分布，并结合嵌入的不同期权，采用倒推的方法来对债券的价格进行估值。

Black-Scholes 模型是最早对期权定价的模型，最初该模型只能对欧式期权进行定价计算，对美式期权尚无确定的定价公式，仍需采用数值方法定价。但赎回权、回售权、转股价调整权等这些期权都属于在债券的存续期内随时可能被执行的美式期权，而不是在确定的某一时点上执行的欧式期权，这就使得 B-S 期权定价公式在运用到含权债券定价时可能会存在一定的估计偏差。若要使用 B-S 期权定价公式来计算这些美式期权的价值，需要建立在这些期权可以近似作为欧式期权的基础上，或某种期权的价值可以被忽略的情况下，那么含有多个期权的债券价值就等于债券中不同期权价值的加减求和。

蒙特卡洛模拟方法也是含权债券特别是可转换债券定价中常用的方法。蒙特卡洛模拟方法是假设在风险中性、市场完美的条件下，利用随机数抽样的方法模拟出资产价值变化的可能路径，并通过增加随机抽样次数和运用统计方法估计出可转换债券理论价格的一种方法。在早期的应用中，很多学者认为蒙特卡洛模拟方法只能适用于欧式期权，但通过模型的改进，蒙特卡洛模拟法也可以运用路径依赖来对美式期权定价。其中，以 Longstaff 和 Schwartz（2001）发展出的最小二乘蒙特卡洛模拟法最为著名。这种方法在模拟出股价路径后，在每一个可能提前行权的时点决定是否行权，当行权价值大于利用最小平方蒙特卡洛模拟法得出的持有至到期日的条件期望现金流量折现值时，便会决定是否提前行权，而模拟的路径也在履约时点终止，将每个路径日的现金流量折现再平均，就能计算出美式期权的价值。近年来，该方法在嵌入期权债券的定价中应用越来越广泛。

9.1.1 期权的特点及分类

期权，即未来的选择权，是赋予持有人未来可以买卖的一种权利。期权的持有人需要向期权的卖方支付一定数量的费用（又称权利金、期权费），然后拥有在未来一段时间内（美式期权）或未来某一时点（欧式期权）以事先约定好的价格（又称执行价格、行权价格）向期权卖方购入或出售一定数量标的资产的权利，而不必承担必须买进或卖出的义务。若期权的买方行权，期权的卖方必须履行相关的售出或购入的义务。因此，期权的买方会在未来结合标的资产的市场价格做出使自身利益最大化的选择，其最大损失是付出的期权费用，但收益上不封顶；而期权的卖方是权利的义务人，其最大收益为收取的期权费，但其损失下不封底。

通常期权产品的要素包括：行权价/执行价（Exercise Price or Striking Price），即合约中规定的买入或卖出标的证券的价格；到期日（Maturating Date），即合约中规定的最后有效日；标的资产（Underlying Asset），即期权所针对的资产；期权费（Premium），即买卖双方购买或出售期权的价格；期权卖方（Option Writer），即发行（Issue）或者出售（Sell）期权的人，又称为期权空头（Short Position）；期权买方（Option Buyer），即支付期权费以获得权利的人，又称期权多头（Long Position）。

按照不同的分类标准，期权可进行如下划分。

1. 按权利划分

按期权的权利划分，可分为看涨期权和看跌期权类型。

看涨期权（Call Options）是指期权的买方向期权的卖方支付一定数额的权利金后，即拥有在期权合约的有效期内，按事先约定的价格向期权卖方买入一定数量的期权合约规定的特定资产的权利，但不负有必须买进的义务。而期权卖方有义务在期权规定的有效期内，应期权买方的要求，以期权合约事先约定的价格卖出期权合约规定的特定资产。

看跌期权（Put Options）是指期权的买方向期权的卖方支付一定数额的权利金后，即拥有在期权合约有效期内，按事先约定的价格向期权卖方卖出一定数量的期权合约规定的特定资产的权利，但不负有必须卖出的义务。而期权卖方有义务在期权规定的有效期内，应期权买方的要求，以期权合约事先规定的价格买入期权合约规定的特定资产。

2. 按交割时间划分

按期权的交割时间划分，有美式期权和欧式期权两种类型及衍生的百慕大期权。

美式期权是指在期权合约规定的有效期内任何时间都可以行使权利的期权。

欧式期权是指在期权合约规定的到期日才能行使权利，期权的买方在合约到期日之前不能行使权利，过了期限，合约则自动作废。

百慕大期权（Bermuda option）是一种可以在到期日前所规定的一系列时间行权的期权。

三者的主要区别在于行权时间的不同，百慕大期权视为美式期权与欧式期权的混合体。相比较而言，欧式期权费用较低，收益较高，但在获利的时间上不具灵活性；而美式期权虽然灵活，但期权费用较高。目前国际市场上交易的大部分期权都是欧式期权。

3. 按内在价值划分

内在价值指立即履行合约可以获取的总收益。具体来说，可以分为实值期权、虚值期权和两平期权。

实值期权，即看涨期权的执行价格低于当时的市场价格，或看跌期权的执行价格高于当时的实际价格，此时持有人立即执行合约可获得正的收益。

虚值期权，即看涨期权的执行价格高于当时的实际价格，或看跌期权的执行价格低于当时的实际价格。当期权为虚值期权时，内在价值为零。

两平期权，即看涨期权的执行价格等于当时的实际价格，或看跌期权的执行价格等于当时的实际价格。当期权为两平期权时，内在价值为零。

9.1.2 期权的内在价值

期权的价值一般由两部分组成，即内在价值与时间价值。期权的时间价值的内涵是，期权距到期日时间越长，大幅度价格变动的可能性越大，期权买方执行期权获利的机会也越大。与较短期的期权相比，期权买方对较长时间的期权应付更高的期权费用，并随到期日的临近而减少，在期权到期日时间价值为零。期权的时间价值反映了期权交易期间的时间风险和价格波动风险，当合约 0%或 100%履约时，期权的时间价值为零。

在衡量期权的内在价值时，我们通常不考虑时间价值，仅考虑到期日的执行价格与市场价格之间的关系，并结合期权的性质衡量期权价值。我们以看涨期权、看跌期权来演示期权价值的计算。

1. 看涨期权

假设期权的执行价格为 K ，标的资产的市场价格为 S ，在执行日期权的价值为 c ，则

$$c = \begin{cases} S - K & S > K \\ 0 & S \leq K \end{cases} \text{ 或者 } c = \text{Max}(S - K, 0) \tag{9.1}$$

持有看涨期权的买方和卖方的收益与资产价格之间的关系如图 9.1 所示。

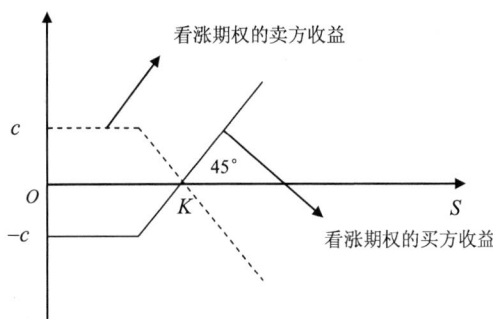

图 9.1 考虑期权费时，看涨期权的买卖双方收益情况

值得注意的是，对于任何衍生产品，买卖若均按合约条款执行期权，则期权交易双方的期望收益均为零，即期权的交易实质上是零和博弈或公平博弈。

2. 看跌期权

假设期权的执行价格为 K ，标的资产的市场价格为 S ，在执行日期权的价值为 p ，则

$$p = \begin{cases} K-S & K>S \\ 0 & K \leqslant S \end{cases} \quad \text{或者} \quad p = \text{Max}(K-S,0) \qquad (9.2)$$

持有看跌期权的买方和卖方的收益与资产价格之间的关系如图 9.2 所示。

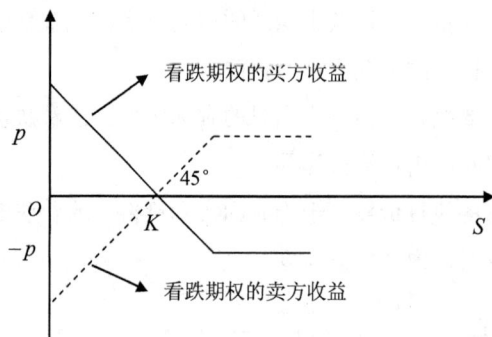

图 9.2 考虑期权费时，看跌期权的买卖双方收益情况

9.1.3 期权平价公式

1 份看跌期权和标的股票构建的组合和 1 份看涨期权可能有相同的收益结构，1 份看涨期权和标的股票构建的组合和 1 份看跌期权可能有相同的收益结构。定义变量如下。

S_0：0 时刻的股票价格，即股票的现价；

S_T：股票在 T 时刻的价格；

r 为市场借贷利率（这里假设市场借贷利率相等）；

K 为执行价格；

c 为看涨期权价格；

P 为看跌期权价格。

构建一个组合 A，该组合有 1 份股票、1 份看跌期权和 Ke^{-rT} 的借款组成，且该借款到期日应还款 K，则该组合与 1 份看涨期权的现金收益如表 9.1 所示。

表 9.1　　　　由看跌期权和股票及借款构成的组合与看涨期权的现金流收益比较

		期初现金流	期末现金流（到期日价值）	
			$S_T > K$	$S_T \leqslant K$
组合 A	1 份股票	$-S_0$	S_T	S_T
	1 份看跌期权	$-p$	0	$K-S_T$
	借款	$K \cdot e^{-rT}$	$-K$	$-K$
	现金流合计	$-S_0 - p + K \cdot e^{-rT}$	$S_T - K$	0
看涨期权	1 份看涨期权	$-c$	$S_T - K$	0

由表 9.1 可知，由 1 份股票、1 份看跌期权和 Ke^{-rT} 的借款构成的组合 A 和 1 份看涨期权所获得的期末现金流相等，根据无套利原理，则组合 A 和 1 份看涨期权的期初现金流也应当相等，即有

$$-S_0 - p + K \cdot e^{-rT} = -c$$

即

$$c = S_0 + p - K \cdot e^{-rT}$$

上式即为期权平价公式（Call-put Parity）。该公式表明，当看涨期权价格被高估时，通过买入股票、1 份看跌期权和借款，同时卖出看涨期权即可获得无风险套利；当看涨期权价格被低估时，卖空股票，卖出看跌期权，并贷款，同时买入 1 份看涨期权，即可获得无风险套利。

9.1.4 期权定价的相关因素

影响期权定价的因素可以从三个方面展开，分别是与标的资产相关的因素、与期权合约相关的因素及与金融市场相关的因素。

与标的资产相关的因素包括标的资产当前价格、波动率、红利支付情况；而与期权合约相关的因素包括执行价格、距离到期日的长短；与市场相关的因素主要是市场利率，这影响着无风险借贷成本，即持有期权合约的机会成本等。在考虑不同因素对期权价值的影响时，主要基于风险程度（到期期限、波动率）及执行的难易程度（当前股价、执行价格、无风险利率、红利等）展开。相关因素对不同类型的期权价值的影响如表 9.2 所示。

表 9.2 期权的影响因素与影响方向

变量	欧式看涨期权	欧式看跌期权	美式看涨期权	美式看跌期权
股票价格 S_T	正	负	正	负
执行价格 K	负	正	负	正
到期期限 T	—	—	正	正
波动率 σ^2	正	正	正	正
无风险利率 r_f	正	负	正	负
红利	负	正	负	正

9.2 二叉树模型与含权债券的定价

9.2.1 二叉树模型

二叉树模型有时也称为二项式模型。以简单的两期情形为例，先考虑以股票为标的物的欧式看涨期权的二项式定价模型。

首先做出基本假定：证券市场是无摩擦的和完全竞争的，不存在套利机会；标的资产的价格服从二项分布。

1. 二叉树模型与无套利方法

考虑价格未来有两种情况。假设股票价格上涨的幅度为 $u(u>1)$，股票价格下降的幅度为 $d(d<1)$，且 $0<d<e^{r_f}<u$（无套利的要求）。在这些假定条件下，我们可以构建如图 9.3 所示的两期模型，那么如何得出 1 期模型中看涨期权的价值呢？

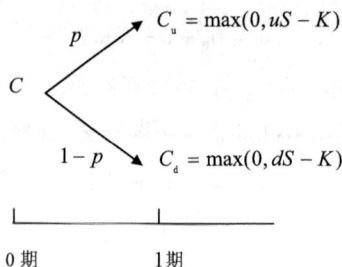

图 9.3　两期模型下的期权价值的计算

若市场不存在无风险套利机会，我们可以持有 x 份股票和借入 y 的现金组合来复制该期权，则在 $t=1$ 时刻，组合的价值应满足

$$\begin{cases} uS_0 \cdot x + y \cdot e^{rT} = C_u = \max(0, uS - K) \\ dS_0 \cdot x + y \cdot e^{rT} = C_d = \max(0, ds - K) \end{cases}, \quad \text{进一步，可解得：} \begin{cases} x = \dfrac{C_u - C_d}{(u-d)S_0} \\ y = \dfrac{uC_d - dC_u}{(u-d)} \cdot e^{-rT} \end{cases}$$

则在 $t=0$，期权的价格应为 $C(S_0) = xS_0 + y$

$$\text{即 } C(S_0) = \frac{C_u - C_d}{(u-d)} + \frac{e^{-rT}(uC_d - dC_u)}{(u-d)} = \frac{1 - de^{-rT}}{(u-d)} \cdot C_u - \frac{ue^{-rT} - 1}{(u-d)} \cdot C_d$$

这里假设 $d < e^{rT} < u$。若 $e^{rT} \leqslant b$，则存在套利机会，即借入现金买入股票。

【例 9.1】假设某股票 $t=0$ 时刻价格为 20 元，未来 $t=1$ 时刻股票价格有两种可能，上涨至 40 元或下跌至 10 元。假设市场无风险利率为 $r=0$，市场上存在以该股票为标的物的看涨期权，执行价格为 25 元。该看涨期权的价格多少才合理？

解答：

若市场不存在无风险套利机会，我们可以持有 x 份股票和借入 y 的现金组合来复制该期权，则在 $t=1$ 时刻，组合的价值应满足

$$\begin{cases} 40x + y = 15 \\ 10x + y = 0 \end{cases}, \quad \text{进一步，可解得} \begin{cases} x = 0.5 \text{（份）} \\ y = -5 \text{（元）} \end{cases}$$

即该期权在 $t=0$ 的价值为 $C = 1/2 \times 20 - 5 = 5$（元）

如果市场上该期权的价格 $C_m > 5$ 元，则在市场上卖出该期权，同时支付 5 元买入 $(1/2, -5)$ 的组合（即借入 5 元资金，持有 0.5 份股票），获得无风险收益 $C_m - 5$，该组合期权价值的可行域如图 9.4 所示。

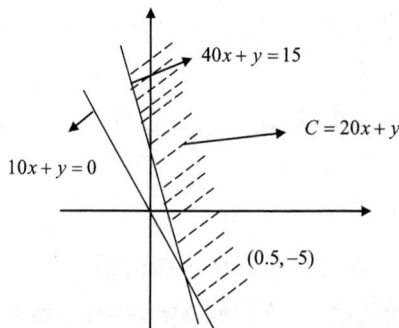

图 9.4　组合期权价值的可行域

2. 风险中性概率的确定

在上面的期权定价公式中，利用的是无风险套利定价原理，并未涉及对股票价格上涨或下跌概率的假设。假设 p 为股票价格上涨的概率，$1-p$ 为股票价格下跌的概率，如何确定期权在 $t=0$ 时的公平价值 C？

假设还是两期模型。首先，我们应当依据股票价格的上涨和下跌，基于无套利原理，计算出上涨或下跌的概率，应满足

$$S_0 \bullet \mathrm{e}^{r_f} = p \bullet u \bullet S_0 + (1-p) \bullet d \bullet S_0 \qquad (9.3)$$

则可推导出 $p = \dfrac{\mathrm{e}^{r_f} - d}{u - d}$

根据无风险套利原理，期权在 $t=1$ 时期的价值的现值之和应当等于期权在 $t=0$ 时期的价值，即

$$C = \left[pC_u + (1-p)C_d \right] \bullet \mathrm{e}^{-r_f}$$

值得注意的是，无套利定价的本质等价于存在着等价鞅测度，上式中 P 为风险中性概率，或等价鞅测度。在对欧式看涨期权定价时，计算不依赖于股票价格上涨或下跌的概率，也不依赖于个体对风险的偏好，上涨和下跌的概率用风险中性概率进行测度。

下面，将以股票为标的物的欧式看涨期权的二叉树定价模型拓展至多期模型。假设共有 T 期，则期权在 T 期的价值测度可以表示为

$$\max(0, u^n d^{T-n} S_0 - K) \qquad (9.4)$$

其中，T 为时期数；n 为股票上涨的次数（$n = 0, 1, 2, \cdots, T$）。

记 $B(n \mid T, p)$ 表示 T 时期内上涨 n 次的概率，则有

$$B(n \mid T, p) = \frac{T!}{n!(T-n)!} p^n (1-P)^{t-n}$$

其中，P 为风险中性概率，$P = \dfrac{\mathrm{e}^{r_f} - d}{u - d}$。

由此根据无风险套利原理，有

$$C_0 = \mathrm{e}^{-r_f T} \sum_{n=0}^{T} B(n \mid T, P) \max(0, u^n d^{T-n} S_0 - K)$$

进一步简化，可得到

$$C_0 = S_0 B(n \geqslant a \mid T, P') - K(1 + r_f)^{-T} B(n \geqslant a \mid T, p)$$

其中，$a = \min(n \mid u^n d^{T-n} S_0 - K > 0)$，$p = \dfrac{\mathrm{e}^{r_f T} - d}{u - d}$，$p' = \dfrac{u}{u - d} p$

$$B(n \geqslant a \mid T, p') = \sum_{n=a}^{T} \frac{T!}{n!(T-n)!} p'^n (1-p')^{t-n}$$

$$B(n \geqslant a \mid T, p) = \sum_{n=a}^{T} \frac{T!}{n!(T-n)!} p^n (1-p)^{t-n}$$

可推得

$$C_t = S_0 B(n \geqslant a \mid T, p') - \mathrm{e}^{-r_f(T-t)} B(n \geqslant a \mid T, p) \qquad (9.5)$$

9.2.2 利率二叉树模型

在对含权的固定收益证券定价时，利用二叉树模型是比较简单和直观的模式之一。假设下一时

段的利率分布呈二项分布，且同一时段不同点的变化利率的贴现系数与当前时点上市场的即期利率所隐含的贴现系数相等，此时市场上不存在套利机会。这是构建利率树的基础，也是利用二叉树模型对固定收益证券定价的关键基础。

基于二叉树模型的利率树，实质上是对短期利率波动在一定假设条件下波动可能性的一种描述。一般的基本假设包括以下四个方面：一是下一时期利率波动只有上升或下降两种可能；二是各期利率上升或下降的概率保持不变；三是各期利率的分布符合正态分布；四是各期利率的波动性保持不变。

根据上述假定，若利率的波动率为 σ，$t = 0$ 时点的初始利率为 r，在 Δt 时点利率只有上涨和下跌两种情况，设利率上升的比例和下降的比例分别为 u 和 d，则有

$$u = e^{\sigma\sqrt{\Delta t}}$$
$$d = e^{-\sigma\sqrt{\Delta t}}$$

而据此计算的风险中性概率为

$$p = \frac{e^{-r\Delta t} - d}{u - d}$$

在这里，Δt 可以表示为单个时间段的时间长度。

假设市场无风险利率为 $r = 4\%$，年波动率为 2%，则年波动率的标准差为 $\sigma = \sqrt{2\%} = 14.14\%$，时间段为 $\Delta t = 1$。则在上述四个假设条件成立的情况下，可计算出相关的指标值分别为

$r = 4\%$，$\Delta t = 1$，$\sigma = 0.1414$，$u = e^{\sigma\sqrt{\Delta t}} = 1.1519$，$d = e^{-\sigma\sqrt{\Delta t}} = 0.8681$，风险中性概率 $p = \frac{e^{r\Delta t} - d}{u - d} = 0.6085$。

即二叉树利率模型在假定下期利率只有两种变化的基础上，通过分析各种可能的变化，从而构造出多个时间阶段后的利率分布情况。

类似于第 9.2.1 节对二叉树模型概率分布的认识，若用 $P(x = k)$ 表示在 n 个时间段内有 k 次上涨的概率，则二叉树不同时点的概率分布规律为

$$P(x = k) = C_n^k p^k (1-p)^{n-k} = \frac{n!}{k!(n-k)!} p^k (1-p)^{n-k} \tag{9.6}$$

C_n^k 表示在 n 个时间段内有 k 次出现上涨的可能路径，如图 9.5 所示，共有 4 期，即 $n = 4$。若求有 4 次上涨的概率，共有的路径数为 $C_4^4 = 1$，出现的概率为 $P(x = 4) = C_4^4 p^4 (1-p)^{4-4} = p^4$。

这种方法在估计远期利率的分布中应用较少，主要原因是这一方法所假定的未来利率分布呈上涨或下跌概率不变的二项分布，缺乏依据市场实际变化对所推导的利率进行修正或调整，从而可能导致理论值与实际值之间存在较大的估计误差。在资本市场发展相对成熟的市场上，往往根据利率期限结构来推导出远期利率，来作为利率二叉树模型未来不同时间结点的利率估值。

对远期利率的理论推测进行修正的基本思路是引入无套利分析法，即无论下一个时点利率如何变化，从下一个时点贴现现金流的贴现系数应与直接使用当前时点到下一时点间的远期利率进行贴现的贴现系数相同，从而使市场不存在任何套利机会。假如未来时点上不同的利率水平符合二项分布，用 r_f 表示未来某一时点到下一时点的远期利率，r_u 和 r_d 分别表示下一时点的两种利率。此时债

券的定价往往使用倒推的方法，从最后一期开始往前推出不同时点的时间结点的债券价格。如果债券含有期权性质，则考虑在该时点是否行权。若可能存在行权，依据投资者遵循利益最大化的原则，选用行权价格作为时间节点的价格替代，并继续向前倒推，可推导出债券在 $t=0$ 时间结点的价值。

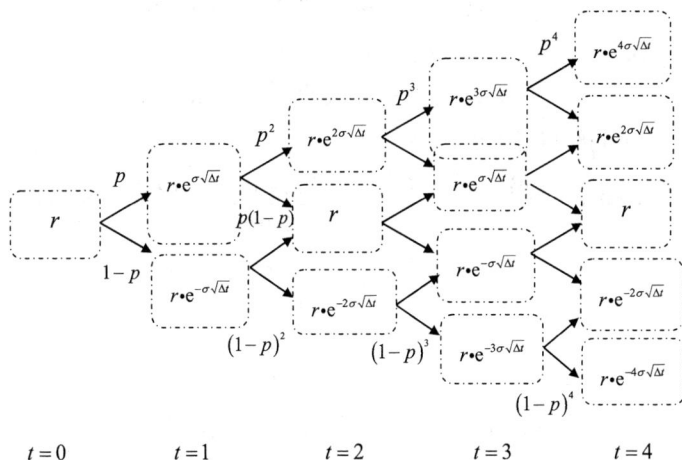

图 9.5　简单利率二叉树模型在不同时间结点的利率值及发生的概率

下面，我们分别用风险中性概率和无风险套利原理下的远期利率修正思想，利用利率二叉树模型来对债券进行定价。

以零息债券为例，假定只存在一个状态变量影响债券价格变动，即单期利率，利率变化遵循每个时间结点有上涨和下跌两条状态路径。假设市场无风险利率为 $r=4\%$，年波动率的标准差为 $\sigma=14.14\%$，时间段为 $\Delta t=1$，那么对于 3 年期的零息债券，其在 $t=3$ 时刻共有 4 个结点，对该零息债券进行估值定价。

1. 风险中性概率思想

在风险中性概率下，利率二叉树模型在未来不同时间结点的利率值和现金流的分布如图 9.6 和图 9.7 所示。

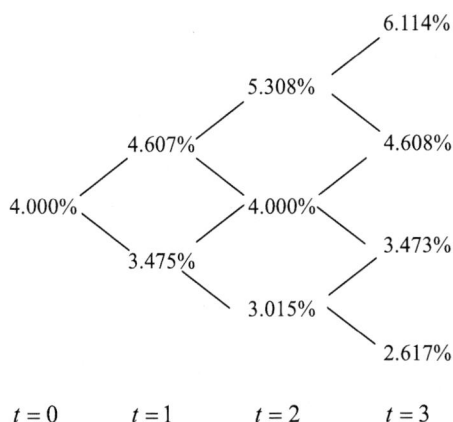

图 9.6　二叉树利率树图

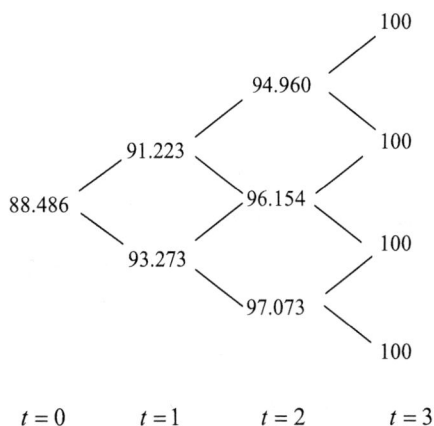

图 9.7　3 年期零息债券不同时间结点价格

对于 3 年期零息债券，对比利率二叉树，在 $t=2$ 时刻，共有三个结点，分别表示利率上涨→上涨、上涨→下跌和下跌→上涨、下跌→下跌共四条变化路径，我们分别用 r_{uu}、r_{ud}、r_{dd} 表示三个时间点上未来一年的即期利率，也即从 0 时点未来第 2 年末至第 3 年末的远期利率；分别用 A_{uu}、A_{ud}、A_{dd} 表示零息债券在不同利率路径下三个结点的价格水平。计算结果如下。

$$r_{uu} = r \bullet e^{2\sigma\sqrt{\Delta t}} = 4\% \times e^{2 \times \sqrt{0.02} \times 1} = 5.308\%$$

$$r_{ud} = r_{du} = r = 4\%$$

$$r_{dd} = r \bullet e^{-2\sigma\sqrt{\Delta t}} = 4\% \times e^{-2 \times \sqrt{0.02} \times 1} = 3.015\%$$

而此时在 $t=2$ 时刻三个不同结点的债券价格为

$$A_{uu} = \frac{p \times A_{uuu} + (1-p) \times A_{uud}}{1+r_{uu}} = \frac{0.608\,5 \times 100 + 0.391\,5 \times 100}{1+5.308\%} = 94.960 \text{（元）}$$

$$A_{ud} = \frac{p \times A_{duu} + (1-p) \times A_{udd}}{1+r_{ud}} = \frac{0.608\,5 \times 100 + 0.391\,5 \times 100}{1+4\%} = 96.154 \text{（元）}$$

$$A_{dd} = \frac{p \times A_{ddu} + (1-p) \times A_{ddd}}{1+r_{ud}} = \frac{0.608\,5 \times 100 + 0.391\,5 \times 100}{1+3.015\%} = 97.073 \text{（元）}$$

而在时点 1，利率路径只有上涨和下跌两种，分别记 r_u 和 r_d 表示第 1 年末到第 2 年期末的远期利率（或时点 1 的 1 年期即期利率），用 A_u 和 A_d 表示零息债券在 $t=1$ 时刻两个结点的价格。可分别计算如下。

$$r_u = r \bullet e^{\sigma\sqrt{\Delta t}} = 4\% \times e^{\sqrt{0.02} \times 1} = 4.607\%$$

$$r_d = r \bullet e^{-\sigma\sqrt{\Delta t}} = 4\% \times e^{-\sqrt{0.02} \times 1} = 3.475\%$$

进一步地，

$$A_u = \frac{p \times A_{uu} + (1-p) \times A_{ud}}{1+r_u} = \frac{0.608\,5 \times 94.960 + 0.391\,5 \times 96.154}{1+4.607\%} = 91.223 \text{（元）}$$

$$A_d = \frac{p \times A_{du} + (1-p) \times A_{dd}}{1+r_d} = \frac{0.608\,5 \times 96.154 + 0.391\,5 \times 97.073}{1+3.475\%} = 93.273 \text{（元）}$$

这样，零息债券在 $t=0$ 时刻的价格就比较容易计算出来，即

$$A = \frac{p \times A_u + (1-p) \times A_d}{1+r} = \frac{0.608\,5 \times 91.223 + 0.391\,5 \times 93.273}{1+4\%} = 88.486 \text{（元）}$$

总而言之，在对债券估值时，只要确定了债券的波动率、时间间隔、初始利率水平和到期价值，就可以估计出利率上升和下降比例及风险中性概率，并利用风险中性概率对债券进行定价。值得注意的是，基于风险中性概率进行的债券估值，虽然是一种债券估值的可选方法，但与实际的估计结果可能存在一定的偏差。原因在于，基于利率期限结构，我们可以推算出未来不同时点上的远期利率，而远期利率与利率二叉树四个假设下计算的利率路径在不同时点上的值是有区别的。

2. 无风险套利原理下的远期利率修正思想

比如在时点 2，基于利率期限结构只有一个远期利率，但根据利率路径设计，可以得到三个结点的远期利率。基于无风险套利假设，最后 1 期无论利率路径如何，得到的最后的债券价值都是一样的，均为 100 元。假设债券的到期时间为 T，$T-1$ 期的远期利率为 $f_{T-1,T}$，则有

$$\frac{100}{1+f_{T-1,T}} \tag{9.7}$$

$$= C_n^n \times p^n \times (1-p)^{n-1} \times \frac{100}{1+r_{uu\cdots u}} + C_n^{n-1} \times p^{n-1} \times (1-p)^1 \times \frac{100}{1+r_{uu\cdots d}} + \cdots + C_n^0 \times p^0 \times (1-p)^n \times \frac{100}{1+r_{dd\cdots d}}$$

式（9.5）中，$r_{\underset{n次u}{uuu\cdots u}}$ 表示利率连续上涨 n 期的时点即期利率，即 n 期利率路径的最高利率水平；$r_{\underset{n次d}{ddd\cdots d}}$ 表示利率连续下跌 n 期的时点即期利率，即 n 期利率路径的最低利率水平；$r_{\underset{k次u}{udu\cdots d}}$ 表示 n 期利率路径中上涨 k 次的利率。同时由 $r_u = r \cdot e^{\sigma\sqrt{\Delta t}}$，$r_d = r \cdot e^{-\sigma\sqrt{\Delta t}}$，则有 $r_u = r_d e^{2\sigma\sqrt{\Delta t}}$

进一步可推得

$$\frac{1}{1+f_{T-1,T}} = \sum_{k=0}^{n} C_n^k \times p^k \times (1-p)^{n-k} \times \frac{1}{1+r_{\underset{k次u}{udu\cdots d}}}$$

$$= \sum_{k=0}^{n} \frac{n!}{n!(n-k)!} \times p^k \times (1-p)^{n-k} \times \frac{1}{1+r_{\underset{n次d}{ddd\cdots d}} \times e^{2k\sigma\sqrt{\Delta t}}} \tag{9.8}$$

这样，根据利率期限结构，就可以相对容易地推导出最后 1 期的远期利率 $f_{T-1,T}$，并根据上式利用线性规划求解，推导出 $r_{ddd\cdots d}$ 的值，在此基础上可进一步推导出利率二叉树模型第 $n-1$ 期在不同结点上的未来 1 期即期利率。

同样，继续利用无套利定价原理，根据利率期限结构求解出的 $f_{T-2,T-1}$ 值，利用规划求解，先求解出 $r_{\underset{n-1次d}{ddd\cdots d}}$ 的值，并在此基础上求解出第 $n-2$ 期在不同结点上的未来 1 期即期利率，即

$$\frac{1}{1+f_{T-2,T-1}} = \sum_{k=0}^{n-1} C_{n-1}^k \times p^k \times (1-p)^{n-1-k} \times \frac{1}{1+r_{\underset{k次u}{udu\cdots d}}}$$

$$= \sum_{k=0}^{n-1} \frac{(n-1)!}{(n-1)!(n-k-1)!} \times p^k \times (1-p)^{n-k-1} \times \frac{1}{1+r_{\underset{n次d}{ddd\cdots d}} \times e^{2k\sigma\sqrt{\Delta t}}}$$

重复上面的步骤，就可以较为简单地确定利率二叉树模型在各期不同时间结点上的即期利率。假定市场利率期限结构如表 9.3 所示。

表 9.3   市场利率期限结构分布

时期	即期利率（%）	远期利率（%）
0	4.00	4.00
1	4.20	4.40
2	4.50	5.10
3	4.10	2.91
4	3.80	2.61

下面利用无套利定价原理推导不同时点上的即期利率。需要注意的是，在计算不同时点不同树叉上的即期利率时，是利用无套利定价原理分别计算的，只是与当期的即期利率有关。如图 9.8 所示，注意这里不同结点的取值只是为推导不同树叉的即期利率而单独构建出来的，并不是在该时点不同结点上的债券价格估计值。

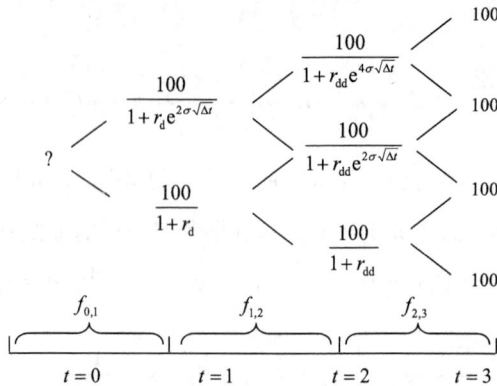

图 9.8 利用远期利率的无套利原理估算不同时点上不同结点的利率值过程

显然，在时点 2，根据无套利定价原理，有

$$\frac{100}{1+f_{2,3}} = p^2 \times \frac{100}{1+r_{dd}e^{4\sigma\sqrt{\Delta t}}} + 2p(1-p) \times \frac{100}{1+r_{dd}e^{2\sigma\sqrt{\Delta t}}} + (1-p)^2 \times \frac{100}{1+r_{dd}}$$

由 $f_{2,3} = 5.1\%$，$p = 0.590\,2$，$\sigma = 14.14\%$，$\Delta t = 1$，利用规划求解解出 $r_{dd} = 3.590\%$，进一步得到 $r_{uu} = r_{dd} \times e^{4\sigma\sqrt{\Delta t}} = 6.321\%$，$r_{ud} = r_{du} = r_{dd} \times e^{2\sigma\sqrt{\Delta t}} = 4.764\%$。

对于 2 年期的零息债券，在时点 1，根据无套利原理，有

$$\frac{100}{1+f_{1,2}} = p \times \frac{100}{1+r_d e^{2\sigma\sqrt{\Delta t}}} + (1-p) \times \frac{100}{1+r_d}$$

由 $f_{1,2} = 4.40\%$，$p = 0.590\,2$，$\sigma = 14.14\%$，$\Delta t = 1$，利用规划求解解出 $r_d = 3.691\%$，$r_u = r_d \times e^{2\sigma\sqrt{\Delta t}} = 4.898\%$

图 9.9 为基于无风险套利原理计算的基于市场预期的二叉树利率图。在时点 1，同样可以利用利率期限结构求解出 $f_{1,2}$，并根据无套利原理，推导出债券在不同时点的利率分别为

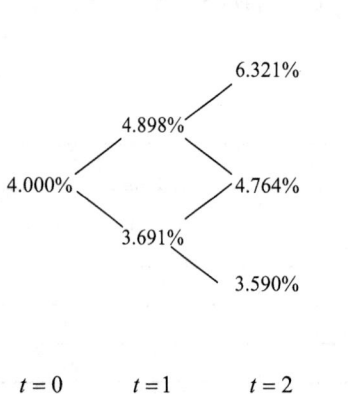

图 9.9 基于无套利原理的二叉树利率图

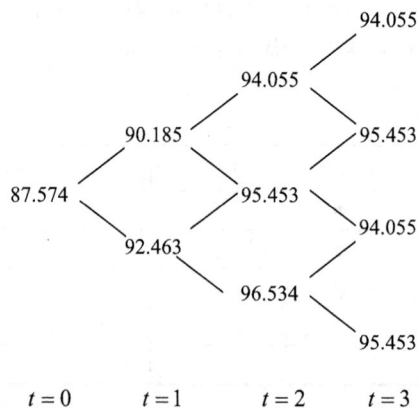

图 9.10 基于无套利二叉树利率图的债券价格

通过计算，我们发现，基于利率期限结构和无套利原理构建的二叉树利率图（如图 9.10 所示）计算的 3 年期零息国债的价格为 87.574 元，与预测估计远期利率下计算的零息债券价格 88.486 元不太一致。造成这种结果的原因，主要是假定未来利率分布呈上涨和下跌概率不变的二项分布来估计远期

利率的方法，缺乏根据市场变化对所推导利率进行修正和调整的可能，导致理论与实际市场情况存在较大偏差。而基于利率期限结构，推导出远期利率，并基于无套利原理推导出不同时点上的即期利率的方法，考虑了市场的预期，相对比较科学，但这种方法比较复杂，在应用中存在一定的局限性。

9.2.3　二项式模型与含权证券定价

对于嵌有期权的债券，当市场条件发生变化（特别是利率风险、标的资产价格等），可能就会导致债券在到期前由于期权持有人（可以是债券投资者，也可能是债券发行人）的行权而终结。对于嵌有期权的债券，除债券的条款中明确约定的执行期权的条件，即在什么条件下，在什么时间，按照什么价格行权外，期权能否被执行，还取决于期权持有人执行期权的成本。在本书的含权债券定价中，我们不考虑执行期权可能涉及的税收及执行交易成本等，只要达到行权条件，我们就认为期权持有人会行权。首先，我们对不同嵌权债券的特征进行梳理。

（1）可赎回债券。可赎回债券在具体执行赎回时，是从前至后的，即一旦赎回条件满足，债券发行人就可能会赎回债券；但在分析债券价格或何时赎回条件可能得到满足时，却是从后至前倒推的。原因在于，要对前一期债券定价，必须知道以后各期的现金流和贴现率，只有确定了以后各期现金流的现值后，才能确定债券的当期价格。假定债券的价格只要高于赎回价格，发行人就会赎回债券。这种情况发生的原因主要在于市场利率的下降导致债券价格上升，债券的发行人可以以更低的成本从市场上融资，因此发行人倾向于提前赎回债券。

（2）可回售债券。回售期权的持有人可以在适当的时候，按约定的价格将债券回售给发行人。债券的回售时间和价格，通常是在债券发行时约定的。投资者是否回售债券，取决于投资者回售债券的成本与收益相比是否符合投资者的投资目标。假定当债券的价格低于回售价格时，投资者就会将债券回售给发行人。这种情况发生的主要原因在于市场利率的上升导致债券价格下降，投资者可以有更多的投资机会选择，因此倾向于提前出售债券来收回投资。

（3）利率上限浮动债券。利率上限浮动债券的特点是对债券票面利率的浮动设定一个上限，当市场利率高于这一设定的上限时，债券的实际票面利率将重设为这一指定利率，而不再是市场利率。对利率上限浮动债券定价，就是要根据市场利率与设定的利率上限间的关系，对适用的票面利率做出调整。具体的方法是：当市场利率低于利率上限时，债券的票面利率与市场利率相等，债券按面值进行交易；当市场利率高于利率上限时，债券的票面利率低于市场利率，债券价格将低于面值。需要注意的是，利率上限债券所适用的利率，通常是在某一个计息期的期初确定，但利息额则是在该期结束后才收到的，所以需要用当期的市场利率对实际的票面利率进行贴现。

（4）期权调整利差。嵌有期权的债券的理论价格与市场价格之间的价差，既可以通过价格差额的绝对数值表示，也可表示为利率差。期权调整利差（Option-adjusted spread,OAS）就是表示债券的理论收益率与市场收益率之间差异的方式之一，其含义是在每个时点上，债券的理论收益率与市场收益率之间都存在某个恒定的利差。根据上述含义，其具体的计算方法是，在二叉树模型中利率树每一个结点加上某个恒定的差值，使新计算的债券价格与该债券的市场价格相等，这个差值就是期权调整利差。产生期权调整利差的主要原因是信用风险、流动性风险和期权风险等。究竟属于这大原因中的哪些原因，必须首先清楚计算期权调整利差的基准利率是什么。最常用的如新发国债的收益率或拍卖利率、Libor 等。如果基准利率是新发国债，且要分析的也是国债，二者在信用风险上没有差异，则 OAS 主要是因为流动性的差异和期权风险的影响。如果所使用的贴现利率与债券本身的风险不匹配，例如使用的贴现利率是直接来源于利率期限结构，即以国债的即期利率为基础，而债券是企业债券时，利差的调整中就应还包含有信用风险的差异。

（5）实际久期与实际凸性。实际久期的计算步骤是：首先根据债券的市场价格，计算出债券的期权调整利差，将债券所适用的即期收益曲线向上、向下各做微小的移动，以移动后的收益曲线为基础重新计算利率树；然后将 OAS 加入新计算的利率树中，对利率树进行调整，并以调整后的利率树为基础，计算债券的价格；最后根据价格变动和利率变化，计算实际久期。

当然还有一些债券含有多种期权，例如某债券同时嵌有赎回权和回售权，下面举例说明对该类债券的定价方法。

【例 9.2】某内嵌赎回权和回售权的债券，面值为 100 元，票面利率为 5%，到期期限为 4 年。市场利率的相关信息如下：$r = 4\%$，$\Delta t = 1$，$\sigma = 0.141\,4$，$u = \mathrm{e}^{\sigma\sqrt{\Delta t}} = 1.151\,9$，$d = \mathrm{e}^{-\sigma\sqrt{\Delta t}} = 0.868\,1$，风险中性概率 $p = 0.608\,5$。在时点 1、2、3 的回售价分别为 99 元、100 元、101 元，赎回价分别为 102 元、101 元、100 元。试计算债券在 $t = 0$ 时刻的价格是多少。

解答：

首先计算该债券在未来不同时点的现金流分布和估计的利率水平，并计算出如果不含有任何期权，该债券的价格水平。计算过程及结果如图 9.11 所示。

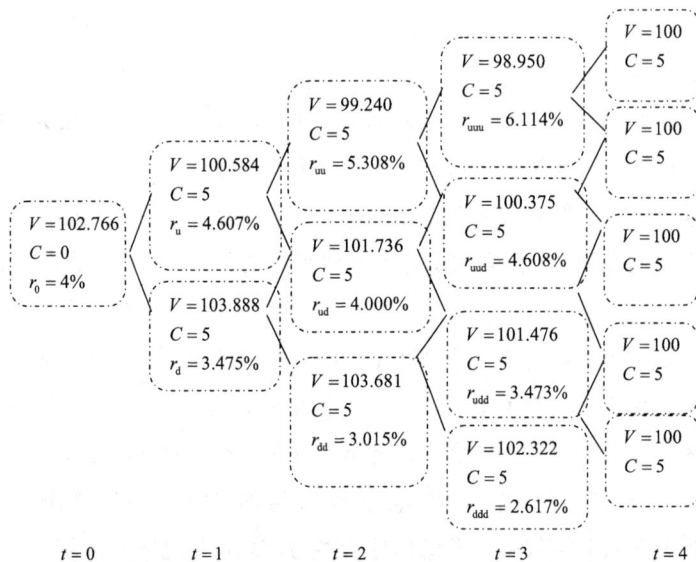

图 9.11　未来不同时点不含权债券现金流分布及不同结点利率水平估计

若考虑赎回权和回售权，则上图的利率树图不变，但不同时点价格将会发生变化。假设一旦达到行权价，不考虑交易成本，债券的发行人或持有者就会行权。含权债券的价格计算过程如图 9.12 所示。

图 9.12 测算的为同时考虑赎回权和回售权的债券现金流情况，仍然采用自后向前倒推的方法，

当价格触及行权价时，持有人或发行人就会行权，此时债券将提前终止。但需要注意的是，在不同的时点上，既有可能持有人通过行使回售权而获得收益，也有可能发行人通过行使赎回权而获得收益，此时考虑利益最大化原则下优先行权原则来计算，比如在 $t=3$ 时点上的"上上下"节点上，债券在该节点上的理论价格为 100.375 元，若持有人按 101 元的回售价行权，则持有人的收益为 0.625 元；而若发行人按 100 元的价格行使赎回权，则债券的发行人的收益为 0.375 元，基于最大利益动机原则，持有人最有动机行权。因此该结点的现金流为 101 元。通过比较分析，在不考虑期权时，债券的价格为 102.766 元，考虑期权时债券价格为 102.463 元，两者价格相差不是很大。但同时还需要注意的是，不同期权的行权价格会影响到债券未来不同时点的现金流分布和最终债券价格的制定，这取决于债券的合约条款中的规定。对于仅含回售权和仅含赎回权的债券现金流分布和定价情况，可参考本书教辅材料中配套的 Excel 计算过程。

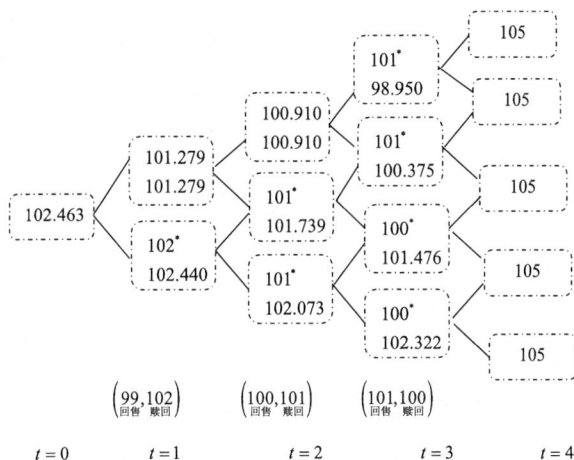

图 9.12　考虑赎回权和回售权的债券现金流信息分布图

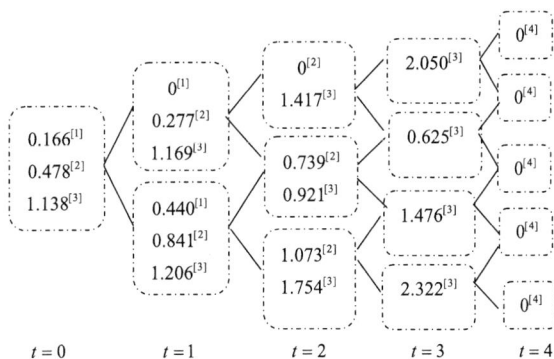

图 9.13　在不同时点行权时期权在 $t=0$ 时点的价值

注：图中[1]、[2]、[3]、[4]表示在不同时点行权时的期权收益路径。

对于含有期权的债券定价或分析判断行权时机时，往往是基于利率预期的基础从后至前推导，但在执行相关的权利时，却是自前至后的，即一旦行权条件满足或成立，债券的持有人或发行人就有可能回售或赎回债券。图 9.13 给出了在不同的时点行权时期权在 $t=0$ 时点的价值。

9.3 Black-Scholes 模型与含权债券定价

9.3.1 Black-Scholes模型

Black 和 Scholes（1973）提出欧式期权的定价模型，最初主要应用于对欧式期权的定价，对美式期权并未有明确的定价公式，大多仍采用数值方法进行定价。然而，在实际的嵌有期权的债券中，所含期权大都属于美式期权。特别是目前市场上比较常见的可转换公司债券，嵌入的赎回权、回售权、转股权、转股修正权等，都属于美式期权。因为这些权利在债券的整个有效期内，或至少某一段时间内都可能被执行，而不是只在某个时点上才能执行。若用经典的 Black-Scholes 期权定价公式来计算期权的价值，必然要建立在这些期权可以被近似成欧式期权或某种期权的价值可以忽略的基础上。下面简单介绍一下 Black-Scholes 模型。其定价公式为

$$C = S \cdot N(d_1) - K \cdot e^{-rT} \cdot N(d_2) \qquad (9.9)$$

其中，$d_1 = \dfrac{\ln(S/K) + (r + \sigma^2/2)T}{\sigma\sqrt{T}}$；$d_2 = d_1 - \sigma\sqrt{T}$；$C$ 为买入期权价格；S 为标的股票当前市价；K 为期权行权价；T 为距到期日时间；r 为无风险利率；σ 为股价变动标准差；$N(d_1)$ 表示在任一时刻 T，期权到期时标的资产的价格为 S 的概率；$N(d_2)$ 为行权价格在时刻 T 的现值为 $K \cdot e^{-rT}$ 的概率。

B-S 期权定价模型主要是针对股票期权的，因为股票的价格波动率较大，且投资者持有股票很难获得较为稳定的现金流预期，估值相对困难。若将 B-S 期权定价公式简单地应用于基于固定收益证券的选择权定价时，就会存在一系列的问题。

【例 9.3】投资者拥有一份认购 1 年后到期的零息债券的选择权，假设债券面值为 100 元，行权价为 105 元。当前市场短期利率为 5%，该债券价格的年波动率的标准差为 20%。问：该认购选择权的价值是多少？

解答：

由于该债券为零息债券，从理论上讲，在到期之前，该债券的价格都不会超过 100 元，即使是市场出现负的利率也很难出现溢价情形。因此一份以 105 元的价格购买该债券的选择权，其价值将为零。但若把该债券视为一种股票，则利用 B-S 模型计算出来的价格为 7.557 元，显然结果与实际脱节，解释不通。利用 B-S 模型计算该选择权的过程如下。

$$d_1 = \frac{\ln(S/K) + (r + \sigma^2/2)T}{\sigma\sqrt{T}} = \frac{\ln(105/100) + (5\% + (20\%)^2/2) \times 1}{20\% \times \sqrt{1}} = 0.106$$

$$d_2 = d_1 - \sigma\sqrt{T} = -0.094$$

$$C = S \cdot N(d_1) - K \cdot e^{-rT} \cdot N(d_2) = 100 \cdot N(0.106) - 105 \cdot e^{-4\% \times 1} \cdot N(-0.094) = 7.557 \text{（元）}$$

在利用 B-S 期权模型给固定收益证券的期权定价时，造成计算结果与实际脱节的原因主要有以下三点。

第一，B-S 模型假定证券价格对应一定的概率，可以上涨或下跌到任何水平，但债券在假设无违约风险的前提下，现金流相对稳定，价格的上涨或下跌空间有限，即使考虑到利率波动风险，由于风险溢价的存在，债券市场利率为负值也不太现实。

第二，B-S 模型假定市场上的无风险利率存在且在一定时期内相对稳定，但在债券市场上，最主要的风险就是市场利率风险，利率的上涨和下跌直接影响到债券嵌入的期权能否被行权，这会对期权的定价产生较大的影响。

第三，B-S 模型假定价格波动率不变，但债券价格的波动率与偿还期的长短有较大关系，在接近偿还期时，价格风险降低。

正是由于 B-S 模型存在着上述问题，在对含权的固定收益证券定价时，很少直接使用这一模型。

9.3.2　修正的 Black-Scholes模型

尽管 B-S 模型在应用于固定收益证券定价时存在着较多问题，但在满足一定条件下对 B-S 模型进行修正并应用于含权固定收益证券的定价仍具有一定的可行性。修正的 B-S 模型叫 Black 模型，但依赖于以下条件的成立：

第一，期权的盈亏在某一特定时点只依赖于一个变量；

第二，假定在该时点上，该变量的分布呈对数正态分布。

例如，当期权有效期远远短于债券偿还期时，就可以利用 Black 模型，具体公式为

$$c = \mathrm{e}^{-rT}\left[F \cdot N(d_1) - K \cdot N(d_2)\right]$$
$$p = \mathrm{e}^{-rT}\left[K \cdot N(-d_2) - F \cdot N(-d_1)\right]$$

(9.10)

其中，$d_1 = \dfrac{\ln(F/K) + \sigma^2 T/2}{\sigma\sqrt{T}}$，$d_2 = d_1 - \sigma\sqrt{T}$；$F$ 为到期日为 T 且价值为 V 的远期价格；c 为认购选择权的价格；p 为回售选择权的价格。

【例 9.4】假设标的债券面值为 1 000 元，票面利率为 10%，每半年付息一次（于 3 个月后和 9 个月后得到），该债券目前距到期日的期限为 9.75 年。已知当前该债券价格为 960 元（包括应计利息）；执行价格为 1 000 元；3 个月的无风险利率为 9%，9 个月的无风险利率为 9.5%，10 个月的无风险利率为 10%（以年为基础，连续利率）；债券价格的年波动率的标准差为 9%。试求 10 个月期的欧式看涨期权价格。

解答： 根据现金流贴现法，假设债券 10 个月后的价格为 F，若市场不存在套利机会，则该债券当前价格应等于未来不同时点得到的现金流的现值之和。由于

$$P_0 = 960 = 50 \cdot \mathrm{e}^{-0.09 \times \frac{1}{4}} + 50 \cdot \mathrm{e}^{-0.095 \times \frac{3}{4}} + F \cdot \mathrm{e}^{-0.1 \times \frac{10}{12}}$$

可解得

$$F = 939.68 \quad （元）$$

根据已知数据，可解得

$$d_1 = \frac{\ln(F/K) + \sigma^2 T/2}{\sigma\sqrt{T}} = \frac{\ln(939.68/1\,000) + (9\%)^2 \times \frac{10}{12}/2}{9\% \times \sqrt{10/12}} = -0.716$$

$$d_2 = d_1 - \sigma\sqrt{T} = -0.798$$

由于是认购权，则

$$c = e^{-rT}\left[F \cdot N(d_1) - K \cdot N(d_2)\right]$$
$$= e^{-0.1 \times \frac{10}{12}}\left[939.68 \cdot N(-0.716) - 1\,000 \cdot N(-0.798)\right]$$
$$= 9.487（元）$$

9.4 蒙特卡洛模拟与含权债券定价

在对可赎回或可回售债券价格的二叉树分析中，假定了债券是否被赎回或回售只与债券的票面利率和某个时点上的市场利率高低有关，而与利率如何达到当前的利率水平的过程或路径无关。但对资产担保债券和抵押债券等含有提前偿还权的固定收益证券产品而言，市场利率会随时影响债券的提前偿付率，因此债券的实际现金流与利率变动的路径直接相关。

运用蒙特卡洛模拟模型估计债券价值的基本原理是，通过对市场利率的不同情况，特别是利率变动路径的不同假定，按一定的方法确定债券的提前偿付率，从而模拟出不同条件下债券的现金流，并计算出这些条件下债券的可能收益率。

9.4.1 利率路径与债券现金流

生成随机利率路径的一般方法是，以当前的即期国债利率结构为基础，假定利率的波动率为某一常数，用计算机随机生成利率路径。基本的要求是以生成的利率路径计算的零息国债的现值应与其当前的市场价格相等，如果存在较大差异，就必须反复调整。

具体使用的基准利率，可能是现行国债（On-the-run）的利率结构，也可能是 Libor。有的债券发行人会为投资者提供在两种基准利率间进行选择的机会，这有利于投资者根据自身的融资需要或资金结构优化自己的投资结构。

蒙特卡洛模拟法中最重要的一个环节是建立起利率如何随时间变化的模型，其中利率的波动率是最关键的参数。因为这一参数决定了模拟中未来利率的变化幅度，在早期研究中，波动率经常被假定为某个确定的值。近年来，利用短期或长期收益波动率或收益曲线的波动结构（不仅是一个波动率，而是针对不同期限长短确定的一系列波动率）来替代固定波动率的研究越来越多。

根据利率模型和假定的波动率结构，可以由计算机生成一系列的利率变化路径，但并不是生成的每条路径都可以直接用于计算债券的价值，除非相应的利率路径能与现行国债之间保持无套利关系，即以生成的利率路径对现行国债的现金流贴现的现值与现行国债的市场价格相等。如果相应的利率路径不满足这种检验，就需要进行调整。具体的调整方式，不同的软件可能有所不同，但基本的原则就是根据即期利率期限结构，投资者对远期利率的预测及投资者的风险偏好等来进行。

依据所生成的利率路径，可以计算出当月的利率和再融资利率。其中，月利率可用于将债券的现金流贴现为现值；再融资利率可用于估计提前偿付的可能性。如果再融资利率高于借款人最初的签约利率，借款人将不会倾向于提前偿还贷款，甚至可能出现推迟还款；而若再融资利率低于最初的签约利率，借款人就有可能提前偿还贷款，债券的提前偿付率可能会升高。根据不同利率路径中的再融资利率分布，以及贷款的性质等，可以估算出贷款提前偿还的可能性，进而估算出不同利率路径下债券的现金流分布。只要能求出债券的现金流分布，债券的价值就比较容易计算出来。

9.4.2 利率路径现值的计算

利率路径现值是指根据所估计的不同利率路径和相应的现金流分布计算出的某一预测的利率路径的现金流的现值。要计算这一现值，首先要计算出与现金流期限相同期限的模拟即期利率（Simulated Spot Rate），这是对各期现金流贴现必须依赖的利率。运用即期利率与远期利率间的关系，可以得出如下公式：

$$z_{T(n)} = \left[(1+f_{1(n)})(1+f_{2(n)}) \cdots (1+f_{T(n)}) \right]^{\frac{1}{T}} - 1 \tag{9.11}$$

其中，$z_{T(n)}$ 表示第 n 条路径第 T 个月的即期利率；$(1+f_{t(n)})$ 表示第 n 条路径第 t 个月的远期利率。

根据各期限预期现金流和即期利率，就可以计算出各期现金流的现值，再根据各期的现值，就可以算出特定利率路径下债券的价值了。其公式为

$$PV_{(n)} = \sum_{t=0}^{T} \frac{C_{t(n)}}{[1+z_{t(n)}+S]^t} \tag{9.12}$$

式中，$PV_{(n)}$ 表示利率路径 n 的债券现值；T 表示债券的到期时间（月）；$C_{t(n)}$ 表示利率路径 n 的债券在第 t 月的现金流；S 表示利率差；$z_{t(n)}$ 表示利率路径 n 第 t 月的即期利率；t 表示月份数。

如果能预测多个利率路径，计算出多个利率路径下债券的现值，一般可以通过计算多个利率路径下债券现值的平均值作为债券的理论值。求平均值的方法，可以是算术平均值，也可以根据不同利率路径出现的概率大小，求加权平均值。

注意上面的方法是建立在对利差 S 的假定的基础上的，该假定是否合理或正确，将直接影响到债券价值的估计。另一方面，如果知道了债券的价格，也可以运用上面的方法反过来推导出债券相对于国债收益的利差 S。在美国绝大部分这类债券都是由一些政府机构发行的，信用风险很低，与国债相比最大的风险就在于提前偿付风险。而这一风险，如果用期权的概念来分析，就是提前偿付期权，因此，S 也经常被认为是期权调整后的利差（Option-Adjusted Spread，OAS）。通常情况下，用于计算期权调整利差的公式是

$$P = \frac{1}{N} \sum_{n=1}^{N} \sum_{t=0}^{T} \frac{C_{t(n)}}{[1+z_{t(n)}+OAS]^t} \tag{9.13}$$

其中，P 表示债券的市场价格；OAS 表示期权调整利差；n 表示利率路径。

期权调整利差可以将不同投资工具间的货币差额转化为收益率的差异，从而为投资者提供一种可以相互间进行比较的基准。因为用收益率作为决策变量，更便于在不同的项目间进行比较。由于期权调整利差的计算是以现行国债的即期利率为基础的，属于无套利估计，因此相对于没有考虑提前偿付风险的名义利差更为准确。另外，期权调整利差与零波动利差之间的差异，也可被理解为期权的成本，即债券发行人为投资者提供提前偿付这一选择权所承担的成本。

通常而言，随着模拟次数的增加，预测的债券理论价格也会不断变化。具体模拟的次数，则与所希望获得的精度有关，精度要求越高，模拟的次数也就越多。通过模拟，除了得到债券的平均价值，也同时能计算出债券价值的标准差。设 M 为模拟次数，μ 为债券价值的均值，σ 为标准差，则期权估计的标准误差为 $\sigma^{(M)}-0.5$。如果要求估计的置信度为 95%，则债券价格 V_b 应满足

$$\mu-\frac{1.96\sigma}{\sqrt{M}}<V_b<\mu+\frac{1.96\sigma}{\sqrt{M}}$$

很明显，模拟结果的精度，与模拟次数的平方根成反比。因此，如果精度上要求提高，模拟次数将按平方倍数增加。即精度要求增加 10 倍时，模拟次数将增加 100 倍。

9.5

可转换债券

9.5.1 可转换债券的性质

可转换债券（Convertible Bond）是可转换公司债券的简称，又简称为可转债，本质上是可转换证券的一种（Convertible Securities）。1843 年，美国的 New York Erie 公司发行了世界上首张可转换公司债券。如今，无论在欧美发达国家和地区，还是在发展中国家的资本市场上，可转换债券都成为资本市场上的一个重要组成部分。

可转换债券的持有者具有特殊的"转换权"，即有权在一定时期内按一定比例或价格，将持有的证券转换成一定数量的另一种性质的证券。而可转换债券的"转换权"是在可转换债券发行时就明确约定的，即债券的持有人可按照发行时约定的价格将债券转换成公司的普通股票。如果债券持有人不想转换，则可继续持有债券，直到偿还期满时收取本金和利息，或者在流通市场中出售变现。如果持有人看好发债公司的股票增值潜力，在锁定期过后就可以行使转换权，按照预定转换价格将债券转换成股票，发行人有义务增发股票来配合持有人转股。

我国的可转换债券市场发展起步于 20 世纪 90 年代初期。1992 年，深圳宝安公司发行了总额 5 亿元的可转换公司债券，并于 1993 年 2 月 10 日在深交所挂牌交易。1997 年国务院证券委员会颁布的《可转换公司债券管理暂行办法》和 2001 年中国证监会发布的《上市公司发行可转换公司债券实施办法》是我国两个管理规范可转换债券的法律文件。在我国，可转换公司债券面值均为 100 元，最小交易单位为 1 000 元。一般情况下，可转换债券的利率低于同等条件下的普通债券利率，甚至低于同期银行存款利率。可转换公司债券的发行规模由发行人根据自身经营状况以及计划安排确定。但在可转债发行后，累计公司债券余额不得超过最近一期期末净资产余额的 40%。我国可转债的最短期限为 3 年，最长期限为 6 年。转股期指持有人可行使转股权利的有效期间，《上市公司证券发行管理办法》规定，上市公司发行可转换公司债券结束 6 个月后，方可转换为股票，即债券发行后 6 个月内不能转股，称为"锁定期"。

可转换公司债券的标的股票大多是公司自己发行的普通股票，少数情况下也将其他公司的股票

作为标的股票，这种可转换公司债券被称为可交换债券，但这种债券目前在国内尚未出现。

9.5.2 可转换债券的特征和要素

1. 可转换债券的特征

可转换债券兼具债权和期权的特征，具体表现在以下四个方面。

（1）债权性。与其他债券一样，可转换债券也有规定的利率和期限，转股前持有人作为债权人，收取利息。持有人可以选择不转换，持有债券到期，收取本息。

（2）股权性。可转换债券在转换成股票之前是纯粹的债券，但在转换成股票之后，原债券持有人就由债权人变成了公司的股东，可参与企业的经营决策和红利分配，这也会在一定程度上影响公司的股本结构。

（3）可转换性。可转换性事实上是附加在可转换债券里的期权，债券持有人可以按约定的条件将债券转换成股票。转股权是投资者享有的、一般债券所没有的选择权。

（4）其他附加权益。可转换债券一般还会附有其他的权益来保护转换过程中发债方和投资者，例如可赎回和可回售条款，以及转股价修正条款等。

从融资的角度看，因为具有可转换权，可转换债券票面利率一般低于普通公司债券的票面利率，企业发行可转换债券可以降低筹资成本，因此对发债企业很有吸引力。另外，进入转股期后，可转债可以分期转为公司股票，可以调节企业的资本结构。

从投资角度看，可转换债券这种兼具债券和股票双重特点的金融工具，对投资者也很有吸引力。当股票市场处于牛市时，股票的价格一般未来继续看好，投资者选择转股，享受股票价格上涨的好处；当股票市场处于熊市，股票的价格未来持续看跌时，投资者不转股，继续持有或者转让债券，以避免股票下跌的风险。

但是可转换债券的风险也比较明显。第一，当股票市场处于牛市时，可转换债券的价格往往已提前上涨，购买可转换债券有可能在高位被套；第二，当股票市场处于熊市时，转股可能性大幅下降，转股权的价值非常小，考虑到可转换债券较低的票面利率和当初购买时已经为转股权付出代价这两个前提条件，投资者面临亏损的风险也很大。

随着金融创新的发展，可转换债券变得越来越复杂，产品设计中暗含的选择权也越来越多。一般情况下，可转债中包含 3 种期权，即回售权、转股权、赎回权，可转换债券的价值即为同等直接债券的价值+股票看涨期权价值（转股权价值）+回售期权的价值-赎回期权的价值。回售权和转股权均是赋予债券持有人的，而赎回权则是赋予债券发行人的。从欧式期权和美式期权角度分析，三种期权都属于欧式期权和美式期权的混合使用。但在实际的产品设计中，除包含以上三类期权外，可转债还包括转股价修正权等特别条款（可查阅我国近两年的可转换债券招募说明书中的具体条款规定）。

2. 可转换债券的要素

一般情况下，对于持有可转换债券，投资者更多关注的是可转换权利的价值。可转换债券要事先规定票面利率、转股价格、转股比例、转换期。以民生银行可转债的发行条款为例，简单介绍一下可转换债券的要素条款设计（以下内容节选自民生银行可转债募集说明书并整理）。

基本条款：发行总额 200 亿元

发行价格：按照面值 100 元平价发行

存续期限：6 年

票面利率：第一年 0.6%，第二年 0.6%，第三年 0.6%，第四年 1.5%，第五年 1.5%，第六年 1.5%

付息方式：计息日为 2013 年 3 月 15 日，付息日为每年的 3 月 15 日

转股条款：初始转股价格为 10.23 元／股，不低于募集说明书公告之日前二十个交易日本行 A 股股票交易均价

转股时间：2013 年 9 月 16 日—2019 年 3 月 15 日

转股价格调整与修正：

① 当本行因派送股票股利、转增股本、增发新股或配股、派送现金股利等情况（不包括因本次发行的可转债转股而增加的股本）使本行股份发生变化时，将按照规定予以调整。

② 在本次发行的可转债存续期间，当本行 A 股股票在任意连续三十个交易日中有十五个交易日的收盘价低于当期转股价格的 80% 时，本行有权于上述事实发生之日起十个工作日内提出转股价格向下修正方案并提交本行股东大会审议表决。修正后的转股价格应不低于前项规定的股东大会召开日前二十个交易日本行 A 股股票交易均价和前一交易日本行 A 股股票交易均价，同时修正后的转股价格不低于最近一期经审计的每股净资产和股票面值。

到期兑付及有条件赎回条款：

到期兑付条款。在本次发行的可转债期满后五个交易日内，本行将以本次发行的可转债的票面面值的 106%（含最后一期年度利息）的价格向投资者兑付全部未转股的可转债。

有条件赎回条款。在本次发行的可转债转股期内，如果本行 A 股股票连续三十个交易日中至少有十五个交易日的收盘价格不低于当期转股价格的 130%（含 130%），本行有权按照债券面值加当期应计利息的价格赎回全部或部分未转股的可转债。任一计息年度本行在赎回条件首次满足后可以进行赎回，首次不实施赎回的，该计息年度不应再行使赎回权。

回售条款。除募资用途改变外，投资者不得主动回售。

次级条款。本次可转债设有次级条款。本行在持续经营过程中发生偿债困难以及倒闭清算时，本次可转债的债券持有人对本行的索偿权位于存款人及其他普通债权人之后，等同于本行承担的其他次级性质的债务，并不以银行的资产为抵押或质押。截至 2012 年 6 月 30 日，本行普通债务 24 143.21 亿元，次级债务（应付次级债券）157.55 亿元。

在可转债条款设计中，关键的要素是以下三点：一是行权的价格调整方式；二是行权的实施触发条件；三是行权的时间约束和限制。其中，关于转股价的相关条款最为重要。

（1）转股数量的确定。可转债持有人在转股期内申请转股时，转股数量的计算方式为 $Q = V / P$（其中，V 为可转债持有人申请转股的可转债票面总金额；P 为申请转股当日有效的转股价）。

在转股过程中，可能会存在余数，转股时不足转换为一股的可转债余额，发行人将按照上交所等部门的有关规定，在可转债持有人转股当日后的五个交易日内以现金兑付该可转债余额及该余额

所对应的当期应计利息。

（2）转股价常规调整条款的设计。当发行人进行分红、增发新股或配股、送转股时，转股价格需要进行调整，调整公式一般如下：

$$P_I = (P_0 - D + Ak) / (1 + n + k)$$

其中，P_I 为调整后的转股价格；P_0 为调整前的转股价格；D 为每股红利；A 为增发新股价或配股价；k 为增发新股或配股率；n 为送股率或转增股本率。

3. 可转换债券的价格

可转换债券的价格特征可以用图 9.14 来表示。从图 9.14 可知，当公司价值小于 V_1 时，可转换债券的价值与公司价值相等，即全部公司价值都属于债权人；当公司价值超过 V_1 但小于 V_2 时，可转换债券价值由其纯粹债券的价值决定；当公司价值超过 V_2 时，可转换债券价值由转换价值决定。由于价格与价值有些区别，因此可转换债券价格是在其内在价值附近的。

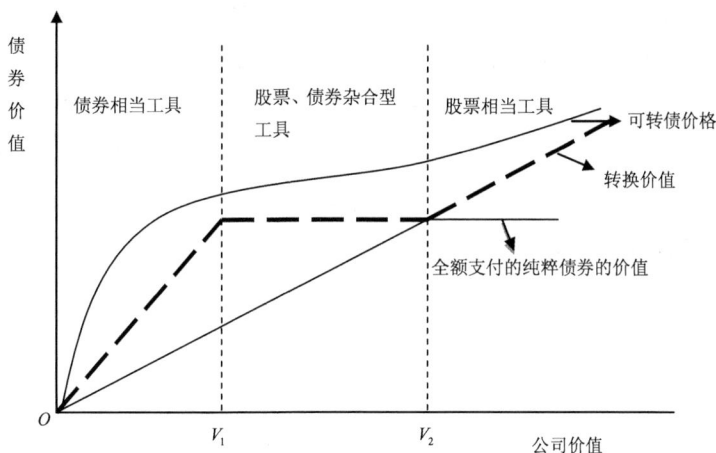

图 9.14　可转换债券的价格特征

4. 可转换债券的优势

一般而言，上市公司选择发行可转债，是一种较好的融资方式，具体表现在以下方面。

（1）税收优势。

相对于公司的股本融资，可转债在被转换成股票之前属于债券性质，所支付的利息可以在税前支付，能享受税收方面的优惠。而发行纯债券，虽然也可以享受税收方面的好处，但未来公司面临的到期还本付息的压力较大，且若公司财务状况不佳，评级相对较低，导致发行的成本较高，无法享受发行可转债的其他好处。同时，相对于发行纯债券和股票融资，发行可转债的门槛较低。

（2）利息的节省。

公司发行可转换债券的利息，要比发行纯债券的利息低。若可转换债券最终没有被转换为普通股，公司将节省较多的利息费用，但同时也意味着公司发行可转换债券获得的低成本融资并未获得较高的投资回报，从投资者角度和股东角度分析，会对公司的经营前景预期和公司声誉产生负面影响。

（3）优化资本结构。

可转换债券的存续期限相对于普通的长期债券而言较短，一般为 3~6 年。在被转换之前，可转债构成了公司的负债，促使发行人管理好投资项目，增加投资收益。如果投资者在转债到期前不行使转股权，将给发行人带来较大的付息压力，资本结构难以改善。若项目投资符合甚至超过预期，将促使二级市场股价上涨，转债的持有人将会转股，公司的权益资本增加，负债下降，资本结构将大幅改善，有利于公司长期稳健经营。

（4）有助于公司连续融资。

发行可转换债券能够降低发行成本，也能控制过度投资成本。从降低发行成本角度而言，公司投资机会成熟时，债券被转换成股票，资金留在公司，同时降低了负债率，为公司未来发展提供了资金支持；从降低过度投资成本角度而言，若投资机会不成熟，可转换债券不会被转换成股票，从而相当于把资金返还给了投资者，这符合资金的合理化配置，也利于公司连续融资。

（5）股东利益和投资者利益进行捆绑。

从投资者角度而言，可转债能够在一定程度上防止股东选择高风险投资损害债权人利益的行为。由于债务融资的成本相对可以预期且不能分享公司增长带来的超额收益，基于委托代理理论，股东有动机追逐高风险高回报的投资机会。而可转债将股东的利益和债权人的利益绑定，一旦高风险的投资获得成功，债权人将改变身份，成为股东，与其他股东一样分享投资的利益。而若投资失败，最先受到损失的是股东，只有在资不抵债的情况下，债权人才会受到伤害。可以这样讲，可转换债券把股东与债权人的利益捆绑在了一起。尽管可转债利息低，但价值成长空间大，若公司经营得好，可转债的价值（或转股后的等价价值）上涨无上限，即使到期不能转成股票，投资者的损失也相对有限。

9.5.3 可转换债券的定价

可转换债券是普通公司债券与股票期权的合成体，通过计算二者各自的价值，加总后就可以得到可转换债券的价值。计算股票期权的价值可以通过二项式模型，也可以使用 Black-Scholes 模型得到。利用二项式模型计算股票期权与计算债券期权是一样的。在本章前面已对嵌入期权的债券定价进行了介绍和分析，并对二项式定价和 Black-Scholes 模型的定价进行了说明和比较分析。但由于可转换债券更多的特征体现在股票方面，即可转换债券中相关期权能否行使与股票价格之间存在着较大的关系，因此，在对可转债的价值进行分析时，往往分解为两个部分，即纯粹价值和期权价值。下面分别简单介绍。

（1）纯粹价值。

纯粹价值指若可转换债券不具有转换权，它同样拥有与普通公司债券相同的投资价值。可转换债券的纯粹价值等于投资者持有债券期间能够获得的现金流量的贴现值，用公式表示是

$$B = \sum_{t=1}^{n} \frac{C_t}{(1+i)^t} + \frac{F}{(1+i)^n} \tag{9.14}$$

公式中各变量的含义如下：B 表示可转换债券的纯粹价值；C_t 表示债券每年的利息；F 表示债券的面值（本金）；i 表示贴现率；n 表示从现在起至到期日的剩余年限。上式中的贴现率 i，从理论上讲，应该是与可转换债券相同风险等级的普通公司债券的投资者期望回报率。可转换债券的纯

粹价值与贴现率成反比，贴现率上升时，其价值下降，反之亦然。可转换债券的纯粹价值计算原理与普通债券完全一致，关键是贴现率的选择，一般可以用相同业绩水平、相同风险等级的普通公司债券的收益率或者市场平均收益率来确定。

（2）期权价值。

可转换债券的期权价值主要是指买入期权的价值，这部分价值的确定比较复杂。首先我们要明确这种买入期权价值的性质。可转换债券由于赋予投资者在规定时间内以约定的转股价格转换成发行企业股票的选择权而具有价值，该价值应等于投资者获得该项选择权而向发行企业支付的费用。所以，对可转换债券定价理论研究，要先理解可转换债券的期权价值是由其内在价值和时间价值两部分构成的。

期权的内在价值是指期权合约本身所具有的价值，即期权买方如果立即执行该期权能够获得的收益，它是期权价值的主要构成部分。对于可转换债券而言，如果条款规定的转股价格为每股 K 元，标的股票的市场价格为每股 S 元，则其包含的买入期权的单位内在价值为 $Max(S-K,0)$。即当股票市价 S 大于转股价格 K 时，可转换债券投资者行使转换权后可获得 $S-K$ 的收益，所以，可转换债券期权的内在价值等于 $S-K$。当股票价值不断上涨，且转换价格已确定的情况下，其期权的内在价值就不断增值。而当股票市价 S 小于转股价格 K 时，投资者将不会行使转换权，期权的内在价值就为零。

期权的时间价值是指期权买方为购买期权而支付的费用超过该期权内在价值的那部分价值。它的本质是由于期权内在价值的波动可能给投资者带来收益的预期价值。期权购买者之所以愿意支付那部分额外费用，是因为它们预期随着时间的推移和市场价格的变动，该期权的内在价值能够增加。显然，这种预期内在价值的增长越大，那么相对于现值的时间价值也就越大。当然，期权的时间价值给予其持有者带来的预期收益只是一种统计上的期望值，市场是多变的，没有任何因素可以保证这种预期收益必然会转化为真正的收益，当归期权投资者所得。

综上，可转换债券的价值计算公共可表示为

可转换债券的价值=纯粹价值＋股票看涨期权的价值＋回售期权的价值－赎回期权的价值

（3）可转换债券期权定价模型。

考虑到可转换债券中嵌有期权的偏股性及行权与股票价格的直接相关性，利用二叉树模型、Black-Scholes 期权定价模型和蒙特卡洛模拟方法都可以为可转换债券进行定价。对于这三种模型的介绍前面章节都已涉及，本节仅以 Black–Scholes 模型的应用为例来进行简单介绍（为简化运算，回售权和赎回权的价值不再考虑，感兴趣的读者可以参照本书的教辅资料）。

【例 9.5】假设投资者购买了一张可转换债券，该债券面值为 100 元，票面利率为固定利率 2%，期限 5 年，自发行 6 个月后可以进行债转股，转换比率为 1∶1，转换价格为 120 元。目前股票价格为 96 元。假定半年期连续利率为 6%，股票收益率的年波动率的标准差为 20%。求该可转换债券转换权的价值。

解答：

由 Black–Scholes 模型

$$C = S \cdot N(d_1) - Ke^{-rT} \cdot N(d_2)$$

其中，$d_1 = \dfrac{\ln(S/K) + (r + \sigma^2/2)T}{\sigma\sqrt{T}}$；$d_2 = d_1 - \sigma\sqrt{T}$；$C$ 为转换权的价值；S 为股票的当期价格；T 为转换权到期日；K 为执行价格；r 为 T 期的即期收益率（连续利率）；σ 为股票收益率的波动率；N 为累积正态分布。

第一步，计算 d_1，d_2，得

$$d_1 = \frac{\ln(S/K) + (r + \sigma^2/2)T}{\sigma\sqrt{T}} = \frac{\ln(96/120) + (0.06 + 0.2^2/2) \times \dfrac{1}{2}}{0.2 \times \sqrt{1/2}} = -1.295$$

$$d_2 = d_1 - \sigma\sqrt{T} = -1.295 - 0.2 \times \sqrt{1/2} = -1.436$$

第二步，利用标准正态分布函数的参变量，求出正态分布的密度函数 $N(d_1)$ 和 $N(d_2)$，得

$$N(d_1) = N(-1.295) = 0.097\ 7$$

$$N(d_2) = N(-1.436) = 0.075\ 4$$

第三步，计算出转股价格的现值（连续形式）。

$$Ke^{-rT} = 120 \times e^{-0.06 \times (1/2)} = 116.454\ （元）$$

第四步，计算转换权的价值。

$$C = S \cdot N(d_1) - Ke^{-rT} \cdot N(d_2) = 96 \times 0.0977 - 116.454 \times 0.075\ 4 = 0.599\ （元）$$

即该可转换债券的期权价值为 0.599 元。

本章小结

本章主要对嵌入期权的债券定价方法和定价过程进行重点介绍。在对嵌入期权的固定收益证券定价时，要结合嵌入期权的标的资产更侧重于偏债或偏股的特性，选择较为合理的期权定价模型。对于以债券价格波动（主要是利率风险）影响债券价格变化而触及行权条件的，一般用二叉树模型定价较优；而对于以股票价格波动而触及行权条件的，用 Black-Scholes 模型定价相对较优。蒙特卡洛模拟是一个较好的期权估值模型，但由于过于严格的假设条件而使得其应用存在一定的局限性。本章在对期权概念及定价原理认识的基础上，介绍了应用于固定收益证券的三种期权定价模型及定价思路，最后以市场上较为普遍的可转换债券为基础，分析该产品的优势属性及定价的思想。

关键术语

看涨期权、看跌期权、欧式期权、美式期权、二叉树利率模型、Black-Scholes 期权定价模型、蒙特卡洛模拟、可转换债券、嵌赎回权债券、嵌回售权债券、转股修正权、期权调整利差、纯粹价值

思考练习

1. 期权与保险有什么异同？

2. 看涨期权与看跌期权的平价关系的原理是什么？

3. 利用 Black-Scholes 模型给基于固定收益证券选择权定价时有哪些不足？

4. 可转换债券的特点和价值分解如何？

5. 可转换债券融资对于融资者和投资者的优势和劣势分别是什么？

6. 有人说某债券的期权调整利差是 180 个基点，你认为还应当从哪些方面对这种说法加以界定才能更准确？

7. 一个 60 天的认购选择权，允许购买者购买 100 股 A 公司股票。其中：股票现价为 7 元，执行价格为 6.5 元，融资成本为 5%，股票波动率为年 20%。在未来 60 天内，A 公司不会支付股息。请计算：

（1）公司选择权的价值；

（2）在到期时该期权内在价值为正的概率有多大？

（3）避险组合的权重。

8. 假设有一只剩余期限为 3 年，面值 100 元，票面利率 5% 的可赎回债券。假设未来 4 年的到期收益率结构为 4.85%、4.95%、5.05%、5.15%，波动率均为 10%，赎回价格为 100 元。求其当前的合理价格。

9. 设 A 公司新发债券的发行条件如表 9.4 所示。

表 9.4 　　　　　　　　　　　　A 公司新发债券的发行条件

距离到期期限	到期收益率（%）	发行价格（元）
1	7.2	100
2	7.6	100
3	7.7	100

假设利率的波动率为 15%。

（1）用剥离法，计算出 3 年期的即期利率；

（2）绘出利率树；

（3）分析所绘的利率树是否存在套利机会；

（4）说明表 9.4 中几个发行价之间是否存在套利机会；

（5）计算 A 公司息票利率为 8% 的 3 年期债券的无套利价格；

（6）假如上述 8% 债券是可赎回的，赎回条件是一年以后（从第二年开始），如果债券价格高于面值，将按面值赎回，试计算此时债券的价值；

（7）对于发行人，债券赎回权的价值是多少？

（8）若该债券不能被赎回，但可以从第二年开始，当债券价格低于面值时，债券持有人按面值的 101%回售，试计算债券的价值及回售权的价值；

（9）若该债券同时包含上述赎回权和回售权，试计算债券的价值。

10. 图 9.15 为风险中性的利率树图，并且在任何一年短期利率（一年期利率）上升或下降的概率都是 50%。一张债券的面值为 100 元，到期期限为 4 年，票面利率为 12%。第一年、第二年、第三年和第四年年末的回购价格分别为 103 元、102 元、101 元和 100 元。请计算该可回购债券的价格。

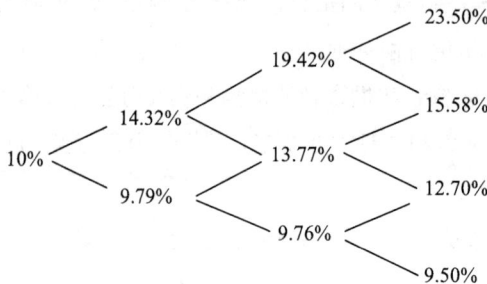

图 9.15　不同时点上各结点的利率值

11. 当其他因素不变时，下面关于可赎回债券和可回售债券和可回售债券的表述中哪些是错误的？

A. 可赎回债券的价格随着利率的上升而增加。

B. 发行可赎回债券相当于持有一个普通债券的空头和一个看涨期权的多头。

C. 与等价的普通债券相比，可回售债券的看跌期权特征降低了其收益率。

D. 可回售期权的价格随着利率的上升而降低。

12. 某投资者持有一份可回售期权，为了构建无套利组合，该投资者应如何操作？

A. 一份对应的不含权普通债券多头和一份对应债券的看涨期权多头。

B. 一份对应的不含权普通债券多头和一份对应债券的看涨期权空头。

C. 一份对应的不含权普通债券多头和一份对应债券的看跌期权多头。

D. 一份对应的不含权普通债券多头和一份对应债券的看跌期权空头。

13. 以下哪个指标不属于可转换债券的债性指标？

A. 纯粹价值。

B. 到期收益率。

C. 纯债溢价率。

D. 转股溢价率。

14. 对于可转债而言，对应股票价格的波动率越大，可转债的价值如何变化？

A. 增加。

B. 降低。

C. 不变。

D. 不能确定。

案例讨论

恒丰纸业是我国卷烟纸龙头企业。该公司发行的恒丰转债于 2012 年 4 月 12 日在上交所上市交易，以下内容节选自《牡丹江恒丰纸业股份有限公司公开发行可转换公司债券募集说明书》第四部分"本次可转换公司债券的主要发行条款"。

1. 发行规模

本次发行的可转债总额为不超过 45 000 万元人民币。

2. 发行价格

本次可转债按面值发行，每张面值为人民币 100 元，共计发行不超过 450 万张。

3. 债券期限

本期可转债存续期限为 5 年。

4. 债券利率

本次发行的可转债票面利率为第一年 0.7%，第二年 0.9%，第三年 1.1%，第四年 1.3%，第五年 1.5%。

本次发行可转换公司债券按票面金额由 2012 年 3 月 23 日起开始计算利息，每年付息一次。

5. 还本付息的期限和方式

本次发行的可转债采用每年付息一次的付息方式，计息起始日为本次发行的可转债发行首日。年利息计算公式为

$$I = b \times i$$

其中：

I 指年支付的利息额；

b 指本次发行的可转债持有人持有的可转债票面总金额；

i 指年利率。

（1）付息日。每年的付息日为本次发行的可转债发行首日起每满一年的当日。每相邻的两个付息日之间为一个计息年度。

（2）付息债权登记日。每年付息日的前一日为每年的付息债权登记日，公司将在每年付息日之后的五个交易日内支付当年利息。已转换及在付息债权登记日已申请转换为公司股票的可转债，公司不再向其支付利息。可转债持有人所获得利息收入的应付税项由持有人负担。

在本次发行的可转债到期日之后的 5 个工作日内，公司将偿还所有到期未转股的可转债本金及最后一年利息。转股年度有关利息和股利的归属等事项，由公司董事会根据相关法律法规的规定确定。

6. 转股期限

本期可转债转股期限自可转债发行结束之日满六个月后的第一个交易日起，至可转债到期日止。

7. 转股价格的确定和修正

（1）初始转股价格的确定依据。

本次发行的可转债的初始转股价格为 6.88 元/股，不低于《募集说明书》公告日前二十个交易日

公司 A 股股票交易均价和前一个交易日公司 A 股股票交易均价的高者。

（2）转股价格的调整方法及计算公式。

在本次发行之后，当公司因送红股、转增股本、增发新股或配股、派息等情况（不包括因可转债转股增加的股本）使公司股份发生变化时，将按下述公式进行转股价格的调整。

送股或转增股本时，$P_1 = P/(1+n)$

增发新股或配股时，$P_1 = (P + A \times k)/(1+k)$

两项同时进行时，$P_1 = (P + A \times k)/(1+n+k)$

派息时，$P_1 = P - D$

上述三项同时进行时，$P_1 = (P - D + A \times k)/(1+n+k)$

其中：P 为初始转股价；n 为送股率；k 为增发新股或配股率；A 为增发新股价或配股价；D 为每股派息；P_1 为调整后的转股价格。

当公司出现上述股份和/或股东权益变化情况时，将依次进行转股价格调整，并在中国证监会指定的上市公司信息披露媒体上刊登董事会决议公告，并于公告中载明转股价格调整日、调整办法及暂停转股时期（如需）。当转股价格调整日为本次发行的可转债持有人转股申请日或之后，转换股票登记日之前，则该持有人的转股申请按公司调整后的转股价格执行。

当公司可能发生股份回购、合并、分立或任何其他情形使公司股份类别、数量和/或股东权益发生变化从而可能影响本次发行的可转债持有人的债权利益或转股衍生权益时，公司将视具体情况按照公平、公正、公允的原则以及充分保护本次发行的可转债持有人权益的原则调整转股价格。有关转股价格调整内容及操作办法将依据当时国家有关法律法规及证券监管部门的相关规定来制定。

8. 转股价格向下修正条款

（1）修正权限与修正幅度。

在本次发行的可转债存续期间，当公司股票在任意连续 20 个交易日中有 10 个交易日的收盘价低于当期转股价格的 90%时，公司董事会有权提出转股价格向下修正方案并提交公司股东大会表决。

上述方案须经出席会议的股东所持表决权的三分之二以上通过方可实施。股东大会进行表决时，持有本次发行的可转债的股东应当回避。修正后的转股价格应不低于本次股东大会召开日前 20 个交易日公司股票交易均价和前一交易日均价之间的较高者。若在前述 20 个交易日内发生过转股价格调整的情形，则在转股价格调整日前的交易日按调整前的转股价格和收盘价计算，在转股价格调整日及之后的交易日按调整后的转股价格和收盘价计算。

（2）修正程序。

如公司决定向下修正转股价格，公司将在中国证监会指定的信息披露报刊及互联网网站上刊登股东大会决议公告，公告修正幅度和股权登记日及暂停转股期间。从股权登记日后的第一个交易日（即转股价格修正日），开始恢复转股申请并执行修正后的转股价格。若转股价格修正日为转股申请日或之后，转换股份登记日之前，该类转股申请应按修正后的转股价格执行。

9. 赎回条款

（1）到期赎回条款。

在本次发行的可转债期满后 5 个交易日内，公司将以本次发行的可转债票面面值的 105%（含最后一期利息）向投资者赎回全部未转股的可转债。

（2）有条件赎回条款。

在本次发行的可转债转股期内，如果公司股票任意连续 30 个交易日中至少有 20 个交易日的收盘价不低于当期转股价格的 130%（含 130%），公司有权按照债券面值的 105%（含当期利息）的赎回价格赎回全部或部分未转股的可转债。任一计息年度公司在赎回条件首次满足后可以进行赎回，首次不实施赎回的，该计息年度不应再行使赎回权。

若在上述交易日内发生过转股价格调整的情形，则在调整前的交易日按调整前的转股价格和收盘价格计算，在调整后的交易日按调整后的转股价格和收盘价格计算。

10. 回售条款

（1）有条件回售条款。

自本次发行的可转债发行之日起 12 个月后，如果公司股票收盘价连续 30 个交易日低于当期转股价格的 70%，可转债持有人有权将其持有的可转债全部或部分按面值的 105%（含当期利息）回售给公司。任一计息年度可转债持有人在回售条件首次满足后可以进行回售，但首次不实施回售的，则该计息年度不应再行使回售权。

若在上述交易日内发生过转股价格调整的情形，则在调整前的交易日按调整前的转股价格和收盘价格计算，在调整后的交易日按调整后的转股价格和收盘价格计算。

（2）附加回售条款。

在本次发行的可转债存续期间内，如果本次发行所募集资金的使用与公司在募集说明书中的承诺相比出现重大变化，根据中国证监会的相关规定可被视作改变募集资金用途或者被中国证监会认定为改变募集资金用途的，持有人有权按面值的 105%（含当期利息）的价格向公司回售其持有的部分或全部可转债。持有人在附加回售申报期内未进行附加回售申报的，不应再行使本次附加回售权。

根据上述材料，结合所学知识，请回答下列问题。

（1）何为可转换债券？可转换债券与可交换债券的区别是什么？

（2）可转换债券在什么条件下更多地表现出股性或债性？

（3）分析转债中所涉及的期权种类与性质，并按照界定一般期权的方式加以界定，例如说明期权的标的资产、有效期限、执行价格，是美式还是欧式、看涨还是看跌期权。

（4）试说明转股价的特别修正条款与赎回权、回售权之间的相互关系。

（5）试说明可转债的转股价是否设有特别向上修正条款，如果没有，你认为是否需要增设这一条款，分析增设的利弊。

（6）试设想如果没有转股价的特别修正条款，而是采用固定转股价条款所造成的影响。

（7）试讨论，如果一旦可转债的赎回条件成立时，发行者就宣布赎回并锁定市面上存续的债券不得再转股，与存在赎回选择权的情形有什么区别？

（8）试分析，哪些条款及其组合有利于使发行者达到"变相增股"或"曲线增股"的目的？而哪些条款及其组合有利于避免可转债变成股票？

（9）本期转债简称为"恒丰转债"，证券代码为"110019"，规模为 4.5 亿元。条款方面，该转债最大亮点在于回售条款较为丰厚（进入回售期早、回售价为 105 元），不过息票水平和信用资质明显偏低，对总股本的稀释率较高。此外，该转债规模较小，二级市场流动性堪忧。基本面方面，在绝对价位不高情况下，该转债具备一定的投资价值。但由于流动性将较差，正股难有超预期表现，难以成为重点关注品种。谈谈你对该可转债投资的想法。

第10章 | 固定收益证券衍生产品

【本章提要】

影响固定收益证券价格及风险的主要因素就是利率风险，围绕着利率展开的金融创新有力地促进了利率的市场化。本章对固定收益证券衍生产品的五大类产品进行了分析，即利率期货、互换、国债期货、利率期权及信用违约互换等，对这些产品的概念、机理及定价进行了相对深入的系统性阐述。

【重点与难点】

重点： 相关衍生产品的运作机理和本质内涵，能够对相关衍生产品的定价原理及应用策略进行分析。

难点： 相关衍生产品的应用。

【引导案例】

俄罗斯危机发生后，出来这么一则消息：中俄两国于2014年10月份签署了货币互换协议。根据协议，俄罗斯在未来三年内将获得1 500亿元人民币的互换额度。相应地，中国将在未来三年内获得8 150亿卢布的互换额度。消息曝光后，某知名财经媒体人发表了自己的看法：在卢布下行时，以固定汇率互换货币无异于直接给俄罗斯送钱。这个看法很快被各家媒体转载，不明真相的群众被误导，很多人对送钱给俄罗斯的行为进行指责，并由此联想起前几年在石油和天然气交易中的高额付出。但事实上，首先，这只是一个协议，货币互换并没有发生。也即是说俄罗斯可以向中国央行借1 500亿元人民币，但是到目前为止并没有借；当然中国也可以向俄罗斯央行借8 150亿卢布，但也没有借。简而言之，这只是两个国家互相给对方发了一张信用卡，很核心的一点，该信用卡是借什么还什么的，即俄罗斯向中国央行借人民币，然后它要还给我们人民币。在这个过程中，对中国央行来说，并不用考虑卢布升值还是贬值，因为最终交割的都是人民币。这个货币互换协议的核心，其实是为了让人民币国际化。我们假设卢布继续贬值，俄罗斯人都去换美元，因为换的太多，俄罗斯的美元储备将被换光，这时俄罗斯政府就要启动这个互换协议，向中国央行借1 500亿元人民币。美元虽然都换光了，但是换人民币好像也是一个选择，在美元储备被耗尽的情况下，俄罗斯政府将用借来的人民币来代替美元。这种货币互换协议，是从1998年金融危机以后才开始盛行的。1998年金融危机中，在索罗斯的攻击下，很多东南亚国家耗尽了自己的美元储备，于是由日本牵头，亚洲各国开始签订货币互换协议。最开始，互换的都是美元，假设泰国再度遭到攻击，美元储备被耗尽，它就可以向日本借美元，事后再归还美元。后来，互换币种逐渐扩大，中国和日本的货币互换协议，就是人民币和日元互换，中国和英国的货币互换协议，就是人民币和英镑互换，中国和俄罗斯的货币互换协议，当然是人民币和卢布的互换。所以，货币互换协议是目前国际上的通用做法，不存在货币贬值风险。最开始互换的都是美元，但后来美元越来越弱，尤其是2008年后。而现在，人民币已经成为一种抢手的互换货币。

通过上述材料，你认为什么是货币互换？货币互换的本质是什么？货币互换对一国货币会产生什么影响？对一国的资本市场发展会产生什么影响，你认同该财经媒体人的看法吗？谈谈你的想法。

10.1 利率期货

10.1.1 利率期货概述

利率期货是指以利率类金融工具为标的物的期货合约。利率期货合约根据基础资产证券期限的长短，可分为两类，即短期债券期货合约和中长期债券期货合约。短期债券期货合约是指基础资产证券的期限不超过 1 年的利率期货合约，例如 30 天、90 天商业票据，3 月期定期存单，3 月期欧洲美元存款证，3 月期国库券，1 年期国库券等作为基础资产的期货。中期债券期货合约则是指基础证券期限在 1~10 年间的利率期货合约，如 4 年期的美国国库券作为基础证券的期货。长期债券期货合约则是指基础证券期限在 10 年以上的利率期货合约，如 15 年期和 20 年期美国国库券、20 年期英国金边债券等基础证券的期货。短期债券期货和中长期债券期货虽都属于利率期货，但两者在报价与交割方面都有所不同。短期债券期货合约，一般称为利率期货；而中长期债券期货合约，一般称为债券期货。投资者可以利用利率期货管理和对冲利率波动所引起的风险。

与利率期货相关的金融工具主要有欧洲美元、欧元银行间拆借利率、美国国债等。欧洲美元是指美国境外金融机构的美元存款和美元贷款，其与美国境内流通的美元是同一货币，具有同等价值。在美国本土之外，最大的、最有指标意义的欧洲美元交易市场在伦敦，欧洲美元已经成为国际金融市场上最重要的融资工具之一。欧元银行间拆借利率是指在欧元区资信较高的银行间欧元资金的拆放利率，最长期限为 1 年，是欧洲市场欧元短期利率的风向标。美国国债市场将国债按存续期间不超过 1 年、1 年至 10 年间和 10 年以上标准分为短期国债、中期国债和长期国债三类。美国短期国债通常采用贴现方式发行，到期按照面值进行兑付，而中长期国债通常是附有息票的附息国债。

1. 利率期货的产生与发展

1975 年 10 月 20 日，芝加哥期货交易所（Chicago Board of Trade，CBOT）推出了历史上第一张利率期货合约——政府国民抵押协会抵押凭证（GNMA-CDR）期货合约。

1976 年 1 月，芝加哥商业交易所（Chicago Mercantile Exchange，CME）国际货币市场分部（IMM）推出了 13 周的美国国债期货交易；1977 年 8 月，CBOT 推出了美国长期国债期货交易；1981 年 7 月，CME 国际货币市场分部（IMM）、CBOT 同时推出可转让定期存单（CDs）期货交易；1981 年 12 月，IMM 推出 3 个月期欧洲美元期货交易。其中，CME 的欧洲美元期货在美国市场首度引入了现金交割制度。

1982 年，伦敦国际金融期货期权交易所推出利率期货品种；1985 年，东京证券交易所开始利率期货交易；1990 年 2 月 7 日，香港期货交易所推出 3 个月期银行间同业拆放利率期货；法国、澳大利亚、新加坡等国家和地区也先后推出利率期货。

近年来，在全球期货市场交易活跃的短期利率期货品种有 CME 的 3 个月期欧洲美元期货，纽约泛欧交易所集团伦敦国际金融期货期权交易所的 3 个月期欧元银行间拆放利率期货、3 个月期英镑利率期货，巴西证券期货交易所的 1 天期银行间存款期货，墨西哥衍生品交易所的 28 天期银行间利率期货等。

全球期货市场交易活跃的中长期利率期货品种有 CBOT 的美国 2 年期国债期货、3 年期国债期货、5 年期国债期货、10 年期国债期货和美国长期国债期货，欧洲期货与期权交易所的德国国债期货，伦敦国际金融期货交易所的英国政府长期国债期货，澳大利亚证券交易所集团（ASX）悉尼期货交易所（SFE）的 3 年期澳大利亚国债期货等。

2．影响利率期货价格波动的因素

通常利率期货价格和市场利率呈反方向变动。一般地，如果市场利率上升，利率期货价格将会下跌；反之，如果市场利率下降，利率期货价格将会上涨。因此影响利率期货价格波动的因素，实质上是影响市场利率的因素。这些因素主要包括以下方面。

（1）政策因素，如财政政策和货币政策、汇率政策等。举例而言，若一国采取积极的财政政策，是主动投资拉动下的需求增长，往往伴随着市场均衡利率上升；而若采用积极的货币政策，是刺激投资拉动需求的政策，往往伴随着市场利率的下降。

（2）经济因素，如经济周期、通货膨胀率、经济状况等。以经济周期为例，经济周期包括繁荣期、衰退期、萧条期和复苏期，在繁荣期，由于经济增长预期较强，市场利率相对较高，而在萧条期，为了刺激经济的发展，市场利率一般较低。

（3）全球主要经济体的利率水平，如美国、日本、欧盟区的利率水平等。由于全球经济金融的一体化，货币的对内对外价值受制于不同经济体的发展水平。以美国为例，次贷危机之后，美国经济步入下滑通道，持续量化宽松的货币政策（QE）致使美国的利率持续走低，美元持续贬值，这导致其他经济体也积极采取宽松的货币政策，在维护本国货币内外价值稳定的基础上下调利率。换言之，一国的经济受制于全球经济发展的同步性。

其他诸如投资者对经济未来发展的预期、收入水平及消费信贷现状等因素，也会对市场利率的变化产生一定的影响。

3．市场上常见的利率期货合约介绍

（1）短期利率期货合约。

目前市场上比较常见的短期利率期货合约主要有 CME 的 13 周美国短期国债期货合约、欧洲美元期货合约、3 个月欧元利率期货合约。三者的比较如表 10.1 所示。

表 10.1　　　　　　　　　　市场常见短期利率期货合约信息

	13 周美国短期国债期货合约	欧洲美元期货合约	3 个月欧元利率期货合约[2]
合约单位	1 张面值 100 万美元的 3 个月期（13 周）美国短期国债	本金为 100 万美元，期限为 3 个月期欧洲美元定期存单	100 万欧元
报价方式	100 减去不带百分号的短期国债年贴现率（例如，贴现率 2.25% 可表示为 97.75）	IMM3 个月欧洲美元伦敦拆借利率指数，或 100 减去按 360 天计算的不带百分号的年利率（比如年利率为 2.5%，报价为 97.50）	指数式，100 减去不带百分号的年利率

续表

最小变动价位	0.5 个基点，即 0.005（合约的变动值为 12.50 美元）[1]	最近到合约的 1/4 个基点，即 0.0025（合约变动值为 6.25 美元）；其他合约为 1/2 个基点，即 0.005（合约的变动值为 12.5 美元）[1]	0.5 个基点，即 0.005（合约的变动值为 12.5 欧元）
合约月份	最近到期的 3 个连续月，随后 4 个循环季月（3 月、6 月、9 月、12 月循环）	最近到期的 4 个连续月（非循环季月），随后延伸 10 年的 40 个循环月（3 月、6 月、9 月、12 月）	最近到期的 6 个连续月，随后的连续循环季月（3 月、6 月、9 月、12 月），共有 28 个合约。
交割方式	现金交割	现金交割	现金交割
交易时间　公开喊价	周一至周五，上午 7:20 至下午 2:00	周一至周五，上午 7:20 至下午 2:00	01:00—06:00，07:00—21:00（伦敦时间）
交易时间　GLOBEX 电子交易	周日下午 5:00 至下周五下午 4:00	周日下午 5:00 至下周五下午 4:00	
最后交易日	交割月的第 3 个周三 91 天期美国政府短期国债的拍卖日，到期合约交易于最后交易日中午 12:00 收盘	合约到期月份第 3 个星期三之前的第 2 个伦敦银行营业日，到期合约交易于伦敦时间上午 11:00 收盘	交割月第 3 个周三回数第 2 个交易日的上午 10:00（伦敦时间）
推出机构	CME	CME 国际货币市场分部（IMM）	Liffe
推出时间	1976 年 1 月	1981 年 12 月	1998 年

注：[1]1 个基点为报价的 0.01，代表 1 000 000×0.01%×3/12=25（美元）；[2]全称为 3 个月期欧元银行间同业拆放利率（EURIBOR）期货合约。

（2）中长期利率期货合约。

① 美国中期国债期货合约。

CBOT 的美国中长期国债期货交易在全球具有代表性，其主要交易品种有 2 年期、3 年期、5 年期、10 年期美国中期国债期货和美国长期国债期货。我们以 5 年期和 10 年期美国中期国债期货合约为例，简单介绍相关的期货合约信息，如表 10.2 和表 10.3 所示。

表 10.2　　　　　　　　　　芝加哥期货交易所 5 年期美国中期国债期货合约

合约规模	1 张面值为 10 万美元的美国中期国债
报价方式	以面值为 100 美元的标的国债价格报价。例如，报价 118'220（或 118-220），代表 118+22/32=118.6 875（美元）；报价为 118'222（或 118-222），代表 118+22.25/32=118.6 953 125（美元），对应合约价值为 118 695.3 125 美元；报价为 118'225(118-225)，代表 118+22.5/32=118.703 125（美元），对应合约的价值为 118 703.125 美元；报价为 118'227(118-227)，代表 118+22.75/32=118.710 937 5（美元），对应合约价值为 118 710.397 5 美元
最小变动价位	1/32 点的 1/2（合约的变动值为 15.625 美元）。其中，跨月套利交易为 1/32 点的 1/4（变动值为 7.812 5 美元）（注：1 点代表 100 000 美元/100=1 000 美元，1/32 点代表 1 000×1/32=31.25（美元））
合约月份	最近到期的 5 个连续循环季月（3 月、6 月、9 月、12 月）
交易时间：公开喊价	周一至周五，上午 7:20 至下午 2:00
GLOBEX	周日下午 5:30 至下周五下午 4:00
最后交易日	合约月份最后营业日之前的第 7 个营业日，到期合约交易截止时间为当日中午 12:01
最后交割日	交易月份的最后营业日
可交割品种	剩余期限离交割月第 1 个交易日为 4 年零 2 个月到 5 年零 3 个月的美国中期国债。发票价格等于结算价格乘以转换因子再加上应计利息。该转换因子是将面值 1 美元的可交割债券折成 6% 的标准息票利率时的现值
交割方式	实物交割

表 10.3 　　　　　　　　　　芝加哥期货交易所 10 年期美国中期国债期货合约

合约规模	1 张面值为 10 万美元的美国中期国债
报价方式	以面值为 100 美元的标的国债价格报价。例如，报价 121'085（ 或 121–085），代表 121+8.5/32=121.265 625 （美元）
最小变动价位	1/32 点的 1/2（合约的变动值为 15.625 美元）。其中，跨月套利交易为 1/32 点的 1/4（变动值为 7.812 5 美元）（注：1 点代表 100 000 美元/100=1 000（美元），1/32 点代表 1 000×1/32=31.25（美元））
合约月份	最近到期的 5 个连续循环季月（3 月、6 月、9 月、12 月）
交易时间：公开喊价	周一至周五，上午 7:20 至下午 2:00
GLOBEX	周日下午 5:30 至下周五下午 4:00
最后交易日	合约月份最后营业日之前的第 7 个营业日，到期合约交易截止时间为当日中午 12:01
最后交割日	交易月份的最后营业日
可交割品种	剩余期限离交割月第 1 个交易日为 6 年半到 10 年的美国中期国债。发票价格等于结算价格乘以转换因子再加上应计利息。该转换因子是将面值 1 美元的可交割债券折成 6%的标准息票利率时的现值
交割方式	实物交割

② 德国中期国债期货合约。

德国国债期货主要在欧洲期货交易所（Eurex）交易。Eurex 有多个中长期利率期货品种同时挂牌交易，包括德国、意大利和瑞士等国中长期国债期货品种。其中，德国国债期货交易量最大，近年来交易量一直在全球利率期货交易中排名前列。

Eurex 挂牌交易的德国国债期货包括德国短期国债期货（Euro-SchatzFutures，剩余期限为 1.75 年到 2.25 年）、德国中期国债期货（Euro-Bobl Futures，剩余期限为 4.5 到 5.5 年）、德国长期国债期货（Euro-BundFutures，剩余期限为 8.5 到 10.5 年）三种。本书以德国中期国债期货合约为例，简要介绍相关的合约信息，如表 10.4 所示。

表 10.4 　　　　　　　　　欧洲期货交易所德国中期国债（Euro-Bobl）期货合约

合约标的	德国政府发行的剩余期限在 4.5～5.5 年，票面利率为 6%的德国国债
合约规模	100 000 欧元
报价方式	按面值 100 欧元国债价格报价（保留两位小数）
最小价格波动	0.01（10 欧元/手）
合约月份	最近的 3 个连续月（3 月、6 月、9 月、12 月）
交易时间	中部欧洲时间 8:00—22:00
交割日	交割月的第 10 个日历日，如该日不是交易日，顺延至下一交易日
最后交易日	交割日之前第 2 个交易日，终止交易时间为中部欧洲时间 12:30
可交割品种	交割时剩余期限为 4.5～5.5 年的德国国债
交割方式	实物交割

③ 美国长期国债期货合约。

CBOT 在 1977 年 8 月推出长期国债期货合约，一经上市便获得了空前成功。美国长期国债期货曾经一度为全球交易量最大的期货品种。表 10.5 为美国长期国债期货合约的相关信息。

表 10.5 芝加哥期货交易所美国长期国债期货合约

合约规模	1 张面值为 10 万美元的美国长期国债
报价方式	以面值为 100 美元的标的国债价格报价。例如，报价 122'08（或 121-08），代表 122+8/32=122.25（美元）
最小变动价位	1/32 点（合约的变动值为 31.25 美元）。其中，跨月套利交易为 1/32 点的 1/4（变动值为 7.812 5 美元）（注：1 点代表 100 000 美元/100=1 000（美元），1/32 点代表 1 000×1/32=31.25（美元））
合约月份	最近到期的 3 个连续循环季月（3 月、6 月、9 月、12 月）
交易时间：公开喊价	周一至周五，上午 7:20 至下午 2:00
GLOBEX	周日下午 5:30 至下周五下午 4:00
最后交易日	合约月份最后营业日之前的第 7 个营业日，到期合约交易截止时间为当日中午 12:01
最后交割日	交易月份的最后营业日
可交割品种	不可提前赎回的长期国债，其到期日从交割月第 1 个交易日起必须为至少 15 年以上；如果是可以提前赎回的长期国债，其最早赎回日至合约到期日必须为至少 15 年以上。发票价格等于结算价格乘以转换因子再加上应计利息。该转换因子是将面值 1 美元的可交割债券折成 6% 的标准息票利率时的现值
交割方式	实物交割

10.1.2 利率期货报价与交割

1. 美国短期利率期货的报价与交割

美国短期利率期货合约报价是采用一种相对简洁，且与合约标的相关的指数进行报价交易，即用"100 减去不带百分号的贴现率或利率"进行报价，称为指数式报价。短期利率期货合约的交割一般采用现金交割方式。

（1）美国短期国债期货的报价与交割。美国短期国债期货合约的报价方式采用"100 减去不带百分号的标的国债年贴现率"的形式。如 CME 的 13 周国债期货合约采用现金交割方式，用 100 减去不带百分号的该贴现率为最终交割结算价，所有到期未平仓合约都按照交割结算价格进行差价交割结算。

（2）欧洲美元期货的报价与交割。欧洲美元期货合约的报价采用 IMM3 个月欧洲美元伦敦拆借利率指数，或 100 减去按 360 天计算的不带百分号的年利率（比如年利率为 2.5%，报价为 97.500）形式。例如，投资者以 98.580 价格买入 3 个月欧洲美元期货 10 手，以 99.000 价格平仓卖出。若不计交易费用，其收益为 42 点/手（99.000-98.580=0.42），每点价值 25 美元，即 1 050 美元/手，总收益为 10 500 美元。所有到期未平仓合约都按照交割结算价格进行差价交割结算。

2. 美国中长期国债期货的报价与交割

美国期货市场中长期国债期货采用价格报价法，报价按 100 美元面值的国债期货价格报价；交割采用实物交割方式。

在美国中长期国债期货报价中，报价由三部分组成，如报价"118'222"或（118-222），上述报价可以分解为三个组成部分，即"①118'②22③2"。

"①"部分的价格变动的"1 点"代表 100 000 美元/100=1 000 美元。

"②"部分数值为"00 到 31"，采用 32 进位制，价格上升达到"32"向前进位到整数部分加"1"，价格下降跌破"00"向前整数位借"1"得到"32"。

"③"部分用"0"、"2"、"5"、"7"四个数字"标示"。其中"0"代表 0,"2"代表 1/32 点的 1/4,即 0.25/32 点;"5"代表 1/32 点的 1/2,即 0.5/32 点;"7"代表 1/32 点的 3/4,即 0.75/32 点。

美国中长期国债期货在交割方式方面具有以下特点。

(1)美国中长期国债期货采用实物交割方式。由于国债发行采用无纸化方式,国债的交割只需通过联邦电子转账系统进行划转即可完成。

(2)在中长期国债的交割中,卖方具有选择交付券种的权利。卖方自然会根据各种情况来挑选最便宜的国债来交割,即最便宜可交割债券(Cheapest to Deliver,CTD)。最便宜可交割债券是指最有利于卖方进行交割的债券。

(3)由于可交割债券票面利率和期限都可以不同,各种可交割债券的价格与国债期货的价格没有直接的可比性。为此,引入了转换因子(Conversion Factor),并用转换因子将可交割债券转换成票面利率为 6%的标准债券进行价格比较。转换因子通常被定义为在假定所有期限债券的年利率均为6%(每半年计复利一次)的前提下,某债券在交割月第一个交易日的价格与面值的比值。用可交割债券的转换因子乘以期货交割价格得到转换后该债券的价格。

(4)在国债期货实物交割中,卖方交付可交割债券应收入的总金额为 1 000 美元×期货交割价格×转换因子+应计利息。

10.1.3 利率期货的套期保值与投机套利

1. 利率期货套期保值

利用利率期货进行套期保值规避的是市场利率变动为投资者带来的风险。利率期货套期保值策略分为卖出套期保值和买入套期保值两大类。

(1)利率期货卖出套期保值。利率期货卖出套期保值是通过期货市场开仓卖出利率期货合约,以期在现货和期货两个市场建立盈亏冲抵机制,规避市场利率上升的风险。卖出套期保值一般适用于以下三种情形:一是持有固定收益债券,担心利率上升带来债券价格下跌或者收益率相对下降;二是利用债券融资的筹资人,担心利率上升,导致融资成本上升;三是资金的借方,担心利率上升,导致借入成本增加。

(2)利率期货买入套期保值。利率期货买入套期保值是通过期货市场开仓买入利率期货合约,以期在现货和期货两个市场建立盈亏冲抵机制,规避市场利率下降的风险。买入套期保值一般适用于以下情形:一是计划买入固定收益债券,担心利率下降,导致债券价格上升;二是承担按固定利率计息的借款人,担心利率下降,导致资金成本相对增加;三是资金的贷方,担心利率下降,导致贷款利率和收益下降。

2. 利率期货投机

利率期货投机就是通过买卖利率期货合约,从利率期货价格变动中博取风险收益的交易行为。若投机者预期未来利率水平将下降,利率期货价格将上涨,便可买入期货合约,期待利率期货价格上涨后平仓获利;若投机者预期未来利率水平将上升,利率期货价格将下跌,则可卖出期货合约,期待利率期货价格下跌后平仓获利。

3. 利率期货套利

利率期货套利交易是指投资者同时买进和卖出数量相当的两个或两个以上相关的利率期货合约，期待合约间价差向自己有利方向变动，择机将其持仓同时平仓获利，从价差变动中博取风险收益的交易行为。

利率期货套利交易是利用相关利率期货合约间价差变动来进行的。在利率期货交易中，跨市场套利机会一般很少，跨期套利和跨品种套利机会相对较多。

（1）利率期货跨期套利。在利率期货交易中，当同一市场、同一品种、不同交割月份合约间存在着过大或过小的价差关系时，就存在着跨期套利的潜在机会。近期、远期利率期货合约间价差套利分为利率期货牛市套利、利率期货熊市套利和利率期货蝶式套利三种。

（2）利率期货跨品种套利。在利率期货跨品种套利中，主要分为短期利率期货、中长期利率期货合约间套利和中长期利率期货合约间套利两大类。

一般地，市场利率上升，标的物期限较长的国债期货合约价格的跌幅会大于期限较短的国债期货合约价格的跌幅，投资者可以择机持有较长期国债期货的空头和较短期国债期货的多头，以获取套利收益；市场利率下降，标的物期限较长的国债期货合约价格的涨幅会大于期限较短的国债期货合约的涨幅，投资者可以择机持有较长期国债期货的多头和较短期国债期货的空头，以获取套利收益。

10.1.4 利率期货的套期保值的应用

1. 利用短期利率期货进行套期保值

在短期投资情况下，利用利率期货进行套期保值比较简单。

通过建立一个多头利率期货，并持有它直至到期，投资者可以在未来某一日以给定的价格买入短期债券，价格取决于货币利率，这叫作多头套期保值。这一策略通常用于对未来固定收入投资锁定当前较高的利率水平（例如，买进已存在的短期固定收入投资组合）。

通过建立一个空头利率期货（例如，卖出一份期货合约），并持有它直至到期，投资者可以在未来某一日以给定的价格卖出短期债券，价格取决于货币利率，这叫作空头套期保值。这一策略通常用于对未来确定金额贷款锁定当前较低的利率水平（例如，卖出已存在的短期固定收入投资组合）。

【例 10.1】某客户将在未来 3 个月内收到 10 000 000 瑞士法郎，他计划将这笔资金进行 3 个月投资。在 9 月 14 日，3 个月期瑞士法郎的伦敦同业拆借利率（LIBOR）为 2.875%，并且 LIFFE（短期国债）12 月份的期货合约的价格是 96.87。该客户预期未来利率会下降，并且希望得到保护从而规避利率下降的风险。你的操作建议是什么？

解答：

一个解决办法是以 96.87 的价格买入 10 份 3 个月期的 Euro CHF 期货合约，隐含的放贷利率（由期货合约的报价计算得出）为 3.13%（100-96.87）。

若在 12 月 14 日，3 个月期瑞士法郎的 LIBOR 为 2.65%，12 月份期货合约的报价为 97.35。在 12 月 14 日,套期保值时期结束，并且进行 12 月份期货合约最后清算。12 月 14 日期货收益率为 0.48%

（97.35-96.87），因此，有效的投资收益率为 3.13%(2.65%+0.48%)。需要注意的是，在现实中，还应考虑到货币市场的借贷利差。

如果客户想进行长期的套期保值，可以通过购买多个到期日不同的期货合约实现。以上面的例子来说，买入一系列的期货合同，第一份以第一个 3 个月为期限，第二份以下一个 3 个月为期限，这样依次类推。应注意到，上一期的利息也将再投资于下一期。

2. 利用长期利率期货进行套期保值

如果套期保值的期间过长，利用短期期货组合进行套期保值变得十分困难，买入或卖出的合约数量随着时间成比例增加。因此，使用长期利率期货合约是更好的选择，长期利率期货合约一般是基于长期国债，计算更为复杂，涉及套期保值比率的计算。目前主要有两种方法来计算套期保值比率，即久期法和回归法。

利用长期利率期货合约对于价值与利率高度相关的资产（例如，债券组合或货币市场证券）进行套期保值。

设 $F_{0,T}$ 为利率期货合约的报价，为了简化计算，我们一般假定以每单位票面价值的形式表示；

S_0 为需要套期保值的资产价值（债券组合或是货币市场证券），以每单位票面价值的形式表示；

MD_F 为期货合约的标的资产的修正久期，也就是最便宜交割债券的修正久期；

MD_S 为进行套期保值的资产的修正久期。

收益率的变化 Δy 对于所有的期限都一样（即假定收益曲线只发生平行移动）。从修正久期的定义可以得到

$$\Delta S = -S_0 \times MD_S \times \Delta y$$

通过合理假设，可得

$$\Delta F = -F_{0,T} \times MD_F \times \Delta y$$

由于假设 Δy 相同，从而 $\rho_{\Delta S, \Delta F} = 1$。结合两式，可得

$$\Delta S = \frac{S_0 \cdot MD_S}{F_{0,T} \cdot MD_F} \cdot \Delta F$$

$$\frac{\sigma_{\Delta S}}{\sigma_{\Delta F}} = \frac{S_0 \cdot MD_S}{F_{0,T} \cdot MD_F}$$

最优套期保值比率为

$$HR = \rho_{\Delta S, \Delta F} \cdot \frac{\sigma_{\Delta S}}{\sigma_{\Delta F}} = \frac{S_0 \cdot MD_S}{F_{0,T} \cdot MD_F} \tag{10.1}$$

然而，所得套期保值比率并不是完美的，原因在于：

假定 Δy 对于所有的收益率相同，然而实际短期收益率通常更反复无常，并且与长期收益率并不密切相关；套期保值的资产收益率可能与预期不符，特别是在 MD_S 与 MD_F 存在较大差异，并且利率有较大变化时，套期保值的资产收益率比预期的要差。

为了计算 MD_F，最便宜交割债券的假设是必要的。如果最便宜交割债券变化，MD_F 与最优合约数量也会发生变化。

知道了这一套期保值比率，应买入多少期货合约的数量呢？需要的数量是

$$N_{\mathrm{F}} = -HR \cdot \frac{N_{\mathrm{S}}}{k} = -\frac{S_0 \cdot MD_{\mathrm{S}}}{F_{0,T} \cdot MD_{\mathrm{F}}} \cdot \frac{N_{\mathrm{S}}}{k} = -\frac{N_{\mathrm{S}} \cdot S_0 \cdot MD_{\mathrm{S}}}{k \cdot F_{0,T} \cdot MD_{\mathrm{F}}} \qquad (10.2)$$

N_{S} 是被套期保值资产的单位数量，k 是合约规模。进一步地，可得

$$期货合约的数量 = -\frac{\left(\begin{array}{c}要进行套期\\保值的组合的市价\end{array}\right)}{\left(\begin{array}{c}一份期货合约\\的市价\end{array}\right)} \times \frac{\left(\begin{array}{c}组合修正\\久期\end{array}\right)}{\left(\begin{array}{c}CTD修正\\久期\end{array}\right)}$$

由 $F_{0,T} \cdot CF_{\mathrm{CTD},0} = S_{\mathrm{CTD},0}$

$CF_{\mathrm{CTD},0}$ 是最便宜交割债券在 0 时刻的转换因子，其现货价格是 $S_{\mathrm{CTD},0}$，我们可以用这一等式替换 $F_{0,T}$ 和 $S_{\mathrm{CTD},0}$，即

$$N_{\mathrm{F}} = -\frac{N_{\mathrm{S}} \cdot S_0 \cdot MD_{\mathrm{S}}}{k \cdot F_{0,T} \cdot MD_{\mathrm{F}}} = -\frac{N_{\mathrm{S}} \cdot S_0 \cdot MD_{\mathrm{S}}}{k \cdot S_{\mathrm{CTD},0} \cdot MD_{\mathrm{F}}} \cdot CF_{\mathrm{CTD},0} \qquad (10.3)$$

可被理解为

$$期货合约的数量 = -\frac{\left(\begin{array}{c}要进行套期保值\\的组合市价\end{array}\right)}{\left(\begin{array}{c}期货\\规模\end{array}\right) \times \left(\begin{array}{c}CTD现货\\价格\end{array}\right)} \times \frac{\left(\begin{array}{c}组合的修正\\久期\end{array}\right)}{\left(\begin{array}{c}CTD的\\修正久期\end{array}\right)} \times \left(\begin{array}{c}CTD的\\转换\\因子\end{array}\right)$$

计算套期保值比率的另一种方法是回归法，其假定过去的关系是稳定的，并于未来保持一致。但是不像久期，它不需要知道相关债券的期限、票面利息、价格等特征。

为了使利率期货合约的套期保值利率 HR 方差最小，应该把 ΔS_t 对 ΔF_t 进行简单的线性回归，也就是

$$\Delta S_t = \alpha^* + \beta^* \cdot \Delta F_t + \varepsilon_t \qquad (10.4)$$

其中，ΔS_t 是进行套期保值的证券价格的变化；ΔF_t 是期货价格的变化；ε_t 是预期值为 0 的残余项；α^* 和 β^* 是估计系数。回归分析在直觉上是合理的，因为 HR 应该与 ΔS 对 ΔF 的变化率相一致。然后，

$$HR = \beta^* = \frac{\Delta S}{\Delta F} \qquad (10.5)$$

下面我们举例说明如何利用回归法如何对长期债券进行套期保值。

【例 10.2】在 2003 年 4 月 5 日，我们希望对一现金投资组合进行套期保值，这一组合包括 4 张长期国债，每种国债面值为 5 000 000 美元。投资组合的平均期限为 19.3 年，比最便宜交割债券的期限少了 6 个月。目的是对投资组合进行套期保值，规避所有利率（价格）风险。特别是希望从 2003 年 5 月到 2003 年 9 月中，进行套期保值的总收益周变化的方差最小。

为了估计使方差最小的套期保值比率，我们把每周单个债券的价格变化和 2002 年 11 月到 2003 年 4 月这六个月的投资组合价值作为整体变化，与同时期的 2003 年 9 月债券的期货价格变动进行比较。在表 10.6 中，债券组合价值是四种次级债券组合的市场总价值加上增加的利息之和，最后两栏给出了债券组合的平均价格和组合价格的周变化。

表 10.6 套期保值计算表

日期	91/8 of 2018.5	77/8 of 2021.2	61/4 of 2023.8	61/8 of 2027.11	债券组合的价值	组合的平均价格	组合价格的变化	期货价格	期货价格的变化
2002.11.01	146.66	133.81	114.22	113.11	25 418 088.75	126.95		106.72	
2002.11.08	149.83	136.89	117.23	116.66	26 058 713.75	130.15	3.20	109.31	2.59
2002.11.15	147.56	134.86	115.36	114.80	25 657 151.25	128.14	−2.01	107.50	−1.81
2002.11.22	145.58	133.06	113.67	113.13	25 300 120.00	126.36	−1.79	106.34	−1.16
2002.11.29	144.86	132.33	113.03	112.44	25 161 057.50	125.66	−0.70	105.56	−0.78
2002.12.06	146.34	133.73	114.28	113.70	25 431 370.00	127.02	1.35	106.75	1.19
2002.12.13	146.83	134.27	114.77	114.05	25 523 557.50	127.48	0.46	107.50	0.75
2002.12.20	148.09	135.50	115.80	114.94	25 744 651.25	128.58	1.11	108.38	0.88
2002.12.27	150.22	137.61	117.78	117.02	26 159 495.00	130.66	2.07	110.25	1.88
2003.01.03	147.27	134.55	115.02	114.20	25 581 370.00	127.77	−2.89	107.72	−2.53
2003.01.10	145.83	133.11	113.66	112.70	25 293 088.75	126.32	−1.44	106.41	−1.31
2003.01.17	147.67	135.14	115.50	114.70	25 679 026.25	128.25	1.93	108.44	2.03
2003.01.24	148.81	136.16	116.41	115.75	25 884 495.00	129.28	1.03	109.75	1.31
2003.01.31	148.72	136.16	116.48	115.92	25 892 307.50	129.32	0.04	109.56	−0.19
2003.02.07	149.30	136.80	117.06	116.55	26 013 401.25	129.93	0.61	110.41	0.84
2003.02.14	148.66	136.03	116.38	115.47	25 854 807.50	129.13	−0.79	109.75	−0.66
2003.02.21	149.66	136.94	117.14	116.25	26 027 463.75	130.00	0.86	110.50	0.75
2003.02.28	152.52	139.80	119.81	119.25	26 596 995.00	132.84	2.85	113.16	2.66
2003.03.07	152.91	140.03	119.98	119.36	26 642 307.50	133.07	0.23	113.63	0.47
2003.03.14	152.23	139.41	119.48	118.77	26 522 776.25	132.47	0.60	112.88	−0.75
2003.03.21	146.64	133.80	114.34	113.27	25 430 588.75	127.01	−5.46	108.34	−4.53
2003.03.28	149.09	136.17	116.47	115.44	25 886 838.75	129.29	2.28	110.38	2.03
2003.04.04	148.38	135.47	115.75	114.69	25 742 307.50	128.57	−0.72	109.91	−0.47
2003.04.11	148.53	135.75	116.02	114.95	25 790 745.00	128.81	0.24	110.13	0.22
2003.04.18	149.05	136.42	116.75	115.91	25 934 495.00	129.53	0.72	111.00	0.88
2003.04.25	150.16	137.61	117.86	116.98	26 158 713.75	130.65	1.12	112.09	1.09
2003.05.02	149.91	137.48	117.70	114.84	26 125 120.00	130.48	−0.17	112.19	0.09

进行债券组合平均价格变化对长期债券期货价格变化的回归分析，得到等式（ $R^2 = 0.98$ ）

$$\Delta S_t = -1.102\ 3 + 1.132\ 9 \cdot \Delta F_{t,T}$$

估计值 $\beta = 1.132\ 9$ 是方差最小的套期保值比率。 R^2 较高也表明在估计时期内，长期债券期货价格与债券组合的现金价值变化极其相似。因此，卖出 296 张长期债券期货合约可以对债券组合进行套期保值，以此达到在规定期间内规避利率风险，即

$$N_F = -1.132\ 9 \times \frac{26\ 125\ 120}{100\ 000} = -295.97（份合约）$$

3. 调整最优久期

通过久期我们可以计算出价格对债券组合收益率变化的敏感性：久期越长，价格变化越大。因此，如果投资经理预期未来利率下降，他将会延长投资组合的久期（利率的敏感性）；如果经理希望缩短投资组合的久期，他可以卖出债券或用现金的形式持有收入（或较短久期的债券）。

若不考虑债券市场上进行债券的互换，较好的解决办法是在货币市场上利用利率期货合约重新

建立投资组合。资产管理经理可以通过买入期货合约，延长短期投资资产的有效期限，卖出期货合约从而缩短这些资产的有效期限。负债管理经理可以使用相反的运作实现相同的效果。

当把投资组合的久期从 $D_S^{实际}$ 调整到 $D_S^{目标}$ 时，套期保值比率是

$$HR = \frac{S_0 \times \left(D_S^{目标} - D_S^{实际}\right)}{F_{0,T} \cdot D_F} \qquad (10.6)$$

期货合约数量是

$$期货合约数量 = \frac{组合市价}{期货市价} \times \frac{\left(\begin{array}{c}目标\\久期\end{array}\right) - \left(\begin{array}{c}组合的修\\正久期\end{array}\right)}{\left(\begin{array}{c}CTD的修\\正久期\end{array}\right)}$$

【例 10.3】 某年 10 月，一个机构投资者持有一个债券组合，其市场总价值为 40 000 000 瑞士法郎，久期为 8.55 年（修正久期为 8.20 年）。预期利率会上升，他希望降低利率的敏感性，因此通过把债券组合的久期降低到 2 年从而锁定损失。假定 12 月期货合约的报价为 112.90，最便宜交割债券久期为 6.54 年，转换因子为 1.031 156，该机构投资者应如何操作呢？

解答：

机构投资者可以通过卖出价格为 112.90 的 12 月份 CONF 期货合约，将组合的久期降至希望的水平。其后，再通过买回期货合约，将久期调整至原来的 8.55 年。

机构投资者应持有的合约数量是

$$\begin{aligned}期货合约数量 &= \frac{组合市价}{期货市价} \times \frac{目标久期 - 组合久期}{CTD久期}\\[2mm] &= \frac{40\,000\,000}{112\,900} \times \frac{(2.0 - 8.55)}{6.54} = -354.84（份合约）\end{aligned}$$

即投资者可以以 112.90 的价格卖出 355 张 12 月份的 CONF 期货合约。这样，如果在 12 月，利率如预期出现上升，在长期板块的收益率上升了 0.30 个百分点，投资者认为利率已经到达最高，从而以 110.74 的价格买回 CONF 期货合约。

策略的结果分析如下。

由于投资组合市价在 12 月为 390 30 000 瑞士法郎,较低的债券价格导致损失 970 000 瑞士法郎。CONF 期货头寸所带来的收益为 766 800 瑞士法郎（2.16×355×1 000，卖出价为 112.90，买回价为 110.74，差值为 2.16）。总损失为 203 200 瑞士法郎。但如果没有进行久期调整，投资组合的损失会达到 970 000 瑞士法郎。这主要是由于买入的合约与实际计算的合约数量有一定的偏差，在实务中，很多采取的是不完全的套期保值策略）。

10.2 互换

互换是交易双方交换现金流的行为。这种简单的交易方式有深刻的经济学动机，即降低交易双方的融资成本，并降低各自的风险。近年来，互换业务在全球得到快速发展，互换的规模及互换的

种类都有了长足的发展。

互换业务起源于货币互换，发展于利率互换。互换的定价原理是把一个互换拆分成两个部分：一部分是资产，它给投资者带来现金流；另一部分是负债，让投资者支付现金流。投资者两种不同方向的现金流的价值，就是一个互换的价值。

由于普通的利率互换是固定利率与浮动利率的互换，因此，互换的定价就是计算什么样的固定利率，让投资者在建立互换协议时不必支付或收取现金。由于浮动利率债务在付息确定日的价值为其面值本身，因此，互换的定价也就是计算什么情况下固定利率现金流的价值与互换面值相等。在计算价值时，折现因子是按照利率期货的价格计算出来的。因此，利率期货对于互换的定价有很大帮助。

从本质上讲，互换就是两个或更多当事人按照商定条件，在约定的时间内，交换现金流的合约。一般情况下，签订一份互换合约，不需要支付费用。比如固定利率与浮动利率的互换。甲方本来应该支付固定利率给债权人，乙方本来应该支付浮动利率给自己的债权人，但甲乙双方签订协议，双方调换现金流的支付方式，甲方现在支付浮动利率，而乙方支付固定利率。这类互换也被称为普通或大众型互换。普通互换常常作为复杂交易的基本组成元素。在复杂的互换中会有多个互换同时发生，而且有时包括融资，甚至会嵌入期权。

互换的种类除了传统的利率互换和货币互换之外，还有一大批新的互换品种出现。

10.2.1 利率互换

1. 概念及条款设计

利率互换（Interest Rate Swap），是指双方同意在未来的一定期限内，根据同种货币的相同名义本金交换现金流，其中一方的现金流根据浮动利率计算出来，而另一方的现金流根据固定利率计算出来。

在普通互换中，固定利率支付者，被称为买了互换（Buy the Swap），他建立了互换的多头。他支付固定利率，收取浮动利率。而浮动利率支付者被称为卖了互换（Sell the Swap），他建立了互换的空头。他支付浮动利率，收取固定利率。

利率互换以名义本金为基础，名义本金是指交易的名义本金额，只是用来计算利息的，本金并不真的发生互换。例如，一个互换合约规定名义本金为 500 万美元。每个月交换的利息就是 500 万美元发生的固定利息和浮动利息。在互换市场中，名义本金通常是 500 万美元的倍数。一般情况下，互换的名义本金不会低于 100 万美元。

利率互换的标准期限是 1 年、2 年、3 年、4 年、5 年、7 年与 10 年，30 年与 50 年的互换交易也比较常见。利率互换市场很灵活，会派生出许多特殊类型的交易。当然，交易类型越特殊，交易价格就越高。典型的利率互换如表 10.7 所示。根据我国《全国银行间同业拆借中心利率互换交易确认细则》的要求，一份利率互换交易合约条款主要包括固定/浮动利息支付方、名义本金、合约期限（包括起息日、到期日和交换日）、固定利率支付（利率、支付频率和计息基准）以及浮动利率支付（参考利率、加减点、重置频率和计算基准）等。

表 10.7   利率互换举例

名义本金（Notional Principal Amount）	10000000 美元
到期日（Maturity）	2020-05-15
交易日（Trade Date）	2012-05-08
生效日（Effective Date）	2012-05-15
清算日（Settlement Date）	生效日
固定利率支付方	
固定利率（Fixed Coupon）	6.5%
支付频率（Payment Frequency）	半年
计算日期规则（Day Count）	30/360
定价日（Pricing Date）	交易日
浮动利率支付方	
浮动利率指数（Floating Index）	6 个月期 Libor
利差（Spread）	无
支付频率（Payment Frequency）	半年
计算日期规则（Day Count）	Actual/360
定价日（Pricing Date）	交易日
首次利息（First Coupon）	6 个月期 libor，用来计算清算日的价值
定价的信息来源（Determination Source）	Reuter Monitor Money Rates Service

2. 交易原理

假设有两家公司 A 和 B，它们签订了一个利率互换协议，双方同意按下列情况向对方定期支付利息。名义本金为 100 万元，A 公司同意支付给 B 公司年利率为 4.8% 的利息，B 公司同意支付给 A 公司 3 个月期 Shibor 利息。交易日为 2013 年 3 月 30 日，生效日为 2013 年 4 月 1 日，到期日为 2015 年 1 月 1 日。在构建上述互换协议后，互换双方未来现金流的支付情况如表 10.8 所示。

表 10.8   互换双方的利息支付

日期	固定利率	Shibor	时间间隔	现金流（元）		净现金流（元）	
				固定利率	浮动利率	A 公司	B 公司
2013-4-1	4.8%	3.880 4%		0	0	0	0
2013-7-1	4.8%	5.295 0%	91	−12 000	13 384.58	1 384.58	−1 384.58
2013-10-1	4.8%	4.668 5%	92	−12 000	11 930.61	−69.39	69.39
2014-1-1	4.8%	5.565 7%	92	−12 000	14 223.46	2 223.46	−2 223.46
2014-4-1	4.8%	5.500 0%	90	−12 000	13 750.00	1750.00	−1 750.00
2014-7-1	4.8%	4.749 9%	91	−12 000	12 006.69	6.69	−6.69
2014-10-1	4.8%	4.544 0%	92	−12 000	11 612.44	−387.56	387.56
2015-1-1	4.8%	5.138 0%	92	−12 000	13 130.44	1 130.44	−1 130.44
总计						6 038.23	−6 038.23

注：由于 10 月 1 日和 1 月 1 日在我国为法定假日，故以假期后第一个工作日的 3 个月 sibor 利率为准。

在表 10.8 中，固定利率支付方每期利息的支付都是固定的，为 12 000 元，即

$$1\,000\,000 \times 4.8\% \times 3 \times (30/360) = 12\,000\,（元）$$

浮动利率支付方的利息支付与 3 个月 shibor 及实际的合约持有天数有关,如表 10.8 所示,2014 年 4 月 1 日至 2014 年 7 月 1 日,共有 91 天,在 2014 年 7 月 1 日这天 3 个月 Shibor 的利率为 4.749 9%,因此在该天浮动利率的利息额为

$$1\,000\,000 \times 4.749\,9\% \times (91/360) = 12\,006.69\text{(元)}$$

对于 A 公司而言,由于其支付固定利率,收取浮动利率,所以在 2014 年 7 月 1 日,其支出 12 000 元的固定利息,而收取 12 006.69 元的浮动利息,净现金流为 6.69 元。即 A 公司相当于持有一份本金 100 万元以 Shibor 为浮动利率的附息债券,同时卖出一份本金为 100 万元固定利率 4.8%的附息债券,即“空头固定利息债券+多头浮动利息债券”的组合。由于衍生产品的交易为零和博弈或公平博弈,所以 B 公司的现金流为-6.69 元。

在实际上,利率互换协议并不限于固定利率和浮动利率的互换,只要有不同的现金流交换需求,即可构造出相应的互换产品。关于互换的创新产品在成熟资本市场上也比较常见,如基差互换、收益率曲线互换、摊还互换、远期互换等。

3. 定价

利率互换的价值取决于互换中两个债券价值之差。若用 V_{float} 代表浮动利率债券的价值,V_{fix} 代表固定利率债券的价值,则互换的价值 V_{swap} 可以表示为

$$V_{\text{swap}} = V_{\text{float}} - V_{\text{fix}} \qquad (10.7)$$

【例 10.4】若 3 年半前,A 公司达成了一项“支付固定/收取浮动”的利率互换协议,互换利率为 6%,名义本金为 100 万美元。浮动利率为 3 个月期 Libor,每年支付利息 4 次,互换的剩余期限是 1 年半。利率互换的浮动端 3 个月支付 1 次,固定端 6 个月支付 1 次。当前半年期、1 年期、1 年半期的连续复利的 Libor 利率分别是 8%、8.5%和 9%。计算当前该互换合约的价值。

解答:

计算互换的价值,就是计算隐含在互换中的两个债券的价值,则有

$$V_{\text{fix}} = \frac{3}{e^{0.08 \times 0.5}} + \frac{3}{e^{0.085 \times 1}} + \frac{103}{e^{0.09 \times 1.5}} = 95.63\text{(万美元)}$$

$$V_{\text{float}} = 0$$

根据浮动利率债券定价原理,在利率重设日(票息日),浮动利率债券的价格等于其面值,所以价格等于 100 万美元。互换的价值是

$$V_{\text{swap}} = 100 - 95.63 = 4.37\text{(万美元)}$$

A 公司因为持有这一互换而处于盈利状态,收益为 4.37 万美元。

【例 10.5】假设今日是 1 月 1 日,利率互换的剩余期限为 9 个月。互换利率为 5%,名义本金为 1 000 万美元。A 公司在利率互换中“支付浮动/收取固定”。浮动利率为 6 个月期 Libor。利率互换的浮动端和固定端都是 6 个月支付 1 次。浮动端支付的日期分别是 3 月 31 日和 9 月 30 日。本期浮动端的支付所依据的 Libor 利率为 6%。当前 3 个月期利率为 5%,9 个月期利率为 7%。计算当前互换的价值。

解答:

当前互换的价值为

$$V_{\text{fix}} = \frac{50}{(1+0.05)^{0.25}} + \frac{1\,050}{(1+0.07)^{0.75}} = 1\,047.44 \text{（万美元）}$$

$$V_{\text{float}} = \frac{30}{(1+0.05)^{0.25}} + \frac{1\,000}{(1+0.05)^{0.75}} = 1\,017.51 \text{（万美元）}$$

$$V_{\text{swap}} = 1047.44 - 1017.51 = 29.93 \text{（万美元）}$$

即 A 公司由于持有互换合约盈利 29.93 万美元。

4. 应用

利率互换在资产转换与负债转换、节省财务成本等方面有着广泛的用途。在债券市场上，利率互换的主要用途是处置债务组合的利率风险。由于利率互换可以看作持有债券的虚拟组合，所以设计相反的头寸对冲债券组合的风险就成为可能。选取的利率互换的名义本金的规模必须与债券组合的规模相适应，同时要考虑互换的久期（互换中固定利率债券的久期）与债券组合久期的对比。这里，互换是对冲债券利率风险的工具。合理的互换数量（用 θ_s 表示）为债券组合的金额久期（以 $\$Durp$ 表示）与互换的金额久期（$\$Durs$ 表示）的比例[①]，则有

$$\theta_s = -\frac{\$Durp}{\$Durs} \tag{10.8}$$

根据对冲工具（即互换）与债券组合的金额久期的比例决定对冲工具数量的方法称为"久期对冲法"。

【例 10.6】某投资者拥有债券组合的总市值为 10 200 000 元，比率久期是 8.35。他希望用 10 年期利率互换为债券组合进行保值。当前利率期限结构为水平 5%。互换名义值为 1 000 000 元，互换利率为 5%，互换的比率久期为 7.721 7。假定互换与债券组合的信用等级相同，并受同一利率波动的影响，则

$$\theta_s = -\frac{\$Durp}{\$Durs} = -\frac{10\,200\,000}{1\,000\,000} \times \frac{8.35}{7.721\,7} = -11$$

即该投资者需要持有 11 份"支付固定/收取浮动"的利率互换合约，以便对冲利率风险。

然而当利率变动幅度比较大时，仅仅运用久期对冲法不能满足精确对冲的需求，需要考虑凸率的影响。于是，需要采用"久期—凸率对冲"的办法。该办法需要两个互换作为对冲工具，两个互换的数量分别用 θ_1 和 θ_2 表示，两个互换的金额久期分别用 $\$Durs_1$ 和 $\$Durs_2$ 表示，两个互换的金额凸率分别用 $\$Convs_1$ 和 $\$Convs_2$ 表示，债券组合的金额久期和金额凸率分别用 $\$Durp$ 和 $\$Convp$ 表示，则有

$$\begin{cases} \theta_1 \times \$Durs_1 + \theta_2 \times \$Durs_2 = -\$Durp \\ \theta_1 \times \$Convs_1 + \theta_2 \times \$Convs_2 = -\$Convp \end{cases}$$

解出 θ_1 和 θ_2，可以得到互换的合适数量。

【例 10.7】某债券组合面值为 1 亿元，价格为 109.243，到期收益率为 5.417%。金额久期为 −7 570.54，金额凸率为 117 511.14。我们希望通过两个利率互换（名义本金都是 100 万元）为该债

[①] 金额久期为债券的价值与比率久期的乘积，在债券定价有效市场上，我们默认为债券的价格反映了债券的价值。

券组合对冲风险。其中，互换 1 为，互换利率为 5.001%，金额久期为-634.55，金额凸率为 4 377.76；互换 2 为，互换利率为 5.407%，金额久期为-1 195.95，金额凸率为 14 498.05。试计算最优的互换数量。

解答：

根据题意，求解下列方程组。

$$\theta_1 \times (-634.55) + \theta_2 \times (-1195.95) = -7\,570.54$$

$$\theta_1 \times (-4\,377.76) + \theta_2 \times 14\,498.05 = -117\,511.14$$

解得 $\theta_1 = 776$，$\theta_2 = -1\,045$

其含义是，必须按照"支付浮动/收取固定"的方向持有 776 份互换 1，并且按照"支付固定/收取浮动"的方向持有 1 045 份互换 2，才能精确对冲债券组合的利率风险。

10.2.2 货币互换

货币互换（Currency Swap）是将一种货币的本金和固定利息与另一货币的等价本金和固定利息进行交换。

货币互换的主要原因是双方在各自国家中的金融市场上具有比较优势，这样可以达到降低融资成本的目的，同时也可以回避汇率风险。由于货币互换理论相对比较成熟，在此不做详细介绍。

10.2.3 其他互换

由于互换实际上是现金流的交换，而计算或确定现金流的方法有很多，因此互换种类有很多，除利率互换和货币互换外，其他互换主要有下列种类。

（1）参照基的互换（Basis Swap）。在普通的利率互换中，互换一方支付固定利率，另一方支付浮动利率。而在参照基的互换中，双方都是浮动利率，只是两种浮动利率的参照利率不同，如一方为 3 个月的 Libor，另一方以另外的到期收益率，比如以 1 年期国债的收益率为基准。

（2）交叉货币利率互换（Cross-currency Interest Rate Swap）。交叉货币利率互换是利率互换和货币互换的结合，它是以一种货币的固定利率，交换另一种货币的浮动利率。

（3）差额互换（Differential Swap）。差额互换是对两种货币的浮动利率的现金流进行交换，只是两种利息现金流均按同种货币的相同名义本金计算。如互换一方按 6 个月期美元 Libor，名义本金为 1 000 万美元来支付利息；另一方按 6 个月期德国马克的 Libor 减去 1.90% 的浮动利率，名义本金同样为 1 000 万美元来支付利息。

（4）本金增长型互换（Accreting Swap）、本金减少型互换（Amortizing Swap）、过山车型互换（Roller-coaster Swap）。在标准的互换中，名义本金是不变的，而在这三种互换中，名义本金是可变的。其中本金增长型互换的名义本金在开始时较小，而后随着时间的推移逐渐增大。本金减少型互换则正好相反，其名义本金量随着时间的推移逐渐变小。近年来，互换市场又出现了一种特殊的减少型互换——指数递减比率互换（Index Amortizing Rate Swap），有时又称作指数化本金互换（Indexed Principal Swap），其名义本金的减少幅度取决于利率水平，利率越低，名义本金减少幅度越大。过山车型互换的名义本金则在互换期内时而增大，时而变小。

（5）可延长型互换（Extendable Swap）和可中止互换（Puttable Swap）。在标准的互换中，期限是固定的。可延长型互换的一方，有权在一定限度内延长互换期限。可中止互换的一方，有权提前中止互换。

（6）总收益互换（Total Return Swap）。总收益互换是一方主体把相关债券的全部经济利益转给另一方，而由后者提供相应的收益。全部经济利益包括债券的利息、费用、价格上的波动，以及信用风险损失等。总收益的接受方，承受了全部经济风险，包括市场风险和信用风险。总收益的提供方，通常是债券的拥有者，放弃了债券的市场风险和信用风险，而接受了交易对手的信用风险。

（7）零息互换（Zero-coupon Swap）。零息互换是固定利息的多次支付的现金流量，被一次性的支付取代。这一次性的现金支付，可以发生在互换期初，也可以发生在期末。

（8）利率后期确定型互换（Back-set Swap）。在普通涉及浮动利率的互换中，每次浮动利率都是在计息期开始之前确定的。利率后期确定型互换的浮动利率，则在是每次计息期结束之后确定的。

（9）远期互换（Forward Swap）。远期互换也称为延期互换（Deferred Swap），是指互换生效日是在未来某一确定时间开始的互换。

（10）互换期权（Swaption）。互换期权本质上属于期权而不是互换，该期权标的物为互换。利率互换期权，本质上是把固定利率转换为浮动利率，或把浮动利率转换为固定利率的权利。

（11）权益型互换（Equity Swap）。权益型互换是以股票指数产生的红利和资本利得，与固定利率或浮动利率交换。投资组合管理者可以用股票互换把债券投资转换成股票投资，反之亦然。

（12）信用互换（Credit Swap）。信用互换也称为信用违约互换（Credit Default Swap），产生于20 世纪 90 年代，是目前被广泛使用的一种信用衍生产品。信用互换的买方定期向卖方支付固定金额（通常为相关债券面值的一定比例），而卖方只有在违约事件（Credit Events）发生时，只会有支付行为。信用互换违约事件的含义在信用互换协议中会有较为详细的阐述，一般指相关实体或相关债券的发行者发生违约、破产，或进行债务重组。对于买方而言，信用互换是通过定期向卖方支付固定费用而得到的一种保障，即在未来某一时刻，买方因违约事件的发生而遭受损失时，可从信用互换的卖方处得到偿付。买方在违约事件发生时可获得的赔偿数额，在信用互换确认书或标准协议中要明确规定。

10.3 国债期货

10.3.1 国债期货的概念与功能

国债期货是以国债作为标的物的金融期货产品，是一种高级的金融衍生工具。20 世纪 70 年代开始，美国财政赤字和国债规模日益扩大，通货膨胀严重，利率波动频繁，固定利率国债的持有者对风险管理和债券保值背景下对规避利率风险的强烈需求，使得具备套期保值功能的国债期货应运而生。1975 年 10 月，美国芝加哥期货交易所（CBOT）推出了世界上第一张利率期货合约——政府

国民抵押协会抵押凭证，紧接着美国芝加哥商业交易所（CME）的国际货币市场（IMM）于 1976
年 1 月推出美国的第一张国债期货合约——90 天期的短期国库券期货合约。利率期货一经推出，便
获得了巨大的成功，并成为主要的期货交易品种得到迅速的发展。随后为满足资本市场发展和投资
者的需求，又分别于 1977 年和 1982 年推出了 30 年期长期国债期货合约和 10 年期中期国债期货合
约等。推出国债期货要求国债现货市场具备一定规模和较强的流动性等要求，因此世界上推出国债
期货的国家并不是太多，主要发达国家和地区推出国债期货的时间分别是英国（1982 年）、澳大利
亚（1984 年）、日本（1985 年）、德国（1990 年）、韩国（1999 年）等。我国的国债期货交易试点开
始于 1992 年 12 月，上海证券交易所最先开放了国债期货交易，共推出 12 个品种的国债期货合约，
初期仅对机构投资者开放，交易并不活跃。1993 年 10 月 25 日，上交所对国债期货合约进行修订并
向个人投资者开放国债期货交易。随后 1993 年 12 月，原北京商品交易所推出国债期货交易，成为
中国第一家开展国债期货交易的商品期货交易所。之后，原广东联合期货交易所和武汉证券交易中
心等地方证券交易中心也相继推出国债期货交易。自 1994 年第二季度开始，国债期货交易逐渐趋于
活跃，交易金额逐月递增。1995 年，期货交易更加火爆，经常出现日交易量达到 400 亿元的情形，
远高于可供交割的国债现券数量，市场上的投机气氛越来越浓厚，风险也越来越大。1995 年 2 月国
债期货市场上著名的"327"违规操作事件发生后，尽管随后证监会和财政部对国债期货的保证金及
交易场所均进行了整顿和治理，但并未有效抑制市场投机气氛，透支、超仓、内幕交易、恶意操纵
等现象仍然十分严重，国债期货价格仍继续狂涨。1995 年 5 月再次发生恶性违规事件"319"事件。
随后在 1995 年 5 月 17 日，证监会发出通知决定暂停国债期货交易，各交易场所从 5 月 18 日至 31
日组织会员协议平仓。中国首次国债期货交易试点以失败而告终。但随着近年来我国资本市场不断
成熟完善，国债现货市场的规模和流动性都得到大幅提升，为满足投资者的需求，在国债期货暂停
交易 18 年之后，2013 年 9 月 6 日，国债期货正式在中国金融期货交易所上市交易。

作为利率衍生品的一种，国债期货会对市场利率产生较大的影响，特别对促进利率的市场化具
有积极作用。目前，我国基础利率还基本属于管制利率，导致货币市场价格扭曲。目前上海银行间
市场同业拆借利率（Shibor）逐步成为基准利率。国债期货作为利率市场化进程中的里程碑式品种，
推出后将提高债券市场（特别是利率品）定价效率，增强市场流动性，促进银行间和交易所市场的
互联互通，推动利率市场化进程以及金融创新发展，对于机构投资者固定收益投资以及理财业务开
展具有重大意义。从投资的角度看，国债期货的投资功能如表 10.9 所示。

表 10.9 国债期货的投资功能原理及实现

功能	描述
方向性交易	可作为现券投资的替代，具备做空、资金占用少、费率低、流动性好和杠杆交易的优势，比较适合风险偏好较高的投资者
套期保值以及久期调整	不仅可以对债券持仓进行套保，还可对债券发行承销进行套保，比较适合于机构投资者
期现套利交易（基差交易）	分为买入基差交易和卖出基差交易，与股指期货期现套利不同，国债期货期现套利基差不是简单的线性函数，其中隐含了利率期权价值，在定价时需要考虑
期限利差交易以及信用利差交易	分别是对国债期限利差和信用品相对国债的信用利差进行投机交易。例如预期企业债与国债信用利差即将收窄，可以买入企业债，同时卖出国债期货

功能	描述
跨品种统计套利	为国债期货与利率互换进行统计套利交易，例如当互换价格相对偏低时，可以通过在买入互换（付固收浮）的同时做多国债期货来锁定品种利差。但与期限利差、信用利差交易类似，由于不存在制度上保证的收敛机制，因而可能期货到期时，投资组合仍然浮亏，面临被迫展期或者止损
跨期统计套利	进行不同期限国债期货合约之间的跨期交易，可采用程序化交易完成。跨期套利也会面临近期合约到期不收敛问题，届时可以考虑展期或者期转现
做市交易	国债期货推出为做市商对冲存货风险提供了非常方便的对冲工具，有利于提高做市商做市报价的积极性，增加其承接能力，缩小双边报价点差，这也意味着届时市场（特别是利率品）流动性将更好，价格透明度也将更高，固定收益相关的做市业务将随着国债期货推出而蓬勃发展

10.3.2 国债期货的合约条款

国债期货作为期货的一种，其交易流程具备期货的所有特点，如在指定的交易场所进行，所有的国债期货合同都是标准化合同，国债期货交易实行保证金制度，无负债的每日结算制度，以及现金交割等特点。与国债现货相比，国债期货交易不涉及债券所有权的转移，只是转移与这种所有权有关的价格变化的风险。表 10.10 所示为我国 5 年期国债期货合约的简要信息。

表 10.10　　　　　　　　　　　　5 年期国债期货合约信息

合约标的	面值为 100 万元人民币、票面利率为 3%的名义中期国债
可交割国债	合约到期月首日剩余期限为 4～7 年的记账式附息国债
报价方式	百元净价报价
最小变动价位	0.002 元
合约月份	最近的三个季月（3 月、6 月、9 月、12 月中的最近三个月循环）
交易时间	09:15—11:30，13:00—15:15
最后交易日交易时间	09:15—11:30
每日价格最大波动限制	上一交易日结算价的±1.5%
最低交易保证金	合约价值的 1.5%
最后交易日	合约到期月份的第二个星期五
最后交割日	最后交易日后的第三个交易日
交割方式	实物交割
交易代码	TF
上市交易所	中国金融期货交易所

资料来源：中国金融期货交易所 http://www.cffex.com.cn/sspz/5tf/hy/。

标准化合约对国债期货的交易进行了大量的限制，限制了合约标的物为面额 100 万元人民币、票面利率 3%的五年期名义标准国债，限定了最小价格变动，限定了交易的未来时刻是最近的 3 个季月等。这样高度限制的合约，使得价格成为交易者需要考虑的唯一变量。

10.3.3 国债期货的交易机制

国债期货的交易要求在期货交易所进行，交易双方并不直接接触，而是由交易所和清算机构充当交易双方的代理，由交易所匹配买卖撮合成交，最后再集中清算。

期货交易所采取非营利性的会员制，只有取得交易所会员资格的人才能进入交易所进行期货交易，而非会员只有让会员代理进行期货交易。交易所在交易的过程中提供场地和交易规则，负责监督规则的制定和执行。

期货的买入和卖出称为买入建仓和卖出建仓，每次交易的期货数量称为期货头寸。期货的买入和卖出采用"T+0"，即在建立仓位后当天就可以通过反向对冲交易来结清头寸，这样的操作又称为平仓。

清算机制是期货交易的核心机制，对应的清算机构一般是交易所的一个附属部门，也可以是一家独立的公司。清算机构作为交易会员之间的交易媒介，有一套严格无负债的运作机制，每天为会员结算头寸，这套制度称为保证金制度和每日盯市制度，它们是期货交易的核心制度。在中金所发布的《中国金融期货交易所交易规则》中，第五十六条至六十五条对交易规则进行了阐述。

（1）涨跌停板制度。涨跌停板幅度由交易所设定，交易所可以根据市场风险状况调整涨跌停板幅度。

（2）持仓限额制度。持仓限额是指交易所规定的会员或者客户持仓的最大数量。会员或者客户的套期保值、套利交易的持仓按照交易所有关规定执行。

（3）大户持仓报告制度。会员或者客户持仓达到交易所规定的持仓报告标准或者被交易所指定必须报告的，会员或者客户应当向交易所报告。客户未报告的，会员应当向交易所报告。交易所可以根据市场风险状况，制定并调整持仓报告标准。

（4）强行平仓制度。会员或者客户存在违规超仓、未按照规定及时追加保证金等违规行为或者交易所规定的其他情形的，交易所有权对相关会员或者客户采取强行平仓措施。强行平仓盈利部分按照有关规定处理，发生的费用、损失及因市场原因无法强行平仓造成的损失扩大部分由相关会员或者客户承担。

（5）强制减仓制度。期货交易出现同方向连续涨跌停板单边无连续报价或者市场风险明显增大情况的，交易所有权将当日以涨跌停板价格申报的未成交平仓报单，以当日涨跌停板价格与该合约净持仓盈利客户按照持仓比例自动撮合成交。

（6）结算担保金制度。结算担保金是指结算会员按照交易所规定缴纳的，用于应对结算会员违约风险的共同担保资金。

（7）风险警示制度。交易所认为必要时，可以单独或者同时采取要求会员和客户报告情况、谈话提醒、书面警示和发布风险警示公告等措施，以警示和化解风险。

同时交易规则中进一步规定，期货交易出现同方向连续涨跌停板单边无连续报价或者市场风险明显增大情况的，经交易所董事会执行委员会审议批准，交易所可以采取调整涨跌停板幅度、提高交易保证金标准及强制减仓等风险控制措施化解市场风险。采取上述风险控制措施后仍然无法释放风险的，交易所应当宣布进入异常情况，由交易所董事会决定采取进一步的风险控制措施。

10.3.4　国债期货的交割

国债期货的交割是国债期货有别于其他期货的一个特点。一般来说，金融期货的交割有两种形式即实物交割和现金交割。金融期货的标的物不是实际的货物，而是股票指数或是利率等。然而，国债期货的标的物是金融期货中比较特殊的，它既不是虚拟的指标，也不是实际的债券品种，而是一种虚拟的名义标准券。这意味着国债期货可以像其他的金融期货一样以现金结算，也可以以实物交割。在债券期货的交割方面，国际上主要的债券期货市场都是实物交割，只有少数市场如我国台湾地区的"公债期货"是实物交割为主，现金交易为辅，我国的国债期货采用实物交割。

若采用实物交割，将带来一个新的问题。如果用于交割的现货数量不够，则容易发生市场操纵，现货和期货价格就无法收敛，因此必须扩大可交割债券的种类以维护期货和现货之间的无套利关系。《中国金融期货交易所 5 年期国债期货合约交割细则》规定，国债期货采用名义标准券设计，在合约到期时，一篮子可交割国债可以替代交收。5 年期国债期货合约的可交割国债标准为到期月份首日剩余期限为 4 至 7 年的记账式附息国债。同时细则还对 5 年期国债期货可交割国债范围有关事项进行了明确。

（1）合约上市后新发行的符合可交割国债条件的国债，交易所在该国债上市交易日（含）之前公布将其纳入可交割国债范围。

（2）合约交割月新发行且上市交易日在合约最后交易日（含）之前的 5 年期国债，纳入合约可交割国债范围。合约交割月新发行的 7 年期国债，其到期日距交割月首日的期限超过 7 年，不纳入合约可交割国债范围。

（3）根据财政部和托管机构关于国债转托管的相关规定，为保证国债期货交割的顺利进行，因付息导致合约交割期间暂停转托管的国债不纳入该合约可交割国债范围。

为了使得不同票面利率、不同期限的可交割债券价值具有可比性，交易所也引入了转换因子制度。转换因子是把实际的可交割债券报价按照一定的转换比例折算成标准券的价格，从而使得不同的可交割的债券价值具有可比性。具体的定义是，转换因子是面值 1 元人民币的可交割国债按标准券规定的年到期收益率贴现到交割月第一天的价值，并扣除掉应计利息。具体的转化因子计算如下。

$$CF = 可交割债券按3\%的到期收益率贴现所得净价/100$$

对应的数学表达式为

$$CF = \frac{c/f}{(1+y/f)^{d/TS}} + \frac{c/f}{(1+y/f)^{d/TS+1}} + \cdots + \frac{c/f+1}{(1+y/f)^{d/TS+n-1}} - \frac{c}{f}\times\left(1-\frac{d}{TS}\right) \qquad (10.9)$$

其中，c 表示可交割券的票面利息；f 表示计息频率；y 表示贴现率（即 3%）；d 表示交割日距离下一个派息日的剩余天数；TS 表示交割日所在付息期的实际天数；n 表示到期日至债券到期日的付息次数。

【例 10.8】求 2018 年 10 月 13 日到期，票面利率为 3.65%的"11 附息国债 21"（该债券每年付息一次），在 2013 年 3 月 14 日的转换因子。

根据所给条件，可得 $y = 3\%, c = 3.65\%, f = 1, d = 213, n = 6, TS = 366$，代入公式计算得到

$$CF = \frac{0.0365}{(1+0.03)^{213/366}} + \frac{0.0365}{(1+0.03)^{213/366+1}} + \cdots + \frac{0.0365+1}{(1+0.03)^{213/366+6-1}} - 0.0365\times\left(1-\frac{213}{366}\right)$$

$$= 1.032\,6$$

在实际交易中，转换因子一般由交易所计算并公布。根据一只债券的转换因子，在期货交割时

空方实际支付的现金价格等于报出的期货净价加上交割日的应计利息，具体来说空方交割的现金价格计算公式为

空方现金=期货报价×交割债券的转换因子+交割债券的应计利息

在实际的交割操作中，由于转换因子制度的固有问题，实际上选择不同的国债进行交割仍然存在差异，因此存在一个最便宜转换债券的概念，即交割时，空方会选择购买交割债券所付的价格和交割期货时多方所付现金之差最小的那个债券。换言之，空方的交割成本为

空方成本=债券报价 − 期货报价×转换因子

使得这个交割成本最小的债券就称为最便宜转换债券。

在实际的交割事务中，以下几个日期标记出了国债期货交割的总体流程。

（1）意向申报日。交割月第一个交易日至最后交易日的前一交易日，卖方申报交割意向和交割券信息，买方也可以提交交割意向，申报接券账户。交易所按照申报时间优先的原则选取进入交割的买卖方，并收取手续费，调节持仓量，通知结算会员相关交割信息。

（2）交券日。意向申报日后的第一个交易日为交券日。

（3）缴款日。意向申报日后的第二个交易日为配对缴款日。

（4）收券日。意向申报日后的第三个交易日为收券日。交易所确认转托管完成，向国债登记存管机构发送过户指令。

（5）最后交易日。最后交易日将实行一次性集中原则。

10.3.5　国债期货的定价

国债期货的定价和债券远期的定价原理一样，采取的原则为

期货价格=现货价格+持有成本

当然，与债券远期不同的是，国债期货有"转换因子"和"最便宜转换债券"的制度。国债期货理论价格的计算公式为

$$F = \frac{1}{CF}\left[CTD \times (1 + \frac{rT}{TS}) - \mathrm{I}_d \right] \qquad (10.10)$$

其中，CTD 为最便宜可交割债券的全价报价；r 为对应的无风险利率年利率；I_d 为最后交割日应计利息；T 为定价日到期货交割日之间的距离。

【例 10.9】国债期货的标的债券为"11 附息国债 21"。该债券票面利率为 3.65%，于 2011 年 10 月发行，到期日是 2018 年 10 月 13 日。假设期货的交割日为 2013 年 3 月 14 日。交割日距离到期日约 5 年半，符合可交割国债条件。我们假设当前日期为 2012 年 11 月 16 日，"11 附息国债 21"的报价为 100.50，其相对应的 TF1303 国债期货报价为 96.68，同时假设无风险利率 r=0.035，试求国债期货的价格。

解答：

第一步，计算可交割国债当前的市场全价和转换因子。

由于该债券年付一次利息，最近的一次付息日（该例中为起息日）是 2012 年 10 月 13 日，10 月 13 日至 11 月 16 日有 34 天，应计利息为 0.339 1 元，计算如下。

$$I = \frac{T_{2012.10.13 \sim 2012.11.16}}{366} \times 3.65 = \frac{34}{366} \times 3.65 = 0.339\,1(元)$$

由于"11 附息国债 21"的报价为净价，即去掉未付的应计利息，可以得到 2011 年 11 月 16 日，"11 附息国债 21"的全价为 $CTD = 100.50 + 0.339\,1 = 100.839\,1(元)$，例 10.8 中已计算得到转换因子 $CF = 1.032\,6$。

第二步，假设"11 附息国债 21"就是最便宜交割债券，计算可得

$$I_d = \frac{T_{2012.10.13 \sim 2013.03.14}}{366} \times 3.65 = \frac{153}{366} \times 3.65 = 1.525\,8(元)$$

将各个因子代入式（10.10），那么 2012 年 11 月 16 日，TF1303 期货合约的理论价格为

$$
\begin{aligned}
F &= \frac{1}{CF}\left[CTD \times \left(1 + \frac{rT}{TS}\right) - I_d\right] \\
&= \frac{1}{1.032\,6}\left[(100.839\,1 \times (1 + 0.035 \times \frac{119}{366}) - 1.525\,8\right] = 97.289\,2
\end{aligned}
$$

10.3.6 国债期货的交易策略

国债期货的交易策略根据目的的不同而不同，主要分为投机、套利和套期保值三种交易方式，每一种交易方式都具有不同的交易策略。

1. 投机策略

投机就是通过对价格变动的把握判断，通过低买高卖的方式获得利润的交易行为。根据对国债期货未来涨跌方向预测，可将投机分为多头投机和空头投机。多头投机即预测未来价格将上涨，在价格低位时建立多头仓位，持券待价格上涨后通过平仓或对冲获利；空头投机则是预期未来价格将下跌，建立空头仓位，等价格下跌之后购入国债期货平仓获利。在策略上，一般分为下面三种。

（1）日间交易。日间交易指投机者预测未来一段时间内将出现上涨或下跌行情，于当前建立相应头寸并在未来行情结束时进行对冲平仓。这是专业投资者常用的策略。这种交易策略基于对基本面走势的判断，持续时间较长，比较常见。

（2）日内交易。日内交易指投机者只关注当日的市场价格变化，在开盘后较早的时间里通过对市场价格变化的预测建立空头或多头仓位，在当日闭市之前平仓并结束交易的策略。这种交易策略适合于少数非专业投机者，特点在于对市场价格短期走势的对赌，一般初级交易者或技术投资者较常使用。

（3）高频交易。高频交易指投机者随时观察市场行情，即使波动幅度不大，也积极参与，迅速买进或卖出，每次交易的金额巨大，以赚取微薄利润。这种策略比较适用于程序化的量化投资，交易周转快，盈利小，积少成多。

2. 套利策略

国债期货在不同市场、不同交割月份合约和不同交割国债期货方面都可能存在着定价的差异，这为套利提供了空间。根据形成套利的来源不同，国债期货套利可以分为跨市场套利、跨期套利和跨品种套利。

（1）跨市场套利。跨市场套利指在不同的交易所对同一交割月份的期货合约进行交易方向相反的交易，以期在有利时机分别在两个交易所对冲合约获利的套利行为。由于我国目前很多国债产品

都可以在银行间市场和交易所市场上市交易，且参与投资的对象不同，形成了市场分割的基础。跨市场套利对国债产品在交易所的流动性要求较高，但目前在交易所交易活跃的品种并不多，跨市场套利存在着壁垒。

（2）跨期套利。跨期套利即在同一期货品种的不同月份合约上建立数量相等、方向相反的交易头寸，最后以对冲或交割方式结束交易以获取收益的方式。如在不同到期日的国债期货间价格发生偏离时，可以买入价格相对较低的国债期货合约，同时卖出不同交割月份的价高合约进行套利。

（3）跨品种套利。跨品种套利指同时买入或卖出同一交割月份的两种或多种相互关联品种的期货合约，以期在有利时机将合约对冲平仓获利的套利行为。如利用股市和债市之间的跷跷板效应，进行权益类和固定收益类的组合投资，在股市与债券收益率走势相背离的时候可以进行跨品种套利以获得盈利。目前在国内做跨品种套利不太容易，缘于不同的产品之间相关度不高，很难有稳定的套利空间，但可以利用国债现货和国债期货来设计套利，风险相对较低。

另外还有基差套利，即投资者通过现券市场、期货市场以及回购市场进行基差计算，若基差大于零，则买期货卖现券，若基差小于零，则卖期货买现券的套利行为。

3. 套期保值

套期保值指利用期货合约的买卖将现货价格波动风险转移到期货市场上，即在现货和期货市场上同时对同一种类的商品进行数量相等方向相反的买卖，从而锁定未来的风险和利润的交易活动。

根据套保的方向不同，可以分为多头保值和空头保值。多头保值指投资者未来有买入国债的需求，但是预计未来利率可能会下跌，导致购买国债的成本增加，所以投资者现在可以买入国债期货，从而锁定国债的购买成本与可能产生的利率风险；空头保值指投资者现在持有国债现货，但预计未来利率可能会上涨，导致国债价格下跌，于是投资者现在可以卖出国债期货，以避免未来国债价格下跌的风险。

根据套保构建组合的不同，可以分为单个保值和组合保值。单个保值是运用国债期货来转移现货市场上的利率风险，获取利息收入并降低亏损的风险概率的交易操作；组合保值指在利率上升的环境下，为了避免投资组合久期越大，价值下跌越多而进行风险管理，通过反向建仓，运用国债期货的杠杆，使用保证金优势降低组合久期的交易行为。

4. 其他策略

除上述三种主要策略外，还有其他的国债期货交易策略，如为预发行避险策略。该策略是指债券被授权核准招标发行后未正式招标发行前，市场承销商和非承销商通过买卖国债期货对该债券进行风险锁定的交易行为，可视为短期的远期交易。

10.4

利率期权

10.4.1 利率期权的概念

广义上讲，利率期权就是与利率变化挂钩的期权，到期时以现金或者与利率相关的合约（如利率期货、利率远期或者政府债券）进行结算。最早出现的利率期权是在 1985 年推出的利率上限期权，当时银行向市场发行浮动利率票据，需要金融工具来规避利率风险，于是作为利率风险控制强有力的期权工具应运而生。利率期权赋予期权的买方支付一定期权费用后，拥有在合约有效期内或到期时以一定的利率（价格）买入或卖出一定面额的利率工具的权利。利率期权有多种形式，常见的主要有利率上限、利率下限、利率上下限。

利率上限是交易双方达成一项协议，确定一个利率上限水平，在此基础上，利率上限的卖方向买方承诺：在规定的期限内，如果市场参考利率高于协定的利率上限，则卖方向买方支付市场利率高于协定利率上限的差额部分；如果市场利率低于或等于协定的利率上限，卖方无任何支付义务。同时，买方由于获得了上述权利，必须向卖方支付一定数额的期权手续费。

利率下限是交易双方达成一项协议，确定一个利率下限，卖方向买方承诺：在规定的有效期内，如果市场参考利率低于协定的利率下限，则卖方向买方支付市场参考利率低于协定利率下限的差额部分，若市场参考利率高于或等于协定的利率下限，则卖方没有任何支付义务。作为补偿，卖方向买方收取一定数额的手续费。

利率上下限，是指将利率上限和利率下限两种金融工具结合使用。具体而言，购买一个利率上下限，是指在买进一个利率上限的同时，卖出一个利率下限，以收入的手续费来部分抵消需要支出的手续费，从而达到既防范利率风险又降低费用成本的目的。而卖出一个利率上下限，则是指在卖出一个利率上限的同时，买入一个利率下限。

除了利率上限和利率下限期权外，国际上常见的场内交易的期权还有债券期权、利率期货期权、利率互换期权等，分别对应于在未来某个约定时刻以约定价格，获得对应的金融衍生品的购买或出售的权利。

目前世界上最大的期权交易所是芝加哥期权交易所（CBOE）；欧洲最大的期权交易所是欧洲期货与期权交易所（Eurex），其前身为德意志期货交易所（DTB）及瑞士期权与金融期货交易（SOFFEX）；亚洲方面，韩国的期权市场发展迅速，并且交易规模巨大，目前是全球期权发展最好的国家，中国香港地区以及中国台湾地区都有期权交易，中国大陆期权交易自 2015 年刚刚从 ETF 基金开始。

狭义上讲，利率期权是指在交易所内交易的，以债券收益率为基础资产的上市期权，因此利率期权实质上是债券衍生产品。利率期权全部为欧式期权，分为看涨期权和看跌期权，到期采用现金结算制度。

10.4.2　利率期权合约

美国芝加哥期权交易所是全球最大的期权市场，也是利率期权的主要交易场所。该交易所现有 4 种利率期权品种可供交易，分别是以美国 13 周国债贴现率为标的，以美国 5 年期、10 年期、30 年期国债到期收益率为标的物的期权。芝加哥期权交易所现有的 4 种利率期权的合约规定如表 10.11 所示。

表 10.11　　　　　　　　　　CBOE 的 4 种主要利率期权合约条款

品种	13 周债券	5 年债券	10 年债券	30 年债券
代号	IRX	FVX	TNX	TYX
标的	13 周美国短期债券的贴现率	最近招标的 5 年期债券的到期收益率	最近招标的 10 年期债券的到期收益率	最近招标的 15 年期债券的到期收益率
乘数	100 美元			
合约规模	100×标的价值			
期权费	以十进制报价，每一点等于 100 美元。3 点以下的期权交易最小变动价位是 0.05 点（5 美元）；其他为 0.10 点（10 美元）			
合约到期日	合约到期月的第三个星期六			
合约到期月	三个近期月，加上其他两个季月	三个近期月，加上其他三个季月		
履约方式	欧式期权——只能在合约到期日前的最后那个开市日履约			
期权履约的结算	以纽约联邦储备银行最后交易日中部时间 2:30 所报的"即期收益率"为基础，于次日现金交割			
执行价格	按照 2.5 个点距产生一系列的执行价格			
保证金	未担保的看跌或看涨期权出售者的保证金=期权收益 + 总合约价值的 15%；若期权折价，还可减去所蚀差额，但不低于期权收益 + 总合约价值的 10%，看跌期权的保证金不低于期权收益+总履约价格的 10%			
最后交易日	利率期权交易通常终止于合约到期日的前一个开市日			
交易时间	美国中部时间（芝加哥时间）7:20—14:00			

资料来源：http://www.cboe.com/International/Chinese/OptProd/InterestRate.aspx，作者整理。

合约的条款说明如下：

（1）标的。以 IRX 为例，最近刚发行的美国 13 周国债的贴现率，就是利率期权的标的。由于美国政府每周都（通过拍卖）发行这个短期国债品种，所以总是有最新的贴现率产生。

（2）标的价值。标的价值是收益率（贴现率）的 10 倍。如最近刚发行的 13 周国债的贴现率为 3.2%，则该品种期权（IRX）标的价值就是 3.2×10=32；再比如，最近发行的 30 年期国债的到期收益率为 7%，则该品种期权（TYX）标的价值就是 7×10=70。当国债收益率发生变化时，标的价值必然发生变化，如 30 年期国债收益率由 7% 下降到 6.4% 时，相应的期权标的价值的变动为 6 个点（70－64）。

（3）乘数。这里以 100 为乘数，以便于计算标的价值的变动以及期权盈亏。例如，某交易者当前持有 1 份将要到期的 TYX 看涨期权，购买期权的执行价格为 75，该期权当前按照 78 的标的价值结算。该交易者的收益（不算期权费和其他税费）是（78－75）×100=300（美元）。当然，如果标的价值跌落到 75 以下，交易者就没有收益。

（4）执行价格。约定按照这个价格与结算价格比较而计算盈亏。执行价格按照一定的规则事先约定。

【例 10.10】假设美国 30 年期长期国债收益率为 7%，当前对应的 TYX 的标的价值为 70，剩余期限为 3 个月，执行价格为 70 的 TYX 的报价为 1.5 美元。某交易者预计美国 30 年期长期国债收益率即将上涨，他为此购买了 5 份 TYX 利率看涨期权，总共花费是 1.5×100×5=750（美元）。则交易者的盈亏平衡点是 70+1.5=71.5（美元）。美国 30 年期长期国债收益率在期权到期日如果高于 7.15%，交易者盈利，反之，则亏损。表 10.12 显示了标的价值在不同结算价格情形下交易者的盈亏情况。

情形	结算价格	收益
1	结算价格=75>71.5	收益=（75-70）×100×5-750=1 750（美元）
2	70<结算价格=71<71.5	收益=（71-70）×100×5-750=-250（美元）
3	结算价格≤70	收益=-750（美元）

表 10.12   3 种可能的到期结算情形以及盈亏

10.4.3 利率期权的定价

债券期权属于欧式期权，其定价可以参照欧式期权定价公式来进行。假定在期权到期时，债券价格服从对数正态分布，则欧式债券期权的计算公式为

$$c = D(0,T)[F_B N(d_1) - KN(d_2)] \tag{10.11}$$

$$p = D(0,T)[KN(-d_2) - F_B N(-d_1)] \tag{10.12}$$

$$d_1 = \frac{\ln(F_B / K) + \sigma_B^2 T / 2}{\sigma_B \sqrt{T}}, d_2 = d_1 - \sigma_B \sqrt{T}$$

其中，c 和 p 分别代表欧式看涨期权和欧式看跌期权的价值；$D(0,T)$ 代表期权有效期间的贴现因子；K 代表执行价格（可以为全价执行价格，也可以是净价执行价格。前者意味着不考虑累计利息，后者意味着计算累计利息）；T 代表期权有效期；σ_B 代表债券价格未来（期权到期时的）波动率；F_B 代表债券在期权到期日时的价格，并且 $F_B = \dfrac{B_0 - I}{D(0,T)}$，其中 B_0 代表债券当前价格，I 代表期权有效期间债券发放的息票收入的贴现值。

【例 10.11】试计算欧式债券看涨期权的价值。该欧式债券看涨期权有效期为 9 个月，基础资产为面值 1 000 美元，剩余期限为 9.75 年，票面利率为 10%（1 年付息 2 次）的美国国债，当前债券的价格（全价）为 960 美元。期权执行价格为 970 元，9 个月的无风险利率为 6.5%，债券价格 9 个月年波动率为 10%。预计将在 2 个月和 8 个月后分别收到两笔 50 美元的利息，假设 2 个月的无风险利率为 4%，8 个月的无风险利率为 6%。

解答：

首先计算持有期内利息的现值，即

$$I = 50 \times e^{-1/6 \times 0.04} + 50 \times e^{-2/3 \times 0.06} = 97.707\ 2 （美元）$$

根据 $B_0 = 960, I = 97.707\ 2, D(0,T) = \exp(-0.065 \times 0.75) = 0.952\ 4$

而该债券在期权到期时的价格为

$$F_B = \frac{B_0 - I}{D(0,T)} = (960 - 97.707\ 2) / 0.952\ 4 = 905.371\ 1 （美元）$$

本例中"期权执行价格为 970 美元"有两种理解。一是理解为全价执行价格，直接代入公式计算即可。计算得

$$d_1 = \frac{\ln(F_B / K) + \sigma_B^2 T / 2}{\sigma_B \sqrt{T}} = \frac{\ln(905.371\ 1 / 970) + (10\%)^2 \times 0.75 / 2}{10\% \times \sqrt{0.75}} = -0.752\ 9$$

$$d_2 = d_1 - \sigma_B \sqrt{T} = -0.839\ 5$$

$$c = 0.952\ 4 \times [905.37 \times N(-0.752\ 9) - 970 \times N(-0.839\ 5)] = 9.349\ 1 （美元）$$

还有一种理解为净价执行价格，此时必须计算期权到期时已经累计起来的利息，所以

$$K = 970 + 50 \times 0.166\,67 = 978.33（美元）$$

$$d_1 = \frac{\ln(F_B / K) + \sigma_B^2 T / 2}{\sigma_B \sqrt{T}} = \frac{\ln(905.3711/978.33) + (10\%)^2 \times 0.75/2}{10\% \times \sqrt{0.75}} = -0.851\,6$$

$$d_2 = d_1 - \sigma_B \sqrt{T} = -0.938\,2$$

$$c = 0.952\,4 \times [905.37 \times N(-0.851\,6) - 978.33 \times N(-0.938\,2)] = 7.864（美元）$$

即采用全价和净价所确定的期权的价值是不同的。

10.5 信用违约互换

信用衍生产品是指将信用风险从标的资产中剥离出来，并在市场上交易的一类金融衍生品。信用衍生品的买方和卖方通过这种风险管理工具来管理债券组合的信用风险。这类衍生产品种类比较繁多，以信用违约互换进行分析。

10.5.1 信用违约互换的定义

信用违约互换（Credit Default Swap，CDS）又称为信贷违约掉期，也叫贷款违约保险，是目前全球交易最为广泛的场外信用衍生品。国际互换和衍生品协会（ISDA）于 1998 年创立了标准化的信用违约互换合约，在此之后，CDS 交易得到了快速的发展。CDS 是一种双边合约，在 CDS 交易中，希望规避信用风险的一方称为信用保险的买方，向风险规避方提供信用保险、愿意承担信用风险的一方称为信用保险的卖方。买卖双方通过签订合约，约定在合约期内卖方向买方提供违约保险，买方定期向卖方支付保险费。如果在合约期内，信用事件（即违约事件）没有发生，买方就按照合约规定按期支付所有保险费，直到合同期满；如果合同期间发生了信用事件，卖方需向买方支付由于信用事件造成的损失，同时买方立即停止支付保险费。CDS 的交易机制如图 10.1 所示。CDS 的出现有效地规避解决了信用风险的流动性问题，使得信用风险可以像市场风险一样进行交易，从而转移担保方风险，同时也降低了企业发行债券的难度和成本。

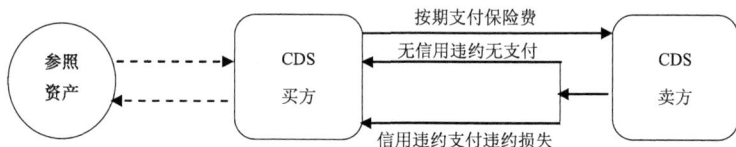

图 10.1　CDS 的交易机制

在 CDS 交易中，保险费即 CDS 的价格，该费用一般用基于面值的固定基点表示债券面值的一个百分比，常用 s 表示。参照资产即买方持有的与卖方达成 CDS 协议项下的债券组合（或贷款组合）。若不出现信用主体违约事件，则 CDS 卖方没有任何现金流出；而一旦信用主体出现违约，CDS 卖方有义务以现金形式补偿债券面值与违约事件发生后债券价值之间的差额，或者以面值购买 CDS 买方所持债券。CDS 卖方可由主承销商或商业银行等第三方来担任，并且可以在银行间市场或其他市

场进行 CDS 的交易，从而转移自身的担保风险。在国际上，一些大的银行担当 CDS 的卖方角色，他们依据历史违约统计以及经济预测，对 CDS 进行报价。报价的高低，反映了大的金融机构对于当前经济景气状况的预测。经济景气度越高，企业未来盈利和偿债债能力增强，CDS 的报价越低；经济越不景气，未来债券违约概率越高，CDS 的报价就越高。

我国类似于 CDS 的产品是信用风险缓释工具（Credit Risk Mitigation，CRM），根据 2010 年 10 月 29 日中国银行间市场交易商协会发布的《银行间市场信用风险缓释工具试点业务指引》，中国金融市场正式引入 CRM 交易。目前 CRM 产品有两种合约形式分别为信用风险缓释合约（Credit Risk Mitigation Agreement，CRMA）和信用风险缓释凭证（Credit Risk Mitigation Warrant，CRMW）。前者为非标准化的合约，买卖双方根据各自需要，协商确定合约细节；后者是标准化的合约，可以在市场中流通、交易。与信用风险缓释合约不同，信用风险缓释凭证一般由第三方机构创设，为投资者提供相对多的流动性，并在一定程度上降低了交易对手风险。

为抑制投机交易和降低市场风险，我国监管部门为 CRM 市场设计了一个独特的多层次市场结构，即市场参与者被划分为核心交易商、交易商和非交易商三种。核心交易商能与所有市场参与者进行交易；交易商只能与核心交易商或其他的交易商进行交易；而非交易商则只能与核心交易商进行以套期保值为目的的交易。目前，CRM 市场的主要做市商是中债信用增进投资股份有限公司（简称 CBIC），他们在公司网站上定期对其创设的 CRMW 进行公开报价，目前产品主要有四类，分别是可选择信用增进合约（中债Ⅰ号）、贷款信用风险缓释合约（中债Ⅱ号）、信用风险缓释工具（中债Ⅲ号）、信用风险缓释凭证（中债Ⅳ号）。我们以中债Ⅳ号为例进行简单介绍。中债Ⅳ号是标准化的信用风险缓释工具，有利于交易的开展与风险的流转，此外，该产品的创设采用事前报备与中央清算，有效控制了杠杆率。表 10.13 为中债Ⅳ号的要素及报价，据此可以简要了解该类产品的报价信息。此外，也有一些商业银行创设 CRMW 并向客户报价。

表 10.13　　　　中债Ⅳ号信用风险缓释凭证的要素及报价信息

债券名称	实际发行量（亿元）	债券期限	剩余期限（年）	债券评级	票面利率	中债买入价	中债卖出价
10 中铝 MTN1	10	5	0.304	AAA	0.04	0.111	0.144
10 中广核 MTN1	57	5	0.318	AAA	0.039	0.123	0.152
12 美凯龙 MTN1	10	3	0.43	AA	0.047	0.232	0.284
13 新投 MTN1	15	3	0.926	AA+	0.0477	0.277	0.415
13 新投 MTN2	8	3	1.041	AA+	0.0459	0.31	0.466
13 光明 MTN1	20	3	0.795	AA+	0.0519	0.239	0.359
13 深茂业 MTN1	8	3	0.789	AA	0.039	0.375	0.562
12 中船燃 MTN1	12	3	2.134	AA	0.04	0.706	0.862
13 雨润 MTN1	10	3	1.132	AA	0.0527	0.55	0.824
13 金隅 MTN001	10	1	3.556	AA+	0.059	1.448	2.173
13 广水务 MTN1	10	1	2.825	AA+	0.055	0.832	1.248
14 北控集 MTN1	15	5	3.904	AAA	0.058	0.649	0.974
14 粤电 MTN001	15	5	4.129	AAA	0.054	0.669	1.003

数据来源：http://www.cbicl.com.cn/publish/portal0/tab108/，截至 2015-3-27 报价。

由表 10.13 可知，中债信用增进投资股份有限公司作为做市商，其报价分为中债买入价和中债卖出价，两者之间的价格差即为公司的利差。以"10 中铝 MTN1"为例，中债卖出价为 0.144，这意味着买方要购入该 CRMW 产品，则需要支付面值的 0.144%的金额，该价格即为 CRMW 的价格。若发生了信用违约事件，则可以得到相应的补偿。由表 10.13 还可知，CRMW 产品剩余期限不同、债券评级不同、发行主体不同，产品的价格也有差异。

10.5.2 信用违约互换的定价

假设一个 $n=0.5$ 年的信用违约互换，违约概率为 $p=0.15$，本金为 $A=1$（元），回收率为 $R=40\%$，当前年利率为 $r=10\%$，CDS 信用事件的判定为每年年中，那么该 CDS 的价格应该为多少比较合理呢？

CDS 定价也是基于无套利原理，双方在签订合约时遵循公平博弈原则，即合约的价值对双方而言均为零，这意味着双方的支付价值应当相等。因此，如果能将双方向对方支付的价值计算出来，并使它们相等，就可以推算出 CDS 的合理价格。

首先，计算买方向卖方支付的价值。该价值由两个部分组成，一是每年的定期支付，二是可能发生的累计支付。先计算每年的定期支付，如表 10.14 所示。

表 10.14   CDS 买方每年的定期支付

时点 t	违约概率 $P(\tau=t)$	存活率 $P(\tau>t)$	预计支付（万元） $sA \times P(\tau>t)$	贴现因子 $1/(1+r)^t$	支付现值 $\dfrac{sA \times P(\tau>t)}{(1+r)^t}$
1	0.150 0	0.850 0	0.850 0×s	0.909 1	0.772 7×s
2	0.127 5	0.722 5	0.722 5×s	0.826 4	0.597 1×s
3	0.108 4	0.614 1	0.614 1×s	0.751 3	0.461 4×s
4	0.092 1	0.522 0	0.522 0×s	0.683 0	0.356 5×s
5	0.078 3	0.443 7	0.443 7×s	0.620 9	0.275 5×s
合计					2.463 3×s

表 10.14 中的相关数据计算如下。以时点 3，即第三年数据为例。

违约概率 $P(\tau=3)=(1-0.15)\times(1-0.15)\times0.15=0.108\ 4$，前两年均未违约，依据条件概率即可算出。

存活率 $P(\tau>3)=(1-0.15)^3=0.614\ 1$。

依此，可以计算出不同时间的违约概率和存活率，预计支付、贴现因子和支付现值计算比较清晰，不做详细阐述。将不同时点的支付现值相加，得到 2.463 3×s。

然后，分析一下可能发生的累计支付，由于 CDS 信用事件的判定为每年年中，计算过程如表 10.15 所示。

表 10.15   CDS 买方可能发生的累计支付

时点 t	判定点 D	违约概率 $P(\tau=t)$	累计支付（万元） $P(\tau=t) \times DsA$	贴现因子 $1/(1+r)^t$	支付现值 $\dfrac{P(\tau=t) \times DsA}{(1+r)^t}$
0.5	0.5	0.150 0	0.075 0×s	0.953 5	0.071 5×s
1.5	0.5	0.127 5	0.063 8×s	0.866 8	0.055 3×s

续表

时点 t	判定点 D	违约概率 $P(\tau=t)$	累计支付（万元） $P(\tau=t) \times DsA$	贴现因子 $1/(1+r)^t$	支付现值 $\dfrac{P(\tau=t) \times DsA}{(1+r)^t}$
2.5	0.5	0.108 4	0.054 2×s	0.788 0	0.042 7×s
3.5	0.5	0.092 1	0.046 1×s	0.716 4	0.033 0×s
4.5	0.5	0.078 3	0.038 2×s	0.651 2	0.025 5×s
合计					0.228 0×s

将上述累计支付相加，得到买方累计支付为 0.228 0×s

其次，计算卖方的支付情况。由于卖方的支付判定是在年中，故时点 t 与买方支付点不同，计算过程如表 10.16 所示。

表 10.16 　　　　　　　　　　　　　CDS 卖方的支付

时点 t	违约概率 $P(\tau=t)$	回收率 R	累计支付（万元） $(1-R) \times P(\tau=t)$	贴现因子 $1/(1+r)^t$	支付现值 $\dfrac{(1-R)A \times P(\tau=t)}{(1+r)^t}$
0.5	0.150 0	0.4	0.090 0	0.953 5	0.085 8
1.5	0.127 5	0.4	0.076 5	0.866 8	0.066 3
2.5	0.108 4	0.4	0.065 0	0.788 0	0.051 2
3.5	0.092 1	0.4	0.055 3	0.716 4	0.039 6
4.5	0.078 3	0.4	0.047 0	0.651 2	0.030 6
合计					0.273 5

将上述支付现值相加，得到支付现值的总额为 0.273 5。

最后，根据买方和卖方支出相等现值的原则，可以得到

$$2.463\ 3s + 0.228\ 0s = 0.237\ 5$$

求解得到

$$s = 0.101\ 6$$

该 CDS 的价格较高，主要与 15% 的高违约率有关，所以 CDS 合约报价高一些也是合理的。在 2009 年开始的欧洲债务危机期间，各国主权 CDS 费率（特别是 5 个债务国的主权 CDS 费率）与欧债危机的严重程度密切相关。当市场对欧债危机的发展持悲观态度时，债务负担沉重的国家，如希腊和葡萄牙于 2011 年年中开始，CDS 费率就突破了 1 000 个基点。

本章小结

本章首先介绍了利率期货，对利率期货的概念、报价、交割及利率期货在套期保值、投机等方面的作用进行了分析；其次，从利率互换和货币互换展开，借贷货币行为本身也属于购买或售出固定收益产品，着重对利率互换的运作原理进行了剖析；然后，重点介绍了国债期货产品，对国债期

货的概念、合约条款设计、交易机制设计、交割、定价及交易策略等进行了较为详细的分析；最后对利率期权和信用违约互换产品进行了简单的介绍。

关键术语

利率期货、无套利定价、利率互换、互换利差、国债期货合约、货币互换、利率期权、信用违约互换、转换因子、套期保值、跨期套利、跨品种套利、欧式期权、美式期权

思考练习

1. 2 年半以前，A 公司达成了一项"支付固定/收取浮动"利率互换协议，互换利率为 6%，名义本金为 100 万美元。浮动利率为 3 个月 Libor，每年支付利息 4 次，互换的剩余期限是 1 年。利率互换的浮动端 3 个月支付 1 次，固定端 6 个月支付 1 次。当前半年期、1 年期的 Libor 利率分别是 6%、9%。计算当前该互换合约对 A 公司的价值。

2. 某欧式债券的看涨期权有效期为 10 个月，基础资产为面值 1 000 美元，剩余期限 10 年，票面利率 5%（1 年付息 2 次）的美国国债，当前债券的价格（全价）为 960 美元。期权全部执行价格为 1 000 美元，当前的无风险利率为 5.5%，债券价格 9 个月后的年波动率为 10%。下一个付息日是 3 个月后。试计算该欧式债券看涨期权的价值。

3. 假设一次 $n=5$ 的信用违约互换，违约概率 p 为 0.02，本金为 $A=1$ 元，回收率记为 $R=40\%$。当前年利率为 $r=3\%$，CDS 信用事件的判定为每年的年中，即 $D=0.5$ 年。试求解 CDS 价格。

4. 假定一项互换，名义本金为 10 000 元，期限为 3 年。固定利率支付方每年支付固定利率 6%，同时收取浮动利率。该方拥有选择权，可以随时终结互换。利率路径（上升、下降的概率均是 50%）如图 10.2 所示。

试计算这一互换选择权的价值。

5. 利率路径（上升、下降的概率均是 50%）如图 10.3 所示。

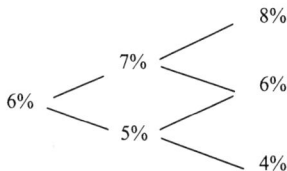

图 10.2　三阶段利率路径图　　　　图 10.3　两阶段利率变化路径

银行给你的公司 100 万元的贷款，该贷款是浮动利率贷款，但有利率上限和下限的规定，最高利率为 6.25%，最低利率为 4.75%。

（1）画图说明你的公司在时点0、1、2的现金流量；

（2）计算该笔贷款在时点0的价值；

（3）你的公司需要支付银行多少钱，就与获得不含利率上下限的贷款一样了？

案例讨论

327国债事件

中国国债期货交易始于1992年12月28日。327是国债期货合约的代号，对应1992年发行1995年6月到期兑付的3年期国库券。327国债期货合约的条款设计如表10.17所示。该券发行总量是240亿元人民币，兑付办法是票面利率8%加保值贴息。1995年2月23日，空方主力上海万国证券公司，最后8分钟内抛出1 056万口卖单，面值达2 112亿元，而所有的327国债总额只有240亿元，被确认为恶意违规。后来，国债期货因"327国债事件"夭折。英国《金融时报》称这是"中国证券史上最黑暗的一天"。

1. 国债期货的推出

国债被称为"金边债券"，由政府发行保证还本付息，信用好，安全性极强，流动性好。自1976年芝加哥商业交易所推出91天短期美国政府券期货后，美国陆续推出不同期限的国债期货产品并带动其他发达国家陆续推出国债期货，极大推动了利率的市场化，美国财政部也成为国债期货一直强有力的支持者。

我国的资本市场起步较晚，国债发行比较困难，在1990年以前国库券一直是靠行政分配的方式发行的。国债的转让流通起步于1988年，1990年才形成全国性的二级市场。1992年年底，国库券的转让价格大大跌破面值，个人投资者普遍把国债作为一种变相的长期储蓄存款，进入市场交易的意愿不强。1992年12月28日，上海证券交易所首次设计并试行推出了12个品种的期货合约。上交所认为通过金融工具创新，能够带动国债市场的发展，且易于获得高层支持并可绕过刚成立不久的监管部门证监会的行政审批。但在国债期货试行的两周内，交易却十分清淡，仅成交19口。然而在1993年7月10日随着财政部颁布的《关于调整国库券发行条件的公告》发生了转折，该公告称，在通货膨胀居高不下的背景下，政府决定将参照中央银行公布的保值贴补率给予一些国债品种的保值补贴。这使得国债收益率开始出现不确定性，这为国债期货市场的炒作提供了想象空间。1993年10月25日，上交所重新设计了国债期货合约的品种和交易机制，国债期货交易向社会公众开放，北京商品交易所在期货交易所中率先推出国债期货交易。1994年10月以后，中国人民银行提高3年期以上储蓄存款利率和恢复存款保值贴补，国库券利率也同样保值贴补，保值贴补率的不确定性为炒作国债期货提供了空间，大量机构投资者由股市转入债市，国债期货市场行情火爆。1994年全国国债期货市场总成交量达2.8万亿元，占上海证券市场全部证券成交额的74.6%。1994年至1995年春节前，全国开设国债期货的交易场所陡然增到14家，成交总额达28 000亿元。这种态势一直延续到1995年，远超同期上交所股票的交易量。国债期货的巨额成交量和较强的流动性，的确在一定程度上促进了国债现货的发展和国债价格的发现，为我国国债发行规模、年收益的确定、期限结构安排等都提供了决策依据。

表 10.17   327 国债期货的合约条款设计

期货品种	92（3）国债
合约标的	合计面值 20 000 元国债
保证金	初始每手 500 元，维持每手 300 元
最小变动价位	0.01 元/百元
交易时间	10:00—11:45, 13:00—16:30
每日价格最大波动限制	无
交割方式	现券交割

2. 对赌基础：利率变化的预期

很多人以为"327 事件"是中经开与万国的对赌，中经开开的是多仓，万国证券开的是空仓。其实这样理解有一定的偏差，多空厮杀的基石是通货膨胀背景下对财政部利息补贴不确定的判断差异。

1994 年的我国的 GDP（国内生产总值）增长约为 36%，CPI（消费价格指数）约为 22%，当年银行的"定期利率＋保值补贴"约为 14%。同期股市交易十分低迷。作为国债期货标的的面值 100 元的"327 国债"，现货的价格波动较大。由于期货交易套期保值的特征，对大的机构投资者影响有限，而在价格波动背景下损失最大的应属持有国债的一般投资者。在上交所的会员里，实力最强的是代表工、农、建席位入市的华夏、南方、国泰，但这 3 家由于持有大量的现货，所以，很少染指国债期货。剩下的 6 家会员，规模很小，以财政部为背景的中经开是 6 家里最大的一家，一般人并不太在意中经开的动向，但万国与中经开不是对手关系，因为他们都是"做市商"。

中经开与万国的策略差异

为了稳定债券现货，中经开主动地开通国债现货，并且主动进行"平准式"的交易，低买高卖，维持价格的稳定。由于财政部头寸大，有一段时间，在个别品种上，中经开的交易量，一度接近万国证券。中经开的操作逻辑是，在低价位"核销"一部分现货，财政部会给他一定差值补贴。与中经开不同，万国证券是基于中小散户的立场入市交易的。双方关注的焦点在于国债现货的利率究竟多少才是合理。"327 国债期货"品种从初期上市时的 70 元左右，一路猛涨到"327 事件"爆发时的 150 元，也表明双方开始应当是存在一致预期的。从金融产品自身而言，中经开和万国并不必然是多空对赌的敌对双方。试想，若万国抬高了债券的实际利率（沽空价格），得益的是中经开当时的重要股东之一国家财政部；而若中经开压低了债券的实际利率（拉高价格），得益的则是持有国债现货的投资者。因此双方并不存在单边对赌的基础。但问题就出在利率的突然调整上。

央行与财政部的意见分歧

1995 年央行的货币政策是收紧资金，回笼货币。市场内的存量资金，极度紧张。万国与中经开，如果选择拉高现货，就可以通过回购，兑现更多的差价。但是央行希望国债的交易价格与回购价格差价再少一些；财政部则与央行的立场相反，因为差价大一些，有利于通过新券的不断发行，逐步扩张融资规模,发新券还旧券。1994 年,财政部对于下一年的国债发行量,要求不能低于上年;由于物价不稳,债券发行非常困难。事件的起因,是源于"327 国债"的保值贴补率(其实就是直接加息)。从债券的定价原理分析,调整债券的利率,对于可交易品种价格波动影响十分巨大。在"327 事件"中,财政部通过保值贴补相当于加息了 500 个基点,无论是对于标的国债期货的多头还是空头,都相当于逼上了绝路。直接引发了 1995 年 2 月 23 日的多空大搏杀。

3. 惊险回放

由于期货价格主要取决于相应现货价格预期,因此,影响现货价格的因素也就成了期货市场的炒作题材。影响 1992 年三年期国债现券价格的主要因素有以下方面。

(1)基础价格。92(3)现券的票面利率为 9.5%,如果不计保值和贴息,到期本息之和为 128.50 元。

(2)保值贴补率。92(3)现券从 1993 年 7 月 11 日起实行保值,因而,其中 1995 年 7 月份到期兑付时的保值贴补率的高低,影响着 92(3)现券的实际价值。

(3)贴息问题。1993 年 7 月 1 日,人民币三年期储蓄存款利率上调至 12.24%,这与 92(3)现券的票面利率拉出了 2.74 个百分点的利差,而 1994 年 7 月 10 日财政部发布的公告仅仅规定了 92(3)等国债品种将与居民储蓄存款一样享受保值贴补,并未说明 92(3)现券是否将随着储蓄利率的提高进行同步调整。因此,92(3)现券是否加息成为市场一大悬念,直接影响 92(3)现券的到期价值。

(4)1995 年新券流通量的多寡也直接影响到 92(3)期券的炒作。由于上海证交所采用混合交收的制度,如果新券流通量大,且能成为混合交收的基础券种,那么,空方将有更多的选择余地,市场将有利于空方,如果相反,则对多方有利。

这些价格的不确定因素,为 92(3)期券的炒作提供了空间。在 1995 年 1 月,国债期货市场最大的一个悬念是 1992 年发行的三年期的代号为 327 的国债会不会加息,当时市场上的流通价为 148 元左右,而同期银行的储蓄利率为 12.24%,市场普遍认为 327 的投资回报率偏低,因此关于财政部提高 327 利率的消息在市场上蔓延开来。

作为万国证券老总的管金生却持有不同观点。其一,他认为当前的宏观局面是投资过热,金融秩序混乱,特别是不久前发生的沈太福集资案,让中央在利率提降等敏感决策上会采取保守的策略;其二,国家将抑制通货膨胀作为 1995 年经济工作的重点,因此通货膨胀回落必然会导致保值贴补率的回落;其三,财政部不会再割肉掏出 16 亿元来补贴发行总额为 240 亿元的 327 国债;其四,1995 年新国债发行额度将在 1 500 亿元左右,比上年增加 50%,因此,流通量必然较大。于是他下令万国采取的是做空 327 国债期货的策略。

1995 年 2 月"327 合约"的价格一直在 147.80~148.30 元徘徊。多空双方在 148 元附近大规模建仓,327 品种未平仓合约数量逐渐加大。市场潜伏的危机已经到了一触即发的地步。23 日,提高 327 国债利率的传言得到证实,百元面值的 327 国债将按 148.50 元兑付。高层想的多是国库券的发行和兑付,也许可能根本忽略了国债期货市场。但国债的利率一浮动,疯狂就开始了。

2 月 23 日上午一开盘,中经开率领的多方借利好用 80 万口将前一天 148.21 元的收盘价一举攻到 148.50 元，接着又以 120 万口攻到 149.10 元，又用 100 万口攻到 150 元，步步紧逼。

一直在 327 品种上与万国联手做空的辽国发突然倒戈，改做多头。327 国债在 1 分钟内竟上涨了 2 元，10 分钟后共上涨了 3.77 元。327 国债每上涨 1 元，万国证券就要赔十几亿。按照它的持仓量和现行价位，一旦到期交割，它将要拿出 60 亿元资金。毫无疑问，万国没有这个能力。16 时 22 分 13 秒，管金生做出避免公司倒闭的最疯狂举动：大举抛售债券期货，继续做空国债。万国先以 50 万口把价位从 151.30 元砸到 150 元，然后用几十万口的量级把价位打到 148 元，最后一个 730 万口的巨大卖单狂炸尾市，把价位打到 147.50 元。在最后 8 分钟内，万国共砸出 1 056 万口卖单，面值达 2 112 亿元国债。而所有的 327 国债只有 240 亿元。根据保证金要求，万国当天的卖单需要的保证金也达 50 亿元左右，这显然与万国的资本保证实力不符。当晚，上交所受命宣布，16 点 22 分 13 秒之后的交易是异常的、无效的，经过此调整当日国债成交额为 5 400 亿元，当日 327 品种的收盘价为违规前最后签订的一笔交易价格 151.30 元。如果按 147.50 元计算，万国赚 42 亿元；如果按 151.30 元平仓，万国亏 16 亿元。

4. 事件处理

事件发生后，为了挽救陷入困境的万国，避免可能发生的金融风潮，上海市政府采取了一系列紧急措施，平息了股民的挤兑风波。4 月 25 日，万国召开董事会，原董事长徐庆熊和总裁管金生双双辞职，管金生还被开除出了他一手创办的万国证券。9 月 15 日，上证所第一任总经理尉文渊也宣布辞职，从此离开了证券舞台。9 月 20 日，国家监察部、中国证监会等公布了对事件的调查结果和处理决定。1996 年 4 月，万国与它原来在上海市场上最为强劲的竞争对手申银证券公司合并，当年 7 月 17 日，申银万国挂牌成立。1997 年 1 月，管金生被上海市高院判处有期徒刑 17 年。

327 国债期货事件后，2 月 24 日，万国证券发生挤兑。2 月 27 日和 28 日，上交所开设期货协议平仓专场。27 日，协议平仓只成交了 7 000 多口，而 327 持仓量高达 300 多万口。2 月 28 日，采取强行平仓，大约在 151 元左右平仓 140 万口，327 国债占 85% 以上。3 个月后，国债期货市场被关闭。

5. 事件引发的问题

（1）国债期货品种设置不合理，交易制度设计上存在缺陷。

如国债现货市场流通量小，导致期货市场常常无法获取足够的现货进行交割；保证金过低，上海证券交易所的保证金比例仅为 2.5%，远远低于国际上 5%~10% 的标准，且保证金制度并未有效执行，导致交易风险成倍扩大，加重了市场上的投机氛围；缺乏涨跌停板制，导致价格波动剧烈，短短几分钟内就可能出现大幅涨跌的情况，大大增加了市场风险；对会员公司的持仓限额管理不严，缺乏对每笔申报限额的实时监控，致使 327 事件中仓位多集中于多空双方主力手中，在发生对自身不利行情时，增加了巨量砸盘等扰乱市场秩序的可能性。

（2）缺乏严密的风险控制制度及相关法律法规。

早在 1994 年的 "314 事件" 就出现需要协议强制平仓的情况，但在当时并未引起监管层的高度重视，风险控制制度与相应法律法规的缺失导致市场缺乏可遵守的既定程序及有效约束，投机气氛日益严重，交易量巨大，市场秩序混乱，大量的投机者涌入期市，市场价格操纵行为及恶性违规事件时有发生。

（3）多头监管不到位。

由于一直没有在法律上明确国债期货的主要监管机构，多个部门监管缺乏协调配合与统一，导致监管效率低下，甚至出现了监管漏洞与真空。加上国内多个交易所纷纷推出国债期货，缺乏统一的交易规则与品种设计，市场被严重分割，现货流动性不足，政策缺乏稳定性，均导致了监管的不力。

（4）配套设施不完善，无法杜绝透支交易的发生。

由于当时国内缺乏统一的登记清算与存管制度，且计算机自动撮合无法根据上一交易日的结算价和保证金来控制当日的价格波动，导致市场风险的过度累积与叠加。

根据上述材料，回答下列问题：

（1）国债期货交易的保证金有什么作用？

（2）分析票面利率对国债现货和期货影响的机理及作用程度。

（3）谈谈你对327国债期货风波的看法和认识。

参考文献

[1] Bruce Tuchman, Angel Serrat, 2011, Fixed Income Securities:Tools for Today's Markets, Wiley; 3 edition.

[2] Annette Thau, 2010, The Bond Book: Everything Investors Need to Know About Treasuries, Municipals, GNMAs, Corporates, Zeros, Bond Funds, Money Market Funds, and More. McGraw-Hill; 3 edition.

[3] Pietro Veronesi, 2010, Fixed Income Securities: Valuation, Risk, and Risk Management,Wiley; 1 edition.

[4] David J. Bolder, 2015, Fixed-Income Portfolio Analytics: A Practical Guide to Implementing, Monitoring and Understanding Fixed-Income Portfolios, Springer; 2015 edition.

[5] Brennan M., E. S. Schwartz,1985, Determinants of GNMA Mortgage Prices, Real Estate Economics, Vol.13,No.1，pp:209-228.

[6] Duffee G., 1998, The Relation between Treasury Yields and Corpporate Bond Yields Spreads, Journal of Finance,Vol.51,pp:921-949.

[7] Frank J. Fabozzi, 2003, Fixed Income Analysis for the Chartered Financial Analyst Program,2003.

[8] 李磊宁，高言，戴犨. 固定收益证券. 北京：机械工业出版社，2014.

[9] 潘席龙. 固定收益证券分析. 北京：机械工业出版社，2011.

[10] 姚长辉. 固定收益证券：定价与利率风险管理. 2 版. 北京：北京大学出版社，2013.

[11] 姚长辉. 固定收益证券：定价与利率风险管理. 北京：北京大学出版社，2006.

[12] 陈蓉，郑振龙. 固定收益证券. 北京：北京大学出版社，2011.

[13] 弗兰克·J. 法博齐（Frank J.Fabozzi）. 固定收益证券手册. 周尧，齐晟，吉群立等译. 7 版. 北京：中国人民大学出版社，2014.

[14] 布鲁斯·塔克曼（Bruce Tuckman），安杰尔·塞拉特（Angel Serrat）. 固定收益证券. 范龙振，林祥亮，戴思聪，等译. 3 版. 北京：机械工业出版社，2014.

[15] 类承曜. 固定收益证券. 2 版. 北京：中国人民大学出版社，2013.

[16] 龚仰树. 固定收益证券. 上海：上海财经大学出版社，2012.

[17] 李磊宁，周欣. 固定收益证券的估值、定价与计算. 北京：北京师范大学出版社，2011.

[18] 弗兰克·J. 法博齐（Frank J.Fabozzi）. 债券市场分析与策略. 路蒙佳，译. 北京：中国人民大学出版社，2011 年.

[19] 陈松男. 固定收益证券与衍生品：原理与应用. 北京：机械工业出版社，2014.

[20] 林清泉. 固定收益证券. 北京：中国人民大学出版社，2013.

[21] 罗春秋. 玩转债券与固定收益理财. 北京：中国铁道出版社，2014.

[22] 森达里桑（Suresh M.Sundaresan）. 固定收入证券市场及其衍生产品. 2 版. 英文影印版. 北京：北京大学出版社，2003.

[23] 杨朝军,等. 证券投资分析. 3 版. 格致出版社,2012.

[24] 中国期货业协会. 国债期货. 北京:中国财政经济出版社,2013.

[25] 姚长辉. 固定收益证券创新原因与创新方式分析. 经济科学,2000(8).

[26] 吴巍. 国内结构性理财产品设计与定价研究. 复旦大学,硕士学位论文,2012.

[27] 井忠慧. 固定收益证券定价研究. 天津大学,硕士学位论文,2009.

[28] 孙庆瑞,戴立波,欧阳刚. 证券公司固定收益产品创新研究. 证券市场导报,2003(4).

[29] 刘晓曙. 中国市场收益率曲线构建比较研究. 厦门大学,博士学位论文,2008.

[30] 褚旭. 我国银行间债券市场有效性研究. 南京农业大学,硕士学位论文,2012.

[31] 肖宇,罗滢. 中国债券市场的发展路径. 宏观经济研究,2009(2).

[32] 刘云中. 美国对市政债券的监管及其启示. 证券市场导报,2004(10).

[33] 王国刚. 论"公司债券"与"企业债券"的分立. 中国工业经济,2007(2).

[34] 邵玲. 我国银行间债券市场与交易所债券市场比较研究. 厦门大学,硕士学位论文,2006.

[35] 高强,邹恒甫. 企业债券与公司债券的信息有效性实证研究. 金融研究,2010(7).

[36] 邹晓梅,张明,高蓓. 欧洲的资产证券化:发展历程、特色产品及其对中国的启示. 上海金融,2015(1).

[37] 王涛. 金融资产范畴下的中美资产证券化比较研究. 新金融,2015(1).

[38] 张强,吴敏. 企业债券信用风险缓释研究新进展. 经济学动态,2013(1).

[39] 姚亚伟. 以资产管理创新缓释银行体系经营风险. 上海证券报,2012-7-4.

[40] 姚亚伟,王周伟,张震. 中国地方政府债券风险的现状、问题及对策分析. 金融管理研究,2014(2).

[41] 姚亚伟. 地方政府性债券:存量与增量应区别对待. 上海证券报,2014-10-14.

[42] 姚亚伟. 推出优先股制度不能"摸着石头过河". 上海证券报,2013-10-30.

[43] 中债信用增进公司,网址:http://www.cbicl.com.cn/.

[44] 中国债券信息网,中央结算公司,http://www.chinabond.com.cn/.